普通高等教育“十一五”国家级规划教材

高等学校图书馆学专业系列教材

LIBRARY SCIENCE

图书馆管理学

▶ 主　编　付立宏　袁　琳

▶ 副主编　李永秀　王　平

▶ 撰稿人（以姓氏笔画为序）

王　平（郑州大学信息管理系）

付立宏（郑州大学信息管理系）

刘广普（河南工业大学图书馆）

李永秀（郑州大学图书馆）

李国朋（新乡医学院图书馆）

袁　琳（武汉大学信息管理学院）

鲁晓明（郑州大学信息管理系）

WUHAN UNIVERSITY PRESS

武汉大学出版社

图书在版编目(CIP)数据

图书馆管理学/付立宏,袁琳主编.—武汉:武汉大学出版社,2010.7(2024.7 重印)
普通高等教育“十一五”国家级规划教材
高等学校图书馆学专业系列教材
ISBN 978-7-307-07784-3

Ⅰ.图… Ⅱ.①付… ②袁… Ⅲ.图书馆管理—高等学校—教材 Ⅳ.G251

中国版本图书馆 CIP 数据核字(2010)第 089530 号

责任编辑:詹 蜜　　责任校对:黄添生　　版式设计:詹锦玲

出版发行:**武汉大学出版社** (430072 武昌 珞珈山)
(电子邮箱:cbs22@ whu.edu.cn 网址:www.wdp.com.cn)
印刷:武汉邮科印务有限公司
开本:720×1000 1/16 印张:25.5 字数:457 千字 插页:1
版次:2010 年 7 月第 1 版 2024 年 7 月第 7 次印刷
ISBN 978-7-307-07784-3/G · 1577 定价:59.00 元

前 言

本教材是在《图书馆管理教程》（武汉大学出版社，2005 年 7 月第 1 版）的基础上修订而成。《图书馆管理教程》出版后，先后被一些高校选做图书馆学专业的教材，但在使用过程中也暴露出一些问题。此外，五年来，图书馆管理学领域又涌现出许多学术价值较高的崭新研究成果，这些成果很有必要进入教材之中。鉴于此，我们决定修订《图书馆管理教程》，并申报了普通高等教育“十一五”国家级规划教材。

这次修订，我们重新撰写了第 4 章、第 6 章、第 7 章和第 12 章；删掉了原第 18 章“图书馆事业管理”，将原第 18 章替换为“图书馆创新管理”；删掉了第 8 章第 5 节“数字时代图书馆的评价体系”，新增一节“图书馆馆藏评价”；删掉了第 11 章第 6 节“《中华人民共和国图书馆法》展望”；第 17 章新增一节“基于知识管理的图书馆运行机制”。其余章节或做了微调，或补充了一些最新的数据、资料。

本教材的特色有四：第一，结构严谨而完整。全书由基础篇、职能篇、制度与方法篇以及应用篇构成，篇与篇之间存在逻辑上的衔接关系。第二，理论联系实际。本教材的作者既有高校教师，又有图书馆管理者，这在客观上为教材的修订撰写奠定了良好的队伍基础。本书的许多章节既有一般管理理论和方法的阐述，又紧密结合图书馆管理活动的实际，并适时穿插一些案例，增强了教材的实用性。第三，与时俱进。本教材及时吸收了 2005—2009 年图书馆管理学领域的最新研究成果。不仅如此，图书馆知识管理、图书馆人力资源管理、图书馆全面质量管理、图书馆创新管理、图书馆伦理、图书馆政策、图书馆法等章节，均是紧扣当前图书馆界的热门话题和核心主题撰写而成，富有强烈的时代气息。有些章节的内容为同类教材所罕见，如图书馆伦理、图书馆政策、图书馆法、图书馆创新管理、图书馆知识管理等。第四，博采众长。本书参阅了大量文献资料，充分汲取了一些同行的学术养分，并在此基础上有所创新。

本教材是团队合作的产物。付立宏教授负责策划、协调和统稿，并承担了部分撰写任务；团队其他成员负责撰写。具体分工如下：

第1章（付立宏　李国朋）；第2章（付立宏　李永秀）；第3章（付立宏）；第4章（王平）；第5章（袁琳）；第6章（王平）；第7章（王平）；第8章第1、2、4、5节（刘广普），第3节（李永秀）；第9章（付立宏　李永秀）；第10章（付立宏　鲁晓明）；第11章（付立宏　李永秀）；第12章（李永秀）；第13章（刘广普）；第14章（刘广普）；第15章（袁琳）；第16章（李永秀　付立宏）；第17章（李永秀　付立宏）；第18章（王平）。

本教材的出版得到了武汉大学出版社和郑州大学的大力支持。尤其是，武汉大学出版社编辑詹蜜老师为本书的出版付出了大量心血，严红老师和郭静老师也一直关心本书的出版。在此，我对以上帮助和支持本书出版的所有人和组织表示衷心的感谢！

在本书的写作过程中，我们引用和参考了大量专家、学者的研究成果，我谨代表全体作者向这些专家、学者表示由衷的敬意！由于水平有限，加上是多人执笔，本书一定存在不少缺憾，我们恳切地期望读者不吝批评指正。

付立宏

2010年2月26日于郑州大学信息管理系

目　　录

基　础　篇

职　能　篇

制度与方法篇

基础篇

第一章 管理思想的历史演进

图书馆管理是管理活动的一个分支，属于一种特殊类型的管理活动，因而我们回顾一般管理思想的发展历史，总结其特点和规律，对于改进和完善图书馆管理来说，无疑具有重要的借鉴和指导意义。

第一节 管理思想的萌芽

管理是人类社会存在的一种方式，自从有了人类社会就出现了管理的问题。在世界各大文明古国中，我们都可以看到管理的伟大奇迹，如中国的长城、埃及的金字塔、罗马水道、巴比伦的“空中花园”等。管理思想来源于管理实践，是对管理经验的概括和总结。在长期的历史发展过程中，中西方都产生过十分丰富的管理思想。不过，在古代社会，有文字记载的管理思想主要集中在军队管理系统、国家行政管理系统、教会管理系统等方面。生产管理虽然为各大文明古国留下了无数遗迹，但由于历代统治阶级总是把生产实践看作低贱的活动，所以关于生产管理的经验很少被总结记录下来。只是到了近代，随着工业文明的出现，生产管理的实践才引起人们的兴趣。因此，我们把系统的管理理论出现以前的管理思想史分为两个主要阶段，18世纪是这两大阶段的分界线。

经典管理理论出现以前的管理思想是非常朴素的、直观的，虽然在军队管理、国家行政管理、教会管理等方面的管理思想已经极其丰富，但这些思想主要还是停留在经验描述或类比思维的阶段，不具有系统的理论形式。

在历史上，中国的管理思想在人类管理思想宝库中有着重要的地位。周朝初年，姜尚所著的《六韬》、《三略》就包含着许多军队管理思想，如管军要爱军的思想，赏罚分明、赏罚结合的思想，近贤士、斥不肖的思想等。战国时期的《孙子兵法》关于军队管理的思想就更加丰富了。在这部兵法中，孙子除论述了作战、谋攻的一般原则外，对军事中所涉及的一系列问题，如组织形态与外界的关系、从实际出发运用不同谋略、如何择人用人等，都有详细的论述。中国的儒家和法家关于国家行政管理的思想得到了高度发展，特别是儒家思想，由于历代封建统治阶级的不断强化而演变成了一种一成不变的社会管理操作模式。例如，以“君为臣纲、父为子纲、夫为妻纲”和“仁、义、礼、智、信”为纵横结构的社会管理体系，严重地压抑了人的创造性，阻碍了社会的进步。

教会管理的实践是欧洲中世纪的最高成就，天主教会高超的管理技术反映在按地理区域划分基层组织，并在此基础上采用高效的职能分工，它所实行的这种既分级又分领地而且分部门的一套管理体制，使它能够成功地控制全球各地几亿教徒的几乎全部生活。

18 世纪到 19 世纪末是现代管理理论的萌芽阶段。在这一时期，哲学、历史学、经济学、社会学、军事学等学科的发展，推动一些大思想家们去思考或涉猎管理的问题，并提出了许多很有见地的管理思想。最为重要的是，在这一时期工业革命基本完成，资本主义的工厂制度初步建立起来，工厂及公司的管理问题越来越突出，这就促使经济学家以及其他学科领域中的思想家去思考。亚当·斯密的《国富论》（1776）、查尔斯·巴贝奇的《论机器和制造业的经济》（1832）、塞缪尔·纽曼的《政治经济学原理》（1835）、约翰·斯图亚特·穆勒的《政治经济学原理》（1848）、阿尔弗雷德·马歇尔的《工业经济学原理》（1892）等，就是这一时期管理思想的代表作。

最值得一提的是罗伯特·欧文。罗伯特·欧文既是英国著名的空想社会主义者，也是 19 世纪最有成就的实业家之一。他对管理理论的贡献是首次提出了关心人的哲学，并在他与人合办的新拉纳克工厂进行全面实验。主要内容有：①改善工厂内的工作条件；②限制童工的最低年龄；③缩短工人的劳动时间；④为工人提供厂内膳食；⑤设立按成本向工人出售生活必需品的商店；⑥通过建造房舍与修筑街道改善工人居住条件；等等。罗伯特·欧文试图在企业内建立起一种全新的人际关系，他被誉为“人际关系之父”。

第二节　古典管理理论

19 世纪末 20 世纪初产生了以泰罗为代表的科学管理学派和以法约尔、韦伯为代表的管理组织学派，从而标志着管理学以一门科学的形式出现。对于这一时期的管理学，我们将其称作古典管理理论。

一、泰罗的科学管理理论

科学管理理论的思想主要体现在泰罗（Frederick Winslow Taylor，1856—1915）于1911年出版的《科学管理原理》及他在1911年10月举行的国会听证会上的证词中。他的《科学管理原理》一书的出版也标志着管理作为一门科学已经形成。

泰罗对科学管理的研究是源于他在米德维尔钢铁厂的工作经历。在米德维尔钢铁厂里，泰罗发现当时的工厂作业中存在一定的缺点，如：工厂管理当局没有明确地认识到劳资双方的责任；没有激励工人提高成绩；在各个领域中都存在着系统的怠工现象；管理决策是以预感、直觉、过去的经验或约略的估计为依据……管理当局还忽略了工作取得出色成绩有利于劳资双方这一明显的真理。他还特别注意到，当时工头和工人就产量问题展开了典型的斗争，而工头的做法常常引起了工人的怨恨、仇视甚至分裂和斗争。

鉴于此，泰罗认为，只有对工人的技术方面较工人有更多的了解时，才能对工人进行指挥；而且，工长不能通过鞭策人和说服人来使工人努力工作，必须向工人提供更高的工资作为激励。他提出，只有努力提高工资才能使劳动生产率提高。可见，提高劳动生产率既是科学管理产生的根源，也是科学管理要解决的中心问题。

泰罗科学管理理论的主要内容包括管理哲学（思想）和管理方法两个方面。为了使公众容易理解，泰罗将其科学管理的思想归纳为四大原则：①对工人工作的每一个要素开发出科学方法，用以代替老的经验方法；②科学地挑选工人，并对他们进行培训和教育，使之成长；③与工人们衷心地合作，以保证一切工作都按已形成的科学原则去办；④均分资方和工人们之间在工作中的权力和职责，并最终形成双方的友好合作关系。

泰罗还进一步指出，上述四大原则的结合就构成了科学管理。以这些哲学为基础，泰罗将他的科学管理具体化为一系列的定额管理制度，即科学地设立工作定额并让工人去完成这些定额。泰罗主张实行以下一系列制度：①通过工时和动作研究制定工作定额；②计划与执行分离；③职能工长制；④差别计件工资制。

二、一般行政管理理论

与科学管理同时代的另一批思想家也在思考管理问题，不过他们关注的焦点是整个组织。我们称这些人为一般行政管理理论家（general administrative theorists）。在发展更一般的管理理论方面，即解释管理者的工作是什么以及有效的管理由哪些要素构成方面，他们发挥了重要作用。由于他们的著作为当代管理和组织思想建立了框架，所以他们与科学管理思想家们通常被称为古典理论家（classical theorists）。他们中的杰出代表是亨利·法约尔（Henry Fayol，1841—1925）和马克斯·韦伯（Max Weber，1864—1920）。

1. 法约尔的管理理论

亨利·法约尔，法国人，曾长期在企业中担任高级管理职务。1916年，法约尔出版了《工业管理与一般管理》一书，提出了他的一般管理理论。

(1) 企业活动不等于管理活动

任何企业都有六种基本活动，即技术、商业、金融、安全、财务和管理活动。前五种活动为人们所熟知，很容易区分和判定各自的活动领域，而管理活动则需要进行更多的阐述和说明。管理活动包含五种职能，即计划、组织、指挥、协调和控制。计划是指预见未来和拟订行动计划；组织是指建立一个双重性机构，它既有物质性也有社会性；指挥是指让人们去执行；协调是指沟通、联合，并使所有行为和力量达到和谐统一；控制是指遵照已有规则和既定程序监督事物的运行。

(2) 管理教育的必要性和可能性

法约尔认为，企业对管理知识的需要是普遍的，而单一的技术教育适应不了企业的一般需要。因此应尽快建立管理理论，并在学校中进行管理教育，使管理教育起到技术教育那样的作用。

(3) 管理的十四条原则

法约尔认为，管理原则可以有很多，并无一定限制。任何一种管理规律和方法，只要它能巩固社会组织，使其运作简便易行，它就是原则的一种。无论多长时间，当实践经验证明它配得上这样的高度评判时，它就是原则。事态的变化决定了规则的变化，事态本身孕育了规则。法约尔根据自己的工作经验，归纳出简明的十四条管理原则，即劳动分工、权力与责任、纪律、统一指挥、统一领导、个人利益服从整体利益、人员报酬、集中、等级链、秩序、公平、人员的稳定、创新精神和团结精神。

法约尔对管理的突出贡献在于，从理论上概括出了一般管理的职能和原则，把管理科学提升到一个新的高度，使管理科学不仅在工商业界受到重视，而且对其他领域也产生了重要的影响。

2. 韦伯的管理理论

马克斯·韦伯是德国社会学家、经济学家和德国古典管理理论的代表人物。他对西方的社会科学具有巨大的影响。他在管理理论上的贡献，主要是提出了“理想的行政组织体系理论”。韦伯的行政组织理论内容主要有以下三点：

(1) 理想行政组织的运行规则

韦伯认为理想的行政组织是通过职务和职位而不是通过世袭地位来进行管理的，并指出行政组织发挥作用是按照一定的规则进行的。这些规则是：①按行政方式控制的机构的目标所要求的日常活动，是作为正式职责来分配的；②执行这些职责所需要的权力是按一种稳定的方式来授予的；③对于正常而持续地履行职责和行使相应的权力的方法有所规定，只有按一般规定符合条件的人才被雇佣。

(2) 权力的种类

韦伯提出了三种类型的合法（即被社会接受的）权力：①理性—法定权力（rational-legal authority），它以遵守法律为基础，是那些被晋升到权力地位者发布命令的权力；②传统权力（traditional authority），它以对古老传统之神圣不可侵犯性及对根据这些传统来行使权力者之地位合法性的一种信仰为基础；③超凡权力（charismatic authority），它以对某人的特殊而超凡的神圣、英雄主义或模范品质的崇敬为基础。

(3) 理想行政组织的主要特征

第一，劳动分工。工作应当分解成为简单的、例行的和明确定义的任务。

第二，职权等级。公职和职位应当按等级来组织，每个下级应当接受上级的控制和监督。

第三，正式的选拔。所有的组织成员都是经过培训、教育或依据正式考试取得的技术资格选拔的。

第四，正式的规则和制度。为了确保组织行为的一致性和全体雇员的活动，管理者必须倚重正式的组织规则。

第五，非人格性。规则和控制的实施具有非人格化的特点，避免掺杂雇员的个人偏好。

第六，职业定向。管理者是职业化的官员而不是他所管理的单位的所有者，他们领取固定的工资并在组织中追求他们职业生涯的成就。

第三节　近代管理的发展

经历了古典管理理论的发展和传播，进入 20 世纪三四十年代，管理学步入新的发展时期。这一阶段最突出的成果，是以巴纳德、西蒙、马奇为代表的近代组织管理理论以及由梅奥发端的人际关系—行为科学理论。

一、巴纳德的组织理论

巴纳德（Chester I. Barnard，1886—1961）出生于美国马萨诸塞州，是近代管理理论的奠基人。巴纳德在哈佛大学读完经济学课程后，于1909年进入美国电报电话公司就职，先后担任很多管理职务，后任新泽西贝尔电话公司总经理。巴纳德还曾在若干公共机构任职。他的代表作是1938年出版的《经理人员的职能》。

巴纳德的主要管理思想表现如下：

（1）组织是一个合作系统

巴纳德认为，组织是两人或两人以上、用人类意识加以协调而成的活动或力量系统。他所强调的是人的行为，是活动和相互作用的系统。他认为在组织内主管人是最为重要的因素，只有依靠主管人的协调，才能维持一个“努力合作”的系统。他认为主管人有三个主要职能：①制定并维持一套信息传递系统；②促使组织中每个人都能做出重要的贡献；③阐明并确定本组织的目标。

（2）组织存在要有三个基本条件

巴纳德认为，组织不论大小，其存在和发展都必须具备三个条件，即明确的目标、协作的意愿和良好的沟通。

（3）组织效力与组织效率原则

要使组织存在和发展，不仅要包含三个基本要素，而且必须符合组织效力和组织效率这两个基本原则。所谓组织效力，是指组织实现其目标的能力或实现其目标的程度。一个组织协作得很有效，它的组织目标就能实现，这个组织就是有效力的。若一个组织无法实现其目标，这个组织就是无效力的，组织本身也必然瓦解。组织是否有效力是随组织环境以及其适应环境能力而定的。所谓组织效率，是指组织在实现其目标的过程中满足其成员个人目标的能力和程度。一个组织若不能满足其成员的个人目标，就不可能使其成员具有协作意愿和做出实现组织目标所必需的贡献。组织效率就是组织的生存能力。

（4）权威接受论

巴纳德还认为，管理者的权威并不是来自上级的授予，而是来自由下而上的认可。管理者权威的大小和指挥权力的有无取决于下级人员接受其命令的程度，单凭职权发号施令是不足取的，更重要的是取得下级的同意、支持和合作。

巴纳德开创的组织管理理论研究，揭示了管理过程的基本原理。经西蒙（Herbert Alexander Simon）、马奇（James Gardner March）、赛尔特（Richard Michael Cyert）等人的进一步发展，形成管理学领域的组织管理流派，对当代管理学体系产生了重要影响。巴纳德被誉为近代管理理论的奠基人。

二、梅奥的人际关系学说

梅奥（George Elton Mayo，1880—1949），原籍澳大利亚的美国行为科学家。他与罗特利斯伯格（Fritz G. Roethlisberger，1898—1974）通过霍桑试验，提出著名的“人际关系学说”，开辟了行为科学研究的道路。

1924 年，美国科学院全国学术研究委员会和西部电器公司在所属的芝加哥霍桑电话机工厂进行一次调查研究工作，试图通过照明强弱的变化与产量变化的关系来分析工作条件与劳动效率之间的关系，此即有名的“霍桑试验”（Hawthorne Studies）。试验结果令人失望，产量不仅没有因照明减弱而降低，甚至还有所增加。试验进行了两年半，得不到预期的结果。从 1927 年开始，梅奥和罗特利斯伯格参加到该项试验中。梅奥及其助手用三年时间，一方面仍继续改变各种工作条件，如改变作息时间、工资奖励制度、生产监督方法等来观察相应的生产率的变化；另一方面，大量走访工人，进行个别谈话等。根据霍桑试验，梅奥于 1933 年出版了《工业文明中人的问题》一书，提出了与古典管理理论不同的新观点。

（1）企业的职工是“社会人”

从亚当·斯密到科学管理学派，都把人看做是仅仅为了追求经济利益而进行活动的“经济人”，或者是对于工作条件的变化能够作出直接反应的“机器的模型”。但是，霍桑试验表明，物质条件的改变不是劳动生产率提高或降低的决定性因素，甚至计件制的刺激工资制对于产量的影响也不及生产集体所形成的一种自然力量大。因此，梅奥等人创立了“社会人”的假说，即认为人不是孤立存在的，而是属于某一工作集体并受这一集体影响的。他们不是单纯地追求金钱收入，还要追求人与人之间的友情、安全感、归属感等社会的和心理的欲望的满足。梅奥等人曾经用这样一句话来描绘人：人是独特的社会动物，只有把自己完全投入到集体之中才能实现彻底的“自由”。

（2）满足工人的社会欲望和提高工人的士气是提高生产效率的关键

科学管理理论认为，生产效率与作业方法、工作条件之间存在着单纯的因果关系。可是，霍桑实验表明，这两者之间并没有必然的、直接的联系；

生产效率的提高，关键在于工作态度的改变，即工作士气的提高。梅奥等人从人是社会人的观点出发，认为士气高低决定于安全感、归属感等社会、心理方面的欲望的满足程度。满足程度越高，士气就越高，生产效率也越高。

(3) 企业中实际存在着一种非正式组织

人的组织可分为正式组织和非正式组织两种。正式组织以效率和成本为主要标准，要求企业成员为了提高效率、降低成本而确保形式上的协作；非正式组织则以感情为主要标准，要求其成员遵守人群关系中形成的非正式的不成文的行为准则。非正式组织不仅存在于工人之中，而且存在于管理人员、技术人员之中，只不过效率与成本对于管理人员、技术人员比之对于工人更为重要，而感情一般说来，在工人中比在管理人员、技术人员中占有更为重要的地位。如果管理人员、技术人员仅仅依据效率与成本的要求来进行管理而忽略工人的感情，那么两者之间必将发生矛盾冲突，妨碍企业目标的实现。因此，调和这种矛盾，解决这种冲突，是管理的根本问题。

(4) 企业应采用新型的领导方法

新型的领导方法，主要是组织好集体工作，采取措施提高士气，促进协作，使企业的每个成员与领导真诚持久地合作。例如，建立邀请职工参加企业各种决策的制度，借以改善人与人的关系，提高职工士气；实行上下意见交流，上级交代任务必须详加说明，并允许下级向上级提意见，尊重下级的意见和建议；建立面谈制度，给职工以表达感情、不满和争论的机会，以消除不良的人际关系；美化工作环境，建设宿舍等福利设施，组织娱乐、体育活动等。

继梅奥和罗特利斯伯格的研究之后，有很多学者从心理学、社会学角度致力于这方面的研究和探索。梅奥和罗特利斯伯格的理论通常被称为人际关系学说。从 1949 年起，该领域的研究成果被称为行为科学。20 世纪 60 年代以后，则更多地使用“组织行为学”一词。

第四节 管理理论的丛林

第二次世界大战之后，现代科学技术日新月异的发展，生产和组织规模的急剧扩大，生产力的迅速发展，生产社会化程度的日益提高，引起了人们对管理理论的普遍重视。在美国和其他许多国家，不仅从事实际管理工作的人和管理学家在研究管理理论，而且一些心理学家、社会学家、人类学家、经济学家、生物学家、哲学家、数学家等也都从各自不同的背景、不同的角度，用不同的方法对现代管理问题进行研究。这一现象带来了管理理论的空前繁荣，同时出现了各种各样的学派。已故美国著名管理学家哈罗德·孔茨（Harold Koontz，1908—1984）把这一现象形象地描述为管理理论的“丛林”。他曾经于1961年和1980年两度发表了题为《论管理理论丛林》和《再论管理理论丛林》的文章，对现代管理中出现的丛林现象进行了论述。孔茨指出，20世纪60年代初期的管理理论可以归纳为六个学派，即管理过程学派、经验学派、人类行为学派、社会系统学派、决策理论学派和数学学派。到1980年，孔茨发现管理理论的丛林不但没有消失，反而显得更加茂密而难于通过了。当时的管理学派已由原来的6个发展到11个，即经验（案例）学派、人际关系学派、群体行为学派、社会协作系统学派、社会技术系统学派、决策理论学派、系统学派、数学（或管理科学学派）、权变理论学派、经理角色学派和经营管理学派。

由于现代管理的学派繁多，理论庞杂，本书只选择其中具有代表性的几个学派加以介绍。

一、行为科学学派

1949年，在美国芝加哥大学召开了一次有哲学家、精神病学家、心理学家、生物学家和社会学家等参加的跨学科的科学会议，讨论应用现代科学知识来研究人类行为的一般理论。会议给这门综合性的学科定名为“行为科学”。1953年，芝加哥大学设立了行为科学研究所。

行为科学是一门研究人类行为规律的科学。资本主义管理学家试图通过行为科学的研究，掌握人们行为的规律，找出对待工人、职员的新手法和提高工效的新途径。行为科学学派的主要理论有：

1. 需要层次理论

行为科学认为人的各种行为都是由一定的动机引起的，而动机又产生于人们本身存在的各种需要。人们为了满足自己的需要，就要确定自己行为的目标。人都是为了达到一定的目标而行动的。这种从一定的需要出发，为达到某一目标而采取行动，进而实现需要的满足，而后又为满足新的需要产生新的行为的过程，是一个不断的激励过程。只有尚未得到满足的需要才能对行为起激励作用。

尚未得到满足的需要是些什么内容呢？许多早期管理者强调，金钱是激励个人的主要手段，因为人们追求的就是合理的经济目标。当代许多心理学家则认为，金钱固然是重要的激励因素，但人们希望满足的不仅仅是经济需要。至于应该是些什么需要，需要之间的关系怎样？至今众说纷纭。现仅介绍在资本主义世界广为流传的激励理论——美国人亚伯拉罕·马斯洛（Abraham Maslow，1908—1970）的需要层次理论。马斯洛的需要层次理论有两个基本论点：①人是有需要的动物，其需要取决于他已经得到了什么，尚缺少什么，只有尚未满足的需要能够影响行为；②人的需要都有高低层次，某一层需要得到满足后，另一层需要才出现。

马斯洛认为，在特定的时刻，人的一切需要如果都未得到满足，那么满足最主要的需要就比满足其他需要更迫切。只有排在前面的那些需要得到了满足，才能产生更高一级的需要。而且只有当前面的需要得到充分的满足后，后面的需要才显出其激励作用。马斯洛将需要分为五级，即生理的需要、安全的需要、感情的需要、尊重的需要和自我实现的需要。

2. 双因素理论

1959年，美国心理学家弗雷德里克·赫茨伯格（Frederick Herzberg）在广泛调查的基础上写作出版了《工作与激励》一书，正式提出了激励的双因素理论。

①保健因素。保健因素可以归纳为十项，即企业的政策与行政管理、监督、与上级的关系、与同事的关系、与下级的关系、工资、工作安全、个人生活、工作条件、地位。这类因素对职工行为的影响类似卫生保健对人们身体的影响。当卫生保健工作达到一定的水平时，可以预防疾病，但不能治病。同理，当保健因素低于一定水平时，会引起职工的不满；当这类因素得到改善时，职工的不满就会消除。但是，保健因素对职工起不到激励的积极作用。

②激励因素。激励因素归纳起来有六种，即工作上的成就感、受到重视、提升、工作本身的性质、个人发展的可能性与责任。当这类因素具备时，可以起到明显的激励作用；当这类因素不具备时，也不会造成职工极大的不满。

由此可见，激励因素是以工作为中心的，即以对工作本身是否满意、工作中个人是否有成就、是否得到重用和提升为中心的；而保健因素则与工作的外部环境有关，属于保证工作完成的基本条件。研究中还发现，当职工受到很大激励时，他对外部环境的不利能产生很大的耐性；反之，就不可能有这种耐性。

3. X、Y、Z理论

美国麻省理工学院教授道格拉斯·麦格雷戈（Douglas Mcgregor，

1906—1964）于 1957 年首次提出 X 理论和 Y 理论。其中，X 理论的主要观点是：人的本性是坏的，一般人都有好逸恶劳、尽可能逃避工作的特性；由于人有厌恶工作的特性，因此对大多数人来说，仅用奖赏的办法不足以战胜其厌恶工作的倾向，必须进行强制、监督、指挥、惩罚并进行威胁，才能使他们付出足够的努力去完成给定的工作目标；一般人都胸无大志，通常满足于平平稳稳地完成工作，而不喜欢具有"压迫感"的创造性的困难工作。与 X 理论相反，Y 理论则认为：人并不是懒惰的，他们对工作的喜欢和憎恶决定于这工作对他是一种满足还是一种惩罚；在正常情况下人愿意承担责任；人们都热衷于发挥自己的才能和创造性。

对比 X 理论和 Y 理论可以发现，它们的差别在于对工人的需要看法不同，因此采用的管理方法也不同。按 X 理论来看待工人的需要，就要采取严格的控制、强制方式进行管理；按 Y 理论看待工人的需要，管理者就要创造一个能多方面满足工人需要的环境，使人们的智慧、能力得以充分发挥，以更好地实现组织和个人的目标。

在麦格雷戈提出 X 理论和 Y 理论之后，美国的乔伊·洛尔斯（Joy Lorsch）和约翰·莫尔斯（John Morse）对此进行了试验。通过试验，洛尔斯等人提出了超 Y 理论。其主要观点是：不同的人对管理方式的要求不同。有人希望有正规化的组织与规章条例来约束自己的工作，而不愿参与问题的决策去承担责任，这种人欢迎以 X 理论来指导管理工作；相反，有人却需要更多的自治责任和发挥个人创造性的机会，这种人欢迎以 Y 理论为指导的管理方式。此外，工作的性质、员工的素质也影响到管理理论的选择。

美国加州大学管理学院日裔美籍教授威廉·大内（William Ouchi）在研究分析了日本的企业管理经验之后，提出了他所设想的 Z 理论。Z 理论认为企业管理当局与职工的利益是一致的，两者的积极性可融为一体。按照 Z 理论，管理的主要内容是：①企业对职工的雇佣应是长期的而不是短期的。②上下结合制定决策，鼓励职工参与企业的管理工作。③实行个人负责制。④上下级之间关系要融洽。⑤对职工要进行知识全面的培训，使职工有多方面工作的经验。⑥准备评价与稳步提拔。⑦控制机制要较为含蓄而不正规，但检测手段要正规。

二、决策理论学派

决策理论学派的代表人物是美国卡内基—梅隆大学教授赫伯特·西蒙（H. A. Simon）和詹姆士·马奇（James G. March）。该学派的主要论点如下：

(1) 决策是一个复杂的过程

人们常常认为，决策只是在一瞬间即能完成的一种活动，是在关键时刻做出的决定。而决策理论学派认为，这种看法太狭窄了，它仅注意了决策的最后片刻，而忽略了最后时刻之前的复杂的了解、调查、分析的过程以及在此之后的评价过程。作为决策的过程在大的方面至少应该分成四个阶段：提出制定决策的理由；尽可能找出所有可能的行动方案；在诸行动方案中进行抉择，选出最满意的方案；对该方案进行评价。每一个阶段都含有丰富的内容，并且各个阶段有可能相互交错，因此决策是一个反复的过程。

(2) 决策可分为程序化决策与非程序化决策

西蒙认为，根据决策的性质可以把他们分为程序化决策和非程序化决策。程序化决策是指反复出现和例行的决策。这种决策的问题由于已出现多次，人们自然就会制定出一套程序来专门解决这种问题。比如为病假职工核定工资，排出生产作业计划等。非程序化决策是指那种从未出现过的，或者其确切的性质和结构还不很清楚或相当复杂的决策。例如，某个企业要开发某种市场上急需而本厂又从未生产过的新产品。程序化决策与非程序化决策的划分并不是严格的，因为随着人们认识的深化，许多非程序化决策将转变为程序化决策。

(3) 满意的行为准则

西蒙认为，由于组织处于不断变动的外界环境影响之下，收集到决策所需要的全部资料是困难的，而要列举出所有可能的行动方案就更加困难，况且人的知识和能力也是有限的，所以在制定决策时，很难求得最佳方案。在实践当中，即使能求出最佳方案，出于经济方面的考虑，人们也往往不去追求它，而是根据令人满意的准则进行决策。具体地说，就是制定出一套令人满意的标准，只要达到或超过了这个标准，就是可行方案。这种看法，揭示了决策作为环境与人的认识能力交互作用的复杂性。

(4) 组织设计的任务就是建立一种制定决策的人—机系统

由于组织本身就是一个由决策者个人所组成的系统，现代组织引入自动化技术之后，就变成了一个由人与计算机所共同组成的结合体。组织设计的任务就是要建立这种制定决策的人—机系统。

三、管理科学学派

管理科学学派也称数量学派、运筹学派，它是新理论、新方法与新科学管理理论相结合而逐渐形成的一种以定量分析为主要方法的学派，是泰罗科学管理理论的拓展。其代表人物有布莱克特、丹齐克等人。

管理科学学派认为，管理就是制定和运用数学模型与程序的系统，就是用数学符号和公式来表示计划、组织、控制、决策等合乎逻辑的程序，求出最优的解答，以达到企业的目标。

管理科学学派解决问题的七个步骤是：①观察和分析；②确定问题；③建立一个代表所研究问题的模型；④根据模型得出解决方案；⑤对模型和得出的解决方案进行验证；⑥建立对解决方案的控制；⑦把解决方案付诸实施。

管理科学学派的目标就是要实现管理科学化。它运用系统的观点、数学和统计学的方法及电子计算机技术，都无非是要使现代管理规范、合理，具有可以遵循的逻辑。诚然，由于运用最新科学成果，对整个管理过程做出模拟设计，可以做到预先编制出决策、计划、组织、控制等管理过程的逻辑程序，找出最优的管理方案。但是，当管理科学学派这样做时，无疑是把复杂的管理过程简单化了，特别是它存在着忽视管理中人的因素的片面性，这就决定了它的应用价值是非常有限的。尽管如此，管理科学学派还是具有很强的生命力，因为它在学习和操作方面是非常方便的，而且按照管理科学学派的理论和方法进行管理也确能节约资源、提高效率。尤其是在大型企业、大型工程建设和国家宏观管理的领域中，管理科学学派的理论和方法得到了广泛的应用。20 世纪 90 年代以来，“临境”技术的出现，又为管理科学学派的发展提供了新的契机。

四、经验主义学派

经验主义学派也称经验学派、案例学派或经验主义。这个学派主张通过分析经验（常常就是案例）来研究管理问题。其依据是：管理学者和实际管理工作者通过研究各色各样的成功和失败的管理案例，就能理解管理问题，自然地学会有效管理。经验主义学派的代表人物有彼得·德鲁克、欧内斯特·戴尔、艾尔弗雷德·斯隆、威廉·纽曼等。

该学派的主要观点是：

（1）作为企业主要领导的经理，其工作任务着重于两方面：①形成一个“生产的统一体”，有效调动企业各种资源，尤其是人力资源作用的发挥；②经理做出每一项决策或采取某一行动时，一定要把眼前利益与长远利益协调起来。

（2）普遍重视建立合理的组织结构问题。如德鲁克认为，当今世界上管理组织的新模式可以概括为以下五种：①集权的职能性结构；②分权的联邦式结构；③矩阵结构；④模拟性分散管理结构；⑤系统结构。其中，①、

③是以工作任务为中心的组织设计，②、④ 是以成果为中心的组织设计，⑤则是以关系为中心的组织设计。

（3）对科学管理和行为科学理论重新评价。这一学派中的许多人指出，科学管理和行为科学理论都不能完全适应企业实际需要，只有经验主义学派将这二者结合起来，才真正实用。

（4）提倡实行目标管理。德鲁克针对泰罗制重视动作分解而忽视工人劳动兴趣，把计划与执行分离等方面的弊端，于 1954 年提出目标管理（简称 MBO）的设想。目标管理综合了以工作为中心和以人为中心的管理技能和管理制度，能使管理人员和广大员工在工作中实行自我控制，满足自我实现的需要，同时也能实现企业的目标。

总的来看，经验主义学派并未形成完整的理论体系，其内容也比较庞杂，但其中的一些思想反映了当代社会化大生产的客观要求，值得重视。

第五节　当代最新管理思潮

进入 20 世纪 80 年代以来尤其是 90 年代以后，企业所处的内外环境已不同于以往，发生了许多新的变化，主要表现在：①知识经济悄然临近；②全球经济一体化趋势增强；③消费者需求呈个性化特征；④市场竞争日益激烈；⑤人们可持续发展意识的提高；⑥人才取代资金与资源成为需求热点；⑦社会文化的作用力度加大；⑧企业的工作方式正发生变化；⑨企业员工需求的深切呼唤；⑩企业管理手段的不断更新。

上述背景因素彼此之间互相影响，互相渗透，推动着管理实践的变革，而管理实践变革的必然结果则是众多管理新思潮的涌现。

一、学习型组织理论

学习型组织理论是 20 世纪 90 年代以来在管理实践中发展起来的全新的管理理论。这一理论的最初构想来源于佛瑞斯特在 1965 年写的一篇论文《企业的新设计》。在这篇文章中，他运用系统动力学的基本原理，非常具体地构想了未来企业的一些基本特征，包括组织结构扁平化、组织信息化、组织更具开放性、员工与管理者的关系逐渐由从属关系转向工作伙伴关系、组织不断学习、不断调整组织内部的结构关系等。彼得 · 圣吉（Peter Senge）作为佛瑞斯特的学生，一直致力于研究如何以系统动力学为基础建立起一种更理想的组织。在研究过程中，他除了进一步融入更多整体动态搭配的细节性技术外，还将一些新的创造性管理技术结合起来，终于在 1990

年出版了他的旷世之作——《第五项修炼——学习型组织的艺术与实务》，创立了学习型组织理论。除圣吉外，鲍尔·沃尔纳（Paul Woolner）、杨硕英等学者也从不同的角度对学习型组织进行了研究。

实际上，所谓学习型组织，就是指通过弥漫于整个组织的学习气氛而建立起来的一种符合人性的、有机的、扁平化的组织。

学习型组织具有以下几个特征：①组织成员拥有一个共同愿景；②组织由多个创造性团体组成；③善于不断学习；④地方为主的扁平式结构；⑤自主管理；⑥组织边界将被重新界定；⑦员工家庭与事业的平衡；⑧领导者的新角色。

既然学习型组织是21世纪全球企业组织发展的新趋势，那么，如何构建学习型组织就必然成为人们关注的焦点。在此，介绍三种较为成熟的理论。

鲍尔·沃尔纳的五阶段模型。鲍尔·沃尔纳运用实证研究法，从企业教育与培训活动这一角度对许多企业进行了深入的观察与分析，并在此基础上归纳出学习型组织的发展模式。他认为，企业学习活动的发展一般经历五个阶段：①无意识学习；②消费型学习；③学习引入企业——开端；④确定企业的学习日程；⑤学习与工作的融合。

约翰·瑞定的"第四种"模型。它有四个基本特点：①持续准备；②不断计划；③即兴推行；④行动学习。

彼得·圣吉的五项修炼模型。彼得·圣吉在对企业进行研究的过程中发现，许多团体的成员个人智商较高，而整体智商较低。其原因在于组织的智障妨碍了组织的学习与成长。为了使这些组织变成学习型组织并保持持久的竞争优势，彼得·圣吉认为必须进行以下五项修炼：①自我超越；②改变心智模式；③建立共同愿景；④团队学习；⑤系统思考。这五项修炼之间具有很强的正相关性，每一项修炼的成败都和其他修炼的成败密切相关。因此，学习型组织理论特别强调五项修炼的整合。只有这样，才能保持组织持续学习的精神，及时铲除发展道路上的障碍，提高企业应付环境变化和自我发展的能力。

二、企业能力理论

企业能力理论是指一种以强调企业生产、经营行为和过程中的特有能力为出发点来制定和实施企业竞争战略的理论。这一理论有两种较具代表性的观点：一种是以汉默尔和普拉哈拉德为代表的"核心能力观"，另一种是以斯多克、伊万斯和舒尔曼为代表的"整体能力观"。前者所说的核心能力是指蕴涵于一个企业生产经营环节之中的、具有明显优势的个别技术和生产技能的结合体；后者所说的整体能力主要表现为组织成员的集体技能和知识以及员工相互交往方式的组织程序。换言之，前者注重企业价值链中的个别关键优势，后者则强调价值链中的整体优势。不过，两种能力观均强调企业内部行为和过程所体现出的特有能力，认为企业内部能力、资源和知识的积累是企业获得超额收益和保持竞争优势的关键。

企业能力理论的兴起，一方面源于现代企业理论的局限，另一方面也源于主流战略理论的不足。因此，企业能力理论不仅是对传统企业理论、产业组织理论的“结构—行为—绩效”分析框架的替代，而且也是对流行于20世纪80年代的波特竞争战略分析模式的替代。从目前情况来看，虽然企业能力理论还不成体系，但在一些问题上已初步达成共识：①企业本质上是一个能力集合体；②能力是对企业进行分析的基本单元；③企业核心能力是企业长期竞争优势的来源；④识别、培育、运用核心能力是企业长期的根本性战略。

三、企业再造理论

企业再造（Corporation Reengineering），又称业务流程再造（Business Process Reengineering，简称BPR），是20世纪80年代末90年代初发展起来的一种全新的企业管理理论。1990年，美国新一代管理专家迈克尔·汉默（Michael Hammer）在《哈佛商业评论》第7~8期上发表一篇题为“再造：不是自动化，而是重新开始”的文章，率先提出了企业再造的思想，引起了强烈反响。1993年，他又与詹姆斯·钱辟（James Champy）合著了《再造企业：企业革命的宣言》一书。该书发展了再造原理，明确提出了企业再造的概念。以后，他们又陆续出版了《再造革命》（1995）、《管理再造》（1995）、《超越再造》（1996）等著作，丰富和发展了企业再造理论。

所谓企业再造，是指从根本上重新思考，彻底翻新作业流程，以便在现金衡量表现的成本、品质、服务和速度等关键指标上获得戏剧性的改善。

从美国的经验来看，企业再造理论适用于以下三类企业：①问题丛生的企业；②目前业绩尚可，但潜伏着危机的企业；③正处于事业发展巅峰的企业。事实上，企业再造理论不仅适用于企业，其基本思想同样适用于行政事业单位的改革。

企业再造理论有三个指导思想，即顾客至上、以人为本和彻底改造。

企业再造可通过以下步骤来实施：①构筑再造队伍；②认识并分析现有流程；③进行流程再设计；④实施运转。

企业再造方式通常有两种：一种是改良式再造（Systematic Redesign），另一种是革命性再造（Clean Sheet Approach）。

四、智力资本理论

自1992年贝克尔（Becker）首先将知识和资本的概念明确联系起来以后，国内外对智力资本的研究成果日渐增多。大家普遍认为，智力资本是对传统资本概念的有效补充，是企业获取长期竞争优势的来源，现代企业的目标应该是智力资本的增值与实现。不过，由于智力资本理论的产生时间不长，学者们对究竟何谓智力资本、如何管理智力资本等问题尚未取得一致看法。

关于智力资本的基本内涵，安妮·布鲁金认为，智力资本是使公司得以运作的所有无形资产的总称，具体包括四大类，即市场资产、知识产权资产、人才资产和基础结构资产。托马斯·斯图尔特（Thomas A. Stewart）认为，智力资本是指企业里每个人所掌握的能带来竞争优势的内容之和，即企业组织可以用来创造财富的集体智慧。他把智力资本划分为人力资本、结构资本和顾客资本三大类。世界工商界的第一位智力资本主管——列夫·埃德文森（Liof Edvinsson）则更为简洁地将智力资本划分为人力资本和结构资本两部分，认为智力资本是人力资本和结构资本的耦合，但人力资本和结构资本具有不同的特征，前者是创造智力资本的来源，后者可将前者创造的智力资本转化为集体拥有的财富。

同企业的传统资本一样，智力资本也需要管理。

安妮·布鲁金将智力资本管理的全过程划分为七个阶段，即：①确定智力资本；②制定智力资本发展计划；③审计智力资本；④将审计结果记录并归档于智力资本的知识库中；⑤保护智力资本；⑥发展和更新智力资本；⑦推广智力资本。

斯图尔特提出了智力资本管理需要遵循的一些基本原则：①企业不能独占其人力资本和顾客资本，只能与员工和客户共同分享这些资本；②要开发人力资本，企业必须树立团队精神，改善集体运作环境以及其他社会学习形式；③结构资本是企业完全拥有的无形资产，企业必须通过积累知识数据库并加速企业内部信息流来控制这种资本；④人力资本、结构资本和顾客资本三者必须相辅相成。

五、知识管理理论

著名管理学大师彼德·德鲁克（Peter F. Drucker）曾经指出："在新的

经济体系内，知识并不是和人才、资本、土地相并列的社会生产资源之一，而是唯一有意义的资源，其独到之处，正在于知识是资源的本身，而非仅是资源的一种。”特殊的资源呼唤特殊的管理方式，一种崭新的管理理论——知识管理由此应运而生。1989 年，麻省理工学院出版的著名管理学刊物《斯隆管理评论》（*Sloan Management Review*）发表了一篇署名斯塔特（Stata）的论文《组织学习——管理创新的关键》（*Organizational Learning—The Key to Managing Innovation*），其中提到了对 Fortune 50 家大公司的总裁进行的一项调查。各位总裁均承认知识是其公司最重要的资产，但没有人清晰地知道如何管理知识。这应该是全球范围内第一篇以知识管理为主题的学术论文。全球范围内第一部有“知识管理”字样的专著是美国学者威金（Wiig）于 1993 年发表的《知识管理基础》（*Knowledge Management Foundations*）。

但是，关于知识管理的定义至今仍未达成共识。

Andreas Abecker 将知识管理定义为对企业知识的识别、获取、开发、分解、使用和存储。

Masie 的定义是：知识管理是一个系统地发现、选择、组织、过滤和表述信息的过程，目的是改善雇员对特定问题的理解。

Verna Allee 认为，知识管理是帮助人们对拥有的知识进行反思，帮助、发展、支持人们进行知识交流的技术和企业内部结构，并帮助人们获得知识来源，促进他们之间进行知识的交流。

Wiig 指出，知识管理主要涉及四个方面：自上而下地监测和推动与知识有关的活动；创造与维护知识基础设施；更新组织和转换知识资产；使用知识以提高其价值。

美国生产力与质量研究中心（APQC）指出，企业知识管理是为了提高企业竞争力而对知识的识别、获取和充分发挥其作用的过程。

英国加特纳集团公司（Gartner Group Inc.）认为，知识管理是为发现、管理和分享企业信息资产所提供的一条综合途径，这些信息资产包括数据库、文献、策略、程序和未成文的存在于员工中的技能与经验。

David J. Skyrme 博士认为，知识管理是对虚拟知识及其创造、收集、组织、传播、利用与宣传等相关过程的系统管理。它要求将个人知识转变为某个组织可以广泛共享与适当利用的团体知识。

美国德尔集团创始人之一卡尔·弗拉保罗从知识管理的目的出发，认为知识管理就是运用集体的智慧提高应变和创新能力，是为企业实现显性知识和隐性知识共享所提供的新途径。

Karl E. Sveiby 则从认识论的角度将知识管理定义为利用组织的无形资产创造价值的艺术。

Yogesh Malhotra 认为，知识管理是当企业面对日益增长着的非连续性的环境变化时，针对组织的适应性、组织的生存和竞争能力等重要方面的一种迎合措施。本质上，它包含了组织的发展进程，并寻求将信息技术所提供的对数据和信息的处理能力以及人的发明创造能力这两方面进行有机的结合。

Elias Safdia 和 Ray Edward 认为，知识管理是使人、过程以及技术完美地结合起来，以使组织机构的与信息相关的成分变成能为企业带来价值、优势和利益的直观动态的知识财富集合。知识管理是一种文化、生活的方式，或者说是一种做事的方式。

金吾伦认为，知识管理就是通过知识共享，运用集体的智慧提高应变和创新能力，并为提高竞争力而对知识进行识别、获取和发挥其作用的组织运作过程。

知识管理的内容十分庞杂，大概涉及以下几个方面：①组织内部知识的交流和共享；②驱动以创新为目的的知识生产；③支持从外部获取知识，并提高消化吸收知识的能力；④将知识资源融入组织产品或服务以及生产过程和管理过程；⑤管理组织的知识资产。

六、六西格玛（6σ）理论

σ 是希腊字母，这个术语用来描述任一过程参数的平均值的分布或离散程度。σ 值指示了缺陷发生的频度。σ 值越高，过程不良品率越低；当 σ 值增大时，成本降低，过程时间周期缩短，客户满意度提高。6σ 是一个统计测量标准，代表着合格率达到 99.99966%，意味着生产 100 万件产品只有大约 3 件不良品出现的机会。6σ 提供给企业精确测量自己的产品、服务和过程的微型标尺。

6σ 系统解决问题的基本程序是 DMAIC，即 Define（界定问题）、Measure（测量）、Analyze（分析）、Improve（改进）和 Control（控制），依照这个过程，系统地解决问题。

6σ 管理方法具有以下特点：

（1）比以往更广泛的业绩改善视角，强调从顾客的关键要求以及企业经营战略焦点出发，寻求业绩突破的机会，为顾客和企业创造更大的价值。

（2）强调对业绩和过程的度量，通过度量，提出挑战性的目标和水平对比的平台。

（3）提供了业绩改进方法。针对不同的目的与应用领域，这种专业化的改进过程包括 6σ 产品/服务过程改进 DMAIC 流程、6σ 设计 DFSS 流程等。

（4）在实施上由“倡导者”（champion）、“黑带大师”（MBB）、“黑带”（BB）、“绿带”（GB）等经过培训，职责明确的人员作为组织保障。

（5）通过确定和实施 6σ 项目，完成过程改进项目。每一个项目的完成时间在 3~6 个月。

（6）明确规定成功的标准及度量方法，以及对项目完成人员的奖励。

（7）组织文化的变革是其重要的组成部分。

6σ 管理方法的魅力在于，它是企业取得和保持竞争优势、获得突破性业绩改进的管理模式。从 6σ 管理方法的本质来看，6σ 管理方法体现了科学管理方法在企业的系统和集成的应用。

七、团队管理理论

团队既是一个广为人知的概念，也是一个令人难以理解的名词。时至今日，尽管多数学者均赞同团队与其他工作群体不同的观点，但对究竟何为团队的看法尚未取得完全一致。著名的《团队的智慧》的作者卡曾巴赫和史密斯的定义较具典型意义。他们认为，团队就是由少数有互补技能，愿意为了共同的目的、业绩目标和方法而相互承担责任的人们组成的群体。

汉克·威廉斯认为，要想使团队维持有效的运转，必须具备四个相互关联的条件：①团队内必须充满活力，活力可通过员工创造性的主动发挥、员工出成就的高度热情、员工和睦相处的精神氛围体现出来；②团队内必须有一套为达到目标而设置的控制系统；③团队必须拥有完成任务所需的专业知识，包括专业技术知识、关于运作方法的知识以及政治知识；④团队必须要有一定的影响力，特别是团队要有那么一小部分人，他们不仅对团队内部有影响力，而且对团队以外的更大范围内也有影响力。

八、情境管理理论

情境管理理论的提出，是基于对古典管理理论的一个假设的反思，即认为对所有情境中的管理都存在着一个统一的普遍适用的原则、过程和一个“最好的方法”。然而，实际上并非如此。纵观管理发展的历史不难看出，不同时代有不同的管理方式，处于不同组织层次上的管理人员有不同的管理类型，也就是说，管理应视情境而定。

拉比尔·S. 巴塞（Raghbir S. Basi）认为，所谓情境就是由历史遗留及对未来预期而决定的、表现形式多样的、现行的、占主流地位的环境因素，它们能决定管理任务能否正确地完成。他把决定情境的主要因素划分为两类：一类是组织层次，一类是组织文化。组织层次指的是特定管理者发挥作用的那个阶层等级，具体包括三个层次，即总裁层、经理层和监工层。它们各自具有不同的责任。总裁层承担的是特定环境中组织系统全局战略总管的责任；经理层的职能是协调正在进行的管理、控制偶然事件以保证活动的畅通；监工层的职能是使别人完成任务。组织文化由六个关键维数决定，它们分别是社会形态、工作技术、个人需要、首席执行官的价值取向、工作配置与组织设计。前三个维数属宏观维数，其共同作用的结果形成了三个时代，即农业经济时代、工业经济时代和知识经济时代；后三个维数属微观维数，它们是从宏观维数衍生出来的。宏观维数与微观维数的共同作用，形成了三种组织文化，即家长专制的组织文化、官僚主义的组织文化和协作参与的组织文化。这样一来，将三种管理层次和三种组织文化综合起来，就产生了9种不同的管理情境，如表1-1所示：

表1-1　　**管理情境**

组织文化 / 组织层次	家长专制的（P）	官僚主义的（B）	协作参与的（S）
总裁层（E）	EP	EB	ES
经理层（M）	MP	MB	MS
监工层（S）	SP	SB	SS

九、战略联盟理论

战略联盟（strategic alliance）是一种非股权结合型的企业联合模式，它的出现可以用参与联盟的各企业能力的杂交产生的互补性价值、通过联盟网络获得的竞争力和资源的共享、知识的可传递性来解释。

战略联盟可以有多种表现形式。常见的有：

（1）许可证（license agreement）。利用许可证，企业可以快速地、低成本地使用新技术、扩大销售量来获得成功本领先地位，或者通过许可证形成的技术创新、品牌或特殊服务来强化产品某一方面的特性，以此来增加客户价值。

（2）合资企业（joint venture）。它是由两个或两个以上的公司作为出资方共同创建的独立经营实体，是战略伙伴共同承担开发成本、进入新市场的另一种途径。

（3）企业联合型组织（consortia）。

（4）虚拟组织（virtual organization）。虚拟组织是指由多家独立的企业为抓住和利用混沌、快速变化的市场机遇，在紧密合作和高度信任的基础上，利用现代信息技术，集成各自的优势资源，形成一个没有界限的、超越约束的、统一指挥的合弄组织（holonic organization）。虚拟组织网络最显著的特征是，核心企业并不从事具体的生产活动，而是将实际生产任务交给一些专业企业来完成。核心企业实现其对其他企业的控制，是通过它所掌握的独特生产技术、制作秘方、市场网络、品牌等来实现的。

（5）价值网络（value networks）。价值网络是由利益相关者之间相互影响而形成的价值生产、分配、转移和使用的关系及其结构。价值网络是由效用体系、资源选择、制度与规则、信息联系、市场格局和价值活动等基本要素构成的系统。价值网络使组织间联系具有交互、进化、扩展和环境依赖的生态特性，扩大了企业的动态发展空间，从而促进价值创造，改进价值识别体系，扩大资源的价值影响。

（6）价值星系（value constellation）。价值星系是指一个企业间的中间组织，是一个企业引力集合的创造价值的系统。这个系统的成员包括作为“恒星”企业的经纪人公司、模块生产企业、供应商、经销商、合伙人、顾客等。他们共同创造价值，通过成员组合方式进行角色与关系的重塑，经由新的角色，以新的协同关系再创价值。

同传统的管理理论相比，上述管理新思潮具有以下几个特征：①管理思维：从常规管理到创新管理；②价值取向：从有形资产到无形资产；③管理导向：从企业主体性到市场与社会主体性；④管理目标：从追求经济指标到创造整体价值；⑤管理中心：从物本管理到人本管理；⑥管理边界：从清晰到模糊；⑦业务流程：从分工到再造；⑧管理方式：从突出刚性特征到柔性管理；⑨管理维度：从理性与非理性管理的震荡交替到两者深度融合。

总之，尽管上述九种管理思潮大多是在近十余年来产生和发展起来的，且有些还不太成熟，但它们所蕴涵的管理思想和精神是深邃的、不容忽视的，其应用领域也决不限于企业管理，因而值得图书馆管理理论研究者和实践家深入研究。

参考文献

[1] 傅夏仙．管理学［M］．杭州：浙江大学出版社，2007.

［2］韩乐江，李朝晖．管理学基础［M］．北京：中国商务出版社，2009.
［3］（法）亨利·法约尔著．工业管理与一般管理［M］．迟力耕，张璇，译．北京：机械工业出版社，2007.
［4］罗珉．管理学［M］．北京：机械工业出版社，2006.
［5］张兰霞．新管理理论丛林［M］．沈阳：辽宁人民出版社，2001.
［6］芮明杰．管理学：现代的观点［M］．上海：上海人民出版社，1999.
［7］（美）罗宾斯（Robbins，S. P.）著．管理学［M］．第4版．黄卫华，等译．北京：中国人民大学出版社，1997.
［8］（美）加雷思·琼斯等著．当代管理学［M］．第2版．李建伟，等译．北京：人民邮电出版社，2003.
［9］（美）Robert B. Stueart，Barbara B. Moran. *Library and Information Center Management*［M］. Englewood：Libraries Unlimited，1998.

第二章 图书馆管理的基本概念

第一节 图书馆管理的内涵

什么是图书馆管理？怎样给图书馆管理下一个科学的定义？对此，国内外学术界的做法迥然不同。

国外学者一般不明确界定图书馆管理的内涵，如罗伯特·D. 斯图亚特和约翰·泰勒·伊斯特利克合著的《图书馆管理》（书目文献出版社，1984年第1版）、И. М. 福鲁明著的《图书馆组织与管理》（书目文献出版社，1985年第1版）、沃伦·B. 希克斯与阿尔马·M. 蒂林合著的《现代图书馆管理》（书目文献出版社，1989年第1版）以及 Robert D. Stueart 和 Barbara B. Moran 合著的 *Library and Information Center Management*（fifth edition，1998，Libraries Unlimited，INC.，Englewood ，Colorado）等教材或专著中，均无图书馆管理的明确定义。

与此相反，国内许多学者都给图书馆管理下了定义，以至学术界至今尚未取得统一的认识。下面我们列举一些有代表性的定义。

郭星寿认为，“所谓图书馆管理，就是遵循图书馆工作的规律，依据管理工作的内容与程序，在图书馆系统最优化的条件下，充分利用其资源，以有效地实现其社会职能的一系列有组织的活动”。

于鸣镝认为，“应用现代科学的理论与方法，遵照图书馆工作和图书馆事业的固有规律，合理地组织和最大限度地发挥图书馆的人力、物力、财力等各种资源的作用，以便达到预定目标的决策过程。这就是图书馆的科学管理。”

鲍林涛主编的《图书馆管理学》（学苑出版社，1989年第1版，第6页）指出，图书馆科学管理就是“通过计划、组织、指挥、协调和控制等行动，按照图书馆事业和图书馆工作的发展规律，最合理地使用图书馆的人力、财力、物质资源，使之发挥最大的作用，以达到图书馆预期的目标，圆满地完成图书馆任务”。

黄宗忠认为，“图书馆管理是根据图书馆满足社会读者需求的目的，通过决策、计划、组织、指挥、协调与控制等行动，最合理地分配与使用图书馆系统的人力、物力、财力等资源，使之发挥最大的效益，提高图书馆的效率，以达到图书馆预期的目标，完成图书馆任务的动态过程”。

谭祥金认为，“图书馆管理是图书馆通过专门的机构和人员，合理配置和使用图书馆资源，达到预期目标的过程”。

潘寅生主编的《图书馆管理工作》（北京图书馆出版社，2001 年第 1 版，第 10 页）指出：“图书馆管理是遵循图书馆工作的客观规律，通过计划、组织、协调、指挥等手段，合理配置和使用图书馆资源，以达到预期目标，满足读者知识信息需求的一种活动。”

刘喜申认为，图书馆管理是指图书馆的主管者通过实施决策、组织、领导、控制和创新等职能，来协调工作人员的行为，以达到图书馆预期目标的活动过程。

李松妹认为，现代图书馆管理的定义应该是：全面运用现代管理理论，用以指导现代图书馆全部活动，提升现代图书馆管理水平的整个过程。

应该说，上述几种定义虽然表述方式不同，但并无实质性差别。它们或多或少是通过涵盖图书馆工作的客观规律、图书馆职能、图书馆资源、图书馆目标等要素来定义图书馆管理，都承认图书馆管理是一种活动或过程。我们不能说哪一种定义是完全正确的，因为每种定义都有自己的侧重点或视角。

在吸取上述定义之精华的基础上，我们可以给图书馆管理下一个定义：图书馆管理是指引导人力资源、财力资源、信息资源和物质资源进入动态的图书馆以达到图书馆的目标，亦即使其服务对象——读者获得满意，并且使服务的提供者——馆员亦获得一种高度的士气和成就感之活动。

这是一个关于图书馆管理的综合性定义。让我们来分析一下这个定义。

图书馆管理包含对人力资源、财力资源、信息资源和物质资源的引导。图书馆管理者必须平衡四者之间的关系，不能厚此薄彼。

图书馆的动态性在这个定义中得到了体现。图书馆的运营是处在一个永远变化的环境之中的，因为信息技术在变化，读者在变化，信息产品和信息服务在变化，馆员也在变化。因而，图书馆也必须变化。那些随时准备适应环境变化的图书馆被称为动态图书馆，正如在定义中所阐述的那样，图书馆管理涉及将人力资源、财力资源、信息资源和物质资源引导进入一个动态图书馆中去。

达到目标是这一定义不可分割的组成部分。目标是一个图书馆须臾不可离的要素，没有目标就没有图书馆或丧失图书馆存在的意义。

衡量达到图书馆目标的绩效度量是其所服务对象的满意程度。读者是图书馆服务的对象，对于成功的图书馆管理需要注重的是读者的满意程度。一些图书馆对读者持一种消极的态度，从长远的观点看，这种态度会使图书馆步入困境。不论一个图书馆是处在一种高度竞争的环境中还是处在一种非高度竞争的环境中，其所关注的焦点都应当是读者的满意程度。因此，图书馆管理就是为了达到使读者满意的目的，而将人力资源、财力资源、信息资源和物质资源引入到动态图书馆中。

定义中的最后一个部分是关于对高度士气和成就感的阐述。而这种高度士气和成就感是因馆员提供信息服务而获得的，馆员从工作中所获得的成就感和满意程度对图书馆达到目标以及为读者提供满意的服务具有很大的影响。

第二节　图书馆管理的特点

作为一种特殊的社会实践活动，图书馆管理具有一般社会实践所共有的客观性、能动性和社会历史性等特性，不过这些特性在图书馆管理中有其具体的表现形式。整个实践的特性对于不同的实践活动来说是一种共性的东西，而具有这种共性的各种实践活动又表现出不同的特性。图书馆管理具有以下几个主要特征：

一、总合性

所谓图书馆管理的总合性，从空间来说，它贯穿在一切图书馆活动中，存在于图书馆活动的一切方面和一切领域，凡是有图书馆活动的地方，就有图书馆管理存在。从时间来说，它与图书馆共始终。在中国商代，不仅有藏书之所、掌书之人，而且有管书之法。商代设史官掌管藏书，虽然这一时期尚未形成书籍分类和编目体例，但对藏书的管理已存在一定之法。商代史官在甲骨片编联成册之后，为便于查找，在储藏中采用标签形式将其标示。另据英国考古学家伍利（Leonard Woolley，1880—1960）1930—1931 年在幼发拉底河口附近的乌尔（Ur）发掘出的 400 多块泥版文书和 1000 多残片，发现泥版文书中的经济资料是按主题和年代排列的，泥版还挂有内容简介的标志牌。经专家鉴定，这些泥版文书是一所寺庙图书馆收藏的，大约存在于公元前3000年。这是国外存在最早的藏书管理，代表着国外最原始的图书馆管理思想。随着信息技术的发展，图书馆的形态可能会发生一些变化，传统的纸质图书馆可能会逐渐萎缩，虚拟图书馆、电子图书馆、数字图书馆或网络图书馆将登上历史舞台。但我们认为，只要还存在图书馆活动，不管其形式如何，仍然离不开管理。因此，在图书馆发展的长河中，管理是无处不在、无时不有的一种社会活动，它在图书馆系统中横贯各个层次、涵盖一切领域，具有总合性。

二、依附性

任何图书馆管理都必须依附于一定的图书馆业务工作，它的全部实际内容和具体形式离开了其他的业务活动就不能单独存在，图书馆管理总是对某种业务活动（文献采选、分类编目、书刊借阅、参考咨询、文献检索、情报研究等）的管理。图书馆管理的这种依附性主要表现在：图书馆管理的目标必须依托于具体的业务活动才能实现，图书馆管理的过程总是伴随着其他业务活动的进行而展开，图书馆管理的结果则总是融合在其他业务活动的成果之中。也就是说，图书馆管理必须以其他某一种、某几种或全部业务活动作为自己的“载体”。

三、协调性

所谓协调性，是指调节和改造各种管理对象之间的关系，使他们能相互适应，按照事物自身固有的规律性在整体上处于最佳的功能状态。图书馆管理与其他业务活动不同：

首先，从活动的对象来看，一般业务活动总以某个特定的具体事物作为自己的对象，如文献采选以图书馆未收藏的新书、新刊、新报、新光盘等文献载体为对象，分编工作以图书馆已采购回来的新文献为对象，咨询服务以读者为对象等。但是，图书馆管理在一定意义上却是以图书馆系统的各种业务活动为自己的对象，是对这些业务活动之间的关系以及这些业务活动内部的各种要素之间的关系进行协调的活动。因而与各种业务活动相适应，就有协调这些活动的采访管理、分编管理、借阅管理、咨询管理等形式，这些管理活动是通过协调各种业务活动而间接地对它们起作用，从而改变它们的存在状态。

其次，从活动的任务来看，一般的业务活动都有自己特定的具体任务，它们或者是为了购回本馆读者所需要的文献，或者是为了改变文献的形式特征，或者是为了将读者所需要的文献传递给读者，或者是对读者进行信息检索技能培训，或者是为读者提供咨询课题的解答方案等。图书馆管理的主要任务是协调人们之间的关系和利益，协调人们活动的状态和过程，使图书馆各种业务活动的要素建立某种有序的优化结构。所以，图书馆管理是一种柔性的社会活动，图书馆管理者一般并不直接从事信息产品的生产或信息服务活动，他们主要是通过协调各种业务活动的内外关系，特别是馆员之间的关系以及馆员和读者之间的关系，使各种要素、各个环节在共同目标——最有效地满足读者的信息需求的指引下，消除彼此在方法上、时间上、力量上或利益上存在的分歧和冲突，统一步调，使图书馆的各种业务活动实现和谐运转，结合成一个有机的整体。

四、组织性

图书馆管理的组织性，一方面指的是图书馆管理活动总是通过一定的组织（如学校图书馆、科学图书馆、企业图书馆、公共图书馆、工会图书馆等）进行的，这种组织是由进行管理活动的人所组成的一个有序结构。组织既是管理的主体，因而任何图书馆管理都是由一定的组织机构（即特定的图书馆）去进行的；同时，组织又是管理的对象，因为任何图书馆管理都是对一定组织（即特定的图书馆）的管理，孤立的个人，离开了一定组织的人，是无所谓图书馆管理的。另一方面，它指的是图书馆管理活动本身就是一种组织活动，这种组织活动将分散的资源如人力、物力、财力、信息等资源组合起来，形成一个稳定的、能够不断根据客观环境的变化而进行调整的物质和社会双重结构的过程。这种组织过程既把各种离散的、无序的事物结合成一个相互联系、相互制约的管理组织系统，这是图书馆管理活动得以进行的物质和社会实体；同时又能不断地根据变化着的外部和内部情况，对管理活动的各种要素之间的关系进行调整，以寻求相适应的最佳物质与社会的匹配关系，使图书馆系统朝着管理的目标运动。前者指的是静态的组织性，它表现为一种有序的组织形式；后者指的是动态的组织性，它表现为一种能动的组织职能。图书馆管理的组织性是图书馆管理最基本的特征，也是其他特征的内在根据和机制。

五、变革性

管理在本质上是变革活动，是使人获得真正自由的活动。“管理的特点就是变革——迅速的、不断的、根本的变革。唯一不变的事就是变革。”①图书馆管理也不例外。从现象上看，图书馆管理有保守的一面，它要维持图书馆系统一定程度的稳定，要用一定的原则、规章制度约束图书馆的成员。但是，保守性、束缚性只是使图书馆获得发展、使个人获得真正自由的手段，因而是暂时的、相对的。稳定是运动的一种特殊状态，因为图书馆系统中的人、财、物、信息等要素是不断变化发展的，图书馆系统外部的经济、政治、文化、科技等环境也在不断变化。要实现对图书馆的真正有效管理，目标和计划就要反映对象的变化，协调活动就要使系统内外因素的配合在变动中趋向合理，要不断通过信息反馈实现对图书馆的动态控制，要根据图书馆的发展改变失去合理性的规章制度。可见，图书馆管理的变革性是由图书馆本身的运动决定的，具有客观性。图书馆管理的变革性更重要地表现为其发展演化。图书馆管理是一种主观见之于客观的活动，它要反映图书馆的变化，不仅反映图书馆现时的变化，而且要反映图书馆变化的趋势，还要反映趋势的转变，这只有通过科学预测、设立目标、制订计划、完善组织、实施控制等一系列动态管理活动反复循环才能实现。

六、科学性

图书馆管理的动态特性并不意味着图书馆管理没有规律可循。尽管图书馆管理是动态的，但还是可将其分成两大类：一是程序性活动，二是非程序性活动。所谓程序性活动，就是指有章可循，照章运作便可取得预想效果的管理活动，如制定读者服务工作中的各种规章制度，制定人员管理工作中的录用、奖惩、培训等方面的条例，制定行政管理的各种规章制度，制定后勤管理的各种规章制度，等等。所谓非程序性活动，就是指无章可循，需要边运作边探讨的管理活动，如建造新馆、建设图书馆自动化系统、图书馆组织机构的调整、复合图书馆的设计等。这两类活动虽然不同，但又是可以转化的。实际上现实的程序性活动就是以前的非程序性活动转化而来的，这种转化的过程是人们对这类活动与管理对象规律性的科学总结，图书馆管理的科学性在这里得到了很好的体现。此外，对新管理对象所采取的非程序性活动只能依据过去的科学结论进行，否则，对这些对象的管理便失去了可靠性，而这本身也体现了图书馆管理的科学性。

① 弗里蒙特·E. 卡斯特等著. 组织与管理［M］. 北京：中国社会科学出版社，1985：19.

七、艺术性

由于图书馆管理对象分别处于不同系统（如科学院系统、文化系统、教育系统、工商企业系统等）、不同部门（如采访部、编目部、流通阅览部、典藏部、参考咨询部、研究辅导部、信息技术部、特藏部等）、不同环节（如出纳台借还、书库整理）、不同的资源供给条件等环境中，这就导致了对每一具体管理对象的管理没有一个唯一的完全有章可循的模式，特别是对那些非程序性的、全新的管理对象更是如此，因此，图书馆具体管理活动的成效与管理主体管理技巧的娴熟程度密切相关。事实上，管理主体对管理技巧的运用与发挥，体现了管理主体设计和操作管理活动的艺术性。另一方面，由于在达成图书馆资源有效配置的目标与现行责任的过程中，可供选择的管理方式、手段多种多样，因而如何在众多可供选择的管理方式中选择一种合适的用于现实的图书馆管理之中，也是管理主体进行管理的一种艺术性技能。

八、经济性

众所周知，图书馆存在着以资源稀缺性为核心的经济问题，如社会对图书馆的投资应该达到什么样的水平才能充分发挥图书馆的各项社会功能？为了节约社会投资，提高图书馆的投资效益，对图书馆的社会投资应如何分配给各种不同类型的图书馆才能使图书馆资源达到合理配置？怎样选购和组织藏书才能使有限的购书经费发挥最大的效益？要有效地解决上述问题，就必须对图书馆的人力、物力、财力、信息等资源进行配置。而资源配置是需要成本的，因此管理就具有经济特性。图书馆管理的经济性首先反映在图书馆资源配置的机会成本上，管理者选择一种资源配置方式是以放弃另一种资源配置方式为代价而取得的，这里有个机会成本的问题。其次，图书馆管理的经济性反映在管理方式方法选择上的成本比较，因为在众多可帮助进行资源配置的方式方法中，其所费成本不同，故如何选择就有个经济性的问题。再次，图书馆管理是对资源有效整合的过程，因此选择不同资源供给和配比，就有成本大小的问题，这是经济性的另一种表现。

第三节　图书馆管理的范畴

范畴是反映事物本质和普遍联系的基本概念，是人的思维对客观事物的普遍本质的概括和反映。

每门学科都应有自身特有的一系列范畴。范畴对于学科的发展具有重要意义：①一门学科有没有自身的范畴是它能否存在的重要条件。若没有范畴，它既不可能被人们所认识，也不可能被社会所承认。②范畴的不断丰富，就意味着该学科的不断发展。丰富范畴的途径一是改造原有的范畴，即丰富其内涵或深化其内容；二是提出或形成新的范畴。③范畴对于学科理论建设具有特殊的意义，因为理论观点的表述要借助于范畴才有可能。④范畴提供学科的入门知识，对于学习者必不可少。从范畴入手，是学习专业知识的必由之路。⑤范畴是一种交流工具，在专业工作者之间借助于范畴进行交流有助于学科的发展。

图书馆管理的范畴是图书馆管理活动中各种要素、关系的普遍联系和全面发展的不同侧面的反映。图书馆系统内部充满着各种矛盾，图书馆管理范畴就是从不同角度反映图书馆系统中各种因素的既对立又统一的辩证关系，它们是图书馆管理的本质和运动规律的不同表现形式，也是各种管理要素和运动过程之间相互作用的交错点和“结合部”。这些范畴来源于图书馆管理实践，同时又是对管理科学各种普遍概念的综合和提升，它们随着图书馆管理实践的发展而发展，反过来又指导着人们的图书馆管理实践。

一、主体与客体

管理主体是指具有一定管理能力、拥有相应的权威和责任、从事现实管理活动的人，也就是通常所说的管理者。管理主体具有能动性、创造性、自主性等特性。

图书馆的管理主体通常由两个部分构成：一是根据图书馆既定目标将目标任务分解为各类管理活动、工作任务和负有最终督促完成既定目标的人，这类人通常是图书馆的核心人物，或者说是图书馆的高级领导人员，如馆长、副馆长等。二是各方面具体执行诸如计划、组织、协调、控制、经营等管理活动的人，这类人通常是图书馆的骨干人物，如各部门主任。

现实的图书馆管理活动是一种多层次的综合活动，管理主体通常是由许多个人按一定形式组织起来的整体，这种担负管理主体功能的整体就是管理主体系统。从管理主体的不同职能性质来说，管理主体系统是由处于不同职权地位、担负不同管理职能的人相互组合而成的。一般来说，图书馆管理主体系统由四个部分组成，或者说包括四个子系统，即决策系统、执行系统、监督系统和参谋系统。

管理客体是指进入了管理主体活动领域、并能接受管理主体的协调和组织作用、以人为中心的客观对象系统。这一规定概括地表明了管理客体的特性，即客观性、可控性、系统性和对象性。

图书馆内的管理客体范围较大。首先，图书馆的一般成员均是管理的客体，他们执行组织分配的工作任务，遵照一定的运行规则进行工作，以求获得良好的工作成绩。其次，图书馆中的其他资源，如信息资源、物质资源、金融资源、关系资源等均是管理的客体，都是管理的收受者，它们在管理的作用下经过特定的技术转换过程就成为良好的产出物。再次，当图书馆向外扩展自己的生存空间时，必定要作用于相关的人、财、物、信息或其他组织，这些因素也就相应地成为本图书馆管理的客体，只是这类管理客体不一定很确定，而经常会变动。

管理主体与管理客体是组成图书馆系统实体结构的两极，它们之间的相互联系和相互作用构成了图书馆系统及其运动。然而，这种联系和作用是通过管理组织这一形式而发生的。管理组织是图书馆系统的现实表现形式。管理主体与管理客体不仅通过组织的形式相互联系，而且通过组织的形式相互转化。这种转化指的是管理主体与管理客体在管理活动中各依一定的条件，使自己的地位向其对立面转化。管理主体与管理客体在图书馆系统中的相互转化有不同的表现形式：一种是地位的转化，这是由图书馆职权层次的变化而引起的；一种是角色的转化，这是由图书馆行为的变化而引起的；一种是自身的转化，这是由组织成员自我意识的变化而引起的。正确认识这种转化，对于理解图书馆系统的辩证性质有着重要意义。

二、硬件与软件

一般来说，图书馆管理活动是由两类既相互对立又相互统一的因素所组成的：一类是活动的物质性载体，它具有一定的感性存在形式，具有稳定性、被动性的特点，称为“硬件”。另一类是使物质性载体能够按一定方式组合起来并产生现实活动的精神性因素，它往往不具有固定的感性存在形式，而具有变动性、创造性、主动性等特点，称为“软件”。这里的硬件和软件都是泛指与图书馆管理活动有关的事物、过程、方法、成果等，具有普遍的意义。

硬件与软件的划分具有相对性和模糊性，只有把两者同时放在图书馆管理活动中进行比较，才具有较为确定的意义。在图书馆系统中，如果把馆舍、文献、信息技术设备等因素看做是硬件，那么人的精神因素就是软件；在组织结构中，如果组成图书馆的个人是硬件，那么指导人的行为的价值观念、道德情操、理想信念等就是软件；在组织形式中，如果正式组织是硬件即“硬组织”，那么非正式组织就是软件即“软组织”；在管理技术中，如果把具有比较固定程式的数学分析方法和计算机技术方法称为硬件即“硬技术”，那么那些具有创造性、没有固定程式的其他管理技术就是软件即“软技术”；在管理模式中，把图书馆管理单纯看成一种科学，强调运用数学和逻辑方法以及各种严格的制度和标准化原理来进行管理，这就是“硬管理”；而把管理看成一种艺术，强调对人的思想情感及各种非理性因素进行激励，运用非逻辑的创造性方法进行管理，这就是“软管理”。

在图书馆管理活动中，硬件和软件相互依存，相互促进，共同作用，谁也离不开谁。一方面，硬件是软件的基础。任何管理都必须具有正式的和相对固定的组织形式，必须有明确的职务、权力和责任的划分，必须有严格的大家都要遵循的规章制度，必须运用各种物质手段来组织和协调人们的活动。图书馆系统也必须有稳定的输入和输出关系，即既有一定的物质、能量和信息输入，又有一定的信息产品和信息服务输出。这些看得见、摸得着的有形事物是图书馆管理赖以存在和进行的物质基础，离开了这些硬件，软件就失去了自身依托的物质外壳，任何方法、手段、指令、程序等都无法显示其功能，图书馆管理也就根本不能存在。另一方面，软件是硬件的灵魂。任何管理如果只有硬件而没有相应的软件，那么硬件就只能是没有活力的“死东西”。一个图书馆系统，如果只有单纯的组织结构形式，只有一些硬的规章制度，而组织成员缺乏共同的目标、愿望、动机等软件，那么这样的图书馆是无法进行有效的管理活动的。管理的核心因素是人，而人总是有着自己的需要和追求，有着自己的情感和意志，这些“软件”是图书馆的各种结构和形式等“硬件”的灵魂，它规定着硬件的组成形式，引导着硬件的发展方向。

在图书馆管理活动中，硬件和软件不但相互依存，而且可以相互转化。这种转化包括了硬件的软化和软件的硬化两个方面，它们是和图书馆管理过程紧密联系在一起的。

三、利益与责任

利益是标志人的物质和精神需要能否满足以及满足程度的范畴。人们有各种各样的需要，也就有各种各样的利益。人的需要有高低不同的层次，利益也有根本和非根本之别。

责任是一种对自己采取的行为以及行为的社会意义的自觉意识和实践。对于自己责任的自觉意识通常称为责任心或责任感。责任感一般从激发和控制这两个方面将自己的行为确定在与自己的地位和职务相适应的范围内。激发行为是对应尽责任的鼓励，控制行为则是对超越责任的限制。

利益和责任在图书馆管理活动中是一对矛盾。首先，二者在方向上相互分离，有时甚至呈现出相互排斥的倾向。利益反映了整个图书馆、图书馆各部门、部门内各小组或馆员的需要，由外向内具有收敛性；而责任则要求整个图书馆、图书馆各部门、部门内各小组或馆员付出（劳动、努力等），是由内向外发出的影响，具有发散性。其次，利益和责任相互包含，表现了二者的一致。任何利益中都包含着责任成分，没有责任的利益是根本无法满足的，也是不存在的；任何责任中也都包含着利益，责任中如果不包含一定的利益，所谓履行责任就没有了动力和基础。图书馆尽管是一个“清水衙门”和公益性的服务机构，但其中或多或少存在一定的利益，因此图书馆管理活动不应该掩盖责任中存在利益的问题，而应该使馆内各组织和全体馆员认识到这一点，这有利于调动他们对工作认真负责的积极性。再次，利益和责任能够相互转化。利益在实现的过程中必然转化为责任，不尽责任，就没法也不能取得利益；而责任在履行的过程中也必然转化为利益，这是尽责任应得的报酬。图书馆管理者在管理实践中的两个基本任务就是：一方面，将个人的、小组的、部门的或整个图书馆的利益获得过程设计为履行各自职责的过程；另一方面，把履行职责的结果同个人、小组、部门或整个图书馆的利益结合起来。

四、集权与分权

集权与分权是表征管理职权在管理空间中的分布状态和运动方向的范畴。

集权既指管理活动中的集中统一指挥，又指权力向上层逐步收缩的过程。从职权在管理空间中分布的状态来说，集权意味着主要的管理职权（如决策权、人事权、财政权、奖惩权等）集中于高层领导，特别是最高领导层，而中下层只有处理例行的日常事务和工作的权力，而且即使是这些权力的执行也必须处于上级的有效控制之中。从职权的运动方向来说，它意味着下级某些权力被缩小乃至取消，并向上级组织或专门机构集中，这种集权化的运动方向是由下向上逐步收敛的。

集权一般有两种途径：一是规定限制下级组织或非专门组织裁决问题范围的一般标准。即规定它们该管哪些事，不该管哪些事；哪些事可以自己做主，哪些事必须报上级批准。二是撤销下级组织或专门组织的实际决策职能来集中决策职能。这种方式在某些特殊情况下会采用。譬如，某图书馆的购书经费很充足，但藏书结构多年来一直不合理，于是由馆长或一名副馆长亲自指挥采访部的工作。

分权就是分散权力，即上级部门将某些问题的决策权移交给下级部门。从职权在管理空间中分布的状态来说，就是中下层各级管理人员拥有某些问题的决策权，高层领导只保留重大问题的决策权和在政策、目标、任务方面的必要控制权。从职权运动的方向来说，它意味着下级部门自主性和独立性的加强，许多职权从上级向下级分散，这种分权化的趋势是自上而下逐步发散的。

在图书馆管理活动中，集权与分权是辩证的统一。首先，集权和分权各有利弊，因此必须互相补充。在图书馆管理过程中，关键是要把握好集权和分权的度。过度集权，什么都管，不仅上级决策的正确性不能保证，还会扼杀下级工作的积极性和主动性；过度分权，什么事情都撒手不管，则可能使上级对下级失去控制。其次，集权与分权在一定条件下互相转化。这种转化一般有两种形式：一种是被动的转化，即在过度集权或过度分权的管理阻碍图书馆各项业务活动发展的情况下，由过度集权向分权或由过度分权向集权转化。另一种是主动的转化，即在问题出现之前就注意调整集权和分权的关系，在动态中把握二者变化的度，及时消除偶然出现的过度集权或分权现象。

五、权威与服从

权威是指管理过程中使人信赖和服从的力量和威望。在图书馆管理过程中，权威是非常必要的。没有权威就不能有效地指挥和协调图书馆各项业务分工和协作中的复杂关系，图书馆管理活动就会陷入混乱。恩格斯指出："我们只要考察一下作为现代资产阶级社会基础的那些经济关系，即工业关系和农业关系，就会发现，它们有一种使各个分散的活动愈来愈为人们的联合活动所代替的趋势。……联合活动、互相依赖的工作过程的复杂化，正在取代各个人的独立活动。但是，联合活动就是组织起来，而没有权威能够组织起来吗？"①

服从是指管理过程中尊重并执行权威意见的行为。服从并不是盲从或屈从，因为人们在管理活动中只能服从正确的意见，即服从真理，这是服从的实质。

在图书馆管理活动中，权威和服从的辩证关系表现为：首先，二者相互依存。权威以服从为自己存在的前提。没有服从就无所谓权威，硬建立起来的权威也形同虚设，因为这种权威是"光杆司令"。同样，服从又以权威为

① 马克思恩格斯选集（第2卷）［M］．北京：人民出版社，1972：551-552.

自己存在的前提。没有权威人们不知道服从什么，权威如果不值得服从一方信赖，就会出现不服从。滥用权威造成的不是服从，而是屈从和盲从。不服从、盲从和屈从都不属于科学的服从范畴。其次，权威和服从在一定条件下相互转化。权威代表被人服从的一方，但是权威只有在服从群众正确意见的时候才能被人们服从，只有在服从真理时才能获得权威。在上述两种情况下，权威都必然转化为服从。服从是权威的反面，但权威的正确意见正是来自于服从一方，因为真理在群众手里；权威的行使又必须体现服从一方即群众的意志。在这两种情况下，服从一方都是权威一方的真正权威。

六、有序与无序

有序和无序是标志组织协调程度的矛盾范畴。有序是指管理系统的各个要素之间相互联系、相互作用和相互转化中有规则的、有秩序的状态和运动趋势；无序是指这种联系、作用和转化中无规则、无秩序的状态和运动趋势。

图书馆系统中的有序和无序标志着管理组织的协调程度，这种协调程度是管理主体有意识的自觉活动的结果。图书馆系统的各种要素并不能自发地形成具有管理功能的组织。要形成组织，就必须通过自觉的组织活动，把各种相互之间无规则、无秩序的要素（主要是人）在一个统一目标、统一行为规范和统一的结构形式中组合起来，这种组合也就是把各个要素由无序状态转变为具有一定规则和秩序的有序状态。有序是图书馆系统的一个本质特征。图书馆就是通过设立共同目标来协调馆员各不相同的无秩序的目标；通过明确的责、权、利的规定来协调各个部门和馆员之间不确定的相互作用方式；通过规章制度来协调馆员无规则的行为；通过有效的管理工作来协调复杂多变的人际关系和不同的心理情感。这样，图书馆中各个部分之间就能够按照规范准则统一意志，按照共同目标统一方向，按照规章制度统一行动，整个图书馆呈现出有规则、有秩序的状态，这即是有序性。因此，图书馆就是通过有意识的主动管理行为，使无序的因素组织成有序的系统。在这个意义上说，图书馆管理就是通过协调来达到有序结构的实践活动。

然而，在各种组织结构中无序也总是存在的，任何图书馆中都存在着一种反抗协调而自发趋向无规则、无秩序状态的力量。图书馆中的这种无序一般有两种表现形式：一是受控的无序状态。在统一的图书馆系统中，每个人都扮演不同的角色，有着自己的利益、目标和爱好，外部环境又总是给予一些随机性的干扰，这些因素是图书馆的协调活动不可能消除的。同时，图书馆中必然存在的分权和结构软化、简化的运动，不可避免地增强着图书馆中各个部分和个人的自主性、独立性、竞争性的运动趋势。这样，有序的结构中就必然会产生对原来确定位置的无规则、无秩序的偏离，形成一种无序的涨落。这种涨落一般总是在一定限度之内进行，有效的控制总是会把偏离度过大的因素重新拉回到合理的范围之内，使它不致形成失控状态。这种受控的无序状态是保持一个图书馆的活力所完全必需的，也是一个有效图书馆系统所必然存在的，所以是一种良性的无序。二是失控的无序状态。如果图书馆自身的组织结构不合理，管理者决策或指挥失误，或者外界环境急剧恶化，造成了对图书馆的巨大冲击力，都有可能使图书馆的协调和控制失效，原来的组织目标、规章制度和职权结构失去了对各个因素相互作用的制约力，图书馆中无规则、无秩序的运动趋势大大加强，再也无法把这种涨落控制在合理的范围内，这就是失控的无序状态。这种无序，轻则造成效率低下，管理混乱，图书馆目标难以实现；重则致使整个图书馆分崩离析，管理完全失败。这种失控的无序是一种恶性的无序，对图书馆有极大的危害性，所以必须极力防止。

图书馆系统中的有序和无序还标志着管理运动程序化的程度，这种程序化是管理过程各种机制和职能有机联系和转化的结果。一个相对完整的管理过程是以决策为中心，包含了计划、组织、领导、控制和评价等一系列阶段的职能和过程的统一体，这些职能和过程相互有机联系和转化，形成了图书馆管理运动的一定程序。这个程序规定了图书馆系统在达到目标的过程中所应该遵循的行为步骤和秩序，使管理运动的整个过程表现出一种在时间进程中的规则和秩序，这就是管理过程的有序化。一个有序的图书馆管理过程必然表现为各种管理活动瞻前顾后，井井有条。当上一阶段尚未完成，条件尚未具备时，不轻易进行下一阶段的工作；而当条件具备时，又不失时机地把管理过程推移到新的阶段，做到管理过程间断性与连续性的辩证统一。在每一阶段中善于抓住重点，顾及全面，突破难关，带动其他；而当内外环境发生变化时，又能适时地转移工作的重心，整个管理过程呈现出主次适宜、轻重得当，有节奏、有规律地向前推进，做到管理过程起伏性和前进性的辩证统一。这就是图书馆管理运动的程序化。

然而，图书馆管理运动又具有非程序化的一面，即存在着管理过程的无序。这种无序同样有两种情况：一种是由于外界环境和图书馆系统内部各种关系的随机变化，使原来固定的程序不得不被打破，出现错位、扰动甚至颠倒的情况。例如，在开始实施图书馆计划之后，发现计划与客观实际严重不符，或者客观情况已经发生了重大的变化，这就必须停止原计划的执行，重新返到修改或重新制订计划的阶段。这就是要求保持管理过程的良性无序，这种无序即是灵活性，是任何成功的图书馆管理运动所必须具有的性质。另一种管理过程的无序就大不一样。这种无序的根源是图书馆管理者主观思维与客观实际发生严重背离，它表现为原来制定的程序本身严重失误，与实际情况的变化根本不相适应；或者是图书馆管理者在执行程序时掉以轻心，严重失职，完全不顾眼前现实的管理情境。这种无序只能造成整个管理程序完全被打乱，管理运动严重失控，管理过程处于一种被动应付、穷于招架、目标不清、方寸全乱的完全随机漂移的境地。这种管理过程的恶性无序只能导致图书馆管理的失败。

因此，从质的规定性来看，图书馆管理的有序和无序有两种形态：一种标志管理组织的协调程度，即组织结构的有序性；一种标志管理运动程序化程度，即管理过程的有序性。前者是空间结构规则性和秩序性的反映，后者是时间结构规则性和秩序性的反映。也可以说，有序和无序是图书馆系统在时空结构中的规则性和秩序性程度的综合反映。

七、稳定与改革

稳定和改革是图书馆系统在其发展的历史过程中两种不同的状态和趋势。稳定是指图书馆系统在其发展过程中总体的状态和趋势保持不变，即处于相对静止的状况；改革是指图书馆系统总体的状态和趋势发生重大变化，即处于显著变动的状况。

图书馆管理的一切要素、一切过程都具有稳定性，否则，图书馆管理活动就无法正常进行，也无法对管理要素和过程进行研究。但是，图书馆管理活动的相对静止和相对稳定是有条件的、暂时的。首先，当我们说某些管理要素处于稳定状态时，只是相对于一定的管理系统和时间、地点而言。在某一特定的图书馆系统中，管理者和被管理者的划分是稳定的，但离开这个特定的系统，进入其他管理系统，情况就会发生变化。其次，稳定包含管理活动中的量变。当图书馆管理过程的某一阶段、某一种管理模式或体制仍然保持着它们自身的性质、没有发生质变的情况下，我们就认为它们是相对稳定的。但与此同时，它们在性质不变的情况下还发生着其他变化。例如，计划过程在没有向组织过程发生飞跃前，内部发生着由初选目标向预测、预算、决定方案的量变，这并没有改变计划过程的性质，我们就说它是稳定的。某一管理模式中的内部矛盾还未尖锐到炸毁这种体制的外壳时，我们就说这种管理模式是相对稳定的。

改革是图书馆管理活动中的质变，确切地说是指一种管理模式或管理体制向另一种管理模式或管理体制的飞跃。改革是由图书馆内在矛盾推动的自我发展和自我否定。一方面，它是旧的管理模式向新的管理模式的质变，是管理旧过程连续性的中断，体现了图书馆管理活动发展的阶段性。另一方面，它继续保留并改造了旧的管理活动的积极成果，作为新管理过程存在和发展的基础，因而把新旧管理过程联系起来，体现了图书馆管理过程发展的连续性。

图书馆管理中的稳定和改革是辩证统一的。首先，稳定和改革相互包含、相互渗透。在图书馆管理模式的全面质变发生之前，图书馆管理活动虽然处于相对稳定状态，但局部的改革总是经常不断的。任何一个具体的图书馆管理过程中间都有改革。例如，控制过程对组织过程来说就是改革组织管理，控制过程对计划过程的反馈也是改革。改革是动态管理的基本特征，而一切有效的管理本质上都是动态管理。所以，稳定中有改革的因素。另一方面，改革中也有稳定的因素。改革不是一阵风、一股浪，它是一个持续稳定的过程。改革要有一定的步骤，改革中推行的政策、组织体制、管理方法等需要一定的稳定度，以便观察、评价和控制，并在改革过程中巩固自己的成果。其次，稳定和改革具有相互转化的趋势。管理模式的相对静止、管理过程的量变使整个图书馆管理活动在一定时期呈现出稳定状态，似乎一切都在按部就班地正常运转。其实不然，这背后孕育着各种矛盾。当这些矛盾尖锐到不冲破旧的管理体制其管理活动就会严重阻碍各项业务活动发展时，全面的改革就不可避免了。当通过改革建立起新的管理体制后，这种管理体制下的管理活动基本上是适合各项业务活动发展需要的，这时就需要保持管理体制的稳定来巩固改革的成果。总之，“稳定—改革—稳定”是管理体制发展的实际过程，这个过程的不断推移就是图书馆管理活动的进化和升级过程。

总之，图书馆管理的范畴是图书馆管理活动中个人与组织、组织与环境这两个基本问题的具体展开，作为矛盾统一体的每一对范畴在现实的图书馆管理活动中并不是孤立存在的，而是紧密联系并和图书馆管理的运动规律相互结合综合地发挥作用。当我们用这些范畴去分析现实的图书馆管理活动及其矛盾时，应该注意这些范畴之间的相互联系和相互转化，注意它们在反映图书馆管理的本质和规律中的特殊性和普遍性，注意它们与活生生的图书馆管理现实运动及蓬勃发展的图书馆管理学的有机结合。

第四节　图书馆管理的职能

管理过程学派认为，管理是由一系列管理职能所构成的。但是，管理究竟有哪些职能？迄今为止，尚没有一种说法能令所有的人信服，不同的人认为管理有不同的职能。不仅如此，管理的职能还有多种称谓。譬如，有人将管理职能称为管理内容，有人称为管理过程，有人称为管理程序，有人称为管理的基本手段，还有人称为管理的表现形式，不一而足。这种状况自然也影响到了人们对图书馆管理职能的研究。关于图书馆管理的职能，至今也是众说纷纭，莫衷一是。

И. М. 福鲁明认为，图书馆管理的职能分为一般的和专门的两种。一般职能是各种类型图书馆的领导人员应履行的职责，包括计划、公务和劳动的组织、各部门联合活动的协调和协作、干部的教育、统计和监督。专门职能又分为两种具体职责。一种职责是属于所有大型图书馆和中心图书馆系统的，包括：①负责方法工作，制定各种组织、工艺流程和说明性文件，以提高工作的专业水平和巩固工艺流程的纪律；②推广先进经验；③提高业务水平。另一种职责仅仅属于各个独立的图书馆，具体包括：①挑选和分配干部；②图书馆的业务和技术服务；③行政总务和财务活动；④负责公文处理。

沃伦·B. 希克斯和阿尔马·M. 蒂林认为，图书馆管理的五个标准职能是计划、设计、监督、控制和修正，这些职能合起来组成图书馆管理过程。

于鸣镝认为，图书馆科学管理的程序包括决策、计划、组织、指挥、控制和协调。

黄宗忠指出，管理的职能可以理解为管理系统所具有的功能和职责，图书馆管理的职能主要有决策、计划、组织、用人、指挥、控制、协调、信息沟通、教育激励和挖潜创新。

潘寅生认为，图书馆管理职能主要有决策、计划、组织、指挥、控制和协调六项。

刘喜申提出，图书馆管理有五项职能，即决策、组织、领导、控制和创新。

熊丽认为，图书馆管理的职能主要有决策、组织、指挥、控制和创新。

李松妹主张，现代图书馆管理的职能涵盖决策、计划、组织、领导、控制和协调。

我们认为，图书馆管理的职能主要有下列五项，即计划、组织、领导、控制和评价。

计划是指对未来的行动以及未来资源供给与使用的筹划。计划指导着一个图书馆系统循序渐进地去实现其目标，计划的目的就是要使图书馆适应变化中的信息环境，并使图书馆占据更有利的信息环境地位，甚至进入一个完全不同的信息环境。计划在图书馆中可以成为一种体系并有其内在的层级，如战略计划是最高层次的、总的长远计划，职能计划与部门工作计划则是中层的操作性较强的计划，而下级的工作计划则为近期的具体计划。从计划的定义、目标及其功能来看，计划无非是一种降低图书馆在资源配置过程中的不确定性的一种手段。事实上，无论是战略计划还是职能部门计划，对未来行为的一种筹划就是希望通过事先的安排有准备地迎接未来，或按照设定的目标循序渐进地工作，从而减少未来不确定性对图书馆的冲击，减少未来工作过程本身可能产生的不确定性。计划职能涉及如下因素：①有助于达到目标的政策；②管理人员将要实施的项目；③管理人员将会采用的过程；④管理人员必须按时完成的时刻表；⑤将会涉及的预算方面的因素考虑。

组织是管理者建立一个工作关系构架从而使图书馆成员得以共同工作来实现图书馆目标的过程。组织的结果是组织结构的产生，即一种正式的任务系统和汇报关系系统。通过这种系统，管理者能够协调和激励图书馆成员努力实现图书馆的目标。组织结构决定了图书馆能在多大程度上很好地利用其资源创造信息产品和提供信息服务。组织职能包含的要素如下：①将图书馆各项业务活动进行合理的组织，使之具有一定功能和位置；②为了有效地发挥其职能，管理人员必须进行一定的授权；③管理人员必须在其下级之间建立关系和联系，使这些下级能够相互提供完成工作所必需的信息；④管理人员必须仔细检查自己所在部门与其他部门之间的关系及其对图书馆经营运作的影响。

领导有两重含义：其一是领导现象，指人群中存在的追随关系，其本质是影响力；其二是领导行为，指群体中的某些成员为了促使领导现象的出现或加强而实施的各种行为。在领导过程中，管理者要向员工描述一个清晰的愿景，调动图书馆成员的积极性，使他们理解他们在实现图书馆目标过程中所起的作用。管理者利用权力、影响、愿景、说服力和沟通等技能来协调个体和全体行为，从而使他们的努力能够得到充分的展现和利用。领导所产生的效果就是图书馆成员所表现出来的高度积极性和对图书馆的承诺。领导涉及四个方面的功能：①及时根据外界环境的变化，指示图书馆内所有人与资源配合去适应环境并采取适当的行为；②调动图书馆内成员的积极性，激励他们奋发努力，给他们创造发展的机会；③有效地协调图书馆内的人际关系，使图书馆内有一个良好的工作氛围，从而降低内耗；④督促图书馆内成员尽自己的努力按照既定的目标与计划做好自己专职范围的工作。

控制是指根据既定目标不断跟踪和修正所采取的行为，使之朝着既定目标方向运作并实现预想的结果或业绩。由于现实行为往往会受各种不确定性因素的影响，故每一行为都有可能偏离预定要求，从而可能使既定目标或业绩难以达成，显然这是图书馆所不愿看到的。为了防范这种状况的产生，控制就非常必要。通过实施控制这一职能，管理人员能够做到在图书馆偏离目标太远之前就将其纳入正确的轨道之内。控制职能包括以下内容：①将实际效果与预测进行对比；②将已获得的结果与目标要求、项目要求和计划要求进行对比；③将实际成本与预算成本进行对比。

评价是指图书馆管理实施过程结束之后，根据管理的成效，对图书馆管理过程的各项活动进行全面的检查、比较、分析、论证和总结，从中得出规律性的启迪，以达到不断提高管理水平，取得更好的管理效益，实现管理良性循环的一项管理活动。图书馆管理过程结束之后，需要对其所获得的管理成绩和效果进行相应的评价，从中汲取经验和教训，为下一轮的管理循环提供依据，打好基础，以便不断提高图书馆管理工作的水平。因此，评价既是图书馆管理过程的归宿，又是图书馆管理过程的出发点。它对于加强图书馆管理工作，提高图书馆管理水平有着至关重要的作用。

参考文献

[1] И. М. 福鲁明著．图书馆的组织与管理［M］．赵连生，等译．北京：书目文献出版社，1985.
[2] 沃伦 B. 希克斯，阿尔玛著．现代图书馆管理［M］．李新乐，汪少敏，译．北京：书目文献出版社，1989.
[3] 鲍林涛．图书馆管理学［M］．北京：学苑出版社，1989.
[4] 于鸣镝．图书馆管理学纲要［M］．沈阳：辽宁人民出版社，1986.
[5] 黄宗忠．图书馆管理学［M］．武汉：武汉大学出版社，1992.
[6] 谭祥金．图书馆管理综论［M］．北京：北京图书馆出版社，1997.
[7] 潘寅生．图书馆管理工作［M］．北京：北京图书馆出版社，2001.
[8] 官鸣．管理哲学［M］．上海：知识出版社，1993.
[9] 肖明等．管理哲学纲要［M］．北京：红旗出版社，1987.
[10] 杨伍栓．管理哲学新论［M］．北京：北京大学出版社，2003.
[11] 罗伯特·D·斯图亚特，约翰·泰勒·伊斯特利克著．石勃，译．图书馆管理［M］．北京：书目文献出版社，1984.
[12] 顾宝炎．管理学导论［M］．上海：东方出版中心，1991.

[13]（美）罗宾斯著．管理学［M］．第4版．黄卫华，等译．北京：中国人民大学出版社，1997.

[14] 约瑟夫 M. 普蒂著．管理学精要：亚洲篇［M］．丁慧平，孙先锦，译．北京：机械工业出版社，1999.

[15] 刘喜申．图书馆管理——协调图书馆人行为的艺术［M］．北京：北京图书馆出版社，2002.

[16] 熊丽．数字时代的图书馆管理［M］．北京：北京图书馆出版社，2006.

[17] 李松妹．现代图书馆管理概论［M］．北京：北京图书馆出版社，2007.

第三章 图书馆管理的主要原理

原理是指某种客观事物的实质及其运动的基本规律。图书馆管理原理是对图书馆管理工作的实质内容进行科学分析总结后而形成的，是图书馆管理活动的抽象，是对图书馆各项管理制度和管理方法的高度综合与概括，因而对一切图书馆管理活动具有普遍的指导意义。

第一节 图书馆管理的系统原理

任何社会组织都是由人、财、物和信息组成的系统，任何管理都是对系统的管理，没有系统，也就没有管理。系统原理不仅为认识图书馆管理的本质提供了新的视角，而且它所提供的观点和方法广泛渗透到人本原理、能级原理、动力原理和效益原理之中，在图书馆管理原理的有机体系中起着统率作用。

一、系统原理所蕴涵的几对基本概念

1. 系统与要素

系统论的创立者贝塔朗菲把系统界定为“处于一定的相互关系中并与环境发生联系的各组成部分（要素）的总体（集合）”。①

钱学森认为：“系统是由相互作用和相互依赖的若干组成部分结合成的具有特定功能的有机整体”。②

---

① （美）贝塔朗菲．一般系统论的历史和现状［M］//科学学译文集．北京：科学出版社，1981：315.

② 钱学森．论系统工程［M］．长沙：湖南科学技术出版社，1982：10.

从系统的定义可以看出，一个具体的系统必须具备三个条件：一是系统必须由两个以上的要素（元素、部分或环节）所组成；二是要素与要素、要素与整体、整体与环境之间存在着相互作用和相互联系；三是系统整体具有确定的功能。这三个条件缺一不可，否则就不能构成一个具体的系统。

要素始终是和系统不可分割地对应着的。要素是构成系统的必要因素，即组成系统的各个部分或成分，是系统最基本的单位，因而也是系统存在的基础和实际载体。要素在系统中的情况一般可分为三种：①不同数量和不同性质的要素可构成不同的系统；②相同数量和相同性质的要素仅由于结构方式的不同，也可构成不同的系统；③相同性质的要素仅由于数量的不同，也可构成不同的系统。

系统和要素是对立统一的关系。首先，系统通过整体作用支配和控制要素；其次，要素通过相互作用决定系统的特性和功能；最后，系统和要素在一定条件下相互转化。

2. 结构与功能

所谓结构，是指系统内部各组成要素之间的相互联系、相互作用的方式或秩序，也就是各要素之间在时间或空间上排列和组合的具体形式。贝塔朗菲把结构称为系统的“部分的秩序”。

所谓功能，是指系统与外部环境相互联系和作用过程的秩序和能力。系统功能体现了一个系统与外部环境之间物质、能量和信息之间的输入与输出的变换关系。

结构与功能之间的关系主要表现为如下几种情况：首先，由不同要素组成的不同结构的系统具有不同的功能；其次，由相同要素组成的不同结构的系统也具有不同的功能；再次，组成系统的要素和结构不同，可以具有相同的功能；最后，同一结构的系统可以具有多种功能。总之，由于客观世界的复杂性和无限性，系统的结构和功能的关系是多样的，变化是无穷的，在一定条件下是可以转化的。

3. 环境与行为

所谓环境，是指系统存在的外部条件，也就是系统以外对该系统有影响、有作用的诸因素的集合。在一个大系统中，对于某一特定的子系统来说，其他的子系统可以看成是它的环境。环境实际上是同某一特定的系统相关的其他系统（或事物）的统称。

所谓行为，是指系统对环境的影响和作用的反应，即在系统与环境的相互作用中，环境对系统施加影响和作用以后，系统对环境的反作用。

系统行为是由系统环境和系统内部状态两个因素引起的。其中，环境是产生系统行为的诱因或外部条件；系统内部状态是系统行为的根据或决定因素。系统行为归根结底决定于系统的内部状态，而系统的内部状态又取决于系统结构的优化程度。可见，系统行为实际上是系统的外部状态，即系统本质规定的外部表现。因此，在一定环境下，可以通过改变系统的内部状态来调节或改变系统的行为；也可以通过系统行为的研究来考察一个系统的内部状态，即系统要素及其结构方式。

需要注意的是，系统行为和系统功能是两个相近但又不完全相同的概念。系统的功能虽然也是在系统与环境的相互作用中表现出来的，但它只是着重描述系统与环境的相互作用中，系统对外部环境施加影响和作用的能力；系统行为则不然，它着重描述系统与环境的相互作用中，系统自身的外部活动状态以及状态变化过程。因而不能把系统行为和系统功能混为一谈。

二、系统原理的内容

系统原理是有关系统的基本属性、共同特征和一般规律的理论概括，主要体现在系统与要素、要素与要素、结构与功能以及系统与环境、系统与时间等关系上。

1. 系统整体性原理

系统整体性是指系统诸要素相互联系的统一性。整体性是系统最本质的属性，因而“整体”和“系统”这两个概念经常被同义使用。在这个意义上，贝塔朗菲指出：“一般系统论是对‘整体’和‘完整性’的科学探索。”① 因此，整体性原理是系统原理的一个最基本的组成部分。

系统的整体性根源于系统的有机性和系统的组合效应。系统整体性原理的基本内容有：①要素和系统不可分割；②系统整体的功能不等于各组成部分的功能之和；③系统整体具有不同于各组成部分的新功能。

系统整体性原理对图书馆管理工作具有重要的指导意义：①根据图书馆管理目标，把管理要素组成为一个有机的系统。图书馆管理的目的就在于把

① （美）贝塔朗菲．一般系统论的历史和现状［M］//科学学译文集．北京：科学出版社，1980：314.

图书馆中诸要素的功能统一起来，从总体上予以放大。在这个意义上说，图书馆管理是一门把图书馆中的各种要素或各个部分协调起来，使之达到某种组织目标的学问。②把不断提高要素的功能作为改善图书馆系统整体功能的基础。由于组成图书馆系统的要素是决定其整体功能状况的最基本的条件，因此改善图书馆系统的整体功能一般应从提高其组成要素的基本素质入手。图书馆系统作为一个整体，一般由采访、分编、典藏、流通等部门或环节组成。任何一个部门或环节的功能素质不健全或相对削弱，都会在一定程度上影响图书馆的整体效应。因此，必须按照图书馆整体目标的要求，不断提高各个部门特别是关键部门或薄弱部门的功能素质，并强调局部服从整体、保证整体，以保证图书馆系统最佳的整体功能。③保持图书馆系统要素的合理组合。系统整体性原理告诉我们，整体功能不守恒的实质在于结构是否合理。因此，改善和提高图书馆系统的整体功能，不仅要注重发挥每个要素的功能，更重要的是调整要素的组织形式，建立合理的结构，从而使图书馆系统整体功能优化。

2. 动态相关性原理

任何系统都处在不断地发展变化之中，系统状态是时间的函数，这就是系统的动态性。系统的动态性取决于系统的相关性。系统的相关性是指系统的要素之间、要素与系统整体之间、系统与环境之间的有机关联性。它们之间相互制约、相互影响、相互作用，存在着不可分割的有机联系。相关就是联系。正是由于系统内部诸要素之间、要素与系统整体之间、系统与环境之间的相互作用和相互联系，才构成了系统发展变化的根据和条件。动态相关性原理的实质是揭示要素、系统和环境三者之间的关系及其对系统状态的影响。

动态相关性原理的基本内容有：①系统内部要素和要素之间的相关性；②要素与系统整体的相关性；③系统与环境的相关性。

从上述内容可以看出，动态相关性原理和系统整体性原理是紧密联系的。整体性原理是系统思想的核心，动态相关性原理则是整体性原理的延续和具体化。

动态相关性原理对实际的图书馆管理工作具有重要的指导意义：①任何一个要素在图书馆系统中的存在和有效运行都与其他要素相关。图书馆系统中某个要素发生变化，就会引起其他相关要素的相应变化。例如：图书馆藏书规模的扩大，必然要求增加工作人员和书库空间；图书馆新馆舍的建成，必然要求对工作人员、藏书、设备等要素重新进行布局；一位新馆长的上任，必然会引起图书馆系统内一系列要素的变化；图书馆自动化系统的上马，必定要求对馆员进行培训；图书馆经费的缩减，必定会影响设备的更新与维护、工作人员的福利待遇、藏书建设水平等方面。因此，在图书馆管理实践中，当我们想要改变某些不合要求的要素时，必须注意考察与之相关要素的影响，使这些相关要素得以相应地变化。图书馆系统中各要素发展变化的同步性可以使各要素之间相互匹配，从而增强协同效应以提高图书馆系统的整体功能。②图书馆系统内部诸要素之间的相关性不是静态的，而是动态的。要素之间的相关作用是随时间变化的，由此决定了系统整体的性质和状态也是不断发展变化的。因此，必须把图书馆系统视为动态系统，在动态中认识和把握其整体性，在动态中协调部分与部分、部分与整体的关系。图书馆管理的过程，实质就是把握藏书、馆员、读者、经费、设备等要素的运动变化特点，然后有针对性地进行调节和控制，最终实现图书馆管理的最佳目标。③图书馆系统的整体功能存在于图书馆与环境的相关性之中。如果说要素之间的相关性形成系统的结构联系，使系统成为具有一定结构的整体，那么系统与环境的相关性则形成系统的功能联系，使系统具有某种整体功能。系统一定的整体功能，表明系统与环境必须按照一定的规律进行物质、能量和信息的交换，才能保持系统整体的性质，产生一定的整体效应。如果系统与环境的输入和输出关系遭到破坏，系统整体的性质和整体效应就会受到影响以致丧失。因此，一定要在图书馆系统和环境的相互联系和相互作用中认识和改善图书馆系统。

3. 层次等级性原理

一个系统的组成要素是由低一级要素组成的子系统，而系统本身又是高一级系统的组成要素。这种系统要素的等级划分，就是系统的层次等级性。

层次等级性原理的基本内容有：①层次等级结构是物质普遍的存在方式；②处于不同层次等级的系统具有不同的结构，亦具有不同的功能；③不同层次等级的系统之间相互联系、相互制约，处于辩证的统一之中。

系统层次等级性原理对图书馆管理工作具有重要的指导意义：首先，系统层次等级性原理可以指导人们合理设置图书馆管理层次。管理组织系统划分层次等级的主要原因在于管理对象的复杂性与管理者个人能力的有限性之间的矛盾。尽管今天的管理者比以往的管理者在能力和手段上有了普遍提高，但今天的管理对象要比以往复杂得多。管理对象的复杂化，使管理组织系统的规模日益增加。对于规模较大的图书馆系统来说，合理划分管理层次，建立等级结构，可以削弱系统规模和对象复杂性之间的联系，缓解管理对象复杂性和管理者能力之间的矛盾。这是因为，把一个较大的管理组织系统划分为不同的层次等级，按照层次等级进行分级管理，可以使处在不同层次的管理者所直接联系的人数（包括上级和下级）大体相当，从而使他们的管理能力和管理对象相适应。其次，系统层次等级性原理可以指导人们科学地分解图书馆目标。图书馆系统的层次等级是科学分解目标的组织基础。一个图书馆系统总是要根据自身的基本任务、上级的指令、当前的状况、发展的需要和各种内外条件来确定系统的总体目标，然后按照图书馆系统的层次等级将总目标分解为不同层次、不同部门的分目标。分目标要保证总目标，总目标指导分目标，从而形成前后衔接、上下贯通的目标体系。这样建立起来的目标体系，在组织上能使目标由上而下层层具体、层层落实，由下而上层层负责，层层保证；在内容上既能明确本级系统的基本任务，又能反映分目标和总目标的关系，便于处理局部和整体的矛盾。在明确每一管理层次、每个部门以至每个人的目标责任的基础上，授予相应的权力，进而建立起目标责权体系，使整个图书馆管理工作走上系统管理的轨道。最后，系统层次等级性原理可以指导人们按图书馆系统的层次实施层级管理。图书馆系统中的每一层级所处的地位不同，因而性质和功能也不同。每一个管理者都有自己相应的管理层次，处于不同层次的管理者各有不同的目标责任和要求。一般来说，同一层次各子系统的横向联系应由他们之间全权处理，只有在出现不协调或发生矛盾时才提交上一层次的系统来解决。上一层次系统的任务有两个：一是根据本系统的目标向下一层次发出指令，并检查监督指令执行的结果；二是解决下一层次中各子系统之间的不协调或相互之间的矛盾。当每一层次的任务明确以后，各层次的分系统均须围绕着本层次的中心任务开展工作并通力协作，上一层次一般不宜干预下一层次的工作，这样就形成有序的层级管理。

4. 系统有序性原理

系统的有序性是指构成系统的诸要素通过相互作用，在时间和空间上按一定秩序组合和排列，由此而形成一定的结构，决定系统的特定功能。系统的有序性标志着系统的结构实现系统功能的程度。因此，系统有序性原理的实质在于揭示系统的结构和功能的关系。

系统有序性原理的基本内容有：①任何系统都有特定的结构。结构合理，系统的有序度高，功能就好；反之，结构不合理，系统的有序度低，功能就差。②系统由低级结构转变为较高级的结构，即趋向有序；反之，系统由高级结构转变为较低级的结构，即趋向无序。③任何系统必须保持开放性，才能使系统产生并且维持有序结构。

系统有序性原理对图书馆管理工作的指导意义表现在：第一，掌握系统有序性原理，有助于深入理解图书馆系统对外开放和对内搞活政策。任何图书馆系统都应该是一种具有活力的耗散结构系统。耗散结构系统的存在和发展必须具备两个条件：一是对外开放，二是内部要有活力。只有对外保持图书馆系统的开放性，才能从外部环境中吸收负熵流，以抵消内部的熵增，使图书馆系统处于非平衡态或远离平衡态，即造成图书馆系统向有序发展的外部条件。对内要有活力，就是要保持图书馆系统内部的非平衡态。这是因为，一个图书馆系统如果处于无差异的平衡状态，就意味着其内部不存在势能差。根据耗散结构理论，无势能差的平衡系统服从势能最小原则，因而必然是一个低功能系统。图书馆管理体制改革之所以要打破“平均主义”和“大锅饭”，引进竞争机制，目的就是设法增大图书馆系统内部的势能差，形成非平衡态。第二，掌握系统有序性原理，有助于提高图书馆管理的有序度。要提高图书馆管理的有序度，必须科学地安排图书馆系统诸要素的秩序，使之协调匹配，以减少内耗而求得统一的整体功能。为此，主要应使以下三个方面有序：首先是目标体系有序；其次是目标实施过程有序；再次是组织系统有序。

第二节 图书馆管理的人本原理

在管理学的整个发展过程中，“人”始终是一个最基本的概念。任何一种管理理论都是依据对人的一定看法而提出来的，各种管理理论的区别大多可以归结为对人的理解不同。例如，X 理论是建立在人性“恶”的假设之上的，Y 理论是建立在人性“善”的假设之上的，Z 理论则试图超越人性“善”还是“恶”的问题。再如，传统的管理理论往往把人当作手段来看待，认为人和机器等工具一样，无非是达到某一目的的手段；而现代管理学则普遍地摒弃这种看法，把人看做是目的，认为人本身是一切管理活动的最终目的。所以，对于现代管理学来说，关于人是手段还是目的的争论已经有了明确的答案。

一、人本原理的含义

所谓人本，顾名思义，就是以人为根本。概括地说，图书馆管理的人本原理是指在图书馆管理活动中，坚持一切从人出发，以调动和激发人的积极性和创造性为根本手段，以达到提高管理效率和人的不断发展为目的的原理。

该原理具体包含以下几层含义：①人的因素第一的观念。所谓人的因素第一，就是在观察任何事物、处理任何事情、解决任何问题时，都把人的因素看成是首要因素、关键因素、决定性因素，既不是重物不重人，也不是见物不见人。②尊重知识、尊重人才的观念。1977 年 5 月 24 日，邓小平在一次谈话中明确指出："一定要在党内造成一种空气，尊重知识、尊重人才。要反对不尊重知识分子的错误思想。"① 尊重知识和尊重人才是统一的。这是因为，知识是人才的基础，人才又是知识的人格化。但图书馆管理中的人才观念是指广义的人才，而不仅仅是指少数典型或代表人物。③以人的不断解放和全面发展为最高追求目标的观念。④"人和第一"的观念。在图书馆管理中树立"人和第一"的观念，既包括管理者之间即领导班子的团结合作、管理者与被管理者之间的团结合作、上下同心同德，也包括团体或组织内良好的人际关系、团体或组织外良好的社会关系。

二、在图书馆管理中贯彻人本原理的主要途径

1. 把图书馆管理建立在对人的本性的科学认识之基础上

从人本原理来看，图书馆管理主要是人（馆长、书记、副馆长、部门主任、小组长等）对人（普通馆员和读者）的管理。因此，建立任何管理制度，制定任何管理措施，都必须对人的本性有一个准确而科学的认识。通俗地讲，就是首先明确所管理的人是什么人，然后再研究管理制度和管理方法，即如何管理的问题。这样就能使所制定的管理制度和措施有较强的针对性，使之建立在科学而实际的基础上，从而从根本上起作用。

2. 在图书馆管理中正确运用激励机制

人的需要是人普遍存在的自然本性，任何管理都应运用激励机制，通过

① 邓小平文选（第 2 卷）[M]. 北京：人民出版社，1993：41.

满足人的各种合理需要来调动人的积极性。需要决定动机，动机产生行为，这是人的行为产生发展的规律。在图书馆管理活动中，通过认识和引导人的需要去实施对人的管理具体包括三个方面的内容：

①通过认识人的需要去实现对人的管理。在任何图书馆系统中，每个人都有着多种多样的不尽相同的愿望、利益和追求。这些个人的愿望和利益，有些是同图书馆利益相一致的，或是兼容的，也有些是不符合甚至背离了图书馆的需要的。图书馆管理实际上就是通过认识人的需要，并在这种认识的基础上，鼓励、支持和强化个人的那些符合图书馆的需要、为图书馆所要求的愿望和追求，限制个人那些不符合图书馆需要、为图书馆条件所不许可的愿望和追求，甚至对满足后一种需要的行为实施必要的惩罚。

②通过促进人的需要的满足去实现对人的管理。人的全部行为归根结底都是为了满足自身需要的活动。管理就是要预测作为管理对象的人在一定环境下会怎样行动，要了解是什么东西在引导着他们工作，什么东西在激励着他们前进，说到底，也就是要知道他们需要的是什么。所以，考虑作为对象的人的各种需要，解决个人需要与集体需要之间的矛盾，是管理者的重要职责。图书馆管理者要把读者的需要、馆员的需要和图书馆的需要紧密结合起来，保证图书馆成员的个人需要不仅在一时一地得到满足，而且能够长期稳定地得到满足，以极大地调动他们完成图书馆任务的积极性，并进一步促进他们为满足需要、实现利益而努力。

③通过唤起和促进人的需要的生成去实现更为积极主动的图书馆管理。在某种意义上，能否唤起被管理者的需要，是管理活动有效、成功与否的测量器。任何管理者都希望通过对被管理者施加信息影响，唤起他们对图书馆、集体必需的有关活动的兴趣。有效的图书馆管理是使被管理者自觉地把图书馆的利益变成他个人的利益，把图书馆的信念变成他个人的信念，把图书馆的事业变成他个人的事业。这时，被管理者对执行图书馆活动不是看作出于强迫，而是出于他个人的内在推动、内在需要。

3. 重视人的精神、价值观和政治思想在图书馆管理中的作用

我国古代早有“为将之道，当先治心”的名言。随着社会的不断进步和人们物质文化生活水平的不断提高，人的精神追求、价值观的实现和思想政治因素在管理中发挥的作用越来越大。因此，图书馆管理应顺应这一历史潮流，重视文化建设，加强思想政治工作，以使图书馆系统有明确的追求目标，形成良好的共同价值观和强大的精神凝聚力。精神凝聚力是最根本的凝聚力，任何图书馆只要形成了强大的精神凝聚力，就能充分发挥人的“自动自发”功能，就能经得起任何艰难困苦的考验，无往而不胜。

4. 创造能充分发挥人的聪明才智和拔尖人才脱颖而出的机制和环境

一般来说，一个体力、脑力比较健全的人，只要使其能力得到一定程度（不一定是全部）的发挥，就可以创造多于自己正常消费的财富。按照这一推理，任何图书馆都不存在人的能力和积极性缺乏的问题，而只可能存在缺乏使人的能力和积极性得到充分发挥的机制和环境。当今图书馆中所存在的种种影响人的才能和积极性充分发挥的因素，如领导作风、运转机制、管理制度、精神风貌等，大多是人为原因造成的。因此，要想提高图书馆管理水平，增强图书馆系统的活力，就必须大胆地清除影响人的才能和积极性充分发挥的各种障碍。诚如邓小平同志所言：“要创造一种环境，使拔尖人才能够脱颖而出。改革就是要创造这种环境。人才是有的。不要因为他们不是全才，不是党员，没有学历，没有资历，就把人家埋没了。善于发现人才，团结人才，使用人才，是领导者成熟的主要标志之一。”① 图书馆可通过实行民主管理，建立平等竞争机制，制定公开、公平和公正的分配制度与干部培养、选拔、任用和考核制度，以及贯彻目标、责任、权力、绩效和利益五位一体原则等措施，来营造一种人才成长的优良环境。

第三节　图书馆管理的能级原理

在图书馆管理活动中，人是决定性因素，所以要以人为本。但仅仅认识到这一点还远远不够。因为图书馆成员的知识水平、年龄、职称、学历学位、社会阅历各异，也就是说不同的人具有不同的能量，所谓“因人制宜”、“量才录用”即是出于这种考虑，这就牵涉到了能级原理。

一、能级原理的基本含义

能是做功的本领。这种物理现象在管理活动中同样存在。人、机构和法规都有个能量问题。能量既有大小，就可以分级，就可以建立一定的管理程序、规范和标准体系。管理的能级是现代化大生产发展的必然产物，正是它构成了现代管理的“场”和“势”，使管理得以有序进行。图书馆管理的任务之一，就是要建立一个与其要素的能量相对应的具有不同层次及能量的合

① 邓小平文选（第3卷）［M］. 北京：人民出版社，1993：109.

理的结构体系，使图书馆的各要素及其行为动态地纳入相应的能级中去，形成图书馆系统得以良性运行的“场”和“势”，进而达到优化图书馆系统整体功能的目的。这就是图书馆管理能级原理的含义。

二、图书馆能级的结构优化

优化图书馆的能级结构是图书馆能级动态优化的基础和保证。若对图书馆的能级结构形态做几何学考察，则一个稳定的图书馆能级结构应呈正三角形态。其特点是：上面（战略规划层）最小，中间（战术计划层）稍大，下面（技术操作层）最大（如图 3-1 所示）。

管理组织的正三角形态属于全稳态能级结构系统，是现代图书馆管理较理想的能级结构形态。其典型特点是：①决策层令行统一，政出一门；执行层有章可循，有据可依，从而保证管理的路线、方针和政策能长期稳定地持续下去。②能满足管理智力和权力在质上递增、在量上递减的原则。③符合现代管理的投入—产出法则，可做到以最小投入实现最大产出。④便于发现各管理能级故障，职责明确，后果了然，有利于克服官僚主义瞎指挥、遇事推诿和“踢皮球”等弊端。

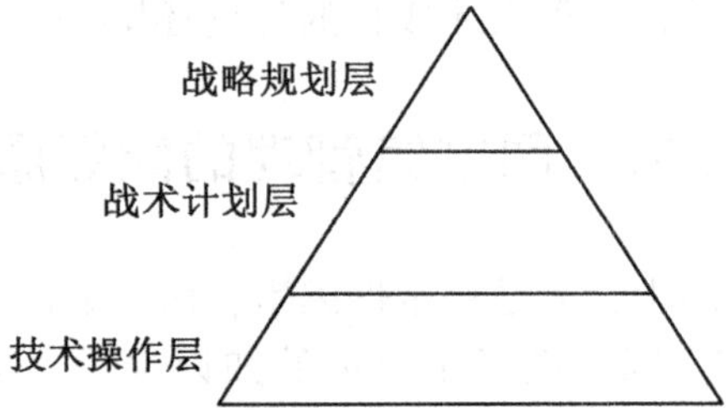

图 3-1　图书馆系统能级结构示意图

三、图书馆能级的动态优化

1. 不同能级的管理岗位必须具有不同的目标和任务

著名的“安东尼”结构曾将管理系统分为三个层次，即战略规划层、战术计划层与技术操作层。其中，战略规划层主要是考虑诸如管理系统的某一项目要不要上及什么时候上等问题；战术计划层主要解决怎么上的问题；技术操作层的主要任务是更好地组织并保证实施操作。如表 3-1 所示。

表 3-1　　各级管理岗位上不同目标和任务

项目	战略规划层	战术计划层	技术操作层
主要关心的问题	是否上马与何时上马	怎样上马	怎样干好
时间幅度	3~5 年	半年~2 年	周、月
视野	宽广	中等	狭窄
信息来源	外部为主	内部为主	内部
信息特征	高度综合	中等汇总	具体
不确定冒险程度	高	中	低

可见，各级管理岗位的目标和任务是不同的，因此，对不同级别的管理人员的要求也就不同。管理者的能力必须同他们各自的管理级别相对应，不可混淆。

2. 不同专业岗位的能级必须动态对应

每个人都有不同的能力和特长。管理者的责任就在于正确地认识和区别不同能力与特长的人，并尽可能使相应才能的人处于相应的能级岗位上，真正做到人尽其才，能释其量。但是，单靠主观愿望和死板计划不可能做到这一点。因此，必须保证人们在各个能级中适当地流动，通过各个能级的管理实践去发现、锻炼和检验其才能，实现扬长避短、各得其所。而且，专业岗位能级变化和人的才能变化之间的交叉效应，要求图书馆管理必须实行动态的能级对应。只有这样，才能发挥图书馆管理的最佳效能和效率，进而获得最佳管理效益。

第四节　图书馆管理的动力原理

在图书馆管理系统中，确立了以人为本的观念，对人也划分了能级，这是否就意味着图书馆管理活动一定会一帆风顺呢？未必。因为人缺少了动力就不可能充分发挥其潜能，更不可能积极主动地去为实现图书馆的目标而奋斗。因此，动力原理也就应运而生。

一、动力原理的基本含义

动力的管理学含义是指推动管理活动向特定方向运动的力量。其意义和作用不仅在于使管理运动，而且在于使其非如此运动不可。

管理动力具有如下特征：①它不仅有大小、方向，而且有直接作用的目标；②它不仅是一种力量，而且还是一种强有力的制约因素，促使管理组织按特定方式、以特定速度和规模向特定方向运动；③它是形成管理组织有序运动的主要原因，是维持管理组织存在、发展和完善的必要前提。

现代管理强调，管理活动必须有强大的动力，尤其要求管理者要最优地组合、正确地运用管理动力，从而使管理能持续有效地进行下去，并趋向管理组织整体功能优化。这就是管理动力原理的基本含义。

二、管理动力的基本形态

我们认为，激发图书馆系统的高效能，推动图书馆管理行为高速做功并趋向图书馆整体目标，最基本的动力是物质动力、精神动力和信息动力。

1. 物质动力

图书馆管理的物质动力，是指通过一定的物质手段，推动图书馆管理活动向特定方向——最有效地满足读者的知识信息需求运动的力量。对物质利益追求而勃发出来的力量是支配人们一切活动的最初和最后的原因，因而，对图书馆人的物质激励是开发人员要素功能促其加速做功的最原始、最基本和最重要的手段。实践证明，忽视对图书馆系统个体要素的物质激励，否认个体要素合理而正当的利益追求，搞绝对平均主义、吃“大锅饭”，是导致许多图书馆管理活动失败的主要原因之一。

2. 精神动力

它既包括世界观、人生观和价值观，也包括精神鼓励（如奖状、信任、关心、先进称号等），还包括日常的思想工作。

精神动力作为一种推动图书馆管理活动趋向优化目标的重要力量，已被越来越多的人所认识。这是因为，作为推动图书馆管理活动的精神力量，一方面它依赖于物质力量，并以物质动力作为其存在和发挥作用的前提；另一方面，若精神动力的质量好、目标取向正确而又发挥得当的话，则会对物质动力产生巨大的反作用。它不仅能大大地影响并制约物质动力的方向，决定物质动力发挥的速度、范围、持久性等，而且一旦它转化成每个人员要素的内心信念，就会对个体要素的行为产生深远而持久的影响。所有这些都是精神动力的独特作用之所在。值得一提的是，日常思想工作也是精神动力的一项重要内容。对图书馆管理活动而言，更要引起高度重视，因为图书馆好似一个“清水衙门”，图书馆对物质动力的运用是非常有限的。

3. 信息动力

图书馆管理的本质，从某种意义上讲，就是一个信息输入、存储、加工和输出的活动过程。信息作为动力，同其他动力一样，从特定的角度、以特定的方式推动着图书馆管理活动趋向特定的目标。信息量在迅速增加，而科学知识的老化周期则日益缩短。这种信息——知识的反向运动及其趋势对图书馆管理提出了特殊的要求。一个图书馆系统，为了维持自身的存在和发展，不仅要积极主动地输入、处理和输出各种信息，而且应不断地加大有效信息的输入和输出功率，这样才能立足于先进管理之列。图书馆的生存前提，既取决于它的信息加工能力和信息更新周期，也取决于它在向外部环境提供信息质量和数量的基础上所获得的用户市场。当然，在图书馆管理活动中，我们既要正确区分有用信息、无益信息和有害信息，又要注意保持信息量的度。

三、管理动力的正确运用

1. 管理动力的协调机制

由于图书馆管理的物质动力、精神动力和信息动力各自具有相对独立性，因此如何有机地组合、协调地运用这三类动力，就成为图书馆管理学需要研究的重大问题。

一般来说，管理行为在趋向系统整体目标的过程中，物质动力是其基础和前提，精神动力是其核心和灵魂，信息动力则是其必不可少的调节杠杆。三类动力各有自己的功用和意义，不可偏废。在不同的图书馆系统中，三类动力的地位和作用存在着各种各样的差异。即使在同一图书馆系统内，三类动力的地位和作用也不仅会随着时间、地点和条件的变化而变化，而且在不同结构、层次之间存在着区别。图书馆管理的任务之一，就是要及时洞察其变化，把握其差异，采取既合乎实际又行之有效的措施，促使这三类动力相辅相成，发挥综合效力。

2. 正确处理个体动力与集体动力、眼前动力与长远动力之间的关系

从管理动力的角度看，任何一个图书馆系统的整体动力都是由图书馆内各个体动力作用的结果。这些个体动力都各自有其物质动力、精神动力和信息动力。它们同图书馆系统整体动力并不总是完全一致的。如果我们用向量来表示图书馆系统的个体动力同整体动力的关系及其效应，一般会表现为以

下三种典型情况（如图 3-2 所示）。

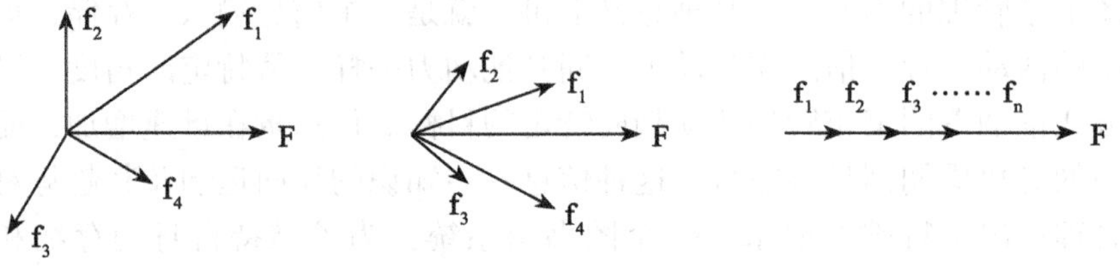

图 3-2　图书馆管理整体动力和个体动力组合的三种典型情形

在图 3-2（a）中，图书馆系统内部各个要素动力都得到了充分而自由的发展，但由于它们方向各异，相互抵消，最后表现出来的整体效应就十分有限，有时甚至会出现向量为零或为负的情况。这种动力结构被称为放任型管理动力模式。

在图 3-2（c）中，将每个个体要素的动力强扭到统一的“集体”方向上，从表面上看，只要将个体要素迭加，就能获得最大的整体动力。实则不然。因为图书馆系统的整体动力同单个要素的动力之间不遵守代数守恒定律。将单个要素动力强行纳入图书馆系统整体动力之中，并要求方向相同和行动划一，实际上是对个体要素动力的约束或否定。其结果是个体动力不能得到合理而充分的发展，从而造成个体要素能量的减少或消失。这种动力结构被称为独断型管理动力模式。

图书馆管理在动力组合问题上，既反对个体要素动力的盲目发挥，又反对整体独断动力模式，而是追求图书馆系统要素动力的合理组合。图书馆管理实践证明，一种比较理想的管理动力模式一般遵循“四边形法则”，即使个体要素的动力在整体目标方向基本一致的前提下，充分自由地发展，如图 3-2（b）所示。这样综合作用的效果，其整体向量当然不是最理想的，却是最稳定可靠的、最现实合理的管理动力综合。这是图书馆管理要求建构的动力结构，即满意型管理动力模式。

图书馆管理中还存在正确认识和处理眼前动力同长远动力的关系问题。通常情况下，图书馆系统内部个体要素的动力主要表现为眼前动力，这是由个体要素的性质、任务、目标以及自身利益所决定的；而图书馆系统的整体动力则主要表现为长远动力。然而，这种区分是相对的。事实上，个体动力中也有长远动力，整体动力中也有眼前动力。它们之间是“标”与“本”

的关系，并具有交叉效应。图书馆管理应按照“急则治标，缓则治本”的原则，正确地认识和处理眼前动力和长远动力的辩证关系。

3. 管理动力刺激量的科学运用

根据控制论，我们可以通过一定的外部刺激来获得图书馆系统的动力。即当图书馆系统及其要素的行为得到改善时，就予以鼓励、促进，这就是正刺激；反之，就予以惩罚、限制，这就是负刺激。从一定意义上讲，图书馆系统动力结构的优劣主要取决于正负刺激量的正确运用和比例是否恰当。刺激量不当，就不能有效地贯彻管理动力原则，就不能发挥出图书馆系统及其要素的最佳动力。因此，图书馆管理者必须注意：①管理刺激应以实现目标为准；②注意刺激的时效性；③少用甚至不用定期刺激；④少用甚至不用固定刺激；⑤刺激应随人员要素不同而采取不同手段；⑥奖惩分明，奖惩结合，以奖为主。

第五节　图书馆管理的效益原理

效益是管理的永恒主题。任何组织的管理都是为了获得某种效益。效益的高低直接影响着组织的生存和发展。图书馆管理自然也不例外。

一、图书馆管理的效能、效率和效益

图书馆管理的效能是指图书馆管理系统所具备的实现目标的有效做功本领或有效行为能力，它直接取决于图书馆管理系统的目标是否明确、结构是否合理以及图书馆人的积极性发挥得是否充分。

图书馆管理效率包括两层意思：一是指图书馆管理行为趋向系统目标的速度，即单位元时间内图书馆管理系统所完成的工作量；二是指图书馆管理系统完成单位工作量所需消耗的劳动量（包括知识和物化劳动等）。

图书馆管理效益是指图书馆管理系统为一定的目标、以一定的效率发挥其效能的结果或效果。

一方面，从动态过程看，图书馆管理效益是管理目标行为有效做功的结果，它表现为管理效能、效率和系统目标的函数。可用下式表示：

管理效益=f（系统目标，管理效能，管理效率）

这表明：①图书馆管理系统的整体目标是管理效能和效率趋向管理效益的一个重要干涉变量。即使在管理效能大、效率高的情况下，如果管理的目标不明确或无目标，管理效益就低下或无管理效益可言；如果管理系统目标

错了，则管理结果就是负效益，且效能越大、效率越高，系统整体的负效益也就越大。②由于目标变量可主要视其优化程度而在0~1取值，因此，当图书馆管理系统的目标确定后，目标就转化为一个常量。③一个系统的效能主要取决于它的结构。一个图书馆管理系统在特定的时空内其结构是相对稳定的，因此，其效能也可视为一个常量。这时，上式可化为：效益=f（效率）。即效益直接取决于效率，并是它的函数。

另一方面，从静态结果看，图书馆管理效益又主要由经济效益和社会效益构成。我们把图书馆管理系统所表现出来的内在价值称为经济效益，把图书馆管理系统对读者的价值称为社会效益。经济效益与社会效益既有联系，又有区别。讲经济效益是讲社会效益的基础，而追求社会效益又可以成为提高经济效益的重要条件。两者的区别主要表现在：经济效益较社会效益更为直接和显而易见，经济效益可以运用若干个经济指标来计算和考核，而社会效益则难以计量，必须借助于其他形式来间接考核，图书馆管理活动在处理经济效益与社会效益的关系上，应该是统筹兼顾，最大限度地追求经济效益和社会效益的同步增长。既反对单纯追求经济效益而不顾社会效益的倾向，也反对片面讲求社会效益而不讲经济效益的做法。当经济效益与社会效益发生矛盾时，应当从全局出发协调两者的关系，但基本的原则是要让经济效益服从和服务于社会效益。

二、图书馆管理效益的根据

1. 生产方式

从根本上来看，图书馆管理效益是由生产方式决定的。一个社会的生产方式是这个社会劳动者与劳动资料的结合方式，它既是人与自然之间发生物质变换的方式，也是人与人之间的物质交往方式。在这两个方面都伴随着管理活动。在某种意义上，图书馆管理活动是生产方式的外在表现，有什么样的生产方式就必然会有什么样的管理活动。所以，生产方式既决定着图书馆管理的性质，也决定着图书馆管理的方式。图书馆管理具有什么样的性质和以什么样的方式存在，又直接决定着图书馆管理的效益。因而，生产方式从根本上决定图书馆管理的效益。

2. 管理者

管理者是管理主体，在图书馆管理活动中居于支配地位，起核心作用。管理者的思想观念、行为方式对图书馆管理效益的影响是十分明显的。这是因为，管理者的思想观念在管理活动中往往表现为管理的指导思想，这种指导思想又会支配管理行动，使其表现出特定的管理行为方式。管理者的思想观念、行为方式对图书馆管理效益的影响，是通过对图书馆管理活动的计划、组织、领导、控制和评价等职能和环节而实现的。

3. 管理对象

图书馆管理对象是由人、财、物、信息资源等要素组成的一个有机体系，其中，人是最重要的。尽管财、物、信息资源等要素的组合对提高图书馆管理效益具有不可忽视的作用，但这种作用只有通过人的活动才能实现。人的素质水平、工作责任心、主观能动性发挥的程度，往往决定着其他管理对象作用发挥的程度。

4. 管理环境

图书馆管理效益是通过有效的管理活动实现的，而管理活动又是在外部客观环境的影响下进行的，因此，管理环境也是影响管理效益的一个重要因素。影响图书馆管理效益的环境因素包括政治环境、经济环境、科学技术环境和社会心理环境。政治环境是指一个国家的政治形势、法律制度、路线方针政策以及国际局势；经济环境是指图书馆系统之外的经济发展状况，如市场、投资、银行信贷、税收、物价等，这些因素通过价值规律等方面的作用影响图书馆管理的效益；科技环境是指图书馆系统外部科学技术（尤其是信息技术）的发展状况，它通过影响劳动生产率来影响图书馆管理的效益；社会心理环境是指图书馆系统外部的各种社会心理现象，主要包括社会态度、社会期望、社会舆论、消费心理、从众心理等，它们通过对图书馆的精神文化、人际关系以及图书馆成员的心理行为产生影响而影响图书馆管理效益。

弄清影响图书馆管理效益的因素对于提升图书馆管理效益具有重要意义：首先，可以使管理者提高认识，在图书馆管理活动中注重运用科学的管理方法和民主的管理手段，自觉地提高管理水平。其次，可以使管理者认识到人的因素对于管理效益的意义，注重调动人的积极性，提高人的素质，协调人们之间的关系，使人与物的结合方式达到最佳的优化状态。最后，可以使管理者树立开放的管理观念，不是把眼光局限于自己的管理范围之内，而是在更广阔的视野中看待自己的管理范围，认识环境因素对图书馆管理活动的影响，自觉地利用一切有利的影响，避免不利的影响，从而大大提高图书馆管理效益。

参考文献

[1] 刘友金，张天平．管理学［M］．北京：中国经济出版社，2008.
[2] 韩乐江，李朝晖．管理学基础［M］．北京：中国商务出版社，2009.
[3] 李兴山．现代管理学［M］．北京：中共中央党校出版社，2002.
[4] 周三多等．管理学——原理与方法［M］．上海：复旦大学出版社，1999.
[5] 常绍舜．系统科学与管理［M］．北京：中国政法大学出版社，1998.
[6] 张双喜，白景坤．管理学［M］．北京：北京理工大学出版社，2009.
[7] 鲍林涛．图书馆管理学［M］．北京：学苑出版社，1989.
[8] 于鸣镝．图书馆管理学纲要［M］．沈阳：辽宁人民出版社，1986.
[9] 黄宗忠．图书馆管理学［M］．武汉：武汉大学出版社，1992.
[10] 潘寅生．图书馆管理工作［M］．北京：北京图书馆出版社，2001.

职 能 篇

第四章 图书馆战略规划

图书馆是一个处于快速发展变化之中的服务型和知识技术含量较高的组织，简单日常工作计划和年度工作计划已不能保障图书馆的良好运转。21世纪是一个大发展、大变革的新时代，图书馆事业如何在复杂多变的社会大环境中争取更大的生存与发展空间已成为业界人士最为关注的课题。越来越多的图书馆决策人开始重视图书馆的战略规划，以期正确引导图书馆发展的方向，提高图书馆发展的速度，规避风险，最大限度地减少经费及资源的浪费和冗余，并通过将绩效与目标进行比较的方法来发现和校正偏差，从而实现有效的过程控制。可以说，制定最佳的战略规划已成为现代图书馆高效运转的前提条件。本章将着重阐述图书馆战略规划的内涵、意义、框架和流程，并介绍国外图书馆战略规划的典型案例。

第一节 图书馆战略规划的内涵与意义

一、图书馆战略规划的内涵

管理大师德鲁克指出，战略规划是系统化制定当今企业决策、获得未来最重要知识以及系统化执行组织决策所需的各种工作，并利用有效反馈对照原有预期测评决策成效的一种持续过程。图书馆战略规划是面向未来，确定图书馆使命、愿景、目标、战略及其实施计划的思维过程与框架。它需要图书馆员工和管理者对未来进行战略思考，在多种竞争压力和可选方案中，只选择那些与图书馆和外部机会一致的战略方案，以及那些可以最大化资源并使图书馆更有效实现未来目标的方案。因此，图书馆战略规划首先是一个战略决策过程，致力于何种规划、何时进行、如何进行、由谁负责、步骤是什么。

盛小平认为，战略规划也是一种态度和工作方式。图书馆战略规划要通过某些合适的方式（如章程、手册或网站）公开向用户阐明图书馆的使命、愿景、目标和行动纲要，它实质上是向人们表明一种态度、承诺、工作重心和服务方式。这既有利于图书馆在未来行动中做到有章可循，也有利于图书馆就工作绩效接受广大用户的监督与评价。图书馆战略规划是图书馆管理者与广大员工及相关人员共同经过一段特定时间的创造性思维所形成的一整套计划，它涉及长期战略问题的决策、实现战略和完成工作的操作可能变化的预先计划、业务计划或预期的收支绩效目标等。战略规划还是一种主要分析工具，可系统识别图书馆未来存在的机会与威胁、优势与劣势，并利用相关数据为图书馆制定最佳决策提供基础。

然而，图书馆战略规划并非试图制定图书馆未来决策。决策只能在当时做出；预先的规划要求在未来可能性事件中做出选择，但针对它们的决策却只能在当时做出。

图书馆战略规划也并非试图勾画教条的蓝图，它不是用钢铁铸成的一套固定计划，可以日复一日地使用，而不必考虑未来的一切变化。大多数公司定期修订其战略规划，通常一年一次。图书馆战略规划也应有一定的灵活性，要根据不断变化的环境加以调整，这种调整不能太频繁，可以年度为单位。

二、图书馆战略规划的意义

对于图书馆而言，战略规划较之单纯的工作计划有更为重要的意义。图书馆不可能存在于不变的封闭环境之中，做有计划的事情比处理突发事件要更为有效。因此，图书馆应重视与推广战略规划。战略规划将提供一套实际的、可测量的目标，激发图书馆员工开展各项工作来实现这些目标。虽然战略规划的某些环节（如评估环境威胁和机会、确立目标、检查和选择行动方案）可以在其他一些规划活动中发现，但是战略规划不同于其他规划，它以关键战略问题为中心。战略规划与其说是一组程序，不如说是一种参考框架和思维方式。

Stueart R. D. 和 Moran B. B. 认为，图书馆需要重新思考其愿景、使命与目标，重新审视本身的优势与弱势，识别那些阻碍未来发展的威胁和促进未来发展的机会。不管人们是否认为大学规划影响大学图书馆、城市规划影响公共图书馆、教育制度规划影响媒体中心、企业规划影响专门图书馆，如今大多数图书馆都被卷入战略规划之中。图书馆战略规划以了解图书馆现有环境和开展未来业务为中心，鼓励创造力，向客户主动推销服务，并鼓励图书馆管理者采取系统途径来调配资源。这些系统途径包括：提供一种机制以避免牺牲图书馆整体利益来过度强调图书馆部门利益；指引管理者做出与图书馆目标和战略一致的决策；提供测评整个图书馆、部门和个人绩效的基础；促进高层管理者关注重要战略问题；加强员工培训；鼓励员工积极参与组织目标建设。

Butler M. 和 Davis H. 认为，战略规划可帮助图书馆在资源、需求和机会之间建立、维持足够灵活的战略；可以为图书馆员工提供获悉图书馆环境与工作过程的机会，并由此允许图书馆员工开展创造性、合作性的工作来实现共同目标；战略规划也能提供极好的公共关系机会，并能作为一种手段使图书馆动态融入环境之中；战略规划还能进行环境扫描，识别图书馆面临的发展环境、机会与威胁，然后根据图书馆的优势与劣势制定合适的发展战略。

McClamroch J. 等人提出，随着图书馆生存环境的日益变革与复杂化，如今图书馆开展战略规划比以往任何时候显得更加重要。吴建中博士则认为，越来越多的图书馆开始重视制定战略规划，战略规划逐渐成为当今图书馆管理的一个热门话题。

第二节　图书馆战略规划的框架与流程

一、图书馆战略规划的框架

图书馆战略规划框架因馆而异。Birdsall D. G. 和 Hensley D. 认为，图书馆战略规划由实施纲要、使命声明、需求或激励因素分析、价值观、图书馆优势与劣势、目的和目标、支持性伙伴和联盟、支持性大学环境、人力资源开发、财务计划、时间表、评价方法组成；Pacios A. R. 认为，图书馆战略规划包括概要、引言、环境扫描、使命、愿景、价值观、关键行动领域、目的、战略、目标、财务资源。本书采用盛小平的观点，即图书馆战略规划框架至少包含愿景、使命、价值观、目标体系、战略五个部分。

1. 愿景

愿景是说明图书馆将来是什么的一种声明，即对图书馆蓝图的一种描述。愿景可以延伸图书馆的能力与形象，并指明图书馆未来的轮廓与方向。作为一种导向声明，愿景能够回答图书馆欲得到的未来是什么。例如，华盛顿大学图书馆的愿景是："华盛顿大学图书馆将在设计、创建与实现成为 21

世纪学术研究图书馆的承诺方面成为世界领先者。作为华盛顿大学的知识与物质共享空间，我们促进知识发现与鼓励知识增长。无论何时何地，我们预期并满足不同用户的信息需求，使学生成为信息敏捷的世界公民而在生活中取得成功”。

2. 使命

使命是描述图书馆目的、存在原因和希望去执行的活动的一种简洁声明。定义使命是图书馆进行战略规划的重要步骤，这种工作是基于图书馆愿景所确立的价值观和信仰，换句话说，图书馆使命声明直接遵循愿景声明，简要说明为实现愿景将要开展的工作。图书馆使命声明要回答三个主要问题：谁是图书馆的用户？图书馆提供哪些服务？图书馆如何开展这些活动？使命指导图书馆确立目标和建立实现这些目标的战略。不同图书馆的使命声明显然是不同的，取决于客户的需求。例如，华盛顿大学图书馆的使命是“致力于把人们与知识连接起来，提高生活质量，促进知识发现”。

3. 价值观

价值观是个人或群体在与外部世界的相互作用中所信奉的原则、信念、标准等。在图书馆，通常是用对他人的尊敬、诚实和正直、社会责任、对创新与卓越服务的承诺来陈述的。例如，在“华盛顿大学图书馆 2006—2010年战略规划”中，价值观包括如下五个方面：

服务——我们重视以质量和读者为中心的服务，预期并满足大学用户的信息需求；我们重视图书馆在教育和公众利益服务方面所起到的特殊作用。

学术——我们重视图书馆在终生学习、思想的自由交流以及创造知识中的重大作用；我们重视与大学图书馆内外的合作与协作。

尊重——我们尊重个人的技能、才干、用户与员工的多样性；我们重视员工美德、责任感和创造力。

资源——我们重视为大学用户建设、组织、保存和提供研究级资源。

作为场所的图书馆——我们重视图书馆要成为知识共享空间——丰富大学学术生活。我们重视图书馆作为舒适且受欢迎的场所和作为一种动态设施来提供对馆藏的有效访问。

4. 目标体系

目标是图书馆管理者在特定时间内达到某一具体绩效的承诺。目标与图书馆愿景和核心价值观直接联系起来，是显示图书馆业绩、承诺和重点的标尺。目标可分为总目标与分目标，由此构成图书馆目标体系。分目标必须对完成图书馆总目标具有实际意义。在目标设置过程中，必须考虑以下问题：目标此时是否适合于图书馆？分目标是否有助于实现总目标？目标是否指引图书馆通向正确的方向？目标是否支持图书馆使命？目标是否被大多数实施者所接受或理解？图书馆能否为此目标负得起费用？目标是否可测评和可完成？是否有足够的信心来迎接挑战？另外，图书馆还需在目标体系中标注可利用的资源和评价分目标实现标准的指标。

5. 战略

战略是图书馆管理层所制定的策略计划，包括一系列的竞争性活动和业务方法的组合。它可细分为业务战略、职能战略、经营运作战略等。业务战略是指图书馆某项业务的策略规划，充分体现在图书馆管理者为实现某种业绩而制定的行动方案之中。业务战略的核心是如何提高图书馆业务能力与服务水平；职能战略是图书馆管理者为特定的职能活动、业务流程或重要业务部门所制定的策略规划。虽然职能战略所涉及的范围比业务战略要窄，但是它可以为整体业务策略规划提供一些细节。它所涉及的问题是制定一种管理某项业务中的主要活动或过程的策略规划——包括服务、营销、财务、人力资源等；经营运作战略所关注的是一些范围更窄的战略行动和经营策略，例如，如何管理关键的经营运作单位（如参考咨询部、采编部），以及如何开展那些有战略重要性的任务（如资源采购与加工、用户服务）。虽然经营运作战略所涉及的范围有限，但它能使职能战略和业务战略更详尽。经营运作战略一般由部门领导负责制定，由馆领导审批。

二、图书馆战略规划的流程

图书馆战略规划流程需要描述图书馆的远景，识别其使命，设置其目标，确立各种实现这些目标的行动。简单地说，战略规划流程是一种把决策转化为政策、政策进一步转化行动的持续循环过程。它往往包括启动阶段、战略分析阶段、战略确认阶段、业务规划阶段、实施阶段、反馈与评价阶段六个阶段，如图 4-1 所示。下面简要说明战略规划流程各阶段的相关问题。

1. 启动阶段

图书馆实施战略规划的三个前提条件是：一是要在整个图书馆通告战略规划流程，并要求图书馆员工忠于承诺；二是图书馆战略规划要适应或促进其直属组织或社会发展战略规划；三是图书馆主管部门（或人员）应该知道图书馆战略规划达成的决策、承诺和所做的努力，以使图书馆获取外部支持，减少各种阻力来获得最大的成功。一旦就引入战略规划问题取得一致同意后，图书馆管理者就可组建战略规划团队（或委员会）。战略规划团队应该包括图书馆员工和其他相关人员。

2. 战略分析阶段

战略分析阶段的主要任务是进行环境扫描和识别相关战略问题。环境扫描可分为外部环境分析与内部环境分析两种类型。

图书馆可利用PEST分析方法来进行外部环境扫描。PEST分别对应于政治、经济、社会和技术因素，其中政治因素包括政府机构对信息服务的态度和信息政策；经济因素着眼于体制和总体经济条件、国内外趋势；社会因素包括形成当地文化的道德和价值观；技术因素是指开发那些有影响力的硬件与软件系统。

图书馆可结合SWOT矩阵和内部自我检查来进行内部环境扫描。利用SWOT矩阵，就是要求图书馆在调查研究的基础上，确定图书馆的内部优势因素（Strengths）、内部劣势因素（Weakness）、外部机会因素（Opportunities）和外部威胁因素（Threats），将它们按照矩阵形式排列起来，通过考察内外部因素的不同组配，进行全面系统的综合分析，从而帮助图书馆战略规划团队做出最优决策。自我检查始于识别那些指导图书馆服务目标的信仰、价值观和风气，也须对包括员工、服务、体制、资源、资源使用方法、资金、现有战略等多种因素进行分析，并利用图书馆物力和财力所能提供的愿景来协调使命声明设想的愿景。若存在巨大的差异，就须寻找解决办法来降低期望或增加资源。

图书馆通过内外部环境扫描，往往可以发现如下关键战略问题：图书馆如何对拥有的或可存取的信息提供有效的集成访问？如何扩大图书馆对其所属机构或社会决策者的影响来更有效地实现图书馆使命？如何创建一种利用信息技术全面支持和提升图书馆目标的环境？如何建立一种组织氛围，它能促进图书馆员工对共同目标与价值观的承诺？应该寻求与建立什么样的合作关系来帮助图书馆实现目标？应该为谁提供哪些服务？由谁负责？如何安排员工以响应工作环境的变化？

3. 战略确认阶段

图书馆在完成环境扫描后，可以基于图书馆隶属机构或用户需求确定图

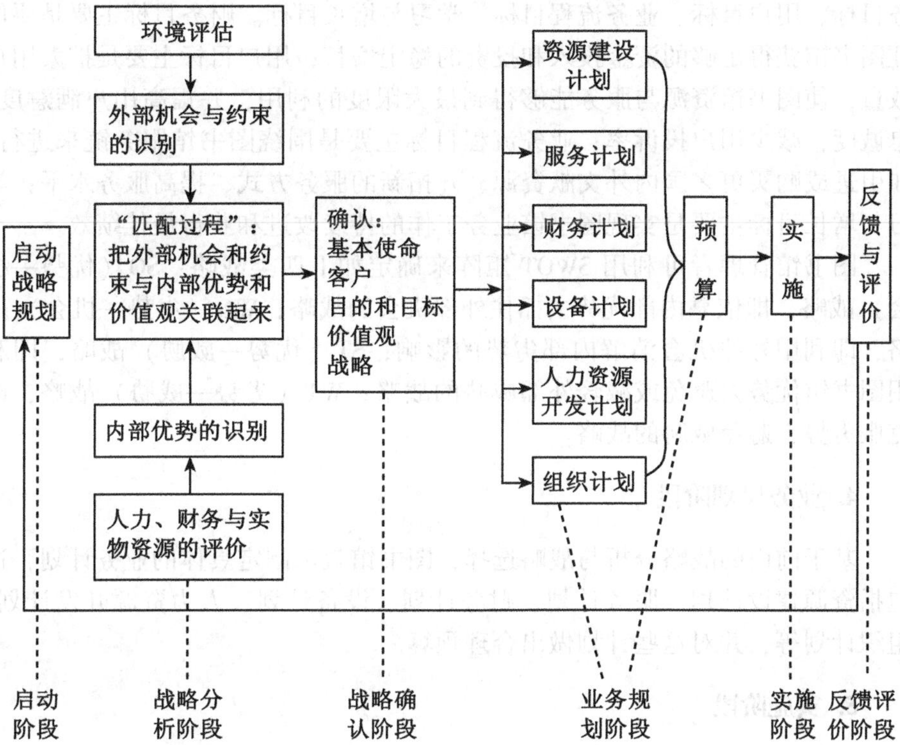

图 4-1 图书馆战略规划流程

来源：盛小平．大学图书馆战略规划的几个基本问题［J］．大学图书馆学报，2009（2）：14-18.

书馆战略问题，这包括确立图书馆使命与愿景、价值观、目标体系、战略与客户。

确立图书馆使命与愿景常用两种方式：一种是自上而下，一种是自下而上。前者通常是由图书馆高层领导结合当前的实际情况，充分考虑未来的发展趋势，提出图书馆的未来发展总体设想或方向，并由图书馆相关部门人员将这一设想进一步细化使之成为清晰而准确的文字描述；后者通常是在图书馆高层领导的指示下，由指定部门员工提出有关图书馆使命和愿景的初稿，然后交全体员工讨论和征求意见，原指定部门员工将员工意见进行综合整理与提炼后，形成第二稿，再交图书馆领导审准。不管采取哪种方式，让员工广泛参与图书馆使命与愿景的制定工作是非常必要的。但确定图书馆价值观，最好采取自上而下方式。

在设立目标体系时，图书馆可利用平衡计分卡把战略目标体系划分为财务目标、用户目标、业务流程目标、学习与增长目标。财务目标主要是要保证图书馆获得足够的资金投入和投资的稳定增长；用户目标主要是扩大用户数量，使图书馆资源与服务能够得到最大限度的利用，并提高用户满意度、忠诚度，减少用户投诉率；业务流程目标主要是围绕图书馆服务链来进行，如引进或购买更多国内外文献资源、开拓新的服务方式、提高服务水平；学习与增长目标主要是实现图书馆业务工作的持续改进和获得最佳绩效。

图书馆管理者可利用 SWOT 矩阵来确定如下四类战略：SO（优势—机会）战略，即依靠内部优势去抓住外部机会的战略；WO（劣势—机会）战略，即利用外部机会消解内部劣势的影响；ST（优势—威胁）战略，即利用图书馆优势去避免或减轻外部威胁的战略；WT（劣势—威胁）战略，即克服劣势、避免威胁的战略。

4. 业务规划阶段

基于前面的战略分析与战略选择，图书馆就可制定具体的业务计划，这包括资源建设计划、服务计划、财务计划、设备计划、人力资源开发计划、组织计划等，并对这些计划做出合理预算。

5. 实施阶段

战略规划的目的在于通过战略实施取得预期的目标绩效。因此，战略规划实施在整个战略规划流程中是很关键的工作。战略实施要求图书馆根据各项战略完成预先确定的各项工作任务。它实质上是图书馆员工冲破阻力、克服困难、解决问题的过程。

6. 反馈与评价阶段

在图书馆战略规划实施过程中，要经常获得来自用户和员工对目标及其实现行为的反馈。图书馆利用这些反馈，一方面可以及时发现战略规划中存在的不足之处，为完善战略规划提供参考；另一方面可以作为重要依据来评价战略规划及其目标的实施效果。比如，衡量大学图书馆战略规划成功与否的最根本标准，是大学图书馆在促进学生学习、教师教学与科研方面是否达到令人满意的程度。对于战略规划中的阶段性目标（如年度计划目标），应该在此阶段末期（而非结束整个战略规划时）就启动评价活动。图书馆只有在完成现有战略规划绩效评估后，才能启动下一轮战略规划，否则就很难保证图书馆战略规划的科学、合理与高效。

第三节　图书馆战略规划的典型案例

在国外图书馆实践中，战略规划已经成为一个被普遍应用的管理和决策工具。比如，大英图书馆2008—2011年战略规划的主要目标是“作为世界上最大的研究性图书馆之一，我们有责任保护我们记载的过去，有责任为今天的研究者提供优质的服务，有责任确保我们的后代能够获取他们的遗产及世界知识，这些遗产及知识已越来越多地体现在数字格式中。”“我们的目标是提供物质条件、专家及服务以激发创造力，来支持各式各样的研究人员。”其具体七大战略如下：广泛获取并储存英国数字出版物；用内容服务连接我们的用户；改变报纸的获取及保存方式；用创新的服务及一体化进程支持英国的研究；建设数字基础设施；整合物理馆藏的存储与保存；发展为一个致力于促进创新及持续发展的组织。

本书以芬兰国家图书馆2006—2011年战略规划为例阐述图书馆战略规划的具体内容。芬兰国家图书馆战略内容采取平衡计分卡（Balanced Score Card）法进行编写，这种方法广泛地应用在公共管理上。整个编写过程在芬兰公共管理公司首席咨询员的指导下进行。具体框架内容如下：

一、发展环境和当前形势

图书馆用户规模在扩大、新型数字图书馆软件的出现为创造新型用户服务提供了可能，因此最具挑战性的事情是管理好上述这两项增长。为了保证发展战略有一个稳固的基础，确定新用户和相关利益群体变得非常重要。

1. 国家图书馆的用户和相关利益群体

(1) 图书馆用户群体

为了改善服务和保证质量，了解和研究这些群体的不同需求是很重要的。此外，同一用户群里包含不同类型的用户，他们有着不同的需求，比如，研究人员和学生的需求可能存在很大差别。

作为图书馆网络的核心服务单元的国家图书馆的地位将被加强，图书馆要为大学、专业、公共图书馆服务。图书馆网络已经确定哪些服务将包括在第一阶段的工作中。在未来，服务的范围将会扩大。在战略执行的初级阶段，图书馆将注重加强图书馆服务与评估之间的关系。这期间，图书馆还将致力于显著提高国民素质的本地服务和数字化服务。

如图4-2，芬兰国家图书馆的服务对象将在战略初期逐步扩大，并覆盖所有公共图书馆，还将逐步提高图书馆网络的集中服务。

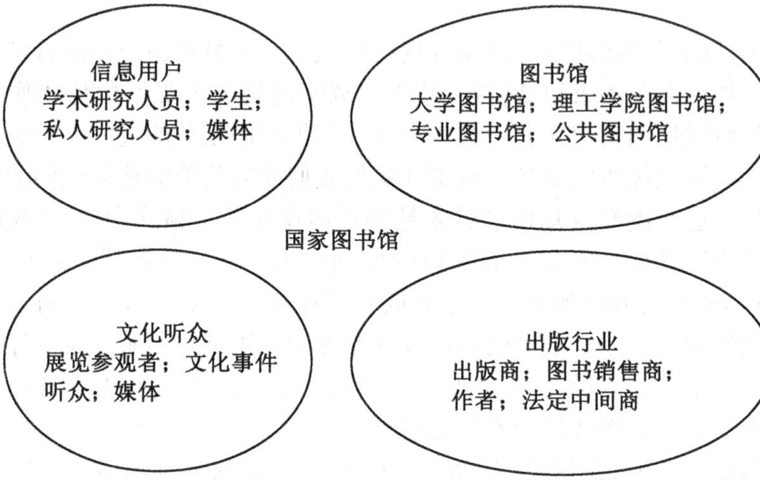

图 4-2　芬兰国家图书馆的用户

来源：芬兰国家图书馆著 . 2006—2015 年芬兰国家图书馆战略［J］. 李菁楠，编译 . 图书情报工作动态，2008（5）：1-5.

一是信息用户。对于需要信息的人，图书馆是学术和文化环境，不仅提供服务，也提供灵感和经验。人文社会科学领域需要国家数字资源和互动服务来补充传统的印本书籍。在这些领域，图书馆是一个国家的文献和服务的主要提供者。

二是图书馆。国家图书馆为大学、专业和公共图书馆提供集中服务。改善其基础设施是国家图书馆的首要任务。图书馆网络的服务将在这一战略期进一步扩展，在全社会获取信息方面的作用将会更加突出。国家图书馆也服务于其他图书馆用户，如企业图书馆。

三是出版行业。对出版行业的服务受到法定存缴立法的修订和版权法的影响，并且标准编码系统也在变化。出版行业的用户群由来自图书行业和法定中间商中的作者、出版商及其他参与者组成。

四是文化听众。图书馆的重要文化使命之一是使国家馆藏被普通公众了解。为实现这一目标，图书馆组织展览、音乐会和其他活动，与学术界和其他文化机构中的专家紧密合作，为公众创造信息和体验。在本战略期内，作为首要的国家文化机构，国家图书馆将争取赢得新的听众。

（2）相关利益群体

相关利益群体在确保国家图书馆的成功上是有一定影响的。在本战略期内，由于图书馆地位的变化，与核心利益方和图书馆网络合作变得尤为重要，伙伴关系有利于开展服务。在信息系统建设方面，国际合作也尤为重要。如图 4-3。

一是相关利益方。图书馆的主要资金由教育部为全国性用途预留的资金和赫尔辛基大学的拨款组成。多数项目由几个赞助人出资支持。外部资金来源包括私人基金和信托基金、欧盟的资金和地区的资金等。

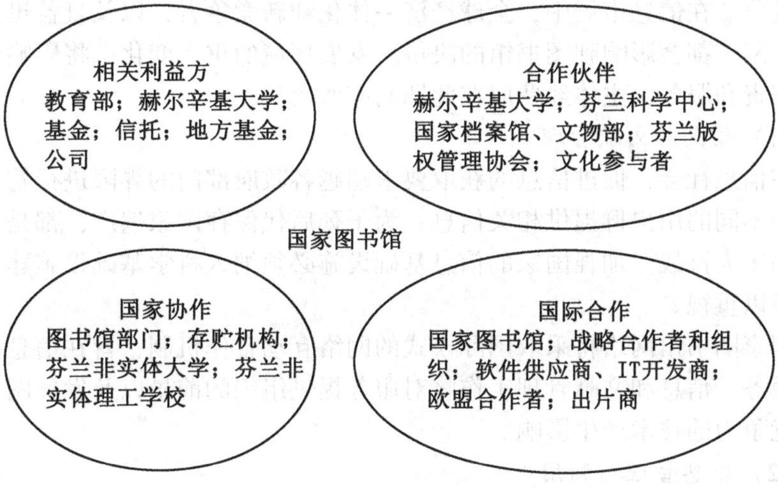

图 4-3　芬兰国家图书馆的利益群体

来源：芬兰国家图书馆著 . 2006—2015 年芬兰国家图书馆战略［J］. 李菁楠，编译 . 图书情报工作动态，2008（5）：1-5.

二是合作伙伴。合作是一个改善服务的方法，图书馆将与国内外的参与者建立战略伙伴关系。国内的主要合作伙伴是赫尔辛基大学、图书行、芬兰科学信息技术中心、其他存储机构，以及芬兰版权管理协会、Mikkeli 市和各种文化活动参与者。

三是国家协作。图书馆工程与图书馆部门（大学、公共、理工学校及专用的图书馆）以及其他存储机构保持紧密互动。作为图书馆的服务对象和职责的拓展，与图书馆网络的合作将会增加，其目标是功能性的互动，这将为图书馆网络、国家图书馆、以及整个社会创造附加值。

四是国际合作。芬兰国家图书馆是欧洲国家图书馆会议（CENL）的成员，也是全球国家图书馆会议的理事（CDNL）。图书馆积极参与国际标准化工作，参与组织工作、加入相应的工作组。软件供应商和系统开发商也是重要的合作伙伴。随着出版业的不断变迁，与参与者合作对这个领域将变得更加重要。图书馆积极参与欧洲文化遗产的数字化，并与存储机构展开国际合作。

2. 发展环境中的关键变化因素

本战略期内，芬兰国家图书馆的发展环境将发生重大变化，图书馆在信息社会作为核心的国家服务提供者的地位将更为突出；另一方面，将会有更多的竞争。在信息市场中，全球经济一体化和新竞争者，以及日益迅猛发展的互联网，都会影响到图书馆的决策。发展环境的重大变化，将影响到图书馆的职责和服务，主体经费应在此期间有所增长。

（1）信息与文献管理

在信息社会，促进信息的获取要求超越各政府部门的界限进行管理。为每一个不同的用户群提供相关信息，为子孙后代保存国家遗产，都是信息社会中的重大挑战。加强国家的信息基础设施必须纳入科学基础设施建设的项目中予以重视。

国家图书馆网络将采取国际模式的网络互动合作机制，旨在信息社会中促进服务。信息和文献管理工作将对服务提供组织的前景以及发展图书馆网络有竞争力的技术产生影响。

（2）信息管理与利用

科技进步促进了信息的生产和传播，数字形式的信息内容很容易被互联网上的各类用户所接受。然而，我们很难从如此庞大数量的信息中过滤出高品质、经过评价的内容。为了促进信息市场的繁荣，国家图书馆必须做出正确的战略决策，参与战略伙伴关系，以确保用户可以方便地获取高品质、精选的信息内容。

（3）竞争

在图书馆的发展环境中，技术、经济效益和竞争的要求将会增长。图书馆评价各项服务的供应商，然后选择最适合它们的供应商。因此，国家图书馆必须能为用户提供有竞争力的服务和技术。国家图书馆对技术和服务解决方案进行评价，邀请投标单位，并预测未来新的服务需求。

（4）国际性

国家图书馆的发展环境是国际性的。国家图书馆决定增加和扩大国际合作，以便实现重大的战略优势。国家图书馆也将努力推动芬兰图书馆网络的建设，并宣传在国际合作中取得的成果。图书馆的管理、方法和对外沟通必须能够对发展环境中的变化做出反应，主要的期望侧重于透明性、盈利性和对图书馆功能的影响。

（5）战略管理

国家图书馆在全国地位的变化和有效履行其新的职责将要求做出战略决策。在这个战略期，将被赋予全新的责任，这种责任将影响全馆的功能。在多功能组织里，做出选择既影响经济决策，也影响人员配置。

（6）组织上的灵活性

在未来，国家图书馆网络服务的重要性将增强，也需要资金保障。组织的实践应该对变化的用户需求和相关利益方的期望做出反应。

（7）对外交流

在交流中，应将各个用户群体考虑进来，以便让每一位用户都获得有关图书馆的最新和相关的信息。用于图书馆网络的交互式交流系统将建成。

二、国家图书馆的使命、价值观、愿景和战略目标

国家图书馆的国内外发展环境正发生广泛的变化。本战略期内，图书馆的目的是面对挑战，同时也为未来的变化做好准备。

1. 使命

国家图书馆要确保所出版的国家文化遗产的可获得性。国家图书馆为市民及社会各界传播和制作各种信息内容，与图书馆网络和信息社会中的其他参与者共同提供服务。

2. 价值观

图书馆的首要价值观是成为改善团结和实践的过程中必不可少的因素。无论是在与用户、合作伙伴的交往中，还是在内部的交往中，价值观指导我们的行动。

3. 愿景

国家图书馆是国家的信息门户。

4. 国家图书馆的战略目标

从长期来看，发展愿景意味着在2015年：

“国家的记忆”和公民获取信息的权利是通过对国家的信息资源的获取

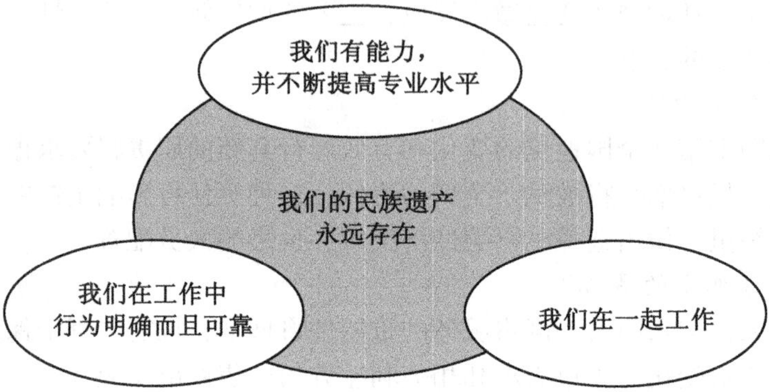

图 4-4　芬兰国家图书馆的价值观

来源：芬兰国家图书馆著 . 2006—2015 年芬兰国家图书馆战略［J］. 李菁楠，编译 . 图书情报工作动态，2008（5）：1-5.

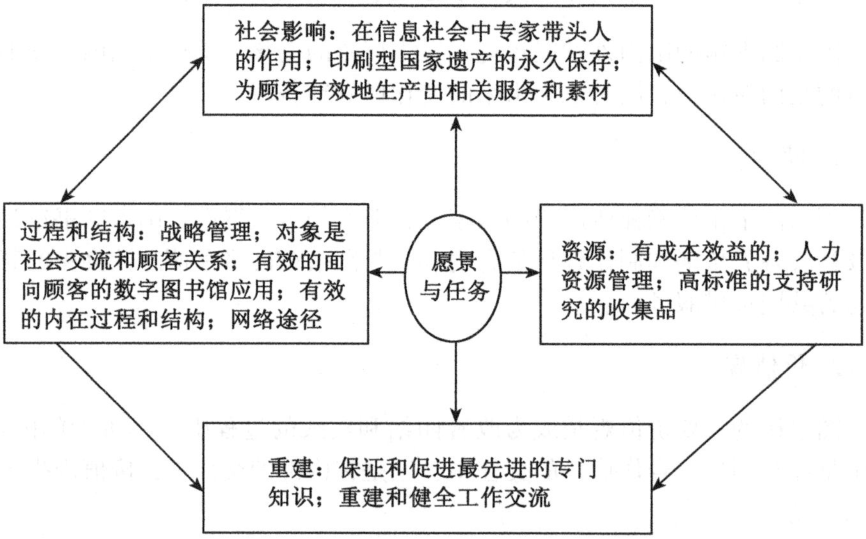

图 4-5　芬兰国家图书馆的愿景与任务

来源：芬兰国家图书馆著 . 2006—2015 年芬兰国家图书馆战略［J］. 李菁楠，编译 . 图书情报工作动态，2008（5）：1-5.

和保存来保证的。

在一开始的战略期，图书馆将为出版物制订一份保存政策，并开始付诸实施。

保证“国家记忆”的实现，需要积极地加强和分派存储机构和长期资金筹措工作。

国家的信息基础设施（包括服务和内容）可以为社会提高效率和成本效益，信息基础设施是科学基础设施的一个重要部分，而且它对成果的学术界的影响是显著的和可衡量的，涵盖了图书馆和数字图书馆软件中印刷和电子的内容，国家图书馆负责全国的信息基础设施，并与图书馆网络和其他利益团体共同建设。提高服务质量建立在工作分配、成本意识和专门知识的基础上。

国家科学基础设施这个名词的内涵包括：科研设备、国家超级计算（national super-com-puting）、通信、专门知识群和信息内容。芬兰的科学基础设施在欧洲范围内也是很好的，并且其结果在别处被作为范例。图书馆网络为学术团体和公民个人提供快速、便捷的获取信息的方法。

数字图书馆的概念为用户提供丰富的信息资源和高效率的设施，以便搜索和利用。

到2015年，公民具有对多种国家和国际联机服务的自主选择权。图书馆网络、其他存储机构、学术团体和公共行政部门从国家图书馆的国际合作中受益。

国家图书馆将努力与国际同行进行密切的战略合作。国家图书馆将在战略合作中改善自己的软件环境。

国家图书馆定期利用国际同行评议机制评价其主要职能。

5. 成功的关键因素

图书馆将确保成功的关键因素按照预期得以实施，以此加强愿景与战略目标。

参考文献

[1] Butler, M., Davis, H.. Strategic Planning as a Catalyst for Change in the 1990s [J]. *College & Research Libraries*, 1992, 53 (5): 393-403.

[2] 盛小平. 大学图书馆战略规划的几个基本问题 [J]. 大学图书馆学报, 2009 (2): 14-18.

[3] 乔治·斯坦纳. 战略规划 [M]. 李先柏, 译; 北京: 华夏出版社, 2001: 16.

[4] Stueart, R. D., Moran, B. B.. *Library and Information Center Management* [M]. sixth edition. Color-ado: Libraries Unlimited, 2002.

[5] McClamroch, J., Byrd, J. J., Sowell, S. L.. Strategic Planning: Politics,

Leadership, and Learning [J]. *The Journal of Academic Librarianship*, 2001, 27 (5): 372-378.

[6] Birdsall, D. G., Hensley, D.. A New Strategic Planning Model for Academic Libraries [J]. *College & Research Libraries*, 1994, 55 (2): 149-159.

[7] Pacios, Ana R. . Strategic Plans and Long-range Plans: is There a Difference? [J]. *Library Management*, 2004 (6-7): 259-269.

[8] Vision 2010: The Libraries' 2006—2010 Strategic Plan. [EB/OL]. [2009-08-15]. http: //www. 1ib. washington. edu/about/vision2010/.

第五章 图书馆组织

组织是管理的基本职能，也是任何一项管理活动的主要形式，是实现各种管理目标的重要保障。图书馆组织是图书馆系统内部的结构模式，是图书馆管理的重要内容之一。本章主要就图书馆组织的概念及组织形式、图书馆组织的设计、图书馆的组织结构、图书馆内非正式群体等几个问题进行阐述。

第一节 图书馆组织概述

一、图书馆组织的含义

在现代汉语中，组织通常含有动词和名词的意义。作为动词，组织是指安排分散的人或事物，使之具有一定的系统性或整体性的工作或活动过程。作为名词，组织是指按照一定的宗旨和系统建立起来的集体，即人们为了一定目标的实现而建立起来的社会实体。既然组织是一个有活动目标的社会实体，并围绕目标开展系统性和整体性的活动，那么，从管理学的角度来看，组织就可以被理解为是一个动态活动过程和静态社会实体相结合的统一体。在这个统一体中，组织具有以下特定的内涵：

(1) 组织是由两个或两个以上的人所组成。可以说组织是由人们以及人与人的相互关系所组成，人们在实现共同目标的过程中彼此联系并发挥基本的作用，从而形成了组织。

(2) 组织具有特定的活动目标。组织是按照一定的目标和一定的需要将各个组织要素排列组合而构成的统一体，每个组织都有各自明确的活动目标，围绕特定的组织目标开展活动。因此，组织的目标决定了组织存在的必要性与合理性。

(3) 组织具有一定的结构和层次。组织是按照一定的职能分工、责权分配所构成的特定群体，它根据一定的规则和程序排列组合并相互协调开展各种活动。因此，合理地设计组织结构，协调组织成员的分工与合作，是组织得以正常运行的基本保证。

(4) 组织具有与社会的互动作用。组织在自身发展过程中，不仅要依靠其内部的协调运行，同时还要与组织生存的环境相互依托，并在适应社会环境的过程中形成组织个性，以保持组织运行的独立性，从而发挥组织的整体作用。所以，组织是社会系统的一部分，是一个与社会有着千丝万缕联系的开放系统。

(5) 组织与组织之间存在着一定的边界。人类社会中任何组织都具有与其他组织不同的组织精神、组织行为和组织作风，表现出与其他组织所不同的个性特征和活动目标。因此，组织不同，人们的活动内容不同，组织行为就不同。这就是不同的组织给人们留下不同印象的主要原因。

从人们对组织基本内涵的认识出发，我们认为，图书馆作为人类文明的产物，在其发展过程中有着特定的活动内容和范围，它以保存和传扬人类文化的智力成果为宗旨，以满足社会文献信息需求为己任，以文献信息资源的收藏和利用为组织活动目标，从而适应社会不断发展的需要。因此，我们可以把图书馆组织定义为：以最大限度满足社会文献信息资源需求为目标而对图书馆资源进行合理的设计与职能分配，并按一定规则和排列程序组合成并协调运行的有机系统。它既反映了图书馆社会实体的形成，同时也体现了对图书馆实体的管理行为、管理活动和管理过程。由此可见，图书馆组织的特定内涵是对图书馆资源的合理设计、分配、排列与组合，形成一个稳定的、能够根据环境的变化而不断调整行为目标的组织系统。而图书馆系统的有效运转则是图书馆管理中组织的必然结果。图书馆组织是实现科学管理的基本职能，也是图书馆管理的主要对象。人们通过这个特定的组织行为建立图书馆工作关系架构，并协调和刺激图书馆组织内的成员为实现整体目标而“开展指定的活动，履行各自的职、权、责，相互协调、合作，为实现系统的目标，完成系统的计划而努力”。

图书馆组织的职能体现在以下几个方面：①构建图书馆工作关系架构，使图书馆各组成部分形成有机的不可分割的整体。②合理组织图书馆各项活动，使之具有一定的功能和作用。③明确授予图书馆各级管理人员一定的权限，充分调动管理人员的工作积极性。④强化图书馆管理信息的传递与沟通，建立图书馆系统内的层级关系和联系。⑤建立和健全图书馆组织的管理体制，执行、协调、监督图书馆活动的运行。

二、图书馆的组织形式

图书馆同任何社会组织一样，只有运转才能发挥作用，才能充满活力、生机勃勃。在图书馆的运转过程中，为了保证图书馆既定目标的实现，就必须运用各种组织方式处理管理活动中的各种关系，并进行图书馆资源的合理配置，以保证图书馆整体活动的正常运行，因此，图书馆管理的组织形式就成为其管理活动的具体表现。采用不同的组织形式，就会产生不同的组织运转过程。就目前图书馆的运行模式和组织形式而言，通常采用的组织形式主要有直线式、职能式、直线职能式和合作式等。

1. 直线式组织形式

直线式组织形式在图书馆管理中是一种最基本的组织形式。直线式结构比较简单，又称单线式职权形式，或军队式职权形式。它是指将社会实体中的各种职位按垂直的管理系统进行直线排列，以形成自上而下的管理与运行体系。例如，图书馆馆长对副馆长有直线职权，副馆长对部门主任有直线职权，由上而下形成一条权力线，指挥统一。但是，由于这种组织形式没有具体的职能机构作为辅助管理的手段，容易形成管理权力的高度集中，从而导致在复杂的管理活动中不能有效控制下属行为的问题出现，造成不利于沟通和交流的现象。所以，这种组织形式通常只适合规模较小的图书馆。

2. 职能式组织形式

职能式组织形式，又称多线式组织形式，它是直线式组织形式的一种补充。它是指在图书馆管理过程中，各级行政领导都设有相应的职能机构，各个职能机构在自己的业务范围内有权直接指挥下级单位。因此，各级行政领导人员除了服从上级行政领导外，还要服从上级各个职能机构的指挥。这种类型的组织形式适用于业务技术复杂、管理分工细致、规模较大的图书馆。但是，它也存在一定的不足，这种形式常常会造成图书馆管理中的多头领导现象，从而妨碍了图书馆组织的必要的集中领导和统一指挥，造成组织管理上的混乱。

3. 直线职能式组织形式

直线职能式的组织形式是直线式组织形式和职能式组织形式相互结合产生的一种图书馆组织形式。它是将图书馆管理人员分为指挥型管理人员和职能型管理人员两类，指挥型管理人员有权力对下级发布命令，组成图书馆组织结构中的“命令链”；职能型管理人员凭借自己的专业知识和工作经验，向上级领导提出专业管理的建议，也可以向下级机构进行业务的指导，但无权直接对下级机构进行指挥和发布命令，除非其上级领导授权。这样的组织形式便于在组织内充分发挥职能部门的参谋作用，减轻上级领导的工作负担，为图书馆的指挥人员正确决策提供依据，从而实现图书馆管理活动的统一指挥，统一行动，使得图书馆的专业化管理更为细致。

4. 合作式组织形式

合作式组织形式是一种新型的图书馆组织方式。它是一种超越了传统垂直管理的基础所进行的一种组织与组织之间的合作管理形式。合作式图书馆组织形式主要是根据参加合作体的各成员馆签订的合作协议明确各自的权利、责任与义务，并明确其组织关系，通过利益共享实现组织的整体目标。因此，它是一种以契约形式构筑的图书馆组织形式。其特点就是在图书馆之间不论是否存在隶属关系，在这个合作式组织中没有上下级的等级制度，没有体制上的制约关系。它强调在图书馆之间进行跨组织合作关系的构架，注重不同系统、不同类型图书馆的分工与合作，注重在合作中进行优势互补，从而实现图书馆建设的整体目标。

合作式组织形式赋予了图书馆管理的高度灵活性，使组织成员能够在自己的职责范围内独立工作，并能充分调动其积极性。合作式组织形式的主要表现就是图书馆联盟，它是以文献信息资源共建共享为目标的实际而有效的图书馆组织形式。其形成的主要原因有两个：一是共享图书馆收藏的文献信息资源；二是信息技术的发展使社会信息用户产生了新的信息需求和新的信息利用空间。与传统的图书馆组织形式相比，合作式图书馆组织形式具有反应迅速、机动灵活的优点，其合作的范围更加广泛。它可以降低文献信息资源的收藏成本，进行图书馆之间的文献传递服务，并及时发现和解决由于信息技术发展而带来的各种问题，如文献的知识产权保护问题、电子文献的出版与利用问题等。同时，通过合作还可提高图书馆的服务能力和参与竞争的能力。目前国内外已经出现了不少这样的图书馆合作组织，如世界著名的

OCLC、OhioLink、中国高等教育文献保障体系（CALIS）等。

第二节 图书馆组织设计

一、图书馆组织设计的原则

组织设计，概括地说，就是围绕某种战略目标，对组织所拥有的各项资源进行合理的安排和配置，以构成有机整体的过程。组织设计的直接结果就是形成一定形式的协作系统和关系网络。任何组织都是依照一定结构形式设计并建立起来的。组织设计包含三层含义：第一，进行资源配置。即围绕组织活动的目标，将各种资源分配到不同的组织层面，实现有利于组织目标的最佳组合。第二，确定各种资源之间的关系。即通过组织设计，形成特定的关系网络，使各种资源能够围绕组织目标有效地进行运转。第三，制定运行规则。为了证明和充分体现各种资源配置的有效性与协调性，就需要组织设计者根据组织运行的基本情况制定出一系列规则，并在这些规则的约束下开展活动。由此可以看出，组织设计是一个对资源的组合过程，是一个发挥各种资源作用的过程，同时也是一个调节组织整体作用的过程。

图书馆组织设计是指对图书馆组织的结构进行规划、构架、创新或再构造，通过对图书馆的任务、权限和工作流程的安排与设计，使图书馆组织协调运转的过程。图书馆组织设计的目的就是从组织的结构上确保组织目标的有效实现。图书馆组织的结构，是图书馆内部各个工作部门的排列顺序、空间位置、聚集状态、运作形式以及图书馆各个要素之间相互联系的一种方式，也是图书馆内部管理的一种模式。这种模式或管理体制是人们根据图书馆的社会目标和功能，以及各个图书馆的个性特点设计创造出来的。

组织设计的结果是形成特定的组织机构，即组织的构成框架。组织结构设计得合理，就可以充分发挥系统的整体功能，使系统高效率地运行，取得最大的社会效益与经济效益。图书馆组织结构的合理设计，是保证图书馆整体目标顺利实现的前提，是图书馆内部管理工作的信息流以及人流和物流得以正常运行的保证，是图书馆管理活动的基础工作。

图书馆的组织结构既要保持相对的稳定性，又要适应图书馆内部和外部环境的变化，所以，保持图书馆高效率地运行是图书馆组织设计的最终目的。因此，如何设计高效率运行的图书馆组织结构是关键所在。总的来说，图书馆组织设计应遵循以下几个原则：

1. 因馆制宜原则

任何一个组织都有其特定的任务和目标，每个组织及其每一个部分，都应当与其特定的任务目标相关联，组织的设计应该以是否对其目标的实现有利为衡量标准。图书馆组织的设计没有统一的模式可循，因为各个图书馆的现实情况不一样，图书馆应该根据其发展目标与规模以及文献信息资源的构成、工作人员的构成以及空间设备、技术条件等资源来选择组织的发展模式，设计图书馆的组织结构。所以，图书馆内部结构的设计与排列都应当和图书馆的整体目标相关，只有这样才能充分发挥图书馆系统的整体功能。如果馆内的某一部门的设置与图书馆的发展目标不相关联或关系不大，可以考虑将其合并或者从图书馆组织中剥离出去。图书馆的总目标通过细化分工分成若干个子目标，而图书馆内部各个部门的设置正是这一细化分工的结果。

2. 合理分工原则

图书馆组织构建的过程是组织内部科学分工的过程，也是对图书馆资源进行合理配置的过程，它与图书馆总目标的实现有着直接的关系。因此，一方面应当合理地进行图书馆各种资源的配置，安排图书馆各个部门的目标与任务，使得图书馆的各项工作有序、高效地运行。另一方面，也要根据图书馆人员的性格、兴趣、特点和信息素养上的区别，进行合理的人力资源分工，做到人尽其才，充分调动员工的积极性，从而提高工作效率，营造良好的工作氛围。所以在设计组织机构时，要进一步明确各个部门的职责范围以及管理权限。同时，部门与部门之间要相互支持，协调合作，才能实现整个图书馆的目标。

3. 职权层级化原则

图书馆组织设计的主要内容是要形成组织的层级化和职权的层级化。因此组织结构和职权形式的层次分明是图书馆组织的基本要求。组织结构和职权的层次分明是指机构内部最高权力等级到每一个下属职位的权力等级是绝对明确的，组织层次的多少与管理者的控制幅度成反比。组织机构层次多，控制幅度就小；组织机构层次少，控制幅度就大。管理者数目应根据图书馆管理的工作性质与工作效率的需要而不同。等级分明，合作协调，可以使得高级管理层做出快速的决策，达到组织间有效的交流，从而发挥系统整体效益。图书馆组织的层级不宜过多，层级过多，不仅浪费人力资源，加大人力成本，而且增加了管理信息流动的复杂性，降低了管理效率。图书馆管理层次的多少，应根据图书馆规模、各自活动特点及管理范围来确定。

4. 灵活处置原则

用户是图书馆服务的对象，“用户至上”是图书馆工作的根本出发点，最大限度地满足用户的需求是图书馆工作的最终目的。所以，图书馆的组织设计应该充分体现这一思想和原则。同时，社会不断发展，环境变化，用户需求也会随之变化，因此，图书馆组织的灵活性增强。在图书馆组织设计相对稳定的情况下，必须强化灵活管理，增强组织的应变能力。同时也可以根据外部环境和内部环境的变化发展，以及图书馆长远目标的实现对图书馆组织设计做出适当地调整。

二、影响图书馆组织设计的因素

合理的图书馆组织设计除了应遵循科学的原则之外，还应关注影响图书馆组织设计的各种因素，因为任何图书馆组织都处于一定的时空环境下，不同的时空环境会对图书馆组织产生不同的影响。影响图书馆组织设计的因素主要有以下几点：

1. 环境因素

影响图书馆组织形成与发展的环境因素主要包括外部环境因素和内部环境因素。外部环境因素是指影响图书馆发展的各种外在因素，它主要包括一定的政治、经济、文化以及国家体制的变化。内部环境因素是指影响和制约图书馆发展的各种内在因素，主要包括图书馆发展目标、文献信息资源、读者、工作人员、经费、设备和技术资源等。

2. 社会需求因素

图书馆的建设与发展，既是社会文明进步的重要表现，也取决于社会信息需求的发展，因为社会信息需求是图书馆事业发展的基本动力。满足社会不断增长的信息需求是图书馆存在与发展的理由与目的，组织信息资源、提供信息服务是图书馆责无旁贷的义务。怎样才能将图书馆的作用发挥到极致，怎样才能使社会的信息需求得到最大满足，都与图书馆组织设计的合理程度有直接关系。因此，图书馆组织设计应当根据社会信息需求规模以及图书馆服务的范围与能力进行资源的有机整合，充分发挥图书馆资源的协调作用，以满足社会发展中不断增长的信息需求。

3. 主观意识因素

图书馆组织的设计与发展除了受环境因素与社会信息需求因素的影响之外，还受到了人们主观意识因素的影响。社会、政府及领导对图书馆的重视与支持程度，对图书馆的发展有很大影响。他们对图书馆的意识程度越高，那么在对图书馆的经费、技术等投入方面就会有很大的发展。同时，一个好的管理者或者一个好的管理班子，对图书馆组织的合理设计也有很大的帮助，管理人员注重素质的提高、紧跟时代发展的步伐，都会给图书馆的组织设计注入新的思想和活力。

综上所述，影响图书馆组织设计的因素是多方面的，任何时代都不可能有一个停滞不前的、固定不变的理想模式供我们套用。因此，应当充分考虑到上述各种因素对图书馆发展的影响，随着时代、社会的不断发展和变革来合理组织和配置图书馆资源，形成完整的系统的图书馆组织体系。

第三节　图书馆的组织结构

组织结构是组织内部各部门之间相互关系的框架。它通常需要根据组织的目标与任务、工作流程及管理的责权体系以及信息交流的具体情况来确定，从而建立一个分工合作、协调运作的组织运行模式，以实现相对稳定的、连续运作的和逐渐变化的组织体系发展目标。一个能有效完成预定目标和实现预期目的的组织结构，是经过认真思考后建立和发展起来的。作为一个系统，组织结构虽具有相对的稳定性，但又不是一成不变的。但是组织结构一旦建立，就将制约和规范组织成员的一切活动与行为绩效，同时组织成员的各种活动也将直接影响组织结构的稳定和变化。

组织结构在组织中的作用主要表现在以下几个方面：①支持或制约组织战略；②有效配置组织资源；③提供组织运转的环境。图书馆的组织结构同样也是如此。随着以信息技术为核心的新技术在图书馆的广泛应用，图书馆的运作方式、管理对象以及服务策略等都在发生着深刻的变化。作为图书馆管理的基本职能，图书馆组织结构的合理与否直接关系着图书馆战略目标的实现，因此对其进行研究具有十分重要的意义。

一、传统图书馆的组织结构模式

传统图书馆的组织是以职能部门化和业务流程部门化为基本管理原则进

行的直线式组织设计。它的最大特点在于注重静态组织的构造，组织权力高度集中，并对组织成员进行等级化集中控制。因此，传统图书馆的组织结构通常呈金字塔型（见图 5-1）。金字塔型的组织结构起始于 20 世纪初，由著名管理学家亨利·法约尔亲自设计，适应了当时生产力发展水平。图书馆的金字塔结构也适应了传统图书馆时期的社会环境。处于塔尖的是由图书馆理事会、馆长和副馆长组成的决策者群体，处于中间层的是由图书馆各部门负责人所组成的管理者群体，处于基层的是由不同类型的图书馆员所组成的执行者群体。图书馆的规模越大，则中间层次越多，从决策层到执行层的距离也越远。

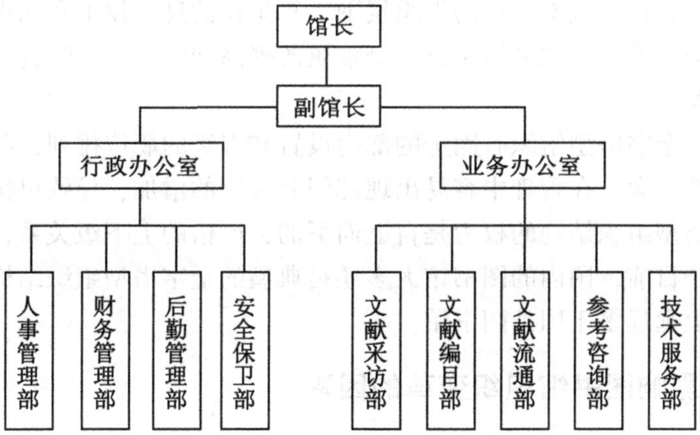

图 5-1　传统图书馆的金字塔型组织结构

传统的图书馆之所以采取这种金字塔型的组织结构，在很大程度上与管理控制幅度有关。所谓管理控制幅度是指直接向上级报告的下级的数量，也称为控制幅度或管理幅度。管理控制幅度与管理层次在一定条件下成反比关系，即管理控制幅度越大，管理层次越少；管理控制幅度越小，管理层次越多。20 世纪早期，很多研究者试图找到管理者能直接管理的人数的最大额度。许多人得出的结论是以 6 人为最佳。这样，为了有效地进行管理，各图书馆普遍采用了金字塔式的等级制组织结构。

但是，到了 20 世纪末，信息技术的发展和知识经济的来临，引发了更为激烈的竞争，图书馆在这种环境下也受到了巨大的影响，传统的金字塔型组织结构日益暴露出其弱点：

第一，金字塔型组织是一种封闭的、机械的组织结构，一般来说适应于稳定的环境。而在新的信息环境下，用户需求变化多端，这种形式的组织结构就显示出其应变能力差、不利于提供高质量的服务的缺点。例如，目前一些边缘性工作和综合性工作常常需要跨部门的合作，而金字塔型的组织结构责任明确，分工细致，导致决策缓慢，容易产生部门之间沟通堵塞，造成服务的滞后；还有的下级人员不清楚上级管理者的想法和决策，造成图书馆组织整体目标的模糊。

第二，金字塔型组织职责明确，分工细致，但缺乏灵活性，过于僵硬，导致组织内信息沟通不畅。每个职能部门和部门基层的执行者受岗位职责的局限，只关心自己分内的事情，只对分支部门的管理者负责，职能部门之间缺乏沟通，容易形成不合作的组织氛围，甚至在信息、技术和知识方面难以交流和融会，不利于图书馆馆员自身素质的提高和完善，同时也影响了图书馆业务的发展。

第三，金字塔型组织有固定的部门设置和多级的职位排列，随着图书馆规模的不断扩大，在管理中容易出现部门和级别的增加，导致机构臃肿。同时，金字塔型组织结构的权力是自上而下的，严格的上下级关系，容易导致官僚作风。目前，国内的图书馆大多还是典型的金字塔型组织结构，所以在部门设立上远远多于国外图书馆。

二、影响图书馆组织变革的因素

不变革的组织是没有生命力的，它必然会走向消亡。但盲目地变革同样会使组织消亡。由于组织的环境是由多个因素组成的，所以组织变革的因素是多种多样的。我们可以把组织变革的原因分为外部原因和内部原因两大类。外部原因是指组织外部环境发生了变化，如社会政治、经济、科技、军事等具体条件的变化，使得组织必须进行相应的变化。内部原因是指组织内部情况发生了变化，使得组织也要相应地变革自己的结构，如组织内部人员的创造性受到了组织机构庞大和繁琐的制约，组织妨碍人员的发展，组织内部人员工作效率低下，沟通渠道不畅等。近年来，国内外许多图书馆都对组织机构进行了改革，例如，宾夕法尼亚州立大学图书馆采访服务部机构重组；北京大学图书馆的编目业务流程重组；东南大学图书馆的多部门合并等。从中我们可以看出，促使图书馆组织变革的主要外部因素是新技术的运用、用户需求的变化和社会竞争的加强，内部因素是管理理念的变化、图书馆自身发展的需要。

1. 外部环境因素

(1) 新技术的应用

现代信息技术、网络技术在图书馆中的应用必然冲击图书馆的传统技术和工作流程，影响组织活动的效果和效率，影响组织活动的内容划分、部门的设置和工作人员的素质要求，从而成为推动图书馆组织结构变革的活性分子。

首先，新技术的运用促使社会信息量剧增和文献载体的多样化。据英国技术预测专家詹姆斯·马丁测算，人类知识在19世纪是每50年增加一倍，20世纪是每10年增加一倍，到了70年代是每5年增加一倍，目前已经是约每3年增加一倍。面对如此庞大的信息群，如何有组织地、有效率地、有系统地整合、加工、挖掘它们，是当前图书馆工作的重点。图书馆组织机构、工作方式和操作流程都要相应地发生变化。

其次，网络化和数字化的影响，使得个体图书馆可以通过网络有机地联系在一起，从而克服了远距离传播的阻碍，并能够大批量地复制文献，因此从根本上改变了知识继承的方式。信息的积累社会化和分散化，使得图书馆必须有效地利用网络信息资源，并对其进行整序和导航，才能最大地发挥图书馆在信息社会的现实作用。

最后，数字图书馆的出现是新技术应用的重要表现，它对传统图书馆的冲击是十分巨大的。数字图书馆的重要特征表现在信息资源的数字化、信息传递的网络化、信息利用的共享化、信息提供知识化和信息实体虚拟化等方面，使现代环境下的图书馆在发展目标的制定、文献资源的组织与建设、人力资源的配置、信息技术的运用以及服务设备的布局和管理等方面都发生了极大的变化。为了适应环境的新变化，图书馆的组织变革势在必行。

(2) 用户需求的变化

随着信息的增多、虚拟图书馆和数字图书馆的出现，用户不再必须到馆查找资料，信息技术的普及使用户信息水平和信息要求不断提高，传统图书馆的信息提供方式已经不再适合社会发展的趋势，向用户提供更主动的和个性化的信息服务被摆到现代图书馆的面前。图书馆要谋求自身的发展，固步于传统服务方式是不可取的，必须在原有工作基础上不断拓展，不断满足用户新的更复杂的需求。但是随着信息的大量累积，面对网络环境下如此浩瀚的信息海洋，人们常常会陷入信息过载和信息迷失的窘迫境地，即太多的信息无从消化，同时又难于找到自己所需的信息。对于大部分只有一般水平的网络用户来说，很难从网络上获取到所有需要的有用信息。图书馆的角色转变为既要是一个良好的信息提供者，又是一个优秀的信息获取的引导者。所以，在图书馆组织机构变革中，必须考虑这些因素，适应现代服务理念的发展。

(3) 社会竞争的加强

信息行业竞争的大环境迫使图书馆对组织结构进行变革。信息社会中，整个社会的结构不再是金字塔型而呈网络状态，这种状态具有整体性、综合性、开放性、动态性、非线性和互补性等特征。网络把信息的生产者、收集者、加工整理组织者、储存者、传递者和使用者紧密联系起来。因此，图书馆必须适应这种社会化的信息生产和流通方式，在业务技术和服务上改变原有的封闭型组织体系，加强合作，发挥网络优势。

2. 内部环境因素

(1) 管理理念的变化

以往由于科学发展的缓慢，加上我国的具体情况导致文献知识量特别是新的文献知识量不多，文献的管理工作只能部分地替代知识传播工作。但随着社会的发展与变化，传统的图书馆管理理念发生了很大的变化。信息革命引发管理的优势已不在于技术的运用而在于组织设计和组织文化的营造，即通过组织结构的合理筹划和组织文化的培养，培育集体创造力，推动创新，促进组织内部以及组织与外部之间的联系，加强知识联网，加快知识流动。知识管理理论要求图书馆管理应在组织结构上进行变革，并以此来增强图书馆的竞争能力和应变能力。

其次，20 世纪 80 年代以来，一些图书馆开始小范围地尝试实行全面质量管理（Total Quality Management，简称 TQM），20 世纪 90 年代后，全面质量管理在图书馆界迅速扩展开来。许多国家的图书馆都纷纷引进全面质量管理，并取得显著成效。对图书馆来说，全面质量管理在图书馆中的应用，打破了部门障碍，突破了金字塔型的组织结构。同时它提倡以用户为中心，十分适合图书馆在服务工作、业务流程中的准则。运用全面质量管理，可以促使图书馆工作不断改进，实现图书馆组织的战略目标。

(2) 图书馆自身发展的需要

新技术在图书馆中的应用为图书馆进一步发展提供了极好的机遇，图书馆也因此有了更高的战略目标：成为社会信息资源的集散地和提供信息服务的中心，即社会信息系统中的一个枢纽。简单地说，作为一个社会机构，图书馆将更加重视信息服务的功能。同时，新的网络环境下，图书馆重心发生变化与转移，出现了工作重心从书本位向人本位转移；业务重心从图书馆的内部工作向图书馆服务转移；服务重心从一般服务向参考咨询服务转移的现象，社会要求图书馆提供深层次的信息增值服务和个性化的信息知识服务。尤其是在网络环境下，图书馆的大部分工作都需要借助现代信息技术来完成。服务的对象已不仅仅是到图书馆进行阅读活动的读者了，同时还包括了利用图书馆网络信息服务的虚拟读者；不但为用户提供印刷型文献，还要更多地为用户提供数字化信息；不但为用户提供本馆的馆藏文献，还要为用户提供网上资源。随着科学发展高度综合化和细分化，使得人为划分的学科知识越来越呈现出交叉和渗透。如何在宏观和微观上去把握和建设图书馆的信息资源，成为摆在新时期图书馆员面前一项既熟悉又陌生的任务。传统图书馆的组织结构显然不利于该战略目标的实现，图书馆的组织结构必须重构。

三、新环境下的图书馆组织结构变革

不可否认，职能部门化的组织结构曾经推动图书馆事业的发展，既保证了馆长的统一指挥，又能发挥职能部门的专业管理作用，促进了图书馆人才的专业化发展。但是在新技术环境下的今天，社会对图书馆的需求呈现多元化、专业化、综合化，传统的职能部门化的组织结构已不再适应图书馆的发展目标了。当前，讨论最多的是扁平化的组织结构和矩阵式的组织结构在图书馆中的应用，以及图书馆组织的再造。

1. 扁平化的组织结构

所谓组织扁平化，是指以管理信息的运行作为主轴和中心结构，将原来的管理层次缩减或压缩，把中间管理幅度加宽，职能加以扩展，允许内部组合多样化。扁平化组织结构的目的在于调动各层级管理人员、作业人员的主动性和创造性，对环境反应敏捷，使决策迅速。扁平化组织结构的特点是：组织结构层次少；信息获取、传递和运用都十分方便快捷；中间层管理幅度大，可以进行信息的传递；决策权向组织机构下层移动，扩大了员工共同参与组织工作的机会。

信息技术的应用实现了图书馆工作流程的自动化，它可以集成许多等级部门的功能，从而缩短了信息流转的周期。对于管理者而言，信息技术的应用，一方面在很大程度上提高了管理控制幅度，另一方面削减了中间管理层的决策作用。与此同时，金字塔式的等级制组织结构的弊端也日益显露。传统图书馆的等级管理结构将变得不仅无法使工作人员满意，还存在功能性方面的障碍。图书馆应当寻求一种平衡机制，充分考虑各种任务的提出、宣传和实施，并通过提高个人的责任感，以达到它的战略目标。扁平化组织结构的产生，将提高图书馆对周围环境的反应能力与应对变化的效率。

2. 矩阵式组织结构

矩阵式组织结构是借用数学中“矩阵”概念进行图书馆组织的一种方式。它是在直线式组织形式和直线职能式组织形式的垂直管理基础上，强化图书馆组织的横向领导关系，使纵向的指挥与横向的领导相结合，注重计划与目标的结合，部门与项目的结合，从而形成纵横交错的组织管理构架。可以说，矩阵式图书馆组织结构是由图书馆管理的两套系统所组成，一套是建立图书馆管理的职能管理系统，一套是图书馆活动中各项任务之间项目管理系统，它打破了图书馆组织中统一指挥的传统原则与方式，具有职权的平衡对等性。在新技术条件下图书馆的管理活动中能够协调和平衡任务与部门之间的关系，适应图书馆组织目标和信息资源与服务活动的多重要求，是一种较为理想的图书馆组织结构形式。但是，这种图书馆组织结构形式若不注重职责权限的划分，就容易引起管理上的混乱，形成多头领导的局面。矩阵式最大的特点在于其具有双重命令系统，小组成员既要接受职能部门管理者的直接领导，又要服从临时项目小组负责人的指挥。图书馆中矩阵式组织结构如图 5-2 所示。

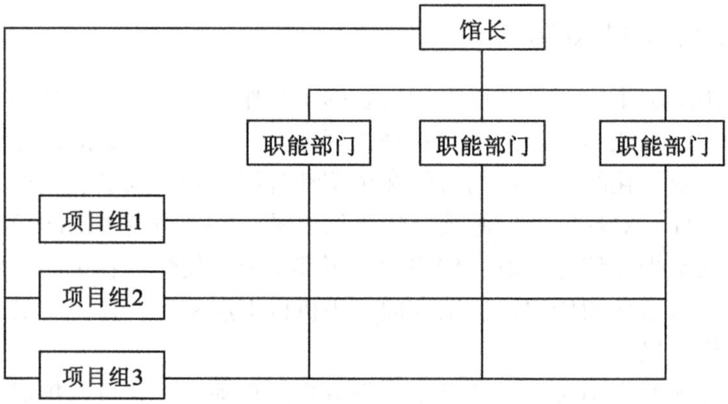

图 5-2　图书馆矩阵式组织结构图

相对于传统的纯职能部门化的组织结构而言，矩阵式结构具有以下优点：

第一，各职能部门的设计更能适应新技术的发展，针对社会的需求，体现以用户为中心的思想。在原有职能部门的基础上，解决了一般组织形式横向关系脆弱的弊病，使新的职能部门能够将工作重点放在向用户提供优质的信息服务上。

第二，它有利于不同职能部门之间的协调和信息沟通，加强部门间的横向联系。在临时项目小组中，来自不同部门的成员在完成项目的同时所进行的全方位交流，集中各种专业的知识和技能，迅速完成任务，提高了管理组织的灵活性，增加小组成员对各个部门的了解和配合。这样，可以改变传统金字塔型图书馆组织结构中部门沟通闭塞的缺点，加强部门之间的联系与协作。

第三，它能较好地解决组织结构相对稳定和管理任务相对多变之间的矛盾。新技术的发展与应用同时也给图书馆带来了相当大的冲击，图书馆需要相对稳定的组织结构，以保证常规业务顺利有效地开展。临时项目小组的成立就有利于应付突发事件的产生。

当然，矩阵式组织结构也存在不足，纵向系统和横向系统同时存在，如果不注意职责权限上的划分，容易引起指挥上的混乱，造成多头领导的局面。

3. 图书馆组织的再造

近年来，科技发展引发经济全球化浪潮，市场竞争日趋复杂，导致企业外部环境急剧变化，企业内部原有的以亚当·斯密“分工理论”为基础的部门结构和业务流程很难适应新变化。因此，1990 年，美国管理学家米切尔·汉默（Michael Hammer）和詹姆斯·钱皮（James Champy）提出了“再生工程”（Business Process Reengineering）的观点，强调应用现代科技，彻底地重新设计作业流程，以便对用以衡量企业绩效的关键指标，如成本、质量、服务和速度做大幅度的改善。再生工程不同于一般改革，不是改组，也不是规模缩减等组织改革措施。而是从深层次开始进行的全新的再设计，即重新思考工作流程，将人力分配与业务流程彻底翻新。在机构改造中，以求对成本、品质服务和速度等影响绩效的重大因素作大幅度的革新，从而最终提供企业的整体竞争力。国内外一些企业通过再生工程迅速取得了骄人的业绩。

再生工程是企业改造的理论，从管理方面来讲，图书馆界也可以运用这一理论，结合实际工作，进行组织的再造。从再生工程的理论来看，我们必须重新审视图书馆的作业流程，将大量的信息技术运用到作业流程中去，改变传统图书馆原有的层次结构与分工方式，正确处理图书馆技术服务与外包作业的关系，简化用户服务的相关流程等。以用户需求、流程为导向，建立以人为本的图书馆组织再造工程。

第四节　图书馆非正式群体

一、非正式群体的概念

在《管理心理学词典》中，群体的定义是："群体是介于组织与个人之间的人群结合体。……也就是说，群体是指在组织机构中由若干个人组成的为实现组织的奋斗目标而彼此之间熟悉、行为上互有影响和交互作用的人群结合体。例如，机关里的科室、工厂里的车间、班组，部队里的班排等。群体是企业或事业单位的基本构成部分。"① 按照构成的原则和方式分类，群体可分为正式群体和非正式群体。

在《管理心理学词典》一书中对非正式群体的定义为："群体的种类之一，与正式群体相对。是指没有上级的正式规定而自然形成的一种群体组织。它的成员之间的相互关系富有明显的情绪色彩，是以个人之间的兴趣爱好、情投意合为基础的。他们的'头头'是由他们之中最有威望的成员，自然而然地形成他们的公认'领袖'。他们的行为受到他们这个非正式群体中所自然形成的'群体规范'的制约。……非正式群体可以在正式群体内部形成，也可以在正式群体外形成。"②

根据组织行为学和组织社会学的理论，组织由群体构成，群体间与群体内部的关系是一种正式的社会关系。可是，组织运转并不能严格按照正式关系进行，组织的预期目的也常常不能够实现。之所以如此，是因为组织中存在的非正式群体，它直接对组织的效率产生副作用。在组织活动中，人与人之间除了按照正式确定的组织关系进行交往以外，还会发生正式组织关系以外的交往和接触。这种人与人之间的接触、交往、相互作用，会给个人的经验、知识、态度、感情等心理因素带来重要的影响。人与人之间长时期的社会性接触和影响会形成共同的观念、思维方式和行为习惯，形成具有一定同质性的心理状态。也就是说，人与人之间长时期的接触、交往和相互作用会给这些人的心理状态和行为方式赋予一定的组织化、体系化特征。所以，所谓非正式组织，是两个或两个以上个人的无意识的、体系化了的多种心理因素的系统，它是不定型的。

---

① 宋文书．管理心理学词典［M］．兰州：甘肃人民出版社，1989：370.

② 宋文书．管理心理学词典［M］．兰州：甘肃人民出版社，1989：263.

比较非正式群体与非正式组织二者的概念，我们发现两者是交叉关系，其中非正式群体与非正式组织交叉的部分，作为非正式组织构成的单位而存在于非正式组织之中。

二、图书馆中的非正式群体

图书馆作为社会中的一个系统化的组织，当然也会存在这样的非正式群体。这种非正式群体也是出于共同的兴趣和互助需求而聚集在一起的。在图书馆的实际工作中，许多员工会通过面对面、电子邮件、网上讨论等多种方式来共享经验，解决一些工作中的难题。例如，很多图书馆还设立了馆内的BBS，供员工发表意见，进行讨论等。许多员工还会根据各自特长，自愿结合在一起，共同研究和探讨感兴趣的新的研究课题，形成课题研究小组。随着信息技术在图书馆的利用，这些非正式群体的沟通方式会越来越现代化，从而也是图书馆现代化的一种表现。

三、图书馆内非正式群体的作用

任何一个图书馆内都可能存在着非正式群体，非正式群体的产生总是随着正式组织、正式群体的产生而产生。非正式群体一旦产生，就和正式组织、正式群体彼此渗透，并在各个方面对正式组织、正式群体的活动产生影响，尤其是在人事管理方面。非正式群体有如下特点：第一，无明确结构、形态，成员不是固定的，总是变动；第二，个人之间的协调程度高，成员总是容易相信本组织内的成员，对本组织外的成员则反之；第三，非正式群体侧重人们相互接触的心理侧面、非理性侧面；第四，非正式群体内的活动是自发的、自愿的，个人品格往往是导向因素。所以，非正式群体会带来积极和消极的影响。

1. 非正式群体的积极作用

第一，赋予图书馆以活力。非正式群体有利于缓解馆员的精神压力和保持良好的心态，尤其在高节奏的现代生活中，每个人都会面临着各种各样的精神压力，特别是来自于激烈竞争的工作压力，会令人身心疲惫。现在，图书馆也处于信息行业竞争的大环境中，不再是从前人们眼中的“养老”和“后勤”的好去处，工作压力也逐渐增强，而且图书馆的工作时间、方式是比较特殊的，不是固定的朝九晚五，图书馆的待遇也并不是特别吸引人。所以，人们需要及时舒展情绪，缓解压力。人的心理需要是多层次的，每个人都渴望有一个良好的人际关系。非正式群体的存在，恰好可以使人们在紧张的劳作之余，进行情感、思想、兴趣的交流，而忘记工作的种种压力。这种自发的非正式群体活动的调节，在某种程度上减轻了人们的工作压力。

第二，有助于维持图书馆的内聚力。处于非正式群体的人们，总是基于一定的共同点而自发形成一个个团体，这些团体的活动又在不知不觉中加强了人与人之间的联系，这种接触、交往、相互作用，会给个人的经验、知识、态度、感情等方面产生重要影响，从而形成共同的观念、思维方式和行为习惯，使他们的心理状态和行为方式被赋予一定的组织化、体系化特征，并不由自主地在工作行为中表现出来，无形中强化了个人的协作意愿，维持图书馆的内聚力，培养了个人对图书馆的忠诚。

第三，有利于图书馆的信息沟通。非正式群体对信息的传播是相当有利的。信息在非正式群体内的传播速度要比在正式组织、正式群体中快得多，而且效果也有所不同。非正式群体形成的共同理解基础和同质化思维方式为共同理解创造了条件，大大地提高了图书馆信息沟通的效果。

第四，有利于人才的合理利用和人事协调工作的开展。在人才济济的大型图书馆中，非正式群体的成员，往往能对非正式群体中的其他成员的性格、能力、爱好、特长等有一个比较全面的了解。当人力资源部门或部门主管在进行岗位分配和职责分工时，如果能够参考非正式群体的意见或提议，就可以帮助其做到人尽其才。当人事部门要进行人员调动或升迁时，除了听取部门主管的意见外，还可以考虑非正式群体的建议，这样可以使人事部门的用人决策尽可能客观、公正。

2. 非正式群体的消极影响

由于非正式群体成员的联结方式、运作规范及其目标与正式组织不尽一致，在对图书馆产生积极作用的同时，如果处理不当也会产生消极的影响。其消极面主要表现为以下几点：

第一，这种组织中普遍存在着一种“从众行为”现象。由于非正式群体是建立在人员感情良好的基础上，其本身表现出一致向外的行动倾向。从消极的一面来说，一旦某个人的利益与图书馆目标相冲突，很可能会引起与图书馆的整体冲突，会侵害整个图书馆功能的运行，从而导致严重的后果。

第二，可能导致高素质人才的流失。非正式群体内的成员总是会设法压制工作效率高的人，使他最终保持和大家一样低的工作效率。这样是为了防止工作效率的标准继续被提高。因此，如果某些人的效率过高，业绩过于突出，那么他很可能受到非正式群体的压力，或者被冷落、孤立，结果可能会使图书馆损失了宝贵的人力资源。

第三，非正式群体中的成员在本组织中获得“归属感”、“安全感”满足的同时，一旦整个图书馆的结构功能发生变革或图书馆制度的变动和他们发生冲突时，其成员便会一致抵制这种变革，从而阻碍图书馆改革的进程。

第四，非正式群体之间的矛盾会削弱图书馆的凝聚力。在一个图书馆内，往往不止存在一个非正式群体，可能存在着两个以上的非正式群体。如果这些非正式群体之间存在着不可调和的矛盾，那么这些非正式群体间的对立、敌视，将会大大降低图书馆成员之间、各部门之间的协作性。这样的结果不但会恶化图书馆的内部工作氛围，而且可能会严重地瓦解图书馆的凝聚力，破坏图书馆的整体效能。

第五，非正式群体成员间交往十分频繁，信息传递非常快捷，所以也就极易散布小道消息，易于导致小团体主义，破坏员工工作的积极性，对图书馆内的信息传递、人际交往、功能运作等往往产生阻碍甚至扭曲的反作用。

综上所述，可以看出，非正式群体在图书馆活动中有较大的影响作用。尤其在图书馆面临种种变化与挑战的时候，非正式群体的一些持久性交流活动会促进组织的创新，由于他们利用现代先进的交流方式，可能会产生虚拟化的组织形式。但是，无论是虚拟化的组织，还是物理性的聚集，从知识管理的角度看，非正式群体实际上也是一种正式的专家网络，它为知识拥有者提供了一种知识共享机制，为知识搜寻者提供了一个优质的知识源。由于它对图书馆组织的重要作用，非正式群体的发展不应该仅仅是“非正式”的，图书馆组织应为它的形成和发展提供更多的条件，使之为图书馆的发展做出更多的贡献。

参考文献

[1] 黄宗忠．图书馆管理学［M］．武汉：武汉大学出版社，1992.
[2] 吴国存，李建新．人力资源开发与管理概论［M］．天津：南开大学出版社，2001：286.
[3] 贺子岳．网络环境下图书馆人力资源开发研究［D］．武汉大学博士学位论文，2003.
[4] 潘寅生．图书馆管理工作［M］．北京：北京图书馆出版社，2001.
[5] 刘喜申．图书馆管理——协调图书馆人行为的艺术［M］．北京：北京图书馆出版社，2002.
[6] 于鸣镝．图书馆管理学纲要［M］．沈阳：辽宁人民出版社，1986.
[7] 谭祥金．图书馆管理综论［M］．北京：北京图书馆出版社，1997.
[8] （美）罗伯特·D. 斯图亚特，约翰·泰勒·伊斯特利克著. 图书馆管理［M］．石

渤，译．北京：书目文献出版社，1984.
［9］宋超英．组织行为学［M］．兰州：甘肃人民出版社，2002.
［10］吴骏．美国大学图书馆组织改革的新动向［J］．图书馆理论与实践，2006（1）：92-93.
［11］陈能华，龚蛟腾等．图书馆业务流程重组与机构设置的一般模式［J］．图书馆，2004（6）：70-73，109.
［12］胡沈秋．高校图书馆组织中的技术对组织结构的影响—组织理论的视角［J］．情报杂志，2009（8）：67-70.
［13］周文芳，金中仁．基于信息集群：图书馆组织架构研究［J］．大学图书馆学报，2008（4）：27-30，34.
［14］彭涌．试论图书馆正式组织与非正式组织互动的群体动力效应［J］．图书馆工作与研究，2008（11）：13-14.

第六章　图书馆领导

在图书馆管理过程中，领导是重要的管理工作，是联结计划、组织与控制等工作的纽带，是实现组织目标的关键。从宏观上讲，图书馆领导包括三个层面：国家层面对图书馆事业的领导、图书馆设置机构对图书馆的领导以及馆长对图书馆的领导。从微观上讲，图书馆领导包括领导者、被领导者、群体目标和客观环境，这四个要素之间的良性互动就构成了微观层面上的领导活动。因此，宏观上的图书馆领导活动的范式、领导者自身以及领导活动的客观环境必定是图书馆领导所涉及的核心内容。在图书馆新的发展环境下，一个图书馆的领导者应该具备哪些素质和什么样的领导理念？图书馆领导范式将会以及应该做出什么样的调整？本章将从领导环境的变化、图书馆领导的素质及理念、图书馆领导范式转变方面阐释图书馆新发展环境和使命中的图书馆领导者及领导活动。

第一节　图书馆领导环境

一、图书馆领导环境概述

图书馆领导环境是制约和推动图书馆领导活动发展的各种自然要素和社会要素的总和。图书馆的领导活动应与图书馆领导环境相适应，才能促进图书馆工作的健康发展。具体包括：

一是制度环境。目前，我国图书馆的制度环境是社会主义制度下事业单位的模式，图书经费来源于国家财政的全额拨款，人员编制相对稳定。图书馆的组织构架采用馆长负责制这一传统的领导体制模式，领导学中称之为直线式结构，其优点是图书馆内部人员关系一目了然，馆长、部主任、馆员职责分明，工作效率较高。其不利因素是人员流动率低，竞争机制较弱，图书馆员工长期从事同样的智力和体力劳动，易有倦怠情绪。图书馆收入稳定，晋升机制相对固定，导致员工缺乏多做工作的激情和动力。

二是人文环境。图书馆的人文环境是图书馆的人与文化、环境相互作用产生的，其状况的优劣程度直接影响图书馆工作的效率。好的图书馆人文环境包括重品位、讲格调、健康向上的人群构成的坦诚、默契、融洽的人际软环境以及建筑典雅、装饰清雅、书刊高雅组成的硬环境。

三是物质环境。图书馆领导者所能支配的物质资源的多少，直接影响领导活动的效能。物质包括经费、人力资源的调配、员工的工资待遇等。高效的制度环境和良好的人文环境需要强大的物质条件作为后盾。

四是社会环境。图书馆领导的社会环境包括图书馆行业社会发展空间的大小和社会认知程度的高低以及社会整体文化水平高低和管理实践的发展。从某种意义上讲，以上三个图书馆领导环境要素需要在社会环境的基础上才能对图书馆领导者和领导活动产生直接影响。

在这四个领导环境要素中，社会环境要素是决定图书馆领导者和领导活动的首要因素，它决定着制度环境、人文环境和物质环境的具体表现。但这种决定意义并不是在其改变的第一时间得以体现，而是在社会环境要素变化发展到一定程度后才会在某一方面或几个方面得以改变。

二、图书馆领导环境变化

一方面，由于在影响图书馆领导者和领导活动的四个环境要素中社会环境起根本的决定作用；另一方面，在国内外图书馆事业的实践过程中，研究者发现社会环境对图书馆管理实践的影响更为直观。因此，图书馆领导环境变化主要指社会环境变化。首先我们来看两则实例：

一是美国图书馆馆长遭遇人才危机：馆长人群面临老龄化问题。在1994年，研究图书馆协会（ARL）的馆长年龄在45～69岁之间的超过82%。与1990年相比，年龄达到或超过55岁的比例从25.5%上升到43%，年龄在60～64岁之间的人口增长了一倍。另一方面，一大批具备馆长资格的年轻人才对图书馆没有兴趣。具有专业图书馆学资格成为大型学术研究图书馆馆长的人群数量很少，加上其中一大批有资格的馆员对成为图书馆馆长并没有多大兴趣，使得接替馆长职位的压力越来越大。据调查，仅馆长职位，在1971年到1972年曾经有7个空缺，而在2000年1月到2001年9月，ARL的馆长有25人离开职位。

二是2008年6月澳大利亚新南威尔士州州立图书馆理事会任命一名曾在IBM和Kodak担任过高级管理职务的非图书馆专业人员为新一届州立图书馆员和首席执行官。同样在美国，任命图书馆高层管理人员并不一定要以图书馆专业知识、文化理念、传统愿景为唯一判断要素。

从这两则实例可以看出：图书馆领导者和领导活动正面临因环境变化而带来的巨大挑战。这包括：领导者群体自身由于职业理念变化引发的任职危机以及外部管理环境对图书馆领导者寄予的新标准。新的网络化、全球化和知识化环境正是推动图书馆领导发生变化的大背景。具体表现如下：

一是包括战争和恐怖活动，人为及自然灾难，社会运动，医疗和其他卫生保健方面的困境以及大规模经济和技术转变等在内的宏观社会环境变化促使图书馆领导环境日益危机化。即图书馆领导环境更多地体现为危机，图书馆领导开始涉及更多的危机意识和危机管理，确保图书馆在社会动荡发展中保有发展空间。

二是以技术变化为主导的图书馆生存方式和生存空间的变化。技术的发展使图书馆的资源成为印刷和电子型的混合体，同时也影响和支配着图书馆传递信息和提供服务的方式。博客、维基、RSS、Web2.0和机构知识库等以技术为基础的内容服务也逐渐为更多的图书馆采用。

三是以全球化为背景的图书馆竞争与合作模式的转换。全球化已成为被推崇的规范，仅努力维持现状，而不是向全球同行学习或者施展影响的图书馆注定会面临失败。如何在不同地区、不同类型和不同发展模式的图书馆之间建立广泛而适宜的联系也已经成为图书馆领导的重要内容。

四是对以经费为主体的物质资源的分配和利用方式的变化使得图书馆领导的具体环境变得更为复杂，图书馆领导者需要在不断转移和变化的资源间保持服务和内容的一致性。面对捆绑式的电子资源和不断出现的印刷和电子资源的价格模式，僵化的经费使用方式已经不再适用。读者不断期望图书馆提供更高质量、更准确和更及时的服务，从而要求图书馆对经费的分配做出更合理的解释，以证明图书馆存在的价值。

五是以管理制度为主的图书馆组织和运作模式开始受到挑战。传统的事业单位模式和直线式领导结构使得图书馆愈发不能适应社会环境变化，网络化和全球化带来的用户需求变化使得图书馆管理制度的弊端日益显现。图书馆的存在目的和所提供的服务决定了其公共服务和公共部门的性质和地位，传统的事业单位模式和领导思维必须发生变化。

第二节　图书馆领导者素质

一、图书馆领导者素质概述

什么才能代表图书馆员所需的创新管理和领导素质？就此已有大量的定义。作为组织发展、领导与变化领域长期被公认的权威，Warren Bennis 在《领导者该做什么?》一书中指出，成功的领导者所具备的一些重要的素质包括：引导性的愿景（guiding vision）；热情以及将热情恰当传达出去，给人希望和鼓舞的能力；表里如一、自知、公正和成熟的人格；值得信赖，充满好奇心，愿意学习新事物，并敢于承担风险等。

然而，另一位领导和组织管理的权威 Peter Drucker，却质疑成功的领导者是否具备某种特质。他从与众多的领袖相处的经验中发现，他们有着相互矛盾的特征、人格或风格，所谓的领袖个性、领袖风格和领袖特质是根本不存在的。

那么，图书馆领导是否有一定的风格呢？Steve O'Connor 指出，未来的图书馆领导必须改变思维方式，需要具备全球视野，更加灵活，与国际人士共同工作和结成联盟，更善于接受他们不知或不理解的事物；面对不确定的未来，仍能充满信心地工作，重新检讨自己的价值观，善于聆听，保持头脑开放，能跳出常规来思考问题，想常人之所不能想。

Simmons College 院长 Michele Cloonan 提供了另一个更加实际的定义，图书馆领导应该有能力为图书馆建立一个共同的愿景，促进参与管理，勇于创新和敢于承担风险，具有职业道德和价值观念，并且能将之传播出去，善于建立与社区的关系，拥有幽默感。

值得注意的是，Cloonan 的定义似乎更切合图书馆及其他机构的领导者，因为他定义中的许多特点如沟通、使命或愿景、参与、创新和风险承担等，已被广泛认为是一个卓有成效的领导所必需的特质。

从学术研究的角度出发，图书馆领导者所应具备的素质并没有得到广泛的研究和充分的共识。其主要原因是“图书馆领导素质”这一命题是随着时代环境的变化而不断调整其指向和内容的。人们对不同地区、不同图书馆类型、不同图书馆管理模式以及不同的社会需求环境下的图书馆领导素质的认知和要求也是不同的。究竟该如何界定图书馆领导者素质的评价标准？不同背景下的图书馆领导者素质具有哪些共性？本章着重阐述这些内容。

二、图书馆领导者素质的内涵

图书馆领导者素质是一个具有多变量的研究对象。因此，简单的理论分析和演绎并不能完整呈现其现实性和多变性。另一方面，图书馆领导者的素质也会在不断的实践锻炼和针对性学习中得以提升和完善。针对此，由美国西蒙大学（Simmons College）图书馆与信息科学研究生院的教授 Peter Hernon 等人组成的研究小组采用实证方法对文献内容分析得出的馆长素质指标进行验证和补充，最终得出对未来馆长影响比较重要的素质有 105 项，分为管理、领导、计划、关系处理能力、个人基本特征、个人领导特征和通用知识七个方面。

一是管理素质。包括 15 项：①对服务具有强烈的责任心；②管理结果具有指导性；③有效地与馆员交流；④代表权威；⑤能够建立创造性的工作环境；⑥愿意做出决定性决策；⑦鼓励职工提高专业能力；⑧管理财务资源（或经费预算）；⑨处理经费增长和捐赠等关系；⑩建立更先进更优化的流程和服务；⑪发展多种资金来源（捐赠、合同、收费服务等）；⑫能够面对不同类型的职工；⑬确保计划实施是必要的和有效的；⑭建立小组工作流程；⑮解决冲突。

二是领导素质。包括 16 项：①建立图书馆的共同愿景；②善于管理变革；③能够在政治环境中发挥作用；④在校园内建立图书馆形象；⑤积极倡导馆员在高等教育中的作用；⑥能够以创造性的方法解决问题；⑦在战略方向实施过程中能够影响舆论导向；⑧积极领导和参与银行社团工作并努力合作；⑨具有合作精神；⑩具有创业精神；⑪提出对大学有重要影响的问题，在合适机会组织更广泛的讨论和活动；⑫具有高效的网络工作能力；⑬保证图书馆集中精力完成任务；⑭改变图书馆的文化环境；⑮建立和发展与校园内外的小组或组织的合作关系；⑯建立共同决策环境。

三是计划素质。在制订计划方面的素质有 5 项：①建立优先发展项目；②制订信息技术与服务的日常活动周期；③根据不同赞助者的需要制订反馈方案；④创建和实现读者对图书馆价值的评价系统；⑤创建培养馆员责任心的环境。

四是关系处理能力。关系处理能力方面的素质有 14 项：①可信任的（忠实，负责，始终如一）；②公正公平的；③自信的；④可理解的；⑤对人尊重的；⑥能够在团队中有效工作；⑦有良好的语言表达能力；⑧具有远见卓识的；⑨善于外交的；⑩思想开放的；⑪是一个好的听众；⑫能够协商的；⑬有幽默感的；⑭具有良好的人际关系。

五是个人基本特征。个人特征方面的素质有16项：①能够公正地进行一系列价值评估；②能够处理压力；③能够同时处理多种任务；④能够适应模糊性问题；⑤对工作和业务有责任心；⑥对个人优势和劣势有清醒的自我意识；⑦诚实的；⑧积极热心的；⑨有弹性的；⑩有智慧的；⑪善于分析和解决问题；⑫有多种工作经验；⑬具有激励能力，能够激发馆员潜能；⑭具有直觉能力的；⑮有解决问题的宽厚的知识；⑯能够提出恰当的问题。

六是个人领导特征。领导方面的素质有16项：①具有转变馆员观念的能力；②具备良好的判断力；③指导图书馆发展方向；④鼓励互相信任；⑤勇于创新；⑥有敏捷的组织能力；⑦具有说服能力；⑧具备科学的冒险精神；⑨乐观；⑩明白一个人不可能知道所有答案，听取他人意见；⑪热情；⑫敢于向下级授权并积极促进；⑬善于从失败（错误）中学习；⑭具有积极主动性；⑮具有团队建设能力；⑯有责任解释决策。

七是通用知识领域。馆长应具备的基础知识方面的素质包括23项：①参加学术交流；②了解图书馆职责的复杂环境；③具有财政管理知识；④建立计划（包括远程存储和多功能建筑等）；⑤数字图书馆知识；⑥制订计划（战略，长期）；⑦高等教育发展趋势；⑧信息技术；⑨文献资源的管理与建设（诸如文献存储格式、保存和获取等）；⑩对结果的评估；⑪用户期望/信息需求；⑫智力成果所有权；⑬管理知识；⑭经费增长；⑮图书馆理论交流；⑯公共关系；⑰服务质量评定；⑱所属机构的目标（教育、研究和服务等）；⑲信息发布与传递系统；⑳出版业；㉑资源共享；㉒情报理论；㉓教学理论。

在以上七大类图书馆领导素质中，有核心素质和一般素质之分，也有恒定素质和变化素质之分。在具体的图书馆领导素质确认和学习过程中，应该把握好轻重缓急、环境需求以及形势许可，使图书馆领导素质能够在具体管理工作中发挥应有的作用。

三、图书馆领导者素质的关键

图书馆馆长作为图书馆的领导者和管理者必须具有远见卓识和先进的领导理念，才能营造出一个创造性的工作环境。这就要求图书馆馆长们一方面要善于驾驭自己工作的全局，调动和协调方方面面的力量，依靠“团队”实现图书馆内部的各种具体管理，谋求单位的更大发展；另一方面图书馆馆长更要增强全局意识，将图书馆工作置于更广阔的环境之中，保持对外界各种情况的敏锐洞察力，及时获取馆外信息，抓住机遇，带领图书馆走在正确的工作轨道上，更好地引领图书馆快速发展。

同时，当代中国的各类型图书馆绝大多数属于公益性事业单位，其内部设置也是一些专业性较强的技术岗位。与推向市场的企业相比，经济杠杆和人事杠杆在图书馆组织管理中的作用相对比较薄弱，这就对图书馆领导者提出了更高的要求。

在此背景下，图书馆领导者除了具备以上七种领导素质之外，更应该具备坚定不移的核心价值观。价值观是领导行为的内在推动力，是决定领导期望、态度和行为的心理基础。核心价值观代表一系列的基本信念和人对周围事物的是非、善恶和重要性的评判。人们对各种事物在心中有轻重主次之分，这种轻重主次的排列和标准，构成了个人的价值体系。在同一客观条件下，不同价值观的领导必然会对事物有不同的看法，从而产生不同的行为和结果。无论过去还是现在，我们有着许多卓越的图书馆领军人物，他们为推动中国图书馆事业的日益发展奉献了智慧和情感，竭心尽力。

在不断变化的图书馆生存环境中，图书馆领导者必须完善自己的价值体系，只有树立以事业至上、奉献为上、群体为高的，以人为本的，科学的，走在时代前列的核心价值观，闪烁智慧的灵光，不断磨炼自己的素质和品格，提升自己的领导能力，努力地从思想上、理念上和行为上与卓越的图书馆领导的价值观和行为准则接轨，领导者才会有事业的春天，我们的图书馆才会有灵魂、有精神，才会在竞争日益激烈的信息化社会赢得蓬勃生机和应有地位。

第三节 图书馆领导范式

一、图书馆领导范式转变的背景

1. 新公共管理运动

进入20世纪70年代以后，西方国家开始重新认识和定位政府在社会生活中的作用，实施了以“重塑政府”、“良好治理”等为主要内容的行政改革，被认为是公共行政从传统官僚体制向新公共管理范式的重大转变。各国公共行政改革的实质性内容惊人相似，即调整政府的职能范围和运行机制，在政府与市场两种方式的结合上，寻求能够更加有效提升公民普遍福利及国家综合竞争力的制度安排和创新性组织，并围绕着这样一个主题，不断地探索新的制度与行为规则，不断地完善并整合政府与社会、政府与公民之间的权利和利益结构，使包括政府在内的公共部门更富生机与效率、对公众更具责任感和回应性，更能适应不确定、快速发展的外部环境的冲击与挑战。在医疗、公共安全、教育、市政基础设施等诸多公共事务领域，发达国家普遍调整政府在提供这些公共物品（public goods）中的传统定位，积极寻求政府和私人机构、非政府组织、社群、公民的合作，新的“治理”（governance）而非“统治”（government）模式正在成为主导性的公共管理和公共服务机制。

2. 图书馆界的治理变革趋向

我国近几十年来的经济体制改革、政府职能转变、政府机构改革、人事体制改革等一系列重大变革举措直接或间接推动了治理机制在图书馆事务中的应用和扩展：起草制定《中华人民共和国图书馆法》、完善图书馆法律体系，作为当前图书馆事业和机构发展的一件重大事情被摆上议事日程；政府允许私人和私人机构以多种形式设置举办和扶持图书馆；图书馆开始设置各种吸收民意的顾问机构；国家科技图书文献中心实行理事会制；出现了众多利益驱动下的馆际协商机制；实行事业机构法人登记制度，确立图书馆的自主地位；实行聘任制和各种形式的竞争上岗；图书馆界引入业务外包和市场化经营机制；图书馆员职业和行为道德自律。

从西方国家尤其是美国的情况看，治理而不是统治在图书馆事务中得到远较我国更为广泛和深入的应用，其最为显著的特点表现在：包括图书馆立法在内的法律规范、法治精神、司法体制，明确界定了各种利益主体在图书馆事务中的权利、义务，将政府对图书馆的“统治”纳入法治轨道，通过法治有效协调利益冲突和规范利益相关者的活动；存在大量代表图书馆利益的非政府组织（例如图书馆之友、图书馆协会等），对外能够有效影响立法、政府决策和政策制定，对内规范和约束图书馆的活动；公共图书馆普遍设置图书馆理事会，有效吸收民意和平衡利益冲突；实施包括委托管理、业务外包在内的公私合作和政府间合作，并使之成为一种规范、稳定、持续的制度安排；通过公民投票设置图书馆特区；存在大量基于共同利益和服从市场规律的图书馆联盟组织（例如 OCLC）。

由此判断，美国基本上已经处于治理主导型的图书馆管理范式，而我国尚处于统治主导但治理型管理范式也在逐步孕育的阶段。统治占据主导地位的基本前提是政府强制力全面深入地渗透到图书馆事务中，同时社会其他利益主体缺乏表达和实现其利益诉求（甚至没有意识到自己的利益诉求）的渠道；一旦政府开始有意识地和其他公共和私人机构、社会团体和公民开展合作，公共行政机制开始有意识地与市场机制结合，而且这两种合作被法律和主流意识形态所认可、容纳和支撑，从而成为稳定持久的制度安排，则可以判断治理型图书馆管理范式初步形成。

二、新图书馆领导范式——治理

传统政府统治范式下的图书馆领导活动的突出特征是存在以政府或准政府机构为核心组成的管理体系、等级制的权力分布格局以及自上而下的权力运行方向。图书馆长期以来主要处于政府的直接统辖范围内，传统的官僚制公共行政在图书馆界体现得比较充分，统治机制在图书馆事务中的表现如下：①政府和准政府的公共机构控制和直接管理绝大多数的图书馆资源。②政府主导甚至垄断对图书馆事务的重大决策。③通过自上而下垂直一体化的权力等级结构实施国家对图书馆事务的管理。④政府或者准政府的公共机构倾向于单向监管型的管理体制。⑤政府或者主管部门直接任命馆长。⑥图书馆被列为政府或准政府机构，人员享受公务员或者准公务员的待遇。⑦图书馆缺乏自主地位。⑧主管机构通过行政命令控制和监督图书馆的运作。

统治机制长期以来在管理图书馆活动中占据主导地位，尽管其合法性和在一定范围内的有效性毋庸置疑，但是这并不意味着它能够独自承担管理图书馆的重任，并对效率和公平做出令人满意的响应。事实上，统治作为管理图书馆的主导机制在过去几百年里发挥作用的同时，人们也日益意识到图书馆自身定位的重新审视以及生存环境的改变迫使其领导范式必须同步变革。

1989 年，世界银行首次使用“治理危机”（Crisis in Governance）一词。此后，“治理”一词被广泛使用。图书馆治理的英文对应词应该是 Library Governance。Library Governance 是国外图书馆界的一个常用概念，其含义完全不同于汉语中的图书馆管理。汉语中的图书馆管理无论在字面翻译还是在实际含义上一般与英文中的 Library Management 或者 Library Administration 相对应；而在英文中，Library Management 和 Library Governance 是两个完全不同的概念。Administration 往往指一种行政执行行为，而 Management 指将某种事务作为一种事业进行管理、处理或监督的行为和艺术，特别是在对结果负责的情况下进行计划、组织、协调、指挥、控制和监督任何工业或企业计划或活动的执行职能。因此，和 Library Administration 相比，Library Management 不仅范围缩小了，而且实际所强调的重点也不同：它把图书馆工作作为一门管理科学、管理艺术，而不再是一种行政事务来对待。这一比较同时也告诉我们，Library Governance 和 Library Management 作为两个完全不同的概念，将 Library Governance 翻译成图书馆管理是不合适的。

一般来讲，治理相对于统治具有一定的优越性和包容性，它能够在政府统治失败的时候和地方有效承担维持秩序和促进发展的重任。而且，治理没有排斥政府和准政府的公共机构的作用，而是重新定义了传统意义上政府统治的地位和作用，强调政府和准政府的公共机构应该与各种非政府组织、私人机构、公民团体和个人合作，并且这种合作是建立于共同目标基础上的一种稳定的制度安排。

治理的突出特征是没有一个管理核心，权力分布在包括政府、公共和私人机构、公民团体和个人等在内的多个主体（多中心权力配置结构），强调共同目标基础上的参与、协商与合作。治理在图书馆事务中的表现如下：①非政府组织和个人提供图书馆服务。例如一些地方的居民不是从政府经营的图书馆，而是从书店或者租书店满足其阅读和获取知识的基本需要。这些"草根图书馆"是治理而不是政府统治在图书馆事务上发挥作用的一个明证。②设置各种吸收和平衡民意或利益主体诉求的机构和规则，例如设置图书馆理事会、图书馆顾问委员会，实行听证或者咨议制度。③政府机构、非政府组织、私人机构根据市场机制（而不是行政指令）自由订立具有法律约束力的契约共同提供图书馆服务，例如政府或机构间订立契约提供公共服务，委托私人机构管理图书馆或者业务外包。④图书馆或者图书馆利益相关者基于共同利益自主组建各种协商机制，就共同关心的问题展开联合行动。⑤组成代表图书馆的利益集团（例如国际图书馆协会联合会），参与和影响政府有关图书馆的政策制定和决策并实施自我管理。⑥不拥有正式授权或头衔的机构或个人在特定领域里发挥重要的影响。⑦图书馆员行业自律。⑧组建公共图书馆特区（District Public Libraries）。图书馆特区是当前在美国19个州得到许可的一种公共图书馆组织和治理形式，它是通过公民投票成立的专用于提供图书馆服务、按照一个统一的财产税经营的单独税区，通常由选举或者委任产生的理事组成的委员会治理。它通过公民创议这种合法性最高的形式确立了一个自治的图书馆——图书馆委员会直接对法律和辖区内的公民负责，而不是对某一级或者某个政府负责，并拥有法律赋予的专为图书馆征税的权力。

三、图书馆领导范式转变的目标

一是全面实现图书馆的核心价值。经过长期发展和不懈努力，图书馆从业人员所从事的职业已获得了独立的社会职业地位，而且，图书馆职业已经形成有属于自己职业的独特的核心价值。蒋永福认为这种核心价值具体包括：平等服务，知识和信息的自由获取，维护民主政治，社会包容（尊重文化差异和文化多元，关爱弱势人群），保存和传播文化，尊重读者隐私，尊重知识产权等。图书馆职业的核心价值也就是图书馆职业的核心目标。图书馆领导范式向治理转变的一切手段、方法和策略，都是为了更好地实现图书馆的核心价值。

二是统筹兼顾地实现利益相关者的共同利益，这种共同利益最终表现为保障用户利用图书馆获取知识和信息的自由权利——图书馆权利。也就是说，图书馆治理的目标是为了更好地保障图书馆权利。图书馆由统治转变为治理，就是为了协调和调动所有图书馆利益相关者的共同利益诉求，形成覆盖全社会的、普遍均等的公共图书馆服务网络体系，进而保障社会公众利用图书馆获取知识和信息的自由权利。

三是实现资源利用的最大化，保证每个图书馆效能的最大发挥。为此，每个图书馆都要采取参与管理、民主管理、科学决策、明确建设主体的责任、延伸和扩展服务网络、合作共享资源等多种治理手段，保证资源利用的最大化，保证用户需求的最大满足。

四是使图书馆服务作为公共文化服务体系的重要组成部分发挥其应有的作用，为更好地实现公民的文化权利、为每个人的全面自由发展、为提升国家和民族的文化实力、为提高全民族的文化自觉和文化素养水平，作出自己应有的贡献。

四、图书馆领导范式转变的原则

1. 政府主导原则

图书馆领导范式转变之所以要坚持政府主导原则，理由有两个：第一，根据公共物品理论，图书馆尤其是公共图书馆属于具有高度正外部性的公共物品，不具有市场供给的激励，如果政府不提供公共图书馆服务，很大一部分民众就得不到他们普遍需要的公共图书馆服务，由此民众就会失去通过利用图书馆来获取知识和信息的机会权利，国家和政府也会因此而失去通过提供图书馆服务来培养有知识素养和信息灵通的公民的重要制度渠道，由此国家和政府的民主政治以及知识福利、信息福利、文化福利等惠民政策就会出现相应的缺失。因此图书馆服务这种公共物品只能在政府主导的前提下才能得到普遍提供。第二，图书馆尤其是公共图书馆是消费性、公益性公共物品，图书馆本身不具有自我生存的物质能力，必须得到政府为主的公共力量的支持才能生存和发展。图书馆由于具有保障民众获取知识和信息的自由权利的功能价值，因而具有获得政府为主的公共力量支持的资格。政府作为民众利益的代表者，有责任支持民众需要的图书馆服务。这里所说的政府的支持，主要是指政府在政策、立法和经费方面的支持。

2. 社会参与原则

尽管政府在图书馆建设方面负有主导的责任，但政府并没有大包大揽的必要，更不应该有垄断图书馆服务的特权。毫无疑问，如果每个个人和组织都要仰仗政府提供的资源生存，或是所需的一切资源都掌握在政府手中，或是获得资源的渠道都被政府所控制，那么政府就可以随时随地决定个人和组织的生死存亡；同时，政府通过国家行动直接提供商品和服务的做法，远远超越了政府的能力，而且，还会带来寻租等一系列社会腐败。图书馆领导是治理而非统治强调的是政府与社会的合作、互动，而不是政府单方面的独唱。对公共物品的供给方式来说，主要有三种模式：政府供给——威权型供给，市场供给——商业型供给，非营利组织供给——自愿型供给。对提供图书馆服务来说，政府首先要组织好威权型供给，同时还要鼓励和支持社会上的自然人、社团法人等非营利组织或个人参与提供图书馆服务。自愿型供给的精髓在于以自愿求公益。一个人为公共目标所作贡献的成本高于他个人从中获得的收益，他最终是一种付出行为。研究表明，纯公益人之所以这么做，就是因为他在牺牲了物质资源的同时，获得了另外一份价值，他有着另外一份价值源，或公益价值源。正是在公益价值理念的支配下，那些不以营利为目的，具有自愿性的非营利部门，在公共服务的治理中发挥着越来越重要的作用。所以，在图书馆治理结构中，非营利组织等社会力量的参与，将对优化图书馆治理结构、弥补政府责任或力量缺位（政府失灵）、满足用户的个性化需要等，具有不可忽视的重要意义。总之，在图书馆治理过程中，重视社会力量参与、避免过分依赖政府，是必须加以坚持的重要原则。

3. 治理主体多元、多层原则

在图书馆领导范式转变过程中，科学设置治理主体是一个至关重要的问题。图书馆治理非常重视图书馆治理主体的多元、多层互补与协调，而反对垄断性的一元主体格局。因为一元主体，容易造成能力不足、长官意志、信息不对称、责任不到位、监督缺位等弊端。图书馆治理主体的多元、多层，就是指所有者主体、建设主体、管理主体、实施主体的多元或多层，由此促成治理单元和治理机制的多样化。这是优化图书馆治理结构的必然要求。由于个人、家族、协会、机构、地方政府都可以成为图书馆建设主体，那么在同一个建设主体（如地方政府）下，设置首长、图书馆委员会、馆长、分馆馆长构成的管理链条，则体现了管理主体的多层原则、多元原则，有利于调动社会各方力量设置并提供图书馆服务，尤其有利于民间组织或个人设置并提供图书馆服务，形成覆盖全社会的、星罗棋布的图书馆服务网络体系；多层原则，有利于规范管理行为，尤其是有利于避免集权管理从而形成民主管理模式。

以上论述的社会参与原则和治理主体多元、多层原则，其理论依据源于治理的主要特征：不再是监督，而是合同包工；不再是中央集权，而是权力分散；不再是由国家进行再分配，而是国家只负责管理；不再是行政部门的管理，而是根据市场原则的管理；不再是由国家指导，而是由国家和私营部门合作。

4. 民主决策原则

民主决策与专断决策、长官意志相对立。民主决策的基本要求是：共同协商而不独断专行；遵循议事程序而不省略或跨越程序（程序民主）；公开透明而不暗箱操作；采纳多数，尊重少数（少数服从多数，同时尊重和保护少数人的权利）。无论是管理活动，还是治理活动，都需要决策，而且都要求民主决策。民主既是一种程序，又是一种制度。管理活动中的民主决策，特别强调尊重民意、响应需求、公开透明、依法办事、平等协商、协调合作，特别反对政府的直接干预和行政命令式的强制性管理作风。可以说，没有民主，就没有治理；没有民主决策机制，就不会有成功的治理。

图书馆治理中的民主决策，至少要做到以下几点：第一，图书馆尤其是公共图书馆的设置与否，要依从民意；作为图书馆经费来源的税种及其额度的确定，要依从民意。第二，管理机构的设置以及管理者的选举产生，要符合相关政策或法律的规定程序之要求。第三，重大事项的决策，如大额经费支出、重要人员任用、收费项目的确定、重要规章制度的制定等，必须征求民意。第四，积极适应和响应不断变化发展的服务需求，且要保证需求表达渠道的畅通。第五，所有决策及其实施过程，都要公开透明。

五、图书馆领导范式转变的措施

图书馆领导范式转变需要以下措施。在管理方面，图书馆要完善法人治理结构。从外部管理来说，要减少政府部门的行政管理，可以成立图书馆委员会或咨询委员会作为其决策的上级部门，对于图书馆专业领域的重大项目和决策，应先咨询，后决策，以提高管理水平和决策的科学性；在图书馆内部管理上，应赋予馆长充分的法人地位，行使馆内的人事、财务等权限，对馆员推行聘任制，使管理者专注于业务研究和事业发展，工作人员保持社会人的身份，有利于人才的交流和成长，也有利于创造性地开展工作，同时也便于管理。在监督方面，除了文化行政部门外，要建立图书馆事业、图书馆服务的社会听证制度、信息公开制度，以便更多的社会团体、民间组织特别是广大公民关心、支持和监督图书馆事业的发展。

除了这些措施之外，最关键的是建立完善的公共图书馆治理机制，如果没有一套相应的治理机制有效地发挥作用，治理原则就无法落实，治理结构再好也无济于事。因此，建立合理、高效的治理机制对于实现公共图书馆的良好治理十分关键。根据现阶段的情况和治理的原则，主要应建立和完善以下几种机制：

（1）问责机制。所谓问责机制，就是建立一套相应的法规制度，使政府主管部门及图书馆的高层管理者和其他被赋予权力的主体有义务向特定主体解释说明其行为，为其行为负责，对治理主体的要求做出回应。

（2）参与机制。既然治理主体是多元的，那么，就需要建立一套相应的制度，使政府以外的各种主体以多种形式、通过不同渠道广泛参与图书馆治理。政府之外的主体还应包括公众、专家、企业、民间组织以及媒体等，他们参与的方式有投票、信访、质询、参加听证会、在媒体上发表意见、提供信息和咨询建议、单独或与政府部门或其他主体合作共同管理公共事务或提供公共服务等。

（3）公开机制。大量实践证明，通过将行使权力、参与公共事务管理的有关主体的信息和行为公之于众，可以增加其透明度，这是一个成本低廉、操作简单、效果极佳的改善治理的良方。一些公共管理中长期难以解决的问题，通过公开有关信息很快可见成效。

（4）监督评估机制。监督评估机制对于改善图书馆治理十分重要。这一机制包括对特定的组织和个人行使权力、参与图书馆管理和提供服务的行为过程、结果进行监督与评估的有关主体，规范化的监督评估途径和方式，以及一整套监督评估制度。

（5）沟通协调机制。在社会高度分化的今天，良好治理的一个重要基础是有关各方达成共识。而要达成共识，必须依赖于良好的沟通与协调。一方面，参与治理的各个主体之间需要进行沟通协调；另一方面，治理主体与各利益相关方之间也要进行有效充分的沟通协调。

参考文献

［1］董素音，焦志芬，杨霞．21世纪美国图书馆领导素质构成［J］．现代情报，2004

(5): 98-100.
[2] O'Connor S.. The Heretical Library Manager for the Future [J]. *Library Management*, 2007, 28 (1/2): 62-71.
[3] Bennis, W.. *On Becoming a Leader* [M]. Updated & Expandeded. Cambridge, Mass.: Perseus, 2003.
[4] Cloonan, M.. Message from the Dean [J]. *The Simmons Librarian*, 2006, 38 (1): 2.
[5] 俞可平. 治理与善治 [M] //俞可平主编. 治理与善治. 北京: 社会科学文献出版社, 2000.
[6] 俞可平. 权利政治与公益政治 [M]. 北京: 社会科学文献出版社, 2005.
[7] 黄颖. 图书馆治理的比较制度分析 [D]. 北京: 中国科学院文献情报中心, 2004.
[8] Winston, M. D., Quinn, S.. Library Leadership in Times of Crisis and Change [J]. *New Library World*, 2005, 106 (1216/1217): 395-415.

第七章 图书馆控制

图书馆控制就是使图书馆每一项工作都按预定计划、预定次序和预定原则进行。控制的目的在于指出错误，从而改正错误，并避免错误的再度发生。管理中的控制是重要的。法约尔曾经指出，控制必须施之于一切的事、人和工作。即使有完善的计划、有效的组织和领导，也不能保证组织的目标一定能自动实现，仍需要进行强有力的控制与监督。对于图书馆而言，传统的控制内容包括人员控制、财务控制、作业控制、信息控制和绩效控制。但这种控制模式是基于理性的“经济人”观点，侧重于定量的、明确化的目标。随着图书馆管理中人本理念的增强以及知识管理方法、人力资源管理方法的逐渐增加，图书馆控制的方法和内容更加与组织结构、文化观念、员工多样化需求结合，控制模式更加宽松和人性化。本章着重阐述图书馆控制内容以及模式的变化。

第一节 图书馆控制概述

一、图书馆控制的含义

图书馆控制是指对图书馆各项管理活动在执行过程中的行为监督和约束。每个图书馆都会有各种管理制度和管理方法，来确保组织内所有人员按照预定措施实现图书馆的方针目标。在控制体系中，管理者除了制定图书馆的管理制度、确保各项政令的执行外，还必须重视各层级执行信息的反馈、执行过程中数据的收集、整理分析，并依此作为有效控制图书馆的依据，这就是控制过程。

控制在图书馆的管理体制中占据核心地位，甚至比组织结构更加重要。如果缺乏科学合理的控制体系，组织结构的有效运行就无从谈起，要么控制过细、统得过死，下一层级的单元缺乏效率和反应能力，缺乏激励机制；要么失去控制，下一层级的单元自行其是，偏离上一层级的战略意图，甚至挥霍图书馆来之不易的有限资源和转移利益，或者出现不必要的内部单元之间的竞争。因此，控制在很大程度上是处理集权与分权的关系，在下一层级的权力、利益和责任之间找到一个平衡点，使下一层级单元既能够快速反应、自主创新，同时又能符合图书馆的总体目标，不损害其整体利益。

二、图书馆控制的重要性

通过控制，既可检验各项工作是否按预定计划进行，以及计划的正确性和合理性，又可调整行动或计划，使两者协调一致，从而确保图书馆有效运行。控制的重要性对于组织来讲就是加大对组织为实现预定目标而进行的管理过程的管控力度。

第一，防范风险。现代社会是一个充满剧烈竞争的社会，图书馆更是面临着各种因服务、公共突发事件而引发的危机和挑战。对风险的管理是现代管理中最重要的方面。风险影响着图书馆生存和发展的能力，也影响其在提供同类服务和产品的机构中的竞争力及在社会用户中的声誉和形象。因此，图书馆管理者必须密切注意各层级的风险以及可能会出现的危机，并加以控制，才能保证其健康发展。

第二，确保图书馆战略目标的实现。目标的设定是管理过程的一个重要部分，虽然它不是图书馆控制的组成要素，但却是图书馆控制的要件。控制不是某个事件或某种状况，而是图书馆运营服务过程的一部分，与运营服务过程结合在一起，使运营服务过程发挥其应有的功能，并监督过程的持续进行，保证图书馆战略目标的实现。

第三，监督管理执行过程。图书馆的领导模式和管理体制一般都强调管理职能的执行，而对其效果以及执行人的职责权限却少有监督。在图书馆控制中，监督的职能得到加强，包括图书馆设置机构的权限、图书馆管理者的权限、图书馆员工的权限以及图书馆其他利益相关者的权限都应得到明确的界定和监督。

三、图书馆控制的内容

一般来讲，图书馆控制的内容主要涉及人员、财务、作业、信息和图书馆的总体绩效等五个方面。但图书馆肩负着保存资源和为用户提供通向人类知识宝库通道的使命，图书馆为一定的用户群提供所需信息资源，并不断更新以满足用户对信息的需求，然后由图书馆员建立和维护帮助用户获取信息的工具，并为用户提供空间促进信息被用户利用。由此看出，相对于企业和其他赢利性组织而言，图书馆具备能动性、公益性，不单纯包括管理理论中理性的控制内容，而应该根据图书馆使命的不断调整，确定其控制的重点。目前来讲，除去一般性控制内容，图书馆管理者需要在以下方面加强力度。

第一，馆藏资源的控制。馆藏资源作为图书馆增值和提供服务的基础条件，是图书馆的重要组成部分。图书馆的边界由馆藏资源限定，其功能也是由其所拥有的馆藏资源的数量和质量所决定的。因此，馆藏资源的特征发生变化必然会对图书馆工作产生影响。同时，图书馆馆藏资源的获得形式也因资源本身的形式发生巨大变化，包括购买、内部分配、租借、网络获取以及合作获取。众多获得方式使图书馆管理者面临更为复杂的活动空间，资源获取成本和收益的比例、资源获取合作伙伴的利益冲突、与资源提供方的博弈，等等。图书馆管理者需要对馆藏资源进行更为严格和细致的控制，包括馆藏资源利用、获取的各种影响因素的协调以及用户的反馈。

第二，馆员的控制。图书馆是通过建设馆藏资源、使馆藏资源增值以及帮助用户开发和利用馆藏资源来为用户提供不断更新的信息和知识。馆员在图书馆各种服务和业务工作中占有核心地位，馆员的职业素养和服务能力决定着图书馆运营服务质量的优劣。因此，馆员控制的有效与否至关重要。随着图书馆事业的不断发展，馆员的人员构成、能力水平以及自我认知的改变，使得对馆员的控制日益复杂并重要，其突出表现就是馆员对自我价值认知的改变、馆员对自我发展认知的改变以及现代管理理念对人的管理思想和方法的调整。

第二节　图书馆控制模式

一、控制模式的转变

管理发展史清晰地表明，存在一个由理性的科学管理即物本主义的“硬”管理，向非理性的文化管理即人本主义的“软”管理的转变（应焕红，2001 年）。进入 21 世纪，我国著名管理学家成思危先生指出，如果说 20 世纪是由经验管理进化为科学管理的世纪，那么 21 世纪是由科学管理进化为文化管理的世纪。在此背景下，不同管理模式下的控制模式也是不一样的。如表 7-1 所示，Carol，Axel 和 Ray 等学者将组织控制分为官僚控制、人性化控制和文化控制三类，三者的控制方式和路径各不相同。

官僚控制主要是通过规章制度、工作程序、严格的监督、绩效评价和奖励来对组织成员从外部进行控制。人性化的控制方式主要通过提供令组织成员满意的工作任务或者让他们参与令人愉悦的工作团队来满足员工需要从而加强内部控制。文化控制在于将事实上的强制同从强迫措施下所感知的自由整合起来，使文化成为一种最强有力的控制方式，使得统治秩序获得合法性和正当性（Pierre Bourdieu，1997）。社会科学观认为，文化管理是试图内化管理控制的，被称为“内化的控制方式”。批判家威尔莫特（Willmott）认为文化管理方式是试图“克隆思想”或者“设计组织成员的灵魂”，从而鼓励组织成员内化组织期望的价值观和行为准则。

传统管理理论以分工理论和部门制为基础，其管理职能以分工和“管”为职能，采用以技术驱动的刚性管理模式。为了实现组织目标并使组织作为统一整体面对外界，管理层必须寻找一些控制并减少组织成员行为变数的方式，其中一种方式就是用文化控制组织成员的行为。文化管理主张用机器来放大人的智能，并以智能机器为管理手段，把人的自然智能和机器的人工智力两者的潜力都充分发挥出来，从而实现各种管理现代化手段与人的聪明巧妙地结合。通过潜移默化形塑潜意识的心智图式，对客观条件和社会区域进行划分，产生相应的界限感、位置感（Sense of Position），使行动者自动地、自觉自愿地依照这种被形塑的心智图式呈现世界表象，做出反应（Pierre Bourdieu，1984）。

表 7-1 组织控制方式的比较

控制方式	特征
官僚控制	控制奖励——忠诚 生产力提高
人性化控制	满意的工作或工作团队 忠诚 生产力提高
文化控制	文化表面层——热爱组织以及组织目标 生产力提高

来源：Carol Axtell，Ray．Corporate Culture：the Last Frontier of Control［J］．*Journal of Management Studies*，1986（5）：287-297.

二、图书馆管理中的文化控制

1. 文化控制的内涵

“二战”后，随着日本经济的迅速崛起，许多研究开始关注日本跨国公司中的非正式控制机制。研究发现，日本的跨国公司中采用“文化控制”

取代“官僚控制”。官僚控制指的是组织中常用的、正式化的、外生的控制方式，如明确的职责划分、统一的规章制度和严格的流程控制等。而文化控制则是利用企业的远景、共同的价值观和行为规范实施控制的控制手段，此种控制的权威与权力属于非正式的、内隐的控制方式，给成员的指示是整体的，而非特定的。其特点是组织上下具有一致的价值观和行为目标，员工对组织具有很高的忠诚度，文化控制强调的是一种非正式的、员工内生的自我控制。

2. 文化控制与文化建设的区别

文化控制依托于强大的组织文化，具有组织文化的导向、自律、凝聚、激励等一般功能。但文化控制与组织文化建设有着显而易见的区别。

一是实施主体不同。组织文化建设的主体是人，客体是组织文化；而文化控制的直接主体是组织文化，客体是人。可以说，实现文化控制是图书馆文化建设的意义所在。

二是功能不同。图书馆文化建设对内需要行使塑造组织愿景、凝聚群体共识、规范和激励员工行为等功能，对外则要传播和维护图书馆形象，提高图书馆的知名度。而文化控制更倾向于行使图书馆文化建设的对内功能。从这个角度看，图书馆文化建设涵盖的范围更广，功能更全面。

三是实施层面和实施目的不同。强大的图书馆文化具备以下两个特点：成员的一致性和这种一致性的力度。成员的一致性指员工对图书馆文化的认可程度；一致性的力度指员工贯彻图书馆文化的程度，主要通过员工的行为方式来体现。只有组织成员对某一问题或观念形成一致认识，并且这种一致认识能被充分重视和理解时，才能形成强大的文化。图书馆文化分为三个层面：表层的物质文化、中层的制度文化和深层的价值观念。表层的物质文化和中层的制度文化建设往往仅能反映组织成员的一致性，唯有统一的价值观念才能体现组织成员一致性的力度。现实情况是许多图书馆在建设组织文化的过程中过于追求一致性而忽略了一致性的力度，图书馆文化建设仅停留在表层的物质文化（如服装、口号）层面，仅能部分承担组织文化建设的对外功能，图书馆建设组织文化的目的还比较狭隘。文化控制强调的则是成员一致性的力度，力求用图书馆核心价值观实现员工的自我管理和控制。

四是实施方法不同。文化控制除了采用组织文化建设常用的宣传、培训沟通等方法外，还会利用任命深刻认同组织文化的管理者来传播组织的核心价值观念。一个积极拥护组织价值观的主管能被期望采取符合组织文化的行动。由于文化控制强调组织传统的一贯性，所以文化控制更强调组织成员来源的相似性和可靠性。因此在文化控制作为首要控制手段的图书馆里，在选拔新成员时倾向于选择与现有成员相似背景的员工，这将大大降低文化方面的培训成本，而一般的图书馆更重视新进员工的业务素质和工作能力。

3. 图书馆文化控制的方法

（1）通过资深馆员转移和传播图书馆文化。图书馆的管理者会对图书馆文化产生重要影响。管理者的言行会引导下属的行为。如果管理人员说话可靠，并在表达方面前后一致，该团队的成员就会对“什么重要”形成一致的期望。当这个一致意见也受到奖励时，明确的准则就形成了。因此，图书馆可以在分馆成立之初或者发展过程中，大量外派资深馆员。这些外派馆员往往在总馆工作多年，已经接受了图书馆的价值观文化。

（2）对新馆员的文化要求和培养。由于文化控制强调组织传统的一贯性，所以文化控制更强调组织成员来源的相似性和可靠性。比如在选拔新馆员时倾向于选择与现有馆员相似背景的员工，以此降低文化方面的培训成本。

（3）跨文化培训。跨文化培训是为了加强馆员对不同文化传统的反应和适应能力，促进不同文化背景个体间的沟通与理解，促使馆员对图书馆新文化的认同。其内容包括对双方现有文化差异的认识、对新图书馆文化的了解、馆员的文化敏感性训练、对跨文化沟通障碍及冲突的处理、跨地区环境的模拟等。通过相关知识的学习使馆员增加对图书馆服务模式和现行决策的理解，促进他们对新图书馆文化的认同。跨文化培训应采取多样化培训形式，如专题讲座、座谈会、演讲比赛、各种文化仪式等，同时应将常规培训与环境的潜移默化相结合，将近期培训与远期培训相结合。

（4）加强交流与沟通。除了正式沟通外，此处强调非正式沟通对实施文化控制的重要作用。图书馆应多利用会议、培训、聚会等形式，为各部门提供相互交流的机会，或是利用临时任务小组或永久性团队等增强各部门之间的相互了解与接触。

（5）建立相应的组织和规章制度。文化控制的实施离不开正式控制手段的协助。制度化是创建“执行文化”、将文化理念转化为馆员自觉行为的关键。所谓制度化就是把图书馆倡导的价值观转化为具有操作性的管理制度的过程。价值观必须转化为制度。首先，图书馆价值观是管理制度创新的直接依据；其次，管理制度是审视价值观合理性的尺度。价值观与管理制度是一个问题的两个方面，价值观只有转化为管理制度才具有生命力，同时，任何管理制度都是在某种具体价值观指导下制定的，因而都有文化的蕴含。馆员首先接受、认知图书馆的制度，然后产生情感，积极的情感产生积极的行动，积极的行动使制度他律变为文化自律。如果制度能够被馆员普遍认同，那么，制度就内化为馆员的传统或文化。

三、图书馆管理中的自我控制

1. 自我控制的内涵

自我控制假设员工是愿意负责的，是愿意在工作中发挥自己聪明才智和创造性的；组织控制的对象是“人”，应“控制”的必须是行为的动机，而不应当是行为本身。自我控制是目标管理的核心。目标管理的主旨是用“自我控制的管理”代替“压制性的管理”，使员工能够控制他们自己的行为和成绩。也就是说员工的自我控制能力的强弱是影响目标管理能否顺利推行的一个关键因素。

自我控制建立在麦格雷戈的 Y 理论基础上，假设人是愿意承担责任的，愿意作出贡献的，愿意有所成就的，人们在执行任务中能够自我指导和自我控制。组织中的成员通过参与共同制定目标来促使目标实现，同时由于组织成员共同参与制定目标，可以实现自我控制。不可否认，Y 理论有一定的科学性。但人是复杂的，现实中符合 Y 理论假设的人们，其愿意承担责任的程度是不同的，有的强一些，有的相对弱一些，也就意味着员工的自我控制能力有强弱之分。另一方面，对相当部分的员工而言，经济人的假设仍然适用，他们总是想尽可能地减少自己的工作和责任。这就是说，在目标管理过程中，依靠下属的自我控制存在一定的局限性。因此，组织在推行目标管理过程中，要确保目标得以实现，必须采取有效的措施以加强员工的自我控制。

2. 图书馆员自我控制的措施

（1）要体现组织目标和个人目标的统一。馆员是实现图书馆发展目标的载体，同时他们也有个人目标的追求。只有组织的目标与个人的目标达到完美契合时，才能在馆员的内心产生巨大的推动力和自我约束力。实践中，有些图书馆确定的目标体系只是对组织任务目标的简单分解，而没有考虑馆员个人利益，因此只是传统的任务管理，不可能激发下属的行为动力和自我约束力，馆员只会敷衍地完成任务而已。

（2）强化员工参与管理。自我控制一般都与目标管理紧密结合。目标的制定者同时也是目标的实现者，即由上下级一起共同确定目标。参与设置目标可以提高目标接受性。目标设置理论认为在某些情况下，参与式的目标设置能带来更高绩效。参与的一个主要优势在于提高了目标本身作为工作努力方向的可接受性。图书馆实施参与管理，能够发挥馆员的聪明才智，实现自我价值，也是满足其受人尊重、信任的高层次需要。同时，在参与目标制定的过程中，可以使馆员了解图书馆的远景规划和发展目标，了解个人在组织目标实现中的价值所在，了解组织目标实现对个人目标实现的意义，使馆员产生强烈的使命感和责任感，加强个人与组织的一体化。

参与管理要注意引导，要反复把图书馆当前的目标传达给馆员，使参与具有明确的方向性。在实践中，要根据馆员的文化程度和经验，采取不同的方式参与管理。对文化程度较低、经验不足的馆员采取控制型参与管理。主要由其提出工作中的问题和局部建议，经过筛选后，由上级协助下属确定解决方案并组织实施。对文化程度较高，又有相当参与管理经验的馆员采取授权型参与管理。主要是由其提出问题并制订具体实施方案，在得到上级认可后，被授予相应的权力，以馆员为主完成。

（3）加强图书馆组织文化建设。组织文化是指组织在长期的生存和发展中所形成的，为本组织所特有的，且为组织多数成员共同遵循的价值标准、基本信念和行为规范的总和及其在组织活动中的反映，体现了组织及其成员的价值准则、行为规范、共同信念和凝聚力。其实质是以人为中心，以文化为引导，以激发组织成员的自觉行为。图书馆组织文化的构建，应使组织的使命、目标贯彻到馆员工作中，使之形成组织共同的价值观、组织精神和行为方式。这种扎根于馆员之中的组织精神和价值取向，能够从思想观念和心理上增强馆员的共同理想和信念，激励、规范其自主行为。同时要构建一种上下关注目标的文化氛围，使图书馆各个层面都关心如何设定目标，采取什么策略达到目标，并积极参与到沟通、反馈、评价的过程中。

（4）加强馆员培训，提高馆员素质。根据控制的原因不同，控制可以分为间接控制和直接控制。间接控制就是指在出现偏差后，通过分析偏差产生的原因，然后采取措施予以纠正。这种控制方式，会造成较大损失而且也会增加控制成本。直接控制是通过提高管理者及其下属的素质来进行控制工作，管理者及其下属的素质越高，出现的差错就越少，他能觉察到正在形成的问题，并能及时采取纠正措施。对馆员的培训，应从思想和技能两方面展开。思想上加强对馆员的职业道德、全局观念、协作意识的培训，可以加强其责任意识和整体意识，提高其对组织目标和个人目标关系的理解，了解个人目标的价值所在及其在整个组织中的目标位置和意义，可以激发其责任感。开展相关的业务技能培训提高馆员的业务能力，减少出现偏差的几率。

(5) 根据目标灵活授权。授权就是上级不仅给予下属人员明确的目标和责任而且要授予他们完成任务所需要的权限。实行授权，一方面便于下属根据目标要求，自主决策、调配资源，利于目标实现。更关键的是，授权表明上级对下属的信任，下属会有被重视的感觉，可以使下属自觉承担自己的目标任务，积极地自我管理，从而自觉地达到各自的分目标。

在授权工作中，要注意两个方面：一是授权应根据目标执行者的目标责任性质与范围来确定其权限的范围和程度，二是上级应给予下级充分的信任，采取支持、协商、指导的方法，促使下级自主地行使权限，积极地自我管理。

(6) 给予下属指导与支援。馆员在业务过程中，为实现个人分目标，会产生本位主义，以个人的分目标为核心，忽视图书馆目标的整体性，进而影响整体目标的达成效果。为此图书馆在目标执行过程中，应加强对各部门的指导，帮助其确定合理目标，帮助不同岗位上的馆员正确理解目标的内涵以及目标的整体性，以克服目标执行中整体目标受损和目标移置。

图书馆馆员能力的差异是客观存在的，目标则具有整体性和相关性。为避免由于个别馆员分目标没有很好实现而影响整体目标实现，其上级主管必须加强对下属的指导，特别是要将能力较差的下属作为指导控制的关键点。同时由于目标的相互关联性，下属目标的达成经常需要其他部门的配合，这时上级就应协助其进行横向协调，以帮助下属顺利达到目标。

(7) 加强目标测评。为了能够控制自己的行为，馆员不仅需要知道自己的目标是什么，而且必须能够根据目标衡量自己的业绩和成就。因此，在自我控制实施过程中，必须制定明晰、简单、合理并且易于理解的目标衡量标准。根据标准对馆员的目标执行情况进行测评，通过测评可以及时发现目标执行过程中存在的偏差，以促进目标实现。

在实践中，图书馆应明确目标测评的目的不是作为奖惩的依据，而是通过核查馆员的目标完成情况，发现不足并采取措施改进，以促进目标的实现。因此在测评组织方式上应坚持以馆员自我评估为主，图书馆组织评估为辅。作为上级要鼓励并指导下属进行自我评估。组织评估结果要及时反馈给被评估者，并做好评估后的沟通工作。

在沟通过程中，图书馆对达到目标的下属肯定和鼓励，对目标执行中存在的问题，要同馆员一起探讨原因及解决办法。这样才能不断提高馆员的能力，挖掘其潜力，发挥其积极性，促进目标的实现。

四、图书馆控制的提升

图书馆馆长和馆员都要以预期达到的目标为依据，进行自我控制，同时通过对完成任务过程的控制来完成组织目标。另一方面，图书馆控制的内容和模式也发生了变化，单一的控制手段和内容不能保证其在日益激烈的知识信息服务行业里的优势地位。因此图书馆需要从以下几方面提升控制效率。

1. 图书馆的控制环境

加强和完善图书馆控制，首先应注意图书馆控制环境的建设。控制环境是指组织对建立、加强或削弱其制定的管理程序以及对其效率产生影响的各种因素。它是一种氛围，通过对控制体系的认识和理解，影响组织成员的控制意识，影响组织内部各成员实施控制的自觉性。控制不是处罚，而是预防，控制环境直接影响组织各项控制制度的贯彻和执行，以及组织业务目标及战略目标的实现。

2. 图书馆领导者的素质

图书馆领导者素质在图书馆业务运营和管理中起绝对重要的作用。领导者的素质直接影响到图书馆的整体服务行为，进而影响到图书馆控制的效率和效果。

3. 管理者的品德

图书馆制定的任何制度都不可能超越设立这些制度的人，图书馆内部控制的有效性同样也无法超越那些创造、管理与监督制度的人的操守及价值观。操守及价值观是构成控制环境的一个基本要素。因此，图书馆领导者及各层管理者除了自身起表率作用以外，还要引导全体馆员树立正确的职业道德观。

4. 图书馆组织文化

图书馆组织文化是图书馆整体逐步形成的具有本馆特征的基本信念、价值观念、道德规范、规章制度、生活方式、人文环境以及与此相适应的思维方式和行为方式的总和。图书馆组织文化始终以一种不可抗拒的方式影响着图书馆的发展。它既可以促进图书馆的发展、阻止其衰败，也可以推进图书馆陷入困境。

5. 组织结构与权责分派体系

构建组织结构的一个重要方面在于界定关键区域的权、责以及建立适当的沟通渠道和控制渠道。

6. 信息系统

良好的信息和沟通系统可以使图书馆及时掌握图书馆业务营运的状况和组织中发生的事情。一般而言，图书馆的信息系统还包括财务信息系统和管理信息系统。图书馆的财务信息系统以会计为主，提供有关财务方面的信息，而管理信息系统提供非财务的信息，及时获取相关信息和对信息的控制管理。

7. 行为控制习惯

组织的控制体系是确保组织指令得以实现的保障，旨在确保组织健康。控制应涉及组织各个环节与各种职能部门。一般而言，控制体系包括三个要素：制度、程序和监控。制度规定应该做什么，程序规定怎么做，监控规定什么不能做。控制体系重点是要分析了解组织关键点，针对关键点行为进行控制。因此，图书馆在制定控制体系时，要寻找关键控制点。一般而言，图书馆关键控制点包括：馆藏资源建设（利用率、成本收益）、馆员、服务能力等。

8. 内部监督

在图书馆控制的监督过程中，有两项职能发挥着重要作用。一是内部审计，其作用不仅在于监督图书馆的内部控制是否被执行，还应该帮助图书馆营造“软控制”环境。二是控制自我。目前控制的一个新趋势是实行“控制自我评估”，意指每个组织不定期或定期地对自己的内部控制系统进行评估，评估内部控制的有效性及其实施的效率效果，以期更好地达到控制的有效性。图书馆也应该逐步设计“控制自我评估”，目的是使馆员了解哪里存在缺陷以及可能产生的不良后果，然后及时反映情况或采取行动改进这种状况，而不是坐等图书馆领导来管理。

参考文献

[1] 张兵．管理控制［M］．北京：中国工人出版社，2006.
[2] 虞文钧．企业内部控制制度［M］．上海：上海财经大学出版社，2001.
[3]（美）沃伦·B. 希克斯，阿尔玛·M. 蒂林著. 现代图书馆管理［M］．李新乐，汪少敏，译．北京：书目文献出版社，1989.
[4] 周三多．管理学［M］．北京：高等教育出版社，2001.

第八章 图书馆评价

第一节 图书馆评价概述

一、图书馆评价的由来与含义

1. 图书馆评价的由来

人的一切活动都是大脑参与的有目的的活动，而且能对以往的活动结果进行审视，总结经验教训，在此基础上，确定更多的目标。审视以往的活动结果，就是一种评价思想。评价是和有目的的活动紧密相连的孪生兄弟，它根植于人类思维的底层，参与人类各项有目的的活动。图书馆作为人类社会的一种社会文化教育机构，起着保存人类文化遗产、传递知识信息的作用，其工作是一种有目的的活动，因而本身就包含评价。可以说，随着图书馆的产生，图书馆评价思想就已经产生了，但是早期的评价注重的是图书馆工作对象，而对图书馆工作本身的评价是近代的事。

2. 图书馆评价的含义

关于评价的概念，众说纷纭，尚未取得一致意见。即使在我国引入最早的教育评估，目前也是莫衷一是，没有定论。这是由于理论体系尚未形成之故。在现代科学背景下，考察图书馆评价的实质及其由来，我们认为，图书馆评价的科学含义应是：根据图书馆价值观的目标函数，采用科学的方法来测量图书馆的功能属性及其转为主观和客观效用的行为。

通俗地说，图书馆评价就是系统地有步骤地测量、描述图书馆的工作过程与结果，据此判定是否达到了所期望的图书馆目标的过程。其实质就是测量、判断图书馆目标的实现程度。由此亦可看出图书馆评价的几点特征：评价工作是一个“过程”，是一个包含有一系列步骤和方法的连续性活动；是一种以科学的理论和方法为指导的、系统的、正式的过程，这一过程的中心永远是对评价对象的价值判定。从历史发展来看，评价图书馆工作，有一个从封闭到开放，从片面到全面，从不完善到完善的逐步发展过程。

图书馆评价，分宏观评价和微观评价。宏观评价是对一个国家、一个地区图书馆工作的能力、水平、质量和社会效益的评价；微观评价主要是对具体的图书馆和具体的图书馆工作的评价。要根据不同的级别和不同的对象，制定具体的评价标准。

宏观评价，其标准是图书馆事业管理的国家职能。其一，直接的宏观控制、管理和干预图书馆活动。其二，对微观图书馆活动的共同外部条件进行管理，为各种图书馆发展提供必要的外部保障。

微观评价，其标准主要是各个图书馆的办馆条件、服务水平、功能的发挥和满足读者需要的程度。

图书馆评价，既要考虑整体图书馆事业的宏观层次，充分发挥图书馆整体功能的社会效益，也不能忽视作为整体细胞的单个图书馆自身的微观评价，它也是影响整体的重要因素。

二、图书馆评价观念的演变

图书馆评价的最初目的是对图书馆工作结果及其原因进行分析性研究。国内的评价观念最初集中在图书馆的规模和具体工作上，而我国现代意义上的图书馆评价大致开始于20世纪80年代初。

1. 国内图书馆评价

（1）以馆藏量为标准。这里所讲的“馆藏”是一个广义的概念，它既包括近代意义的图书馆馆藏，也包括古代藏书楼等各种文献保管场所的“馆藏”。图书馆以馆藏量为主要评价标准，首先起源于奴隶社会和封建社会图书馆工作的封闭性和“重藏轻用”的价值取向。在奴隶社会和封建社会的专制制度下，文献利用被认为是一种特权，图书馆自然成为“特权的保护者”。这样，收藏保管文献的数量越多，就表明图书馆越好。直到近代，文献仍主要被用于政务参考和历史研究，因而对图书馆的评价依然遵循传统的馆藏量标准。

中华人民共和国成立以后，国家视文献资源为宝贵财富，早在1957年国务院就批准了《全国图书协调方案》，利用文献资料成为公民的基本权利。但由于传统观念的影响，社会的情报意识及图书馆界的社会意识淡薄，使得图书馆在某种程度上仍表现出其“封闭性”、“单位所有制”等，因而在人们的观念中，图书馆仍以“管好文献”为主，馆藏量评价标准仍有很大的市场。而我们目前又在推行着一种“以馆藏定编制”的制度，这种制度既是历史上馆藏量评价标准在现实中的反映，同时又反过来承认和印证了这一传统评价标准的“合理性”。

馆藏量评价标准在历史上也曾起过重要的作用，它为保存我国丰富的文化遗产立下了汗马功劳。我们必须承认，馆藏量应该是评价图书馆工作的一个重要方面。但是，如果把它绝对化或者把它当作主要的综合性标准，就会妨碍文献资源的开发利用，影响文献效益的正常发挥。

（2）以利用率为标准。图书馆的目的应该是更有效地提供利用文献，当社会的文献利用需求越来越强烈的时候，必然会导致人们重新考虑图书馆的评价问题，从注重馆藏量转而注重文献的利用率，并把利用率的高低作为评价图书馆的主要标准。

利用率评价标准比起馆藏量评价标准来，更加符合社会发展的需要，从一开始就起到了两个重要的作用：一是有利于冲破图书馆中旧的封闭观念，明确资源共享的方向；二是有利于健全文献利用工作制度，并促进图书馆其他环节的发展。

然而，利用文献并不等于文献价值的实现。同样是对文献进行利用，却存在着能否取得实际效益的区别，正是由于这种区别的存在，使得利用率评价标准至少存在如下两个方面的缺陷：

其一，这种评价标准不能排除无效利用。目前使用的利用率，在计算利用文献时通常是计算流通（阅览）的册（次），把流通（阅览）的册（次）和实际利用等同，事实上流通的册（次）与流通利用是不能等同的。有时用户在借（阅）出的文献中只能找到一点有用材料甚至找不到一点有用的材料。如果用户利用文献而没有取得实际效果，那就只能白白地浪费时间。显然，这种利用越多，负效益则越大，因此，不排除无效利用，利用率的高低与利用效果之间的关系就难以确定，这样，利用率评价标准从某种程度上已失去了科学的意义。

其二，利用率作为一个综合性指标，不能确切评价整个图书馆工作的好坏。比如说，收集片面强调“少而精”，可导致馆藏基数减少而提高利用率；开架范围的扩大而检索工具质量欠佳（如缺少主题目录等）、揭示手段落后，会造成用户查找中的盲目性增大。显然，这几种情况虽然提高了利用率，但不能表明图书馆工作都已经做好了。

综上所述，馆藏量和利用率虽然能反映图书馆某个侧面的情况，但它们作为评价图书馆的综合性标准或主要标准，却存在着无法克服的缺陷，必须寻求新的更科学、更合理的图书馆评价标准。

2. 西方图书馆评价

西方专门进行的图书馆评价活动始于20世纪初，特别是30—50年代。为图书馆资助人所需要的图书馆工作效果做出价值判断，构成图书馆评价发展的第一个阶段。其主要功绩是开拓了评价研究这个新的领域，提出了一些基本的研究方法。第二个阶段是60年代至70年代初。这期间，评价由藏书、文献外借研究、目录使用、参考服务等几个断面扩展到整个图书馆工作的各个方面，评价开始向大型化和定量化方向发展，并运用运筹学等管理新技术进行成本/效果和成本/效益分析。这是图书馆评价研究的一个高峰时期，代表作品有F. W. Lancaster的《图书馆服务测量与评价》和美国图书馆协会（ALA）出版的《对公共图书馆进行测量》。从70年代末至今，是评价发展的第三个阶段，着重新型信息技术的应用，开展用户研究、模型化研究等，渐具学科雏形。

纵观西方图书馆评价的发展，可以看出图书馆事业发展是其物质基础。第二次世界大战后西方“福利社会”和公用事业发展，图书馆事业也受益匪浅，获得了较高的发展速度。但如何发挥图书馆的作用、更好地满足社会需要，尤其是在当今情报激增的信息时代，图书馆处理信息的能力受到了挑战，图书馆哪些工作卓有成效？应注重选择何种方案、技术继续发展？这些都需要评价理论做指导。与此同时，管理学的发展和决策科学化的兴起，为图书馆评价提供了科学环境。

三、确立合理的图书馆评价观念

评价图书馆的基本尺度应当建立在图书馆的外部作用上，而不仅仅反映在图书馆自身状态中。即图书馆评价，不单看图书馆的数量、文献的储藏量、干部队伍的素质，而应着重于图书馆的外向功能。诚然，图书馆馆藏数量多少和文献拥有状况是图书馆社会作用发挥的基础，在某种意义上也能体现事业的发展。但增加图书馆数量和文献收藏量并不等于外部作用能力的同步增强，只有促进了社会对文献资源的开发和利用，这种发展的社会价值才能体现出来。因此，要以提高图书馆效益为核心，以最大限度满足社会日益增长的知识信息需求为目的。图书馆评价，必须把满足社会需要作为依据和方向，以提高社会功能为中心；不仅追求图书馆事业规模的自身发展，而且要追求现有规模图书馆外向功能的拓展。

四、图书馆评价的作用

1. 提高图书馆管理水平，促进图书馆整体工作的优化

现代图书馆科学管理的最本质特征是管理系统化。由于我们所开展的评价是在充分考虑图书馆系统内各环节、各层次之间的固有联系，根据图书馆的现状和现实工作目标的差距，区分现实各项工作目标的优化次序的基础上，对图书馆各项工作的综合评价。这种评价的结果就能起到促进图书馆整体工作优化的作用，促使各级业务主管部门和各馆从系统化管理的角度来全面考虑如何改进和加强图书馆工作。

2. 有利于加强图书馆学理论的研究

图书馆评价既是图书馆学的一门分支学科，又由其自身特点决定了它和图书馆工作的密不可分性。随着评估工作的开展，必将引起图书馆学有关理论的讨论。如：图书馆的战略目标、工作目的、系统功能、图书馆工作水平和效益指标、定量化研究等问题。这些讨论将促进图书馆学的理论研究工作，并使之和图书馆实际工作紧密联系起来。

3. 为实现图书馆立法创造一定的条件

通过评价了解图书馆现状，评判图书馆的工作水平，确定开展图书馆工作所需的基本条件，逐步明确图书馆的性质、目的、任务以及图书馆应达到的工作要求和发展速度。而这些内容也正是图书馆法所要确立的基本内容。随着评价的开展和深入，必将促进图书馆事业的制度化、科学化，为图书馆立法打下基础。

第二节　图书馆岗位评价

图书馆是一个学术性服务机构，其学术性和服务性的特点决定了人员层次的多样和岗位要求的差异。只有认识和研究这些差异，进行岗位评价，才能使我们更清楚、更明确地认识图书馆的岗位，才能更好地开展岗位培训、岗位考核、岗位聘任等工作。

一、岗位评价简史

在劳动市场中，存在着几千种不同的职业，数万种不同的岗位。如何确定每种职业的工资，每个岗位的报酬，是经济学家一直颇感兴趣的问题。200年前，著名经济学家亚当·斯密就提出了形成职业工资差别的五种因素：①业务的难易、尊卑；②学习业务的难易，学费的多少；③业务的稳定程度；④赋予责任的大小；⑤胜任职务可能性的大小。

这可以说是早期的岗位劳动评价标准。而真正的岗位评价的实行则是人事管理和工业工程职能发展的结果。在美国，岗位劳动评价在20世纪30年代就已经开始，由美国管理协会和劳资关系顾问等组织负责推行。第二次世界大战后，才在一些行业普遍建立这种制度。随着我国改革开放的不断深入，很多企事业单位在进行劳动人事工资制度改革时，也采取了岗位评价的方法，取得了很好的经验。

二、图书馆岗位评价的意义

图书馆岗位评价，就是在对图书馆各个专业技术岗位进行调查分析、获取充分资料的基础上，测定图书馆各个专业技术岗位之间相对价值的一种工作。

图书馆岗位评价有如下意义：

1. 图书馆岗位评价是机制建立和转换的条件

图书馆进行劳动人事工资制度改革的目的，不是简单地制定一种馆内工资制度和考核办法，而是要真正改革过去体制下的绝对平均主义和论资排辈的传统观念，真正建立一种适应社会主义市场经济的、与国家整体工资制度改革相配套的馆内劳动人事工资制度，能够在聘任中逐步实现评聘分开、竞争上岗，鼓励职工积极进取、刻苦钻研、努力工作。这种馆内竞争机制的建立与转换，需要有较科学的理论依据，而图书馆岗位评价正是这种转换的必要条件和理论依据。

2. 图书馆岗位评价是按劳分配的前提

较充分地体现按劳分配的原则，是图书馆内部管理体制改革的目标之一。随着社会主义市场经济的不断完善，与之相适应的按劳分配制度也正在逐渐建立与完善之中。岗位评价能够为制定合理的馆内工资制度提供较为客观的依据，逐步实现按劳取酬、多劳多得的按劳分配原则。

3. 图书馆岗位评价是深化改革的基础

建立和完善一种馆内劳动人事工资制度，是一个长期、渐进的过程。图书馆事业的不断发展要求岗位不断变化且与之适应，这是图书馆深化改革的需要。因此，根据图书馆发展的要求，不断进行岗位评价，能够进一步优化岗位、改进程序、明确分工、划清职责、理顺关系，以提高工作效率和工作水平。

三、图书馆岗位评价的原则

在评价图书馆专业技术岗位时，应该坚持以下几个原则：

1. 服务第一的原则

从本质上看，不管图书馆的学术性有多高，它仍是一个服务性机构；衡量一个图书馆的水平，其主要标准是服务水平的高低。因此，在岗位评价中，我们的注意力应放在服务上，应着力于不断提高服务质量和服务水平，研究工作也应着眼于图书馆服务水平的提高。

2. 两头倾斜的原则

在方案制订特别是系数选择时，应注意向图书馆内相对专业技术水平较高和相对劳动强度较大、劳动环境较差的岗位倾斜。

3. 人员馆内外流动和政策导向统一的原则

随着聘任制的实施，自然会形成馆内外的人员流动，这些流动是不会以管理者的意志为转移的。因此，在考虑岗位级别时，应注意市场的变化，但与此同时，评价又要带有一定的导向性，不能盲目地跟着市场走。这两者应是统一的。

四、图书馆岗位评价的方法与步骤

1. 岗位的确立与调查

在对岗位进行评价的时候，首先要对全馆的专业技术工作进行划分。按照工作性质和业务流程明确职责、理顺关系，决定岗位的取舍。在划分岗位时，应注意以下几点：

（1）岗位分解要细。岗位是图书馆业务工作流程中的最小单位，为了严格区分工作职责，岗位划分一定要划到最小，要把岗位工作和人均工作量区分开来。例如，阅览室工作，一般被看做一个岗位，不管工作人员多少，也不管职称高低，反正大家都做同样的工作。我们认为，这是极不合理的。一个阅览室的工作虽然千头万绪，归纳起来不外乎四项：室藏建设、目录组织、宣传咨询、值班出纳。规模小的图书馆，其阅览室也许只有除目录组织之外的三项工作，工作时可能既有分工侧重，又有合作。因此，我们认为阅览室应该根据实际情况设计 4 个或 3 个岗位，再根据阅览室大小、编制多少实行分岗或兼岗。这样，阅览室就可以根据工作特点和岗位要求的不同，分别聘任不同专业技术职务的人来承担相应的岗位工作。

（2）岗位划分既要符合图书馆工作的规律，又要不断适应图书馆的发展。图书馆工作是一项专业性很强的工作，在长期的工作实践中已经形成了一套完整的工作流程和业务规范，在岗位划分时应予以充分重视。同时，图书馆又是一个不断发展的有机体，岗位划分又要不断满足发展的需要。例如，从借阅分工到藏借阅合一，从期刊“一条龙”到书刊合一，等等。

（3）岗位划分要体现层次与水平的区别。长期以来，我们比较强调图书馆工作是为教学和科研服务的工作，无高低贵贱之分，但忽略了另一方面，即图书馆工作还有层次水平的区别。因此，在岗位划分上应一分为二，既要体现服务目的的一致性，又要考虑工作过程的特殊性。仍以阅览室岗位划分为例。阅览室四个岗位的权重是按其业务要求的高低层次依次递减的，即“室藏建设”的岗位要求最高，其次为“目录组织”和“宣传咨询”岗，“值班出纳”的岗位要求最低。

岗位调查研究是岗位评价的基础，也是成败的关键。岗位调查是对专业技术岗位的工作内容、工作质量和职责等情况进行全面细致的了解过程。具体包括以下五个方面：一是工作性质、地位与责任；二是业务技术水平、程序和工作量；三是工作环境、范围与地点；四是劳动时间、班次形式；五是其他方面。

2. 制定岗位说明书

岗位说明书是在岗位调查的基础上，对调查所得的资料进行分析整理、记录而成的，它是岗位评价的依据。岗位说明书可以包括以下几方面内容：

（1）岗位主要职责及考核指标。岗位职责部分即逐项列出任职者的工作内容，它是岗位说明书的重点。有的还增加一栏，说明本岗位在本馆中的责任相对重要程度及其失误的影响，并予以量化。考核指标部分包括考核的指标及其权重。如果已出台了具体的考核办法，可将本部分省略。为了让员工在明确工作职责的同时，清楚自己努力的目标，应尽量在此加以说明。

（2）任职资格条件。可细分为三个方面：一是任职者的思想、心理、身体、知识、能力等素质要求；二是任职者所需的最低学历、工作年限、工作经验（从事过的岗位）、职称要求等；三是任职者所需的培训要求（应说明培训的内容、方式、时间等）。

（3）岗位劳动强度。

（4）岗位劳动环境。

3. 图书馆岗位评价指标体系

在劳动经济学中，岗位劳动评价的指标是千差万别的，但归纳起来，核心不外乎三个方面：劳动性质、劳动强度和劳动条件。根据图书馆专业技术岗位的特点，我们认为指标体系应分为三个方面：

（1）岗位劳动性质。它是指图书馆某一岗位工作所需专业知识、语言水平的熟练程度和复杂程度。在图书馆专业劳动过程中，这种程度的量化累积可以区分出质的不同。

（2）岗位劳动强度。它是指图书馆某一岗位劳动的紧张程度、繁重程度和劳动对象的复杂程度。从图书馆劳动本身来看，劳动强度不同，不仅劳动者的体力和脑力的消耗程度不同，而且劳动的愉快程度和岗位的流动程度也大不相同。

（3）岗位劳动条件。它是指图书馆某一岗位劳动中所依赖的劳动工具和劳动环境。随着图书馆现代化进程的不断加快，图书馆劳动手段将得到很大改善，技术装备的好坏和劳动环境的优劣同劳动强度有着密切的联系。在确定指标体系的过程中，要考虑各部分的比重关系，确定不同的权重，这是一个反复研究测算的过程。

4. 评价方法

评价指标体系确定以后，评价方法有很多种，可以选择其中的一种或几种。我们认为采取综合分析比较和量化计分相结合的办法比较好。这是因为图书馆岗位评价指标大部分是非量化指标，是大量工作实践的积累，因此，综合分析比较的方法，可以得出比较正确的结论。但是，评价的目的是要找出岗位间的异同，所以在分析比较的基础上通过统计计分的方法，最后得出结论。

具体做法是：先确定最高等级的最高分数，再将体系中各指标确定一定的分数值。选择熟悉图书馆各岗位工作的人员对所有岗位进行评分，最后按照分数多少划分自然等级，或者按照预先给定的分数标准，划分岗位等级。

比如，假设最高等级分数为1000分，各指标分数分别为：劳动性质150~500分；劳动强度90~300分；劳动条件60~200分。

将各岗位评分结果按顺序排列，即构成各岗位的自然等级。如果按照预先规定的各等级分数标准划分等级，则先确定各级的分数标准：

一级　860~1000分

二级　720~859分

三级　580~719分

四级　440~579分

五级　300~439分

例如：某岗位评定总分为595分，则岗位级别定为三级。

第三节　图书馆馆藏评价

一、馆藏评价的内涵与目的

馆藏评价（collection evaluation）也称藏书评估，就是对图书馆现有馆藏体系所具有的各个属性进行检测、评定，包括对馆藏数量、馆藏结构、馆藏本身的学术价值以及馆藏使用效果等各个指标进行综合分析与总体评价。

馆藏评价是图书馆馆藏发展工作的基本内容之一，也是馆藏发展中重要的一环。它的重要性不仅在于通过评价正确描述馆藏，并获得有关馆藏的范围、深度、可支撑教学和科学研究程度等可靠信息，而且能确认馆藏的强弱，把过去一个时间段里馆藏发展工作的情况反馈给图书馆员，为制定或修改馆藏发展政策以及开展馆藏补充、复审、滞书剔除等一系列工作起到直接或间接的指导作用。具体而言，通过馆藏评价，可以：

第一，了解馆藏发展是否符合图书馆的方针任务，对图书馆过去一个时期中的馆藏发展状况进行回顾与总结，了解图书馆是否能满足读者对文献信息的需求。

第二，提供客观、标准化的馆藏状况信息，帮助管理者做出正确的判断，确保馆藏文献资源得到有效的利用。

第三，向上级部门和读者显示图书馆的价值。

第四，作为向上级部门申请增加经费的依据。

二、馆藏评价的指导原则

馆藏评价应遵循下列原则：第一，根据图书馆的实际情况进行馆藏评价。评价的对象，可以是馆藏的一部分，也可以是全部馆藏。例如，可以单独对馆藏电子资源进行评价。第二，根据图书馆的不同需要，采用不同方法对馆藏进行评价。例如，可以从馆藏数量、馆藏质量、使用状况和使用成本等方面进行评价。第三，馆藏评价应有利于与图书馆主管部门、大众媒体和相关部门之间的交流，使他们了解馆藏发展和图书馆服务的情况。第四，以图书馆的发展规划和读者的知识信息需求为依据进行评价。第五，馆藏评价应有利于与其他图书馆的交流、协作，促进文献资源共建共享。

三、馆藏评价的范围

馆藏评价的范围是经过图书馆选择、加工和组织的各种类型文献，包括：①图书馆收藏的各种印刷型文献。②图书馆收藏的各种音像制品和缩微制品。③图书馆具有所有权的电子文献，如各类数据库的本地镜像、光盘等；图书馆自建的特色数据库、本馆印刷型文献的数字化制品。④图书馆购买了使用权的非本地镜像的电子文献，如全文电子期刊、电子图书、电子百科全书、文摘和题录数据库、事实数据库等。⑤经过图书馆整理加工的网上免费信息资源。

四、馆藏评价的程序

图书馆在实施馆藏评价工作时，一般应先成立图书馆馆藏评价委员会（小组），由图书馆馆长或分管馆藏发展工作的副馆长主持馆藏评价工作。该委员会（小组）的成员应由来自文献采访、典藏、参考咨询和流通等部门的、具备丰富专业知识和实践经验的图书馆员组成。

在馆藏评价前，应事先确定本次评价的目的和希望达到的目标，并据此选择合适的评价方式和馆藏评价的范围。如果馆藏评价中需要做抽样调查，应尽量保证调查样本的正确性和代表性。图书馆馆藏评价委员会（小组）应在有关信息的收集、分析与研究的基础上客观评价馆藏情况，撰写馆藏评价报告。馆藏评价报告应呈交图书馆理事会或图书馆工作委员会，并在一定范围内公布。

五、印刷型馆藏评价的方法

印刷型馆藏评价可分为三个方面，即数量评价、质量评价和使用状况评价。

馆藏数量是图书馆文献收藏规模的标志，也是文献收藏质量的依托和保障，因此，合理的馆藏数量是图书馆评价馆藏的标准之一。馆藏数量评价的数据比较容易统计，可以用来对本馆的不同时期馆藏增长进行纵向比较或与他馆进行横向比较，方便图书馆对馆藏的规模进行测量；其缺点是无法测量馆藏的质量和效用。

馆藏质量评价可采用书目对比分析法和馆藏结构分析法进行。书目对比分析法是将本馆的馆藏与一些标准书目、核心书目或权威性机构制定的馆藏目录进行比较，检查本馆的馆藏文献在品种、数量、语种以及某些重要著作收藏方面有何不足，从而评价馆藏的质量。馆藏结构分析法是依据图书馆馆藏发展政策，对本馆馆藏的学科、收藏等级和文献语言结构等进行定性分析。

馆藏使用状况评价是对读者利用馆藏资料的记录进行统计分析，掌握馆藏的实际使用情况，以此来确认馆藏的强弱之处、馆藏对读者的适用程度，并据以修正馆藏发展的政策，从而使图书馆馆藏更能符合读者的需求，真正能做到藏有所用。常见的馆藏使用状况分析法包括流通记录分析法、阅览记录分析法、引文分析法以及用户评价法四种。

音像资料和缩微资料的评价方法与印刷型馆藏相同，可与印刷型馆藏评价一起进行，也可单独进行。

六、电子型馆藏评价的方法

电子型馆藏的评价在许多方面与印刷型馆藏的评价方法相同或相似，如文献计量方法、馆藏结构分析、引文分析和读者调查法等。但电子型馆藏也具有一些与印刷型馆藏不同的特点，有时必须采用专门针对电子型馆藏的评价方法。

1. 电子型馆藏基本情况评价

电子馆藏基本情况评价是图书馆在购买电子文献所有权或使用权之前，对电子文献的品种、结构及其本身学术价值等属性进行检测、评定，得出电子文献基本情况的综合评价。

电子馆藏基本情况评价可以分为七个一级指标，即电子馆藏的内容、检索系统及功能、访问性能、供应商服务、试用情况、价格因素和存档。每个一级指标下又可分为若干个二级指标，图书馆可根据每个指标的重要程度和评价目的，自行确定权重系数。

2. 电子馆藏绩效评价

电子馆藏绩效评价主要是对电子馆藏使用情况及其对读者产生的效用进行测度，即投入与产出之间效益的评估。它是对图书馆先前订购电子文献计划和决策的重新审核。通过电子馆藏绩效评价，评判先前电子馆藏发展政策的得失，修正电子馆藏发展政策，为以后的管理与决策提供科学依据。

电子馆藏的绩效评价需要多种方法相互验证，才能得出客观的结论。常用的方法有浏览/下载文献数量统计、单次使用成本统计、目标读者使用情况分析、引文分析与读者评价、图书馆员评价等。在进行绩效评价时，必须充分考虑以下几个因素的影响：①读者利用电子馆藏的条件，如上网设备、网络资费等。②图书馆的数据存储设备、网络条件，如存储设备的容量与运行速度、局域网与外部网的接口带宽等。③电子馆藏宣传和使用培训。

第四节　图书馆服务评价

一、图书馆服务评价的由来

所谓服务，人们有不同的看法。芬兰服务质量管理专家克里斯蒂·格鲁诺斯认为："服务一般是以无形的方式，在顾客与服务员工、有形产品或服务系统之间发生的，可以解决顾客问题的一种或一系列行为。"图书馆服务是图书馆运用图书馆资源满足读者对文献信息需求的行为和过程。

图书馆是由多种要素组成的一个系统，它也是社会系统的一个子系统，与社会的其他子系统发生千丝万缕的联系，因而是错综复杂的。再加上图书馆所提供的服务大部分是无形的，要对图书馆的服务做出真正准确的评价是困难的。人们对这个问题进行了长期探索。

20 世纪 70 年代中期以来，西方学者对顾客满意程度作为评价服务质量的标准进行了大量研究，提出一些理论模型。最有代表性的是美国学者奥立弗提出的"期望—实绩模型"和韦斯卜洛克与雷利提出的"需要满意程度模型"。这些模型引起了图书馆界的注意。根据"期望—实绩模型"理论，读者都带着一定的期望来到图书馆，接受图书馆服务后，会根据自己的期望，评估服务的绩效。如果绩效低于期望，读者就会不满意；如果符合期望，就会满意；如果超过期望，就会很满意。根据"需要满足程度模型"理论，图书馆服务越能满足读者需要，读者就越满意；否则，就不满意。总之，二者都是以满足读者需求为目标。

长期以来，我国图书馆界比较重视文献的收集、加工和储存，对图书馆服务的研究比较薄弱。直到20世纪90年代，在各类型的图书馆评估标准中，其重点仍然是办馆条件，服务的内容有所涉及，但并没有把满足读者需求作为评估的重点，在评估的过程中读者基本被排除在外。庄子逸在20世纪80年代曾撰文指出：图书馆作为一个服务系统，如果没有读者的评价，就是一种片面的评价。读者对图书馆满意与否的评价，对于评定图书馆服务质量的优劣具有很重要的价值，其他评价难以取代。

用是否满足读者的需求，即读者是否满意作为检验图书馆服务的重要标准，无疑是正确的，这是图书馆的性质和职能所决定的。图书馆的主要职能不是本身创造知识，也不是自身利用知识，其根本任务是把知识与社会的需求联系起来，起到知识交流的中介作用，成为社会知识生产和社会知识利用的桥梁。把知识与社会需求结合起来，是图书馆学基本的哲学思想，“为书找人，为人找书”是图书馆职业最简明的表述。人们常说，领导对图书馆不重视，社会对图书馆不理解，这是问题的一面；另一面是，图书馆对社会做了些什么，读者是否满意？读者满意了，图书馆的目的就达到了。只有用良好的服务才能造成社会对图书馆的依赖，从社会的依赖引起社会的重视，从社会的重视促进事业的发展。

二、图书馆服务评价的标准

图书馆服务评价是指在一定的价值观指导下，用一定的技术和方法收集图书馆整个服务系统或某种服务形式、某种服务产品的信息，并依据所获得的这些信息，对服务过程和效果做出客观的衡量和价值判断的活动。

由于图书馆提供的大部分服务是无形的，涉及的因素是复杂的，服务的效果有些是直接的，有些是间接的，有些是明显的，有些是潜在的，因此，评价图书馆服务的标准应该有多种，既有定性分析，又有定量分析。如果以满足读者需求为宗旨，则主要包括以下四个方面：

1. 读者满意度

读者的评价是检验图书馆服务水平的重要标准。其内容有：

（1）环境。图书馆环境清洁、整齐、安静、舒适。

（2）人员。图书馆工作人员热情、认真、主动，有专业能力。

（3）设备。图书馆设施先进、齐全，能满足功能需要。

（4）文献。图书馆文献资源符合该馆的性质与目标，数量多，质量好，有特色。

可分为很满意、满意、一般、不满意、很不满意5个等级。可以发放读者调查表，让读者对图书馆的服务做出评价。

2. 吸引读者率

此处所说“读者”，既包括来到图书馆的读者，也包括吸引利用本馆网上资源的用户。吸引读者率是指在一定时期内，图书馆实际服务的人数除以应该服务的人数的比率。可根据图书馆不同的性质和规模、历史和现实条件，分为优秀、合格、不合格几个等级，评定图书馆吸引读者的状况。

3. 文献利用率

(1) 流通率。一般情况下，每种图书流通的次数越多，其使用价值就越大。这里所说的“书”，不仅指纸质文献，也包括电子文献，还包括网上资源。文献流通率，是在一定时间内读者实际使用的文献数除以馆藏文献总数的比率。应根据图书馆的不同性质和规模，以及历史和现实条件，确定优秀、合格、不合格的等级。

(2) 主动性。图书馆不仅被动地满足到馆读者借阅需要，还要主动地“为人找书，为书找人”，提高文献利用率。图书馆要做好宣传工作，做好参考咨询工作，满意地答复读者提出的问题。应该根据每个服务项目的性质和难易程度给予不同的评估级别，例如，难度大为优秀，难度较大为良好，难度一般为合格。

(3) 速度。图书馆不仅向读者提供文献，而且要使读者尽可能快地得到所需要的文献，这就要求提高工作效率。应根据不同类型和规模以及服务项目的难易程度，确定一定期限的评估标准。

4. 主观努力度

由于各种因素，各图书馆所处的环境和具备的条件是不相同的。一般情况下，条件好的，取得的成果就大。但在相同条件下，有的工作搞得好，有的搞得不好，甚至条件不好的比条件好的工作搞得还好，这与发挥主观能动性有很大的关系。因此，评价努力程度是必要的。可以分为3个等级：

优秀：充分发挥主观能动性，克服了职责范围内难以克服的困难，超额完成任务。

合格：发挥主观能动性，通过努力按时完成任务。

不合格：没有发挥主观能动性，努力不够，工作没有起色，没有完成任务。

在对一个图书馆的服务进行综合评价时，应是读者满意度、吸引读者率、文献利用率、主观努力度4个因素的综合值，但这4个因素又不是等值的，应有一定的比重权数。一般情况下，读者满意度、吸引读者率、文献利用率、主观努力度之间的比重权数可为5：2：2：1。因图书馆的层次、规模、条件等不同，比重权数也可调整，如6：1：2：1或7：1：1：1。

三、图书馆服务评价中的职责分配

制定服务评价标准的目的是为了进行评价，但评价只是手段，不是目的，根本目的在于提高服务水平和质量，更好地满足读者的需求。评价的过程实质上是一个实行服务质量管理、提高服务质量的过程。在这一过程中，处于不同位置的部门和人员，有着不同的职责。

1. 行政主管部门

图书馆的行政主管部门是图书馆服务质量管理的领导者和监督者。它的职责是：制定标准、监督执行标准和组织评估。作为行政主管部门，应根据本系统图书馆的方针任务，组织有关人员制定本系统不同层次图书馆服务标准，了解并监督下属图书馆执行标准，并采取一定的方式和步骤进行评估。要给下属图书馆创造一个执行标准的良好环境，并给予必要的条件保证。

2. 图书馆管理者

图书馆馆长是执行标准的主要责任人。他的职责是内求团结，外求支持，保证目标的实现。他要与其他管理人员一道，认真学习和把握标准的精神与要求，分析本馆的状况，了解读者的需求，在全体员工进行讨论的基础上，确定全馆目标和任务，然后层层分解，落实执行。在执行过程中充分发挥图书馆员的积极性，并根据需要进行员工培训，及时了解执行情况，必要时进行适当调整。为了保证目标的实现，还要积极寻求外部有关部门和人员的支持与合作。

3. 图书馆员

图书馆员是服务的主体，是提高服务质量的实践者。其职责是树立服务质量意识，愿意并有能力按照标准为读者提供服务。特别是直接接触读者的第一线工作人员，要有自己是代表图书馆的形象意识，积极主动与读者交流，让读者得到方便、准确、高效的服务。其他人员也要树立质量意识。一些问题虽然是在第一线暴露出来的，但实际上是内部造成的。如果资源短缺、藏书结构不合理、管理混乱，第一线人员再多的微笑也解决不了问题。只有全馆共同努力，才能保证目标实现。

4. 读者

读者是服务质量的最终裁判，他们的职责是对图书馆的服务质量进行客观、公正的评价。

第五节　图书馆效益评价

一、图书馆效益的含义及特点

1. 图书馆效益的含义

所谓效益，是指一定的人类劳动与其所带来的收益（有益效果）相比较所得的结果。它有两种类型：经济效益与社会效益。经济效益是指一定的投入与其所带来的收入之间相比较得出的结果；社会效益是指某种社会活动所产生的有益于社会进步的效果。图书馆效益也是如此。

图书馆以收集、加工整理、传递和利用人类文化知识财富，向读者提供有用的文献信息为基本职能服务于社会，而社会总是要求高效地开发和利用图书馆所拥有的文献信息资源，以提高其经济和社会效益。所谓图书馆的效益，就是图书馆功能的反馈，也就是说，图书馆效益是图书馆各项工作所产生的社会、经济影响。

2. 图书馆效益的特点

（1）非盈利性。同其他机构服务相比较，图书馆具有明显的非盈利性。图书馆活动的目的是不断地满足读者日益增长的文献信息需求，是以收集、整理、传播、研究、开发文献信息服务于读者的公益性机构，而不是以取得经济利润为主要目的。它肩负传播、普及和提高人类科学文化知识以及促进社会发展的重大使命，即使当今图书馆开始越来越多地执行知识信息的生产职能，其生产目的也绝不是为了取得经济利润，而是体现了当今图书馆服务方式及手段向多功能型发展的趋势。

（2）外部性。外部性是指当一个行为主体的行动直接影响另一个或另一些行为主体的福祉（即快乐的程度）时，我们就说前者的行动对后者具有外部性。众所周知，图书馆的一切输入都是为了输出知识信息，也就是让读者利用图书馆。这一过程从表面上看来只涉及读者和图书馆双方，但其影响范围已远远超出了这两个方面。由于图书馆使读者获得了新知识和精神上的充实，在某种程度上改善了他们的思维和思想，使他们的行为能够为社会服务；与此同时，他们良好的精神面貌也会间接地影响他人的思想和行为，使得整个社会的道德风气和精神面貌也向更好的方向发展，因而受益者不仅仅是读者，而是全社会都在从中受益，因此，图书馆的效益具有明显的外部性。

（3）潜在性。图书馆提供文献信息服务，一般不直接生产可见产品，其作用主要是以潜移默化、知识积累的方式，借助人脑功能存储起来，在读者身上不定期地、随机而又长期地表现出来。也就是说，读者在图书馆文献服务中的获益，一般都要经过从潜在到显在的转化过程，而且这种转化过程的时间长短，在读者身上的表现是千差万别的。所以，图书馆效益中的“读者受益程度”，很难用确定无疑的定量形式反映出来，这种不确定性就是由图书馆效益在自身表现方式上具有潜在性这一特点决定的。

（4）制约性。图书馆的效益是由一定的投入、活动主体、管理制度及其环境等因素相互作用的结果，其中任何一个因素不相适应或缺少都会降低图书馆效益。例如，投入结构的不尽合理会导致效益的不理想，现行管理制度的缺陷也会加剧图书馆效益的降低，馆员素质及读者素质的不相匹配同样也会导致图书馆服务效益低下和成本上升。所以在评价图书馆效益时，要充分考虑各种因素所带来的不同影响和连带影响。

（5）模糊性。由于图书馆的知识信息服务给读者带来的综合素质的提升、精神文化水平的提高以及对社会的影响是不容易用量化指标来衡量和预测的，因此，图书馆的效益是一个近似值或模糊值，很难进行定量的计算。

二、图书馆效益评价的指标体系

1. 确定图书馆效益评价指标的原则

（1）总体性原则。确定图书馆效益时，必须以图书馆工作的最终效益为准，而不能以图书馆某个部门或几个部门的效益为准。如分编工作的效益并不等于图书馆的工作效益。

（2）有效有益性。效益与效果是有区别的，简单地说，效果是一定的投入产生的结果，效益则是一定的投入而产生的结果中有利于社会发展进步的那部分结果。据此，图书馆的效益，即有效有益的结果，不包括那些虽耗费了图书馆的人力、财力、物力，而未能满足社会需要的部分。

2. 指标体系的构建

图书馆效益指标主要分为社会效益和经济效益。社会效益又体现在社会意义、用户满意程度、情报的完整性、信息及时性和科学教育性等方面。经济效益可分为直接经济效益和潜在经济效益，直接经济效益又可分为宏观经济效益——文献信息对社会产生的经济效益；微观经济效益——文献信息对某个用户所产生的经济效益（参见图 8-1）。

- 图书馆效益
  - 社会效益
    - 社会意义
    - 用户满意程度
    - 情报完整性
    - 信息及时性
    - 科学教育性
  - 经济效益
    - 直接经济效益
      - 宏观经济效益
      - 微观经济效益
    - 潜在经济效益

图 8-1　图书馆效益指标示意图

三、我国图书馆效益评价的方法

目前，国内评价图书馆效益的方法很多，既有定性方法，又有定量方法，还有定性定量相结合的方法，目前的趋势是向定性定量相结合的方向发展。所谓定性与定量相结合的方法，就是将定性的对象通过比较加以量化，再运用适当的数学方法，处理成有说服力的评价值，最后通过得到的评价值对图书馆所起作用的大小及符合需求的程度进行优劣评定。此外，除传统的评价方法外，还有一些引进的新的科学技术方法，同时渗透一些其他学科的方法。

1. 流通率法

图书馆效益的优劣，应以它的社会效益为准，图书馆的社会效益宜分为收藏、流通、服务三大项（收藏只是具备条件的专门馆的任务，对绝大多数馆的社会效益来说，收藏可以忽略不计）。

图书馆的社会效益主要是用流通和服务来衡量的，具体是指“社会利用率”和“社会满足率”两项指标。

社会利用率是指每年流通了多少文献，其计算公式为：

$$年利用率=\frac{实际提供利用文献数量}{文献收藏量}\times100\%$$

其中，流通不仅限于外借这一传统模式，无论用何种模式，只要实现了信息的流通，都是流通。统计出各种模式的流通量，然后以外借一册为折算单位，将各模式的年流通量都折算到同一单位上去，各模式的年流通量分别乘以折算系数以后，汇总成全馆的“实际提供利用文献数量”。

社会满足率是指每年吸引了多少读者。其计算公式为：

$$年满足率=\frac{满足读者需求的文献数量}{读者实际需求量}\times100\%$$

2. 时间—效果评价法

图书馆时间效益是图书馆社会效益的一项重要指标。图书馆时间效益是指用户在图书馆文献服务中所获得的时间收益与图书馆所投入的服务时间相比较而得的结果。这里的时间收益是指用户由于得到了图书馆的文献服务而节省的那部分时间。其公式为：

$$时间效益（Pt）=\frac{用户获得的时间收益}{图书馆所投入的服务时间}$$

在衡量图书馆时间效益时，应注意“社会图书馆系统文献服务的社会必要服务时间”，其定义是在社会图书馆系统平均服务强度和服务条件下，提供一定的有效文献服务所需要的平均服务时间。在一定时期内，如果某个图书馆提供的一定的文献服务时间越少于社会必要服务时间，其图书馆的时间效益就越高。

3. 图书馆费用—效果—效益系统评价法

费用、效果、效益是衡量图书馆服务好坏的主要方面，无论是图书馆宏观领域还是微观领域中的活动，三者都贯穿其始终，形成一个灵活运行的系统。

图书馆的费用，就是成本或投入资源；图书馆的效果是指生产过程中的劳动与产出的产品量之间的关系，即效果=产出产品量/投入劳动量；图书馆费用——效果是指性能水平（效果）与达到这一水平所耗费用之间的比例关系，通常，花费最少的方法也就是费用——效果最好的方法。费用——效益表示产品或服务的效益与提供产品或服务所用代价之间的比例关系。

4. 综合指标评价法

图书资料的“标准利用率A”是衡量图书馆功能的一个综合指标。它定义为：

$$A=\frac{M^{-l}+N}{2},$$

其中，M 表示本年拒借率；N 表示相对利用率，且

$$N=\frac{P}{P+Q+R+S}.$$

这里，P 表示本年实际利用率，且 $P=\frac{1}{12}P_1+\frac{2}{12}P_2+\frac{3}{12}P_3+\cdots+\frac{12}{12}P_{12}$。

其中，P_i（$i=1$，2，…，12）表示本年内借阅时间共计为 i 个月以内各种书的总册数；Q 表示本年无利用率，且 $Q=11/12P_1+10/12P_2+\cdots+1/12P_{11}$；$R$ 表示本年内没借过的书的数量；S 表示由于毁坏、报废等原因不能借阅的书的总册数。由此可知：

$$A=\frac{1}{2}\left[\frac{1}{M}+\frac{\sum\limits_{i=1}^{12}\frac{1}{12}P_i}{P+\sum\limits_{i=1}^{12}\frac{12-i}{12}P_i+R+S}\right]$$

5. 价值工程法

价值工程的基本公式为 $V=F/C$。

V 表示一个产品或一个系统的价值；F 表示产品或系统的功能；C 表示产品或系统的成本。我们可以运用这个基本公式计算图书馆效益。图书馆的职能是满足读者对文献信息资料及有关的各种需求。由此可知，应把对读者提供文献信息和与文献信息有关的各种服务作为图书馆的主要功能（F），可以用一段时间内接待读者的人次来表示，如年接待读者人次。图书馆的服务是多种多样的，应将所有的服务，如到馆借书阅览的读者、来馆参观者、来馆实习的学生、来馆复印资料者、来馆咨询者以及由图书馆主动提供的定题服务、特别服务等都计算在内。为了把极不相同的服务转化为统一的工作

量，可以以其中的一项服务为标准，折算其他各项服务，亦可对不同的服务采取不同的权数，用加权的统计方法来计算。成本（C）应为整个图书馆在一段时间内的投入总和。有两种计算方法，一种以年经费表示，另一种以年经费加上现有人力、馆舍、设备的折算值。第一种方法计算起来比较简便。从而可得图书馆的社会效益（或价值）公式为：

$$V\text{（图书馆的社会效益）}=\frac{F\text{（年接待读者人次）}}{C\text{（年度总经费）}},$$

这样可以得出一定的投入所产生的效益。

图书馆一切活动的目的在于提高 V 值。从公式中可以看出，要提高 V 值有三种途径：第一，减少投入，增大功能；第二，投入不变，增大功能；第三，功能不变，减少投入。目前我国图书馆的投入基本上是由上级给定，是定数。因此，提高 V 值的最佳方案为第二种。

6. 其他学科在图书馆的应用而产生的方法

随着科学的发展，各学科不断交叉渗透，产生新的学科、新的方法。图书馆学研究也引进了其他学科理论，从而产生了许多新的研究方法，如层次分析法、“方面论”评价法、模糊数学方法等。其中，层次分析法是系统工程中常用的一种方法，它把复杂问题中的各种因素划分为相互联系的若干层次，通过经验判断或数学计算确定每一层次全部因素相对重要性的权值，以此排序来达到解决问题的目的。利用这种方法可以对馆际或馆内子系统的效益进行比较和评价。“方面论”是一种关于统计方法的新观点，它的特点就是既要对各个方面效益指标的实现状态分别进行评价，还要选用各个方面效益的主要指标来组成综合考核指标体系对整体进行全面评价，做到“面面俱到”。这些新的方法为图书馆经济效益的研究注入了新鲜血液，使图书馆经济效益的研究进入了一个新阶段。

效益是图书馆的生命，图书馆的发展离不开管理，评价是管理工作的重要环节，是改进管理、优化决策的重要手段。图书馆效益的正确评价能对图书馆工作起指导作用，能使图书馆得到深入发展。

参考文献

[1] 陈久仁．试论图书馆评价［J］．黑龙江图书馆，1989（2）.
[2] 王孝龙，李东来．图书馆评估理论、实践及其反思［J］．图书馆学通讯，1990

(2).
[3] 胡越. 图书馆岗位评价 [J]. 大学图书馆学报, 1999 (3).
[4] 金更达. 图书馆服务质量评价实现探讨 [J]. 大学图书馆学报, 2002 (3).
[5] 谭祥金. 图书馆服务评价标准初探 [J]. 中国图书馆学报, 2001 (1).
[6] 夏军. 简述国内图书馆效益评价的理论与方法 [J]. 图书馆工作与研究, 1995 (4).
[7] 侯丽京. 图书馆效益及其评价方法 [J]. 中南民族学院学报: 自然科学版, 1998 (4).
[8] 戴龙基. 文献资源发展政策研究 [M]. 北京: 北京大学出版社, 2007.
[9] 索传军. 数字馆藏评价与绩效分析 [M]. 北京: 北京图书馆出版社, 2007.
[10] 鲁黎明. 图书馆服务理论与实践 [M]. 北京: 北京图书馆出版社, 2005.
[11] 金婷. 基于 DEA 模型的图书馆效益评价研究 [D]. 成都理工大学硕士学位论文, 2009.

制度与方法篇

第九章 图书馆伦理

第一节 图书馆伦理的概念

一、伦理的含义

在中国，“伦”、“理”二字早在公元前8世纪前后的《尚书》、《诗经》、《易经》等著作中已分别出现。“伦”有类、辈分、顺序、秩序等含义，可以被引申为不同辈分之间应有的关系。“理”则具有治玉、分别、条理、道理、治理等意义。公元前4世纪的孟轲在《孟子》一书中说，远古之时，人们“逸居而无教”，近于禽兽，他很担心这种状况，于是“使契为司徒，教以人伦”。孟子所说的“人伦”，就是指“父子有亲、君臣有义、夫妇有别、长幼有序、朋友有信”。他认为，父子、君臣、夫妇、长幼和朋友之间的亲、义、别、序、信是最重要的五种人伦关系或道德关系。伦、理二字合用，最早见于秦汉之际成书的《礼记》：“凡音者，生于人心者也；乐者，通伦理者也”。大约西汉初年，人们开始广泛使用“伦理”一词，以概括人与人之间的道德原则和规范。

一些权威工具书对伦理作了解释。《现代汉语词典》（第5版）① 认为：伦理是“指人与人相处的各种道德准则”。《辞海》② 认为，伦理是“处理人们相互关系所应遵循的道理和准则”，“现通常作为‘道德’的同义词使

---

① 中国社会科学院语言研究所词典编辑室．现代汉语词典［M］．第5版．北京：商务印书馆，2005：896.

② 辞海编辑委员会．辞海［M］．1999年版彩图缩印本．上海：上海辞书出版社，2001：1374.

用”。《朗文当代英语辞典（英语版）》① 将 ethics 解释为“moral rules or principles of behavior for deciding what is right and wrong”。《牛津高阶英汉双解词典》（第 6 版）② 将 ethics 解释为“moral principles that control or influence a person's behaviour（道德准则；伦理标准）”。从上述定义不难看出，伦理与道德没有实质性的区别。

事实上，许多学者也持同样的见解。陈宝庭和刘金华指出：“无论在中国还是在西方，人们通常把‘伦理’、‘道德’当作同义词来使用，因为两者具有大体相同的意义，甚至是‘伦理道德’并称。”王伟认为：“在一般的意义上，伦理与道德常常通用，甚至‘伦理道德’有时连在一起变成了一个概念。”本书赞同上述看法，在行文中对伦理与道德不作严格区分。

二、图书馆伦理的概念与特点

所谓图书馆伦理，是指图书馆员在图书馆活动的全过程中处理图书馆内外部利益关系的善恶价值取向，以及在行为上应遵循的伦理原则和道德规范的总和。

图书馆伦理属于一种特殊的职业伦理。它具有下述特点：

1. 适用范围的特殊性

图书馆伦理作为一定职业范围内道德调整的特殊方式，只适用于从事图书馆工作的人。由于社会上各行各业都有自己的特定职业责任和工作对象，因此，对从事各种职业活动的人，往往有不同的职业道德要求。一般来说，每种职业道德只能约束从事本职业的人，对于不属于本职业的人，或者本职业人员在职业以外的行为，往往起不到调节和约束的作用。图书馆伦理也是如此，它只能规范图书馆工作者的从业行为，对其他行业的职员以及图书馆工作者在本职工作以外的行为不具约束力。

2. 内容的稳定性

图书馆伦理的具体规范和具体义务不是人们主观愿望的产物，而是社会

---

① 朗文出版公司．朗文当代英语辞典［M］．北京：外语教学与研究出版社，1997：466.

② （英）霍恩比著．牛津高阶英汉双解词典［M］．第 6 版．石孝殊，等译．北京：商务印书馆，2004：580.

分工和劳动分工的结果。图书馆伦理总是与各种图书馆活动及其职业要求相结合，具有较强的职业性，所以往往能形成比较稳定的职业习惯和职业心理。比如，保护每一个图书馆用户与信息查找、接收、咨询、外借、传递有关的隐私权，是图书馆员应尽的义务，这一伦理要求通行于世界各国图书馆界。

3. 内容的继承性

图书馆伦理内容的继承性是指图书馆界对古今中外优良职业道德传统的直接继承，并在图书馆行业内部世代相袭。马克思恩格斯曾经指出："一切划时代的体系的真正的内容都是由于产生这些体系的那个时期的需要而形成起来的。所有这些体系都是以本国过去的整个发展为基础的，是以阶级关系的历史形式及其政治的、道德的、哲学的以及其他的成果为基础的。"① 毛泽东也曾指出："我们信奉马克思主义是正确的思想方法，这并不意味着我们忽视中国文化遗产和非马克思主义的外国思想的价值。"② 这就说明，任何一种思想体系和社会意识都是以古今中外的成果为基础，作为由以产生、形成的前提。图书馆伦理也不例外。

图书馆伦理的可承接资源主要包括四个方面：①图书馆职业道德中的一些优良传统和图书馆界一些先进人物身上所体现出来的优良职业品质；②世界各国或地区图书馆协会所颁行的伦理准则；③中国传统文化和传统道德所提供的一些进步的规范和德目，如忠勇、中和、忠恕、廉耻、勤俭、自强不息、谦敬、节制、牺牲精神等；④与信息的生产、储存、整序和传递密切相关的行业所奉行的职业道德规范，如规范科研人员、教师、新闻工作者、档案管理员、编辑等从业者的伦理规范就具有显著的借鉴意义和参考价值，这是因为图书馆具有中介性、社会性、科学性、教育性和服务性等属性，上述几类从业者的工作性质与图书馆员的工作性质在一定程度上具有交叉性、渗透性或相似性。当然，图书馆伦理对上述伦理资源的继承并不是全盘接受，而是根据图书馆实践活动的需要对它们进行裁剪、嫁接或改造，从而锻造出真正富有图书馆特色的伦理。

---

① 马克思恩格斯全集（第3卷）[M]．北京：人民出版社，1960：544.

② 毛泽东文集（第3卷）[M]．北京：人民出版社，1996：191.

4. 职业义务责任和形象的鲜明性

图书馆伦理与一般社会或阶级伦理相比，其着重反映和表达图书馆行业的特殊利益和要求，明显体现图书馆行业特殊的职业责任和职业义务，以及职业行为上的特殊道德准则。从图书馆伦理形成和发展的历史过程来看，图书馆伦理并不是在一般意义的社会实践的基础上形成的，而是在特定的图书馆实践基础上形成的，因而它往往表现为图书馆行业特有的道德习惯和道德传统，表现为从事图书馆行业的人们所特有的道德心理和道德品质，形成特定的道德风貌和职业形象。从理论上讲，一个阅历较深的人，只要通过观察他人的言谈举止，便可大致判断出其是否从事图书馆职业或曾经从事过图书馆职业。

第二节　图书馆伦理的内容

图书馆活动的范围比较广泛，图书馆活动涉及的重叠交叉的利益关系比较复杂，图书馆活动中有多层次的管理工作和业务工作，这些都客观地要求图书馆伦理规范必然也是复杂的、多层面的。

一、图书馆管理者与领导者关系中的伦理准则

1. 图书馆管理者与领导者关系的基本特征

图书馆管理者与领导者之间的关系包含三个基本特征：第一，两者是一个共生体。管理者与领导者是图书馆中的两种重要角色，都具有一定的人员和事务的责任覆盖面，两种角色共生于一个图书馆系统中，相辅相成完成共同的工作目标，两种角色的功能作用有许多相似之处。相对而言，管理者一般处于图书馆中层，多指各部门主任，他们具有自己的管理覆盖面，其主要职能是根据上级领导者的指示精神和决策来协调自己所辖范围的工作事务，制订有关的工作实施计划。而领导者一般处于图书馆的高层（或相对管理者而言的较高层），多指馆长、副馆长或馆长助理，他们具有比管理者更宽的管理覆盖面，其主要职能侧重于决定整个图书馆的发展方向，决策重大问题，拟定较为长远的宏观规划，指导、协调和检查管理者的工作情况。管理者与领导者的角色是相对的，是一个角色的共生体，即不仅两者是图书馆内必不可少、共生共济、相辅相成的两种角色，而且这两种角色往往共生于一个人身上。在一定范围内，他是领导者；在另一范围内，他成了管理者。第

二，两者是一个利益共同体。这表现在两者的组织目标是一致的，两者的个人切身利益是休戚相关的、荣辱与共的。第三，两者是冲突共协体。两者必须同舟共济，同时又各有自己的利益归属，有自己的责任负荷。两者就在冲突矛盾的解决协调中完成各自的使命和任务。

2. 部门主任与馆长（含副馆长或馆长助理，下文统称馆长）相处时应遵循的伦理准则

第一，重视与馆长保持和发展和谐友好的关系，但必须以搞好工作为出发点。这是一个非常重要的管理道德问题。其管理道德的体现是动机的指向，应该是从真诚、纯正、高尚的动机出发保持和发展和谐友好的关系。

第二，尊重馆长但必须有效影响馆长，对馆长负责。一是工作任务的完成，二是对馆长缺点、失误的提醒和纠正。当然要注意时间、场合、方法并注意对馆长的尊重和威信的维护。

第三，既要立足本部门充分争取馆长提供更多的支持，又要纵观全局，理解馆长的困难，必要时以高尚的风格牺牲本部门利益以保全图书馆总体利益。

第四，敢于负责任，积极取得馆长的指导和理解。

第五，在馆领导之间存在和出现矛盾冲突时，应当遵循管理规则而不感情用事，更不能乘机谋利。

3. 馆长（含副馆长或馆长助理）与部门主任相处时应遵循的伦理准则

第一，以身作则，严于律己，使图书馆规章制度对自己和对下级同等有效。

第二，诚恳、平等地对待部门主任，密切联系部属，不以权势压人，不以领导者自居，虚心听取下级的批评意见。

第三，既要及时果断地决策，又要提高决策的民主化和透明度，以保证决策的科学性。这是图书馆馆长必须遵循的一条通则和基本的管理道德要求。它既是衡量一个馆长能力的重要指标，又是调动部属积极性、保证图书馆社会效益和经济效益实现的主要措施，同时也是重视人的价值、克服官僚武断作风的管理道德要求的最好体现。

第四，正确处理功誉分配，重视部门主任在成绩取得过程中的作用。这个问题的处理是否得当，影响甚大。作为馆长必须时刻牢记成绩的取得来自上上下下的共同努力，没有部门主任的共同贯彻执行，再好的决策意图也是纸上谈兵。馆长应当让部门主任共同分享成果和荣誉。只有这样，才能持续、长久地调动部门主任的积极性。

第五，以高尚的动机对部门主任进行感情投资，以健康的方式对部门主任实施行为激励，提高图书馆管理群体的内聚力，调动部门主任的工作积极性。

第六，正确处理成功促进的问题，将部门主任的成功与发展视作一种领导成就。当部门主任有很好的发展前途（或趋势）时，应予以积极支持、帮助和鼓励，而不应当有武大郎的心态，害怕其超过自己，采取压制、排挤的做法。对部门主任的成功是扶助还是抑制，是衡量馆长是否具有高尚的管理道德的试金石。

二、图书馆管理者与被管理者关系中的道德要求

图书馆管理者与被管理者之间的关系，一般是指图书馆各部门主任与其下属馆员之间的关系。

1. 图书馆部门主任与馆员相处时应遵循的伦理准则

一是信任。心理学研究表明，人类普遍具有获得信任的心理需要。信任是一种最高的奖赏，它会使人感到心情舒畅，也是人与人之间建立情感联系的基础。威廉·大内认为，Z 理论的第一课就是信任。若部门主任善于运用信任这一情感因素的激励作用，就能激发馆员确立进取、有所作为的精神状态，使他们产生高度负责和自我控制的责任心理，在强大的心理驱动力作用下，产生蓬勃向上的工作热情。在一个图书馆中，馆员的信任感可以由部门主任通过自己积极的行为表现出来。当布置任务给馆员的时候，要充分信任其能力；当馆员的言行正确而有意义时，要给予关注和采纳；当馆员言行不太合适或犯错的时候，不是对他们进行惩罚，而是给予善意的批评和提供改正错误的机会与发展个人特性的机会。部门主任的这类行为是形成图书馆内部信任关系的基石。馆员置身于信任关系之中，具有思想的自由、发展的自由，通常对图书馆就会有实质性贡献。这种信任感是一种强大的情感力量，是人性价值的一种重要体现。

二是尊重。尊重馆员，即对馆员的价值、才能予以充分肯定。任何人都有自尊心，都希望得到别人的尊重和理解，在组织中，当然会希望自己的才能得到管理者和同事的肯定，工作成绩得到组织的确认。尊重需要的满足，可以使人产生积极的情感和亢奋的力量。心理学研究表明，一个具有很强的自尊心的人，就会对工作具有强烈的责任感。所以部门主任若能尊重馆员的价值和主体地位，尊重馆员的感情、兴趣、爱好及其劳动成果等，就必然能

够赢得馆员的大力支持。遵循尊重原则，是管理者与被管理者之间情感相通、建立亲近感、缩短心理距离的关键。成功的管理者都意识到了这一点。玛丽·凯·阿什在谈到自己的管理经验时说：“每当我看见某个人，我就要想象对方身上带着一个看不见的信号：让我感到自己重要！我立刻回应这个信号，结果每次都有意想不到的效果。”国际商用机器公司的哲学信条中最重要的一条就是“我们尊重个人”。尽管这些经验之谈来自企业管理界，但它们对图书馆管理活动仍不乏借鉴意义。

三是关心。只有关心，才能培养管理者与被管理者之间的亲近感。关心就是重视和爱护，就是将人或事常放在心上。人总是为实现自己的需求而行动，并且是在为集体作贡献的过程中满足自己的需求的。关心人就是要了解人的需求，并帮助人们满足自己的需求。图书馆部门主任如果关心馆员，热爱馆员，馆员就会关心、热爱自己的组织——图书馆，就会产生归属感，就会心情舒畅地投入工作，提高工作效率。

2. 馆员与部门主任相处时应遵循的伦理准则

第一，忠于职守，钻研技术。忠于职守是馆员热爱本职、热心工作的先决条件，也是其职业道德的首要要求。只有热爱本职，忠于职守，才能勤奋工作，钻研技术，推动图书馆的发展。

第二，勤恳劳动，高度负责。馆员有了勤恳劳动、高度负责的工作态度，就能自觉提高劳动质量，不会出现出工不出力、消极怠工、比低不比高的懒散的劳动作风；就能做到能者多劳，有一分热，发一分光，提高劳动效率，为图书馆的发展作出更大的贡献。

第三，按劳取酬，讲究奉献。按劳取酬是社会主义时期的分配原则。劳动量的多少是取酬多少的尺度。多劳多得，不劳不得。按劳取酬并不是不要奉献。按劳取酬是指分配用什么标准的问题；奉献是个人与群体、个人与社会的关系问题。两者既有一致性，又有不同点。劳动本身就是奉献，按劳取酬越多，说明对社会奉献越大，两者是统一的。然而，由于图书馆是一种公益性服务机构，比较清贫，因而许多优秀馆员一辈子默默无闻地工作，对图书馆奉献很大，但并未取得等价值的报酬。这些馆员往往只知耕耘，不计报酬，他们具有高尚的职业道德情操。这是图书馆应提倡的道德境界，有了这种境界，就不会斤斤计较，就不会只想索取、不思付出。

第四，顾全大局，服从安排。馆员所从事的工作往往是局部的。正确处理好局部与全局的关系，顾全大局，做到局部服从全局、眼前服从长远、个人服从集体，这是馆员应具备的群体道德意识。

三、图书馆领导者之间、管理者之间关系的道德要求

图书馆领导者之间的关系是指图书馆决策层中各成员之间的相互关系，具体而言，是指馆长、副馆长或馆长助理之间的关系；图书馆管理者之间的关系，是指图书馆各部门主任之间的关系。他们之间的关系是否和谐、融洽，决定着整个图书馆的效率。现代图书馆管理要求领导班子成员必须团结一致，同心协力，任劳任怨，忠于职守，顾全大局，全力以赴推动图书馆的发展。

1. 馆长与副馆长或馆长助理相处时应遵循的伦理准则

第一，信任副馆长或馆长助理的工作决心和能力。馆长不能扮演“教父”的角色，大小事情一律由自己操办；应信任副手或助手，放手让其大胆工作，施展其才能。

第二，关心副馆长或馆长助理的抱负、价值观及生活福利。这种关心主要体现在工作上。当副手或助手工作遇到困难时，馆长应提供必要可靠信息与之商讨对策；当副手或助手与他人关系出现矛盾时，馆长应做好协调、说服工作，调解好相互关系，解决冲突；当副手或助手在工作中犯错误时，馆长应勇于承担必要的责任，多作自我批评以减轻他们的心理压力，同时诚恳帮助犯错误者总结经验教训，纠正错误，改进工作，而不是全盘否定，一棍子打死。

第三，以身作则，为人表率。这是馆长首先必须具备的道德素质。只有以身作则，为人表率，才能树立一把手的威信，才能形成整个领导班子的凝聚力，才能同舟共济，才能影响整个图书馆的员工，形成优良的图书馆精神，使图书馆能够在汹涌澎湃的信息资源网络化大潮和市场经济大潮中稳固地生存和持续地发展下去。

2. 副馆长或馆长助理之间、部门主任之间的道德要求

由于副馆长或馆长助理、部门主任分别处于相同的管理层次中，分别承担着本层次的责任和追求本层次的目标，副馆长或馆长助理之间、部门主任之间皆是平等的同僚关系，因此，这两类人应遵循的道德要求是相似的。

第一，团结。团结作为一种管理品德，是指副馆长或馆长助理、部门主任为了实现图书馆的理想或完成图书馆的任务所应具备的合作精神。团结作为一种美德，包括两方面的内容：一方面，团结是有原则的团结，不是无原则的附和，团结离不开正常的批评。正如恩格斯所说：“团结并不排斥相互

间的批评。没有这种批评就不可能达到团结。没有批评就不能互相了解，因而也就谈不到团结。"① 另一方面，团结是自觉遵守纪律。邓小平同志说，我们搞现代化建设，"一靠理想，二靠纪律。组织起来就有力量。没有理想，没有纪律，就会像旧中国那样一盘散沙，那我们的革命怎么能够成功?我们的建设怎么能够成功?"② 纪律是实现团结、达到团结的外在约束。作为图书馆领导者或管理者，要具备团结的品德，就是要在领导集体中光明磊落，不计个人得失，善于开展批评与自我批评，善于协调同僚之间的关系，自觉遵守图书馆纪律。

第二，宽恕。对人宽恕、对己严格、成人之美、与人为善，是中华民族自古倡导的传统美德之一。

第三，诚信。图书馆副馆长或馆长助理相处、部门主任相处，仅重视外在礼仪远远不够，更重要的是心底要坦诚，为人处世要以信义为本，而不是争名夺利、相互猜疑、钩心斗角、相互推卸责任。只有这样，才能形成具有吸引力的富于创新能力的图书馆指挥中枢和管理中枢。

第四，廉洁。"廉"字的本意是便宜或经济，引申为不贪非分之利；"洁"的意思是纯净无污，清白干净。在中国传统道德中，"廉洁"被视为"政之本"、"化之本"、"人生大纲"而为历代思想家们所注重。廉洁作为图书馆领导者的一种必备品德，就是要求他们洁身自好，不损公肥私，不贪污受贿，不同流合污，不接受任何非分的好处，为人正派，办事公道，做到两袖清风，一尘不染。只有"德"高，才能"望"重。

第五，勤政。勤政作为一种美德，有着多方面多层次的内涵，其中最主要的内容就是领导者的业务素质和敬业态度，具体地说，就是副馆长或馆长助理、部门主任在图书馆管理活动中忠于职守，认真负责，执行规则，坚持不懈，尽职尽责，敬业进取。勤政品德首先体现为高度的责任心，即积极努力地完成其职责范围内的工作，并能做到认真负责，一丝不苟。图书馆领导必须有对群众极端负责的精神，要体察馆情，倾听馆员和读者的呼声，维护群众利益有始有终。其次，勤政品德体现为积极进取，即努力追求、创造最大化的管理工作效率和业绩。再次，勤政品德还体现为务实精神，即在工作中不弄虚作假、不做官样文章、不搞形式主义，而是以强烈的事业心和责任感，脚踏实地，真抓实干，为馆员、读者和图书馆做实事和好事。最后，勤政品德体现为敬业意识，即对本职工作业务纯熟，精益求精，不断改进，它

① 马克思恩格斯全集（第4卷）[M]．北京：人民出版社，1958：423.

② 邓小平文选（第3卷）[M]．北京：人民出版社，1993：111.

是实现图书馆管理最高效益的价值追求。特别是在信息社会，图书馆管理活动中技术含量越来越高，这就对领导者的业务水平、技术素质、工作能力提出了更高的要求。因此，勤业敬业就显得更为重要。事实上，勤政是对图书馆每一位领导者和管理者的伦理要求。“枪打出头鸟”、“出风头”、“人怕出名猪怕壮”、“木秀于林，风必摧之”等陈腐思想观念，是妨碍培养勤政美德的大敌。尤其是在大中型图书馆，副馆长、部门主任的岗位较多，同僚之间更易滋生忌妒心理，因此，要想让勤政美德在图书馆决策层和管理层中形成一股风尚，绝不是一件轻而易举的事。

四、馆员与读者关系中的道德要求

1. 馆员与读者相处时应遵循的伦理准则

第一，读者第一。读者是目的，图书馆的一切活动最终都是为了读者。如果一个图书馆失去了读者，那么该图书馆也就失去了存在的根基。因此，馆员应将精力集中在服务于读者、奉献于读者、倾情于读者上，一切围绕读者开展重馆德、守馆誉、铸馆魂的活动。这里引用美国一家公司对顾客的定义：“什么是顾客——顾客永远是最重要的人；顾客不依靠我们……而是我们依靠顾客；顾客不是我们工作的障碍……而是我们工作的目的；我们不是通过为他服务而给他恩惠……而是他给我们为其服务的机会而给予我们恩惠；顾客不是我们要与之争辩和斗智的人，从未有人会取得同顾客争辩的胜利；顾客是把他的需求带给我们的人，我们的工作是很好地对待顾客，使他和我们都得到益处。”我们认为，该公司对顾客的定义颇富启发意义，它恰如其分地描述了顾客在商家眼中的地位，这与读者在图书馆系统中的地位十分相似，因而该定义完全可以适用于图书馆读者。

第二，服务至上。服务至上包括四层含义：首先是亲情服务；其次是微笑服务；再次是贴心服务；最后是文明服务。

第三，勤奋学习。有些科学家预言：21世纪是人的全面发展和全面学习的世纪，人类80%~90%的时间将用于学习，学习将成为一种生活方式。由于图书馆读者的信息需求在不断地变化，馆员的知识在不断地老化，图书馆的技术应用水平在不断地提高，因此，馆员只有不断学习，才能不断提高自身素质，才能适应竞争中的工作环境和社会信息环境的变化，才能为读者提供优质服务。馆员在图书馆活动中不仅要把勤奋学习作为提高竞争能力的要素，而且要把勤奋学习作为行为的准则。

第四，开拓创新。纵观人类的进步、社会的发展和科学技术的发达，都依赖于人们不断地进行创新。江泽民同志曾经指出："创新是一个民族进步的灵魂，是国家兴旺发达的不竭动力。一个没有创新能力的民族，难以屹立于世界先进民族之林。"图书馆工作也不能没有创新。馆员在职业活动中要敢于破除陈旧的观念，要变怕当"出头鸟"为敢为天下先，要变小市民、小作坊、小儿科式的小生产意识为开大思路、想大问题、动大手笔、做大文章、搞大服务。要改革不适应读者需要的旧的管理方法和工作方法，勇于做其他图书馆没有做过的事，走前人没有走过的路，善于开创图书馆工作的新局面。

2. 读者与馆员打交道时应遵循的伦理准则

严格来说，读者在图书馆活动中应遵守的伦理准则不属于图书馆职业伦理的范畴，因为读者不是图书馆的职员。但是，由于读者是图书馆系统的组成要素，读者在图书馆活动中占有举足轻重的地位，因此我们认为，分析图书馆活动中的读者伦理亦具有重要意义。

第一，尊重馆员。图书馆员从事的是公益性服务工作，基本上是为人做嫁衣，很多馆员为图书馆事业奉献了毕生精力却默默无闻。正因为如此，一些读者瞧不起图书馆工作者，认为馆员所从事的工作无足轻重，无非是借借还还，谁都能胜任。其实不然。图书馆不仅具有服务性，而且还具有中介性、科学性、教育性和社会性。关于图书馆的社会属性，许多图书馆政策均已有明确规定。《省（自治区、市）图书馆工作条例》（1982 年 12 月）第 1 条规定："省（自治区、市）图书馆是……社会主义科学、教育、文化事业的重要组成部分，是向社会公众提供图书阅读和知识咨询服务的学术性机构，是全省（自治区、市）的藏书、图书目录和图书馆间协作、协调及业务研究、交流的中心"。《中国科学院文献情报工作条例》（1991 年 8 月）第 1 条规定："中国科学院的文献情报工作是科学研究工作的组成部分。中国科学院各文献情报单位是学术性的服务机构"。《普通高等学校图书馆规程》（2002 年 2 月）第 1 条规定："高等学校图书馆是学校的文献信息中心，是为教学和科学研究服务的学术性机构"；"高等学校图书馆的工作是学校教学和科学研究工作的重要组成部分"。

第二，遵守馆纪。读者是图书馆系统的组成要素之一，当然应接受图书馆纪律的约束。譬如：按时归还图书；爱惜书刊，不得撕毁、涂污、窃取书刊；不得在馆内大声喧哗；讲究卫生，不得在书库或阅览室内随地吐痰、乱扔果皮纸屑、抽烟；不得在馆内谈情说爱；不说粗话脏话；不损坏公共设备和设施，如电脑、打印机、复印机、音像设备等；入馆时衣冠整洁；在书库找书时，随时使用代书板，等等。

第三，积极参与。图书馆管理水平的高低直接关系着读者服务工作的质量，自然也关系着读者的切身利益。读者作为图书馆系统的有机构成要素和服务对象，长期享受图书馆的服务，或多或少、或深或浅会对图书馆的管理水平存有切身体会。读者应主动、热心地将自己的意见、评价或设想及时传递给馆员或图书馆领导，以便他们不断改进工作，提高服务质量。也就是说，读者要积极参与图书馆建设，要为图书馆的发展献计献策，这样对图书馆和自身均有利，而且自己是最终的、最大的受益者。

3. 馆员与馆员之间应遵循的伦理准则

第一，相互尊重，注意小节。馆员与馆员之间互相尊重，并注意约束自己的小节，是图书馆工作中不可缺少的礼仪礼节。同事之间每天第一次相遇要互相打招呼问好，和同事说话应轻柔、简洁明快，不要干扰他人工作，不得影响工作气氛。进入工作场所要注意站相、坐姿，不要斜倚或坐在别人的办公桌上。

第二，互相协调，相互支持。馆员之间工作各有分工，但同时又需要相互配合和协作。基本的要求是：同心协力、克己奉公。同事之间需要共同完成的任务部分要注意预先商定，配合中要守信，不得轻许诺言或失信。真诚主动地帮助他人和互相帮助不仅可提高工作效率，也是增进友谊和信任的主要途径。

第三，诚恳相待。馆员之间相处的重要原则是“己所不欲，勿施于人”，这样才能为建立良好的同事友谊奠定深厚的基础。馆员之间相处的另一条原则是“言必信，行必果”，做一个有能力和可以信赖的人。

五、国内外图书馆伦理准则掠影

至今，世界上许多国家和地区的图书馆行业组织都颁布了约束图书馆或信息机构从业者的伦理准则，如澳大利亚、美国、英国、瑞士、法国、葡萄牙、瑞典、加拿大、爱沙尼亚、荷兰、智利、墨西哥、克罗地亚、印度尼西亚、以色列、意大利、牙买加、日本、朝鲜、新西兰、新加坡、立陶宛、马来西亚、菲律宾、俄罗斯、斯洛文尼亚、斯里兰卡、乌克兰、中国等。有的国家制订的伦理准则很详细，如瑞士、法国、葡萄牙、荷兰、智利、日本、斯里兰卡、英国等；有的国家或地区制订的伦理准则相对粗略，如俄罗斯、加拿大、新西兰、中国香港等。但总的来看，世界各国或地区所制订的图书馆伦理准则主要涉及下列内容：①主张知识自由流通，反对各种形式的文献内容审查制度；②承认和尊重知识产权；③保护用户在搜寻、获取资料和咨询过程中所牵涉的隐私权；④当馆员个人利益与用户、同事或图书馆组织的利益发生冲突时，不以牺牲后者来保全前者；⑤不断提高馆员的专业知识水平和职业技能；⑥维护信息的存取自由；⑦积极地、主动地、无歧视地为所有用户提供最好的服务；⑧竭力维护图书馆和图书馆职业的声誉；⑨从本专业的角度参与社会的教育、科学和文化生活；⑩与同行和其他相关行业的从业者开展合作，对他们示以忠诚。

2002 年 11 月 15 日，中国图书馆学会六届四次理事会通过了《中国图书馆员职业道德准则（试行）》。其主要内容如下：①确立职业观念，履行社会职责；②适应时代需求，勇于开拓创新；③真诚服务读者，文明热情便捷；④维护读者权益，保守读者秘密；⑤尊重知识产权，促进信息传播；⑥爱护文献资源，规范职业行为；⑦努力钻研业务，提高专业素养；⑧发扬团队精神，树立职业形象；⑨实践馆际合作，推进资源共享；⑩拓展社会协作，共建社会文明。

第三节　图书馆伦理的管理功能

图书馆伦理的管理功能就是在图书馆管理活动中，通过一定的伦理规范来调整图书馆员之间的关系，协调图书馆员之间的行为，从而使他们所从事的图书馆活动最好地达到图书馆的目的，实现图书馆的利益。图书馆伦理犹如一个调节器，在社会原则与个体原则相互作用的基础上发挥着自己的调节职能和方向（世界观）职能，不断控制和调整着图书馆员的思想感情和行为，保证着图书馆活动的有序运转。所以，在一个图书馆的运作中，伦理起着相当大的管理作用。

一、图书馆伦理的管理凝聚功能

詹姆斯·M. 布坎南从人与人之间的相互关系出发，研究了组成人类社会的纽带和能使这种纽带破裂的机制和态度，充分说明了伦理在人类社会生活中的管理作用和功能。他认为，人类社会任何一种形态均可看做是三种抽象的人际关系模式或成分，即伦理共同体、伦理个体和伦理无政府的不同比重的混合体。伦理共同体表现为群体中的个人成员不以孤立的个体自居，而把自己看成为集体中的一分子；伦理个体表现为社会成员在社会交往中以道德对等为准则，但这样做并不是出于对人群或集体的共同忠诚感；伦理无政府表现为在社会（如果这样的社会能存在）中，个人认为他和他人不属于同一伦理共同体，个人也不接受伦理个体制下的最低行为准则，个人视他人为达到自己目的的工具。任何社会都是伦理共同体、伦理个体的某种形式或程度的结合，而第三种模式即伦理无政府因素的增加就会使社会凝聚力相应减少。这三种因素结合在一起的实际比例，决定了一个社会可观察到的“有秩序状态”，从而决定了社会政权的强制程度。对政府的需要程度以及政府在管理上的困难程度，都直接受这三种因素结合在一起的比例的影响。

我们认为，布坎南关于伦理共同体、伦理个体和伦理无政府的分析同样可以用来说明图书馆的生命力问题。一个图书馆必须具有凝聚力，才能生存和发展。图书馆中共同的道德感可以通过人与人之间的传递和感染，在潜移默化中建立起一种友好的人际关系、集体氛围，改善个人与个人、个人与图书馆、图书馆与社会的相互关系；共同的伦理规范和道德感还可使图书馆员的思想情感和行为相互协调一致，形成一种强大的向心力，把他们凝聚在一个图书馆中。

二、图书馆伦理的管理导向功能

众所周知，伦理活动是以调整“现有”和“应有”的关系为己任的。“应有”作为客观的“应当”关系，转化为人们的风俗习惯，积淀为人们的心理结构，以潜移默化的方式影响着人们的价值追求和活动目的，引导着人们从现有发展到应有，在事实中实现价值。“应当”表现为秩序、公理、要求、关系和意识，是联系社会生活、维持社会存在的必要纽带。“应当”作为一种关系、一种客观的精神力量，对图书馆员来说，不仅具有某种强制规范性，而且具有效用性和方向性。一方面，伦理应当表现为对图书馆员个体行为的社会规范和约束功能，具体表现为以下三种形式：①人类整体对图书馆员个体行为的约束、调节，这既包括历史中积淀下来的传统、风俗、信仰、信念的约束，又包括个体生活于其中的图书馆具体行为规范的约束；②图书馆员个体之间对彼此行为的调节和约束；③图书馆员个体出于良心、信念对自己行为的自觉约束和调节。另一方面，伦理应当常以要求、理想的形式出现，为图书馆员的行为指明方向，具有社会导向功能。伦理理想以过去的伦理认识成果为基础，形成一个充满人的意志、情感和愿望的伦理实践“蓝图”。它推动和鼓舞图书馆员满怀信心、目标坚定地去进行将其变为现实的实践活动。正如恩格斯所言：“推动人去从事活动的一切，都要通过人的头脑……外部世界对人的影响表现在人的头脑中，反映在人的头脑中，成为感觉、思想、动机、意志，总之，成为‘理想的意图’，并且通过这种形态变成‘理想的力量’。”①

图书馆员的伦理理想应是图书馆事业的兴旺发达，因为只有图书馆事业的兴旺发达才能保证图书馆社会职能的完美履行，即整序社会文献信息流、传递文献信息、开发智力资源与进行社会教育、搜集和保存人类文化遗产、满足社会成员文化欣赏娱乐消遣的需要。对伦理理想的坚定信念，将使图书馆员在任何艰难险阻面前目标始终如一。伦理理想作为一种精神力量，具有强大的凝聚力；伦理理想作为图书馆员所追求的目标，具有定向作用，使图书馆员把自己的行为都集中到促进图书馆既定目标的实现上来，从而产生一种巨大的精神推动力；伦理理想作为一种组织规范，对图书馆员的行为进行评价，符合这种规范的行为会受到赞扬，违背这种规范的行为会受到指责和制止，从而调节图书馆员的活动。

伦理理想具有动员、组织、鼓舞图书馆员的作用和调节其活动的规范作用，因而它也就具有管理手段的功能。图书馆伦理的这种管理导向功能的运作机制具体表现在三个方面：第一，通过图书馆伦理的价值取向来实现导向功能；第二，通过图书馆伦理原则的根本思想与未来指向来实现导向功能；第三，通过图书馆伦理规范的规定性来实现导向功能。

三、图书馆伦理的管理操作功能

任何一种社会伦理都有其自身的伦理规范体系。规范就是“约定俗成或明文规定的标准”②；规范就是“标准；法式”③。可见，规范就是标准，而标准本身具有极强的操作性。图书馆伦理在调整图书馆员之间的关系时，一方面起着准则的作用，即调节人们行为的准则；另一方面起着规定性的作用，即规定人们哪些可以做，哪些不可以做，哪些应该做，哪些不应该做。图书馆伦理规范的这些作用与生产过程的操作规程、科学研究的技术路线、法律条文等有着类同的可操作性。譬如：《葡萄牙信息工作者伦理准则》规定：“葡萄牙的信息工作者承认每一个用户的重要性和特性，尊重用户的隐私权”。应当说，这是信息工作者（含图书馆工作者）应遵循的一条伦理规范或准则，但它同时还蕴涵着下列具体规定性：①仅

---

① 马克思恩格斯选集（第4卷）[M]．北京：人民出版社，1972：228.

② 中国社会科学院语言研究所词典编辑室．现代汉语词典［M］．第5版．北京：商务印书馆，2005：513.

③ 辞海编辑委员会．辞海［M］．1999年版缩印本．上海：上海辞书出版社，2000：1743.

为搜集之目的而使用个人数据；②将下列数据作为隐私：阅读资料的记录，借书记录，书目咨询记录，以及任何可能会暴露用户身份的数据；③不公布个人隐私，遵守安全要求，确保这些数据不被中途截取；④保证存储于纸上或电脑上的记录不进入易被其他用户存取或阅读的场所；⑤采取一切预防措施，确保只有信息机构中的合法授权者才能对计算机记录进行操作和存取；⑥保证涉及用户阅读习惯或书目兴趣的数据仅因履行正常职能才被搜集，保证仅为研究或统计目的才使用这些数据；⑦不将甲用户所承担的工作告诉给乙用户；⑧将旨在侵犯用户隐私权的任何信息需求都视为不恰当的、滥用的需求；⑨如果迫于某种压力而需要提供隐私信息，只有事先得到用户的书面许可后，信息工作者才可以这么做。显然，该伦理规范及其所蕴涵的具体规定性具有明确的操作性。事实上，任何一种伦理规范都具有操作性功能，即使超前的理想的伦理规范也同样具有某种程度的可操作性。

四、图书馆伦理的管理激励功能

人们的行为总要受一定的思想道德观念支配，并受到心理因素的强烈影响。一定的伦理道德总是体现特定群体的共同利益、习俗和传统，因而伦理就成为组织中人们衡量行为的标准。如果某一成员违背了组织的伦理规定，就会受到舆论的谴责，被群起而攻之；反之，如果某一成员模范地遵守组织的伦理规范，就会得到大家的同声称赞。这种通过善恶评价所造成的社会舆论和良心意识，一方面，它能使人们形成明确的善恶评价标准，对人们的行为具有巨大的导向作用，它使每个成员都承受一种无形的导向力和约束力，使人们知道自己应该做什么和不应该做什么，自觉地使自己的行为向组织共同的伦理准则调节和靠拢。这种道德力量不仅能够支配和决定每个成员的行为方向，而且能引导整个组织向着预定的目标前进。另一方面，它能使组织成员培育一种扬善抑恶、慕正压邪的情感，形成对一定理想和信念的坚定信心，以及为实现这种目标的强大道德责任感和克服困难的顽强意志，从而激发出极大的工作热情和开拓进取的积极性、创造性。

同理，道德的力量使图书馆员认识到自己在图书馆中所处的地位和责任，强烈地感受到自己的职业和工作的社会意义，从而以真正主人翁的态度做好自己的岗位工作。这种道德力量是图书馆最可宝贵的财富，是推动图书馆发展的强大精神力量，是图书馆提高管理效益、实现既定目标的取之不尽、用之不竭的力量源泉。

第四节 图书馆伦理建设

一、构建图书馆的伦理价值体系

一般来说，图书馆的伦理价值体系大致包含两个部分：表明伦理价值取向的伦理框架和体现在行为规范之中的伦理准则。

1. 图书馆伦理框架

图书馆的信誉是建立在一些实质性的理想和责任之上的，这些理想和责任表现了图书馆的伦理价值取向，构成了有信誉的图书馆的伦理框架，它指引着图书馆的方向，指导着图书馆的计划、组织、领导、控制和评估。具体说来，它由以下两方面的理想和责任构成：

(1) 目的方面的理想

目的方面的理想主要确认图书馆的追求是什么，包括它的最终使命以及完成这一使命需要哪些战略目标。它的最终使命规定了图书馆之所以应当生存发展下去的根本理由和价值，它的战略目标则规定了实现其使命的根本途径。

(2) 手段方面的原则

手段方面的原则主要明确图书馆应当怎么做，它有哪些权利与义务，它所要坚持的行为原则是什么。与此相关，在这方面还要说明图书馆有哪些主要的参与者，他们各自有哪些正当的权利和合理的要求，以便在图书馆的权利、义务和行为原则中明确体现出各种利益相关者的权益。一般来说，这种说明至少应当包括图书馆对读者、馆员、投资者和社会的责任。

以上两个方面相互关联，便形成了一个完整的伦理框架。显然，它能帮助图书馆管理人员勾画什么是负责任的图书馆行为，由此可以指导图书馆管理人员的各种行为和决策。

为了使这个伦理框架能真正起到上述指导作用，不至于成为一种要求过高而实行不了的公共形象工程，在制定这一伦理框架时应当注意以下几个问题：①图书馆领导自身要十分重视图书馆伦理建设，亲自组织图书馆伦理战略的实施，而决不能将此事看做是不得不去应付的表面文章。②伦理框架的内容要切合实际，具有可行性。这就需要考虑图书馆内外的各种具体情况，目标要合理可行而不能订得太高，要循序渐进而不能指望一蹴而就，因此要不断根据图书馆内外情况的变化定期修订。③制定伦理框架时应当发动所有那些将要运用这个框架的人一起来参与，这不仅能克服高层领导不完全了解下情的问题，使框架更为切实可行，而且能激发参与人的积极性，使框架能够更好地得到贯彻。

2. 图书馆伦理准则

图书馆的伦理价值体系除了伦理框架之外，还有伦理准则，它一般体现在图书馆颁布的伦理政策和奖惩制度之中。两者的关系是，伦理准则是将伦理框架适用于各种图书馆活动方面之后得到的各种具体规定，是伦理框架的具体化或体现；伦理框架是由一些较为抽象的原则构成的，在许多场合并不能直接用来规范具体的图书馆活动，因此需要具体化，变成一些较为明确的规定，称之为伦理准则或行为规范，其中也包括各种奖惩制度，它们共同构成了图书馆的伦理准则。

图书馆的伦理准则并没有统一的模式，它是根据图书馆的伦理战略和具体需要制定出来的，不同的伦理战略和不同的具体需要会导致不同的伦理准则。所以，现实中存在着各种各样的图书馆伦理准则。

图书馆的伦理准则虽然是一些较为枯燥的具体规定，却不是可有可无的东西，在某种意义上，它们比图书馆的伦理框架更为重要。第一，伦理准则一般较为详细，可操作性强，因此更容易掌握，从而能有效地规范图书馆员的行为，调节利益冲突，并能帮助专业人员或馆员应对自己所面临的具体问题。第二，伦理准则能使图书馆员从道德角度来评价图书馆的各种目标、做法和行动，以保证图书馆达到准则的要求，从而有助于发展出合乎道德的图书馆精神。第三，制订准则这一举动本身就可促使员工去思考他们自己的职责以及他们对图书馆、彼此、读者和社会整体所负有的责任，有助于激发他们的道德责任心。第四，伦理准则有助于向各级新成员灌输责任感，让他们感到需要从道德角度考虑自己的行为以及培养德性的重要性，有助于形成图书馆的道德传统。第五，当员工被要求做违反道德之事时，伦理准则可作为他们拒绝执行的根据，从而有助于防止自上而下的不道德行为。第六，伦理准则可用来向读者和公众保证图书馆遵从道德原则，并向社会提供衡量图书馆行为的具体标准，让社会帮助监督执行从而有助于图书馆的道德行为和声誉。

正如前文所述，目前世界上许多国家的图书馆行业组织制订了伦理准则。但是，由于这些伦理准则并未对其约束对象进一步细分，而实际上图书馆工作者是分层次、分岗位、分职责的，再加上不同图书馆的具体情况千差万别，因此每一个图书馆都应制订富有本馆特色的伦理准则。当然，若本国图书馆行业组织已制订有相关伦理准则，图书馆在制订本馆伦理准则时就不能违背其基本精神。

二、落实图书馆的伦理价值体系

明确了图书馆的伦理价值体系之后，接下来的工作是贯彻落实它。对于图书馆的伦理建设来说，明确图书馆的伦理价值体系固然重要，但相对来说，伦理价值体系的落实更加重要。为了落实图书馆的伦理价值体系，应当做好以下六个方面的工作：

1. 明确建设基点

图书馆伦理建设的基点应是：以为读者服务为核心，以集体主义为原则。《中共中央关于加强社会主义精神文明建设若干重要问题的决议》指出："社会主义道德建设要以为人民服务为核心，以集体主义为原则。"图书馆伦理建设是社会主义道德建设的重要组成部分，自然不能违背这一总的建设方针。

为读者服务的具体含义包括：①一切从读者的利益出发；②一切向读者负责；③调动并珍惜读者的参与意识；④关心、爱护和帮助读者；⑤提倡尊重读者、关心读者，为读者多做好事。

集体主义是我国的道德原则，是社会主义以公有制为主体的经济基础的要求。集体主义有三个方面的内涵：①强调图书馆利益与馆员利益的有机统一，图书馆利益要代表馆员的长远利益和根本利益，馆员利益要在维护和促进图书馆利益的基础上得以实现和发展。②图书馆利益并不是馆员利益的简单相加，而是馆员利益最集中、最权威、最现实、最直接的代表，它作为馆员利益的道德价值目标，应当起到引导馆员实现自己利益的基本道德方向的作用，使馆员利益追求不至于偏离它所隶属的图书馆的道德奋斗目标，保证馆员利益成为正当的个人需求，而不流于反图书馆的私欲。③当馆员利益与图书馆利益发生矛盾而不可兼得的时候，馆员要以图书馆为重，为了图书馆利益，在必要的时候不惜牺牲个人利益乃至生命。

2. 加强组织协调

要落实任何一项任务，首先就要进行组织上的协调，落实图书馆的伦理价值体系也不例外。组织协调主要包含两方面的工作：一是要在图书馆各部门之间进行协调，统一步调；二是要建立专门的机构，有专人负责。关于第一方面的工作，就是要调整其他各项管理工作的目标和任务，使它们不与图书馆价值体系的落实发生矛盾或冲突，而要使之协调一致。例如，图书馆的各个管理部门如果缺乏信息沟通，就会使各个管理部门做出相互矛盾或冲突的决策或行动，使得一般的员工不知所措，妨碍负责任的决策和行动。因此，为了协调图书馆的价值体系与其他各项管理工作的目标和任务，图书馆领导必须注意组织结构和系统的设计，将有利于道德行为的各种条件植入图书馆的各个系统之内，保证员工有充分的机会、能力和动机去负责任地行动。就此而言，要特别注意下面这些系统与图书馆伦理价值体系的一致：领导和指挥系统、员工的雇佣和提升制度、对员工的评估和报酬系统、图书馆计划与目标的制定、预算和资源配置、读者服务系统、信息交流系统以及监督和控制系统。关于第二方面的工作，可以在图书馆管理高层内设立专门的图书馆伦理（或责任）委员会（或办公室），也可以设立临时的由图书馆各职能部门主管组成的图书馆伦理委员会，并由某个高层领导（书记、馆长或副馆长）负责，统一协调处理这方面的事务。

3. 开展教育培训

从获得知识的来源讲，人的知识分为直接知识和间接知识。直接知识是人们通过直接参与实践而获得的知识，间接知识则是人们通过教育学习而得来的。图书馆员职业道德的形成也一样。一方面，图书馆员从丰富的图书馆实践中，通过自身的体悟形成自身的品德；另一方面，也可以通过外在的教育培训，领悟、掌握图书馆员的行为规范，形成自身的品德。

教育培训的必要性在于，图书馆伦理观念不可能在图书馆员的意识中自发产生，其首要的渠道是来自外部的教育与灌输。通过教育培训可以使图书馆员掌握必要的图书馆职业道德知识。尽管一个人知道应当怎么做未必一定去做，但不知道应当做什么就更谈不上对与错。图书馆职业道德知识虽然不等于图书馆员的职业品德，但却是图书馆员职业品德形成的必要条件。图书馆员可能无意识地做出一些道德行为，却不可能在不自觉的情况下形成高尚的图书馆职业伦理。高尚的图书馆职业伦理是在自觉自愿自知的基础上形成的，盲目和无知与高尚的图书馆职业伦理无缘。

图书馆伦理教育的目的是通过教育使图书馆员具有良好的道德品质。道德品质包含道德意识和道德习惯，而道德意识又包含道德认识、道德情感、道德意志和道德信念。道德意识的四个方面加上道德习惯构成了图书馆伦理教育的五大任务。道德认识、道德情感、道德意志、道德信念和道德习惯相互影响、相互作用，形成一个有机整体。其中，道德认识是前提，道德情感和道德意志是两个必要条件，道德信念是核心，道德习惯则是图书馆伦理教育的归宿。图书馆员道德习惯的形成，化解了个性与道德的冲突，使两者融为一体，形成品德。黑格尔曾指出："对伦理事物的习惯，成为取代最初纯粹自然意志的第二天性"；"在习惯中，自然意志和主观意志之间的对立消失了，主体内部的斗争平息了，于是习惯成为伦理的一部分。"对于道德主体而言，习惯一经形成，就成为人的一种行为规范而得以固定，成为人的"第二天性"。詹姆士曾揭示了一条心理学原理，他认为人在开始做某个选择或行为时，负担很重、很费力，这是因为这时要求较强的神经控制，一旦形成习惯以后，神经控制几乎为习惯所取代，就会很省力。可见，图书馆伦理教育的最终目的就是要让图书馆员将对自身的伦理要求化为非强制性的"自然"习惯。

4. 提高自律能力

所谓道德自律是指个人根据一定的道德标准、道德规律和内心信念构成自己行为的评价和约束力量，是对其道德行为的自觉认识和自觉选择过程。道德自律能力表现在两个方面：一是自我约束能力，二是自我纠正能力。能否做到道德自律，关键在于树立正确高尚的道德价值观念。自律的过程实际上就是道德修养的过程、自我教育的过程，是依据一定的道德原则和规范在道德认识、道德情感、道德意志、道德信念和道德行为习惯等方面进行的自我改造、陶冶、锻炼和培养的功夫和达到的境界。自律以知为起点，以信念为中介，以情感为连接点，以意志为杠杆，最后实现从知到行的转化。要提高道德自律能力，就要坚持知（提高道德认识）、情（培养道德情感）、意（强化道德意志）、信（坚定道德信念）与行（实践道德行为）的整体统一性原则。至于具体的道德修养方法与途径，可借鉴或采用立志、自信与自强、好学、慎思、存心养性、正心诚意、节欲、居敬、慎独、自省、克治、慎言、力行、持节、磨炼、虚静、格物致知、知耻、改过等优良的我国传统的修身养性方法。

当然，道德自律是不能自然形成的，必须以他律为基础和前提条件才能实现。所谓道德他律，是指一个人在外在压力下不得不按照一定社会的道德原则和规范行事。他律和自律之间是辩证统一的关系：他律是自律的基础和条件，自律是他律的内部机制；没有他律，自律不能形成；没有自律，他律也不能得以实现。

5. 突出榜样示范

图书馆的伦理价值系统是抽象的，它要通过图书馆的各种行为规范体现出来，并最终通过日常的图书馆活动体现出来。要使图书馆的伦理价值系统真正发挥作用，在图书馆员的日常决策和行动中体现出来，必须进行强有力的领导。而领导工作的要点之一是树立榜样或范例，即图书馆领导以身作则，通过自身的行为和对各种事务的决策为图书馆制订的伦理框架和行为规范做注释。

榜样或范例的树立是图书馆伦理建设中的一件大事。员工对于图书馆伦理框架和图书馆行为规范的理解和掌握，最终要通过领导所树立的榜样或范例来达到，榜样的行为所传达的信息远比任何伦理的陈述要清楚，榜样对员工行为所提供的指导要比任何说教有力得多。美国组织行为学者 Debra L. Nelson 和 James Campell Quick 认为，经营者从五个方面对员工产生影响：①通过经营者最关注的问题；②通过经营者处理危机的方式；③通过经营者的日常行为；④通过经营者采用的报酬制度；⑤通过经营者的招聘和解雇实践。实际上，这五个方面最终都是通过经营者的行为反映出来的。为什么突出上司的行为而不是上司的言词呢？托马斯·J. 彼得斯（Thomas J. Peters）和小罗伯特·H. 沃特曼（Robert H. Waterman, Jr.）有过这样的论述："我们平日为人处世，看来好像公开表达信念于我们至关重要，其实行动比言词更能说明问题。事实表明，无论何时何地，谁也欺骗不了谁。人们从我们行为的细枝末节里，留神观察并仔细找出各种行为模式，而且他们都很聪明，不会轻信我们那些与行动哪怕稍有不符的话。"因此，员工对于图书馆伦理宣传的首先反应，就是看其直接上级为贯彻图书馆的伦理标准而树立的榜样。榜样的行为如果与图书馆倡导的伦理标准有明显的不一致，那么即便这种不一致并非故意，也会不可避免地导致员工对这些行为标准采取无所谓的态度。一句话，图书馆道德水准归根结底取决于图书馆领导者的道德水准、他（们）对图书馆伦理的认识及其为提高图书馆道德水准所付出的努力。

6. 实施道德评价

所谓道德评价，是指在道德活动中，人们根据一定社会或阶级的道德规范体系，通过社会舆论、内心信念、传统习惯等方式，对本人、他人或集体的行为所做出的是非善恶的价值判断。道德评价是一定社会用以规范人们行为、协调人际关系和维护社会秩序的重要方式，是实现道德职能、发挥道德作用、进行道德建设的内在机制。

道德评价作为重要的道德实践活动，对图书馆道德风气的形成和图书馆员道德品质的培养具有十分重要的作用，这主要表现在：

（1）道德评价是图书馆伦理原则和道德规范发生作用的“杠杆”

图书馆伦理作为调整图书馆员之间行为规范的总称，它在图书馆活动中的调节、激励和教育作用主要是依靠道德评价来实现的。一定图书馆的道德原则规范只是向图书馆员提出了怎样行为的价值目标和行为准则，这些目标和准则在未深入人们内心世界、被图书馆员认可以前尚属于他律，要使道德原则和规范变成行为者的内在信念，实现从他律向自律的转化，就必须通过道德评价。从某种意义上讲，道德评价正是道德原则和规范发生作用，将道德由他律转化为自律的杠杆。一定图书馆的道德原则和规范被人们所接受的程度及其发挥作用的大小，直接取决于人们的道德评价的自觉性和能力，以及道德评价的深度和广度。道德评价的过程，就是人们接受一定道德要求的过程。因此可以说，没有道德评价，就没有图书馆伦理作用的发挥。

（2）道德评价是裁判图书馆员行为与品质的“道德法庭”

与法律裁判不同，道德评价对行为善恶的评判主要是通过社会舆论和内心信念来实现的，它既没有专门的执行机构，也没有专门的执行人员。当某种行为符合一定图书馆的道德原则和规范要求时，行为者就会受到社会舆论的赞扬，内心感到愉快和满足，其行为不仅被广为传播，而且被广泛效仿。相反，当某种行为违背一定图书馆的道德原则和规范，行为者就会受到舆论的谴责，内心感到不安和自责，从而使其行为受到约束和控制。因此，道德评价对图书馆员的行为和品质起着重要的裁判作用。只有通过道德裁判，才能有效地激发图书馆员的道德良心和道德义务，增强图书馆员道德修养的自觉性，从而更好地实现图书馆伦理从应有向实有的转化。

（3）道德评价是培养图书馆员道德品质的重要手段

在现实图书馆活动中，正是通过道德评价，图书馆员才懂得什么是善，什么是恶，什么是应该做的，什么是不应该做的，从而肯定善行、坚持善行，否定恶行、消除恶行。因而，道德评价既具有激励图书馆员、鼓励图书馆员多行善事的功能，又具有规劝图书馆员、使图书馆员自觉抵制各种不道德的行为和思想、划清善恶界限的作用。同时，道德评价还能深入人们的内心，引起良心内省，唤起图书馆员的道德责任心和荣誉感，从而使他们自觉调整自己的行为，逐渐在分清善恶是非的基础上，培养高尚的道德品质，形成高尚的人格。因此，道德评价又是图书馆员道德品质形成的不可或缺的重要条件，是图书馆员从道德观念向道德行为转化的重要环节。

（4）道德评价是营造良好图书馆氛围的有力工具

道德评价是通过扬善抑恶的功能反作用于图书馆员群体，为图书馆员群体树立道德典范和道德榜样，促使图书馆员对善的行为产生道德上的向心力，自觉养成良好的道德行为习惯，而对恶的行为及其不良后果则进行批评和谴责，使图书馆正气得到扶持和鼓励，歪风邪气受到抵制和打击，从而净化图书馆风气，纯化图书馆道德环境。因此，道德评价是改造图书馆氛围、提高图书馆道德水平、形成良好图书馆风尚的有力武器。

参考文献

[1] 陈宝庭，刘金华．经济伦理学［M］．大连：东北财经大学出版社，2001：12.

[2] 王伟．行政伦理概述［M］．北京：人民出版社，2001：47-48.

[3] 玛丽·凯·阿什．掌握人性的管理［M］．北京：中国友谊出版公司，1985：38.

[4] 菲利普·科特勒．市场营销原理［M］．北京：科学技术文献出版社，1991：33.

[5]（德）黑格尔．法哲学原理［M］．北京：商务印书馆，1961：170，171.

[6] Debra L. Nelson，James Campell Quick. *Organizational Behavior：Foundations，Realities，and Challenges*［M］. St. Paul：West Publishing Co.，1994：497-499.

[7] 托马斯·J. 彼得斯，小罗伯特·H. 沃特曼著. 成功之路［M］．余凯成，等译．北京：中国对外翻译出版公司，1985：77.

第十章 图书馆政策

第一节 图书馆政策的内涵

一、什么是政策

顾名思义，图书馆政策是政策的一个分支。因此，要想理解图书馆政策的含义，先得明确政策的概念。

关于政策的定义，至今尚无统一的认识。兹列举几种有代表性的观点：

M. Valliant Higginson 认为，政策是一种口头的、书面的或暗示的用来设定界限的总的指南，它为将要发生的管理活动提供全面的限制并指明前进的方向。

《美国传统辞典》（双解）对“policy”的解释是：a plan or course of action，as of a government ，political party，or business，intended to influence and determine decisions，actions，and other matters.

《朗文当代英语辞典》（英语版，1995）对“policy”的解释是：a course of action that has been officially agreed and chosen by a political party，business，or other organization.

《牛津高阶英汉双解词典》（第6版）将“policy”解释为：a plan of action agreed or chosen by a political party，a business，etc.

《现代汉语词典》（第5版）认为：政策是国家或政党为实现一定历史时期的路线而制定的行动准则。

《辞海》（1999年版缩印本）指出：政策是国家、政党为实现一定历史时期的路线和任务而制定的行动准则。

美国著名政治学家卡尔·弗雷德里奇（Karl J. Friedrich）认为：政策是指在某一特定的环境下个人、团体或政府有计划的活动过程，提出政策的用意就是利用时机克服障碍，以实现既定的目标或达到某一既定的目的。

美国学者詹姆斯·E. 安德森（James E. Anderson）指出：政策是一个有目的的活动过程，而这些活动是由一个或一批行为者为处理某一问题或有关事务而采取的。

我国学者张国庆认为：从最广泛的意义上说，凡由一定的主体做出，同时对一定的客体产生了一定的影响的要求、希望、规定、强制等都可以被视为主体的某种政策。

林德金认为：（狭义的）政策是管理部门为了使社会或社会中的一个区域向正确的方向发展而提出的法令、措施、条例、计划、方案、规划或项目。

陈振明主编的《政策科学》（中国人民大学出版社，1998 年版）认为：政策是国家机关、政党及其他政治团体在特定时期为实现或服务于一定社会政治、经济、文化目标所采取的政治行为或规定的行为准则，它是一系列谋略、法令、措施、办法、方法、条例等的总称。

刘斌和王春福等人提出，政策是政治实体在一定的时空范围内为完成一定的任务所采取的政治行为，主要表现为行为规范、直接采取的行动和某种态度。

我国台湾学者林水波和张世贤认为，政策是执行行动的指引，它是一个人、团体或政府在固定的环境中，所拟订的一个行动计划。

我们认为：Higginson 的定义没有指明政策主体；《美国传统辞典》对“policy”的解释将政策主体限定为政府、政党或企业，有失偏颇；《朗文当代英语辞典》和《牛津高阶英汉双解词典》没有反映政策的目标取向；《现代汉语词典》和《辞海》过于强调政府和政党的政策主体地位；Friedrich 和 Anderson 的定义比较全面和准确，基本上涵盖了政策的内在要素；张国庆的定义过于宽泛；林德金将管理部门作为政策主体，其含义不太明确；陈振明主编的《政策科学》将政策主体限定为国家机关、政党或其他政治团体，政治色彩太浓；刘斌和王春福等人将政策主体限定为政治实体，似乎已将企业、学校、图书馆等主体排除在外；林水波和张世贤认为政策的表现形式只有一种——行动计划，范围过窄。

鉴于此，我们拟从广义和狭义两种角度给政策下定义。从广义来说，政策是国家机关、党（团、工会）组织、社会团体或其他组织在特定的环境下为实现或服务于特定的政治、经济或文化目标，所制定的行为规范、指南或行动计划，其表现形式有法律、法规、规章、行动计划、命令、决定、公告、通告、通知、批复、意见等。从狭义来说，政策是国家机关、党（团、工会）组织、社会团体或其他组织在特定环境下为实现或服务于特定的政治、经济或文化目标，未启动立法程序所制定的行为规范、准则或行动计划，其表现形式包括无立法权的国家机关所制定的规范性文件、有立法权的国家机关所制定的不属于法的范畴的规范性文件、社会团体和企事业组织的章程和规定等规范内部纪律的文件、党（团、工会）组织的文件以及各种行动计划等。

显然，广义的政策与狭义的政策之主要区别在于其是否包容法律、法规（含行政法规和地方性法规）和规章（含国务院部门规章和地方人民政府规章）。狭义的政策将“纯粹的法”（即法律、法规和规章）排除在外，有利于划清政策与法的界限。本教材行文中的“政策”取其狭义内涵。

二、图书馆政策的含义

根据上文对政策的定义，我们可以这样来界定图书馆政策：图书馆政策是国家机关、党（团、工会）组织、图书馆、国内外图书馆行业组织及其相关组织，为调控和引导图书馆系统的运行和发展，按照一定的程序所制定的不属于法的范畴的行为规范、准则或行动计划。

我们可以从以下四个方面来把握图书馆政策的内涵：

第一，政策制定者。政策制定者也称为政策制定主体，任何政策的制定都须由特定的主体来完成。图书馆政策的制定主体主要包括国家机关、党（团、工会组织）、图书馆、国内外图书馆行业组织及其相关组织五种类型。国家机关分为权力机关、行政机关和司法机关；党（团、工会）组织在我国主要是指中共中央（含中宣部）、共青团中央和中华全国总工会；图书馆是指各个具体的传统图书馆、数字图书馆与复合图书馆；国内外图书馆行业组织是指各级各类图书馆协会、学会和联盟，如国际图联（IFLA）、美国图书馆协会（ALA）、中国图书馆学会、香港图书馆协会（HKLA）、全球在线计算机图书馆中心（OCLC）、中国高等教育文献保障系统（CALIS）等；图书馆行业的相关组织如联合国教科文组织（UNESCO）、国际出版者协会（IPA）等。

第二，政策目标取向。一定的图书馆政策总是要在一定的历史时期实现一定的目标，具有明确的方向性。图书馆政策不是无意识或偶然的行为，而是旨在规约或控制特定时期图书馆系统的运行状态和发展轨迹。

第三，政策属性。图书馆政策总是表现为行为规范、行为准则、政治行为、活动过程、权威性决定的输出、权威性的价值分配、行动计划等。

第四，政策作用范围。图书馆政策总是在一定的历史时期内、在某一特定环境下发生作用，也就是说，任何图书馆政策都有自己的作用时域和作用空域。

第二节　图书馆政策的类型与结构

一、图书馆政策的类型

图书馆政策的内容是极其复杂和丰富多彩的。因此，对图书馆政策进行多层次、多角度的观察和类型学研究，有助于更深入地揭示图书馆政策的内容构成及其各自具有的特殊性质和功能，从而有利于政策主体针对各不相同的政策问题做出正确的决策。人们几乎可以从任一角度、根据任一标准对图书馆政策的内容进行类型划分。但是，划分图书馆政策类型的目的是更充分地揭示图书馆政策的本质和发展规律，因此，真正有意义的图书馆政策类型划分有以下几种：

根据政策制定主体之不同，我们可将图书馆政策划分为国家机关制定的图书馆政策、党（团、工会）组织制定的图书馆政策、国内外图书馆行业组织及其相关组织制定的图书馆政策和图书馆制定的图书馆政策。

根据政策的影响范围之不同，可将图书馆政策划分为国际图书馆政策、国家图书馆政策、地方图书馆政策和馆域图书馆政策。

根据政策客体之不同，可将图书馆政策划分为图书馆组织政策、图书馆文献资源政策、图书馆读者服务政策、图书馆人事政策、图书馆经费政策、图书馆建筑政策与图书馆现代化政策等。

根据一项政策谋求达到的目标数量多寡，可将图书馆政策划分为单目标图书馆政策和多目标图书馆政策。图书馆政策主体在谋求一个政策问题的解决时，在一个特定的阶段上只确定一个要实现的目标，这种政策就是单目标图书馆政策；图书馆政策主体在谋求一个政策问题的解决时，在一个特定的阶段上确定多个同时要实现的目标，这种政策就是多目标图书馆政策。

根据政策主体在制定一项政策时有无现成的规范和原则遵循，可将图书馆政策划分为程序性图书馆政策和非程序性图书馆政策。程序性图书馆政策也叫例行图书馆政策、常规图书馆政策、重复性图书馆政策，是指在大政方针确定之后政策主体在既有的规范和原则的指导下制定的政策；非程序性图书馆政策是指政策主体为解决全新的、复杂的或者突发的政策问题，在无现成的规范和原则可遵循的情况下制定的图书馆政策。

以同一项政策的始创或调整为标准，可将图书馆政策划分为初始图书馆政策和反馈图书馆政策。图书馆政策主体在着手开展某项工作或解决某个问题时所制定的最初的并具有总体性的政策，就是初始图书馆政策；图书馆政策主体在初始政策执行的过程中，根据反馈信息对现行政策进行的重要的修正和调整，就是反馈图书馆政策。

根据政策结果的可预测程度，也就是以假设的政策结果与实际的政策结果相吻合的程度为标准，可将图书馆政策划分为确定型图书馆政策和不确定型图书馆政策。如果假设的政策结果与实际的政策结果完全吻合，那就是确定型图书馆政策；如果难以预测二者吻合的概率，那就是不确定型图书馆政策。

以政策主体所希望的人们行为选择的范围为标准，可将图书馆政策划分为鼓励性图书馆政策和限制性图书馆政策。鼓励性图书馆政策是指以奖励手段（含精神奖励和物质奖励）扩大人们行为选择的范围，激励人们向着政策主体希望的方向努力的图书馆政策；限制性图书馆政策是指以惩罚或者声称要进行惩罚的手段限制人们行为选择的范围，制止政策主体不希望的行为发生的图书馆政策。

以政策主体是否行为为标准，可将图书馆政策划分为积极型图书馆政策和消极型图书馆政策。图书馆政策主体通过采取一定的行为以达到所希望的目标，这样的政策就是积极型图书馆政策；图书馆政策主体通过不行为而达到所希望的目标的政策就是消极型图书馆政策。

以政策协调社会生活的方式为标准，可将图书馆政策划分为分配性图书馆政策、限制性图书馆政策和再分配性图书馆政策。分配性图书馆政策是指政策主体围绕着利益的个别分配而做的决策，如国家投资给北京图书馆建新馆舍；限制性图书馆政策是指会给某一社会群体带来利益而同时给其他社会群体造成损失的图书馆政策，如某高校要求其所属图书馆电子阅览室每天24小时开放，该政策必定会在一定程度上损害图书馆工作人员的利益，但却有利于广大读者；再分配性图书馆政策是指政策主体制定的信息福利政策，如文化主管部门要求大中城市公共图书馆向处于偏远贫困地区的农村乡（镇、村）图书馆（室）捐献图书。

以政策是否改变客观对象为标准，可将图书馆政策划分为实体性图书馆政策和程序性图书馆政策。实体性图书馆政策与政策主体准备采取的行动有关，如经费的投入、人员的配备、用于建新馆舍的地皮的划拨等；程序性图书馆政策涉及由谁采取行动与怎样采取行动，如《深圳南山图书馆检索室计算机操作指南》、《天津广播电视大学图书馆借阅证管理办法》（含办证、违规处罚、遗失补证和离校退证等程序性规定）。

以政策效果为标准，可将图书馆政策划分为物质性（或实质性）图书馆政策与符号性（或象征性）图书馆政策。图书馆政策主体将有形资源或实质性权利提供给一些人而同时将真正不利的条件加于另一些人的图书馆政策，就是物质性图书馆政策，如某图书馆将许多重要的参考资料集中于一个阅览室，该阅览室只对本馆确定的重点读者开放而不对一般读者开放。图书馆政策主体分配的有利条件或不利条件很少对人们产生实际效果且不交付表面上承诺的东西的政策，就是符号性图书馆政策，如评选文明图书馆或先进图书馆的政策。实质性图书馆政策决定政策资源的配置和利益的分配，其结果是利益在政策对象中的不均衡分配；象征性图书馆政策通常不需要花费很多的财力与人力，也不能在政策对象中造成直接的利益分配。

二、图书馆政策的结构

图书馆政策的结构是指图书馆政策系统的构成要素在时空连续区上的排列、组合的方式及各要素间互动的相对稳定的方式，是图书馆政策系统构成要素的组织形式和秩序。

1. 图书馆政策结构的形式

（1）图书馆政策的塔形结构

同一图书馆政策系统内部各项不同形式、不同内容的政策在各个不同层次的分布方式和互动方式，表现为层次逐一提高的金字塔式结构。居于顶端的政策属于宏观政策，其内容通常是一些原则性规定，政策数量少，覆盖面广；居于中间层次的政策，是遵循居于顶端的政策的原则性规定而针对某一较大的局部的情况制定的政策，数量较多且内容较具体，具有中观性；更低层次的政策，数量更多且内容更具体，每项政策的覆盖面更小，更具有微观性。塔形结构是图书馆政策系统内部的纵向结构的基本表现形式。

（2）图书馆政策的链形结构

在同一图书馆政策系统内，各项不同形式、不同内容的政策像环环相扣的链条一样相互连接，它们之间的这种相对稳定的联系方式就是图书馆政策的链形结构。例如，“文献采访工作规章制度→文献标引、编目工作规章制度→藏书管理与保护工作规章制度→读者服务工作规章制度”就是这样一种政策链。按照始点环节和终点环节是否闭合，这种政策结构可分为开链形结构与环形结构。链形结构是图书馆政策的横向结构的一种重要表现形式。

(3) 图书馆政策的圈层结构

同一图书馆政策系统内某项政策与其他若干项政策之间的关系呈一个核心与外围层次的固定联系方式，这就是图书馆政策的圈层结构。例如在某一图书馆政策系统内，中央或国务院政策是核心，国务院部、委政策是第一外围层次，地方政策是第二外围层次，具体图书馆政策是第三外围层次。在图书馆政策的圈层结构中，核心政策通过外围层次对整个政策结构具有控制性和支配性的作用，这种作用随着层次的增加可能逐渐减弱。圈层结构既可能是图书馆政策的纵向结构的一种表现形式，也可能是其横向结构的一种表现形式。

(4) 图书馆政策的网状结构

图书馆政策的网状结构是以同一政策系统内诸项政策的横向联系为特征的结构。在空间中展开的一组图书馆政策，依特定的方式直接或间接地发生相互联系，形成一个多序列、多层次、纵横交错的综合体，这组图书馆政策作为一个政策系统，其结构就是网状结构。例如，图书馆组织政策、图书馆人力资源政策、图书馆投资政策、图书馆藏书政策、图书馆现代化政策与图书馆用户政策之间往往既相对独立，又相互交错，形成一个立体网状结构。

(5) 图书馆政策的矩阵结构

同一图书馆政策系统内诸项政策排列成一个阵列，呈现纵横并举共存的固定联系方式，其状类似矩阵，这就是图书馆政策的矩阵结构。例如，教育部颁布的《普通高等学校图书馆规程》、《国家教委中等专业学校图书馆规程》与《中小学图书馆（室）规程》就形成一个政策矩阵；文化部颁布的《省级图书馆评估标准》、《地级图书馆评估标准》与《县级图书馆评估标准》也形成一个政策矩阵。

(6) 图书馆政策的群落结构

同一图书馆政策系统内诸项政策形成若干群落，相互间具有间接的、不甚紧密的联系，这就是图书馆政策的群落结构。例如，我国的图书馆系统包括若干子系统，如公共图书馆系统、高校图书馆系统、科学院图书馆系统、企业图书馆系统、工会图书馆系统、军事图书馆系统、中等专业学校图书馆系统、中小学图书馆系统、儿童图书馆系统等。若将我国图书馆政策看作一个巨系统，则在这个巨系统内，一系列政策构成公共图书馆政策这一群落，一系列政策构成高校图书馆政策这一群落，一系列政策构成中等专业学校图书馆政策这一群落，一系列政策构成中小学图书馆政策这一群落，一系列政策构成科学院图书馆政策这一群落，一系列政策构成企业图书馆政策这一群落，一系列政策构成工会图书馆政策这一群落，一系列政策构成军事图书馆政策这一群落，一系列政策构成儿童图书馆政策这一群落，等等。在这些图书馆政策群落之间，各项政策的联系通常是间接的和不甚紧密的，但的确又以一定的方式发生着相对固定的联系。

2. 合理的图书馆政策结构

图书馆政策虽然是一项一项地制定出来的，但一般来说不大可能在执行过程中一项一项单独地、孤立地产生政策效果。其实，每项图书馆政策都处于一定的政策系统内，以一定的方式与其他政策发生互动。因此，合理的政策结构，对于任何单项图书馆政策实现理想的政策目标、达到预期的政策效果，都具有至关重要的意义。

那么，什么是合理的图书馆政策结构呢？

（1）结构的有序化

所谓有序化，是指：①在同一图书馆政策系统内部，不同层次、不同行业、不同功能的图书馆政策协调分布、相辅相成，有利于发挥图书馆政策的整体效果；②图书馆政策的数量、质量和政策间的互动方式能够随着外部环境的变化而及时地、相应地调整、发展、完善。

（2）有效的分级控制

在同一图书馆政策系统内部，任何一个较低层次的政策都是较高层次的政策的要素，而这一要素同时又是一个政策亚系统。高一层次的政策与低一层次的政策、统摄全局的政策与具有局部性的政策是一种统辖和被统辖或节制和被节制的关系。图书馆政策的这种分级控制越有效，就越能提高图书馆政策运行的效率。只有环环相扣、层层衔接，图书馆政策运行机制才能运转自如。

（3）严格的组合秩序

这是图书馆政策结构合理的重要条件。组合秩序若混乱或不合理，就会造成图书馆政策运行的混乱与资源浪费，从而影响政策效果。所谓严格的组合秩序，是指：①图书馆政策主体在制定和执行图书馆政策时，必须有系统论的视角而不是仅仅着眼于它的单项性，须着力于政策的配套运作，即对政策缺口采取有效措施予以及时修补，对政策间可能产生的冲突有可靠的预备解决方案；②图书馆政策主体须从政策系统的整体目标出发，统筹安排，严格管理，将各项政策协调好，保障各层次政策正常、高效运转。

第三节 图书馆政策系统的构成与运行

一、图书馆政策系统的构成

图书馆政策系统是由图书馆政策主体、图书馆政策客体及其与图书馆政策环境相互作用而构成的社会系统。政策系统是图书馆政策运行的载体，是图书馆政策过程展开的基础。图书馆政策系统内部各因素的联系是否得当，直接影响到图书馆政策的运行是否顺畅，并决定政策效果的好坏。

1. 图书馆政策主体

图书馆政策主体（政策活动者）一般可以界定为直接或间接地参与图书馆政策制定、执行、评估或监控的个人、团体或组织。具体而论，图书馆政策主体主要包括以下几类：

（1）立法机关。立法机关在西方指国会、议会、代表会议一类的国家权力机构，在我国则是指全国及地方各级人民代表大会及其常务委员会。

（2）行政机关。如国务院、国务院办公厅、国务院组成部门、国务院直属机构、地方各级人民政府及附属的部门与机构。

（3）党、团、工会组织。在我国，主要是指中共中央、中宣部、共青团中央、中华全国总工会等。

（4）利益团体。所谓利益团体，是基于某种共同价值、共同利益、共同态度或者是某种职（行）业而形成的正式或非正式团体、群体等社会组织。其目的在于建立、维持、增进共同利益和共同态度所蕴涵的行为模式；其职责是履行利益聚合功能，以保障或增进其成员的利益作为最高目标。例如，国际图联（IFLA）、中国图书馆学会、澳大利亚图书馆与情报协会（ALIA）、美国图书馆协会（ALA）、加拿大图书馆协会（CLA）、爱沙尼亚图书馆协会（ELA）、香港图书馆协会（HKLA）、以色列图书馆协会、牙买加图书馆协会、俄罗斯图书馆协会联合会、乌克兰图书馆协会以及各国（地区）各级各类读者协会等，均是直接或间接参与图书馆政策制定、执行、评估或监控的利益团体。

（5）图书馆员和读者。图书馆员和读者在图书馆政策制定中的地位不容忽视，这是因为每一项图书馆政策所要解决的政策问题都与他们的利益相关。若没有图书馆员和读者的支持，即使图书馆政策制定出来了，贯彻执行仍相当困难。要保证图书馆政策有较高的支持度，就不能忽视政策制定中图书馆员和读者的有效介入。

（6）大众传媒。大众传媒是指用集体力量将等值等量的信息对广大社会群体进行大规模传播的各种工具及手段。一般包括报刊、影视、广播、书籍、音像制品、电话、电报、卫星转播及国际互联网等。大众传媒对图书馆政策制定的影响与作用具体体现在：大众传媒能及时反映社会所发生的图书馆政策问题（如某偏远地区的农民想摆脱贫困，但苦于信息闭塞、匮乏，难以找到真正有效的科学致富路子，急需推广普及农村图书馆（室、站），有关大众传媒对此予以报道）；同时，其传播的信息是对图书馆政策信息和政策问题进行筛选和加工处理后再提供给公众的，它建构的“第二现实”影响受众对问题内容及其性质的认知和态度，进而影响着图书馆政策议程的建立。由于大众传播的直接性、迅速性和广泛性，它能为图书馆政策制定创造良好的公众支持环境，从而扩大图书馆政策诉求群体，提高图书馆政策问题的认知程度。大众传媒的“焦点效应”，可以形成强烈的政策舆论压力，促使决策系统接受来自公众的愿望和要求。大众传媒是连接政府与社会的桥梁和中介，可以扩大公众对图书馆政策制定的参与程度，使分散的公众公开表达自己的诉求，是实现图书馆问题决策科学化与民主化的重要载体。

2. 图书馆政策客体

图书馆政策客体是指图书馆政策所发生作用的对象，包括图书馆政策所要处理的社会问题（事）和所要发生作用的社会成员（人）两个方面。一般来说，图书馆政策所要处理的社会问题很多，如筹集办馆经费、提高馆藏利用率、提高工作人员素质、建设虚拟图书馆等。但是，图书馆政策所要发生作用的社会成员主要是指图书馆员和读者。图书馆员和读者不仅是图书馆政策主体的构成因素，而且是图书馆政策发生作用的对象即政策客体。

3. 图书馆政策环境

图书馆政策环境是指影响图书馆政策产生、存在和发展的一切因素的总和。图书馆政策环境包括自然环境和人文环境两大部分。自然环境主要指图书馆所在国家或地区的地理位置、面积大小与气候条件；人文环境主要包括政治状况、经济状况、文化状况、教育状况、法律状况、人口状况、科技状况等，其中尤以社会经济状况、制度或体制条件、政治文化以及全球化、市场化、信息化、网络化、知识化和社会化的国际环境为重点。自然环境是图书馆赖以生存的场所和正常运行的自然前提，对图书馆政策具有影响和作用；人文环境对图书馆政策有着更为直接而重要的影响。

二、图书馆政策系统的运行

图书馆政策系统是由信息、咨询、决断、执行和监控等子系统所构成的一个有机大系统。图书馆政策系统的运行实质上就是图书馆政策主体、图书馆政策客体与图书馆政策环境相互作用的过程，它的实际运行则表现为图书馆政策制定、执行、评估、监控和终结等环节所组成的活动过程。

1. 图书馆政策主体、客体与环境的相互关系

（1）图书馆政策主体与图书馆政策客体的关系

图书馆政策主体与图书馆政策客体相互依存、相互影响和相互作用。一方面，图书馆政策客体的种类、性质、内容、规模不同，图书馆政策主体也就各有所异；随着历史条件的变化，图书馆政策客体在政策过程中的地位和作用发生变化，最终必然导致图书馆政策主体的职能也发生变化。另一方面，图书馆政策主体在图书馆政策客体面前并不是消极、被动、无所作为的，而是积极、主动、在整个政策过程中起主导作用的。

（2）图书馆政策主体与图书馆政策环境的关系

图书馆政策主体首先要实事求是地认识环境、把握环境，了解它的各种优势和弊端，并据此预测某项政策实施的可行性和政策运行过程中可能遇到的各种问题。这其中蕴藏的哲学含义是：图书馆政策主体在图书馆政策系统的运行过程中应当充分发挥自己的主观能动性和主体作用，但必须以尊重图书馆政策环境的实际情况为基本前提。否则，不仅图书馆政策在一开始制定时就是错误的，而且，即使政策方案是正确的，也会因在执行过程中受阻而无法达到政策目标，与预期的政策效果相差甚远，甚至背道而驰。

（3）图书馆政策客体与图书馆政策环境的关系

图书馆政策客体与图书馆政策环境二者是高度融合在一起并相互转化的。一方面，图书馆政策客体受到来自图书馆政策主体及其制定的图书馆政策作用之后，显现取得的政策效果。这些政策效果即图书馆政策的预期目标，有些是有形的，有些是无形的，它们往往构成图书馆政策环境的一部分，重新回到图书馆政策系统中，并对图书馆政策系统的运行过程产生影响。譬如，实施图书馆人才培养政策后，一大批掌握了新知识、新技术和新

方法的人回到图书馆，这必定成为其他图书馆政策（如图书馆组织政策、图书馆岗位竞聘政策、图书馆网络化政策、图书馆用户培训政策等）制定和运行过程中的环境因素。另一方面，图书馆政策环境也在一定的条件下成为图书馆政策客体。例如，图书馆事业管理体制是政策环境，当政府针对图书馆事业管理体制中的弊端采取一系列改革政策时，图书馆事业管理体制就成为政策客体。

2. 图书馆政策子系统的划分

现代化、科学化的图书馆政策系统是由信息、咨询（参谋）、决断、执行和监控等子系统所构成的大系统。图书馆政策过程及其各项功能活动是由这些子系统共同完成的，这些子系统各有分工、相互独立，又密切配合、协同一致，促使图书馆政策大系统得以顺利运行。

信息子系统由掌握信息技术的专门人才所组成，从事信息的收集、整理、储存和传递等活动，为图书馆政策提供信息资料。从某种意义上说，关于图书馆或图书馆事业的决策（简称图书馆决策，下文同）过程也就是信息的流动与转换过程，而信息原则是决策的基本原则，信息是图书馆政策制定、执行、评估和监控的依据，没有信息，这些活动就无法展开。

咨询子系统又称参谋子系统或智囊子系统，它是由现代政策研究组织（思想库）以及各种专家、学者组成的子系统。它集中专家们的集体智慧，运用科学的方法和技术，为图书馆决策提供方案和其他方面的咨询服务。

决断子系统也称中枢子系统，它由拥有决策权力的较高层领导者组成。决断子系统既是图书馆决策活动的组织者，又是图书馆政策的最终决定者，领导图书馆决策活动的全过程，在整个图书馆决策系统中居于支配地位。决断子系统具有权威性和主导性两个特点。决断子系统在图书馆决策过程中的主要作用是：①提出有关的图书馆政策课题；②考虑图书馆政策目标的确立；③组织图书馆政策方案的设计；④负责图书馆政策的最终决定。

执行子系统是由图书馆政策执行组织（如文化部社会文化图书馆司及其图书馆处、各省（自治区、直辖市）文化厅（局）社会文化处、教育部高等学校图书馆工作委员会、图书馆及其内设机构等）及其人员所构成的。它是图书馆政策系统的有机组成部分，其主要职责是将图书馆政策方案（理想）转变为政策效果（现实）。执行子系统具有现实性、综合性、具体性和灵活性的特点。所谓现实性，是指执行子系统能够将图书馆政策方案转变为政策效益；所谓综合性，是指图书馆政策执行是一个复杂的活动过程，牵涉到许多动态的因素，必须采取种种措施和行动；所谓具体性，是指执行子系统必须将图书馆政策目标加以分解，使其具体化，把执行任务落实到具体的单位和个人；所谓灵活性，是指执行子系统所遇到的是复杂多变的情况，新问题、新矛盾随时会发生，因此执行子系统必须具有灵活性。

监控子系统是整个图书馆政策系统的一个有机组成部分，它是体制内和体制外的有关部门、单位和个人所组成的一个子系统，相对独立于信息、咨询、决断、执行等子系统，其地位较为特殊。监控子系统在图书馆政策执行过程中的主要作用在于：①确立图书馆政策执行的准绳和规则，提供检查执行情况的依据；②监控图书馆政策执行情况；③反馈图书馆政策执行情况。

3. 图书馆政策系统运行的各个环节

图书馆政策主体、客体与环境以及图书馆政策系统的各个子系统之间相互联系和相互作用，使得图书馆政策系统呈现为一个动态的运行过程。图书馆政策系统的运行是由政策制定、政策执行、政策评价和政策调整四个环节所组成的过程，这些环节构成了一个政策周期。

（1）图书馆政策制定

政策制定是图书馆政策过程的首要环节，是图书馆政策成败的基础。政策制定是政策决策者根据面临的问题，提出解决方案，并使其转化为政策规范的过程。

（2）图书馆政策执行

所谓图书馆政策执行，狭义而言就是指某项图书馆政策、方案、决议等的具体贯彻、推行和实施。它不包括某些准备工作和善后工作，以及对执行的监督和反馈。广义的图书馆政策执行则是指执行者为贯彻、落实图书馆政策指令，以达到预期目标的全部活动和整个过程。它涉及方方面面、各个步骤和环节以及各要素与各环节之间的联系，从而使图书馆政策执行的全过程显现出鲜明的综合性、广泛性、动态性、现实性、具体性、层次性、灵活性以及执行与决策统一性等特点。可以说，图书馆政策执行是图书馆政策解决社会问题（如社会文献信息流整序问题、知识信息传递问题、开发智力资源与进行社会教育问题、搜集和保存人类文化遗产问题、满足社会成员文化欣赏和娱乐消遣的需要问题等）的最直接环节和检验图书馆政策正确与否的重要途径，它不仅决定着图书馆政策目标的能否实现及其实现的程度和范围，而且是完善、发展原有图书馆政策和制定新图书馆政策的重要依据。

（3）图书馆政策评价

图书馆政策评价是图书馆政策过程中介于政策执行和政策调整之间的重要环节。所谓图书馆政策评价，是指在图书馆政策执行之后，依据一定标准对政策效果、政策效益、政策效应所作的考察，并进而对图书馆政策所做出的分析。在树立正确标准的前提下，对图书馆政策做出实事求是的评价，对于科学地总结和分析图书馆政策实践中的经验教训，使图书馆政策不断完善化和科学化，有效地发挥图书馆政策的功能和作用，具有十分重要的意义。

(4) 图书馆政策调整

政策调整是图书馆政策过程中不可缺少的环节，是图书馆政策制定者依据政策评价的结论反馈信息，对图书馆政策的内容和形式予以部分改变或全部改变的行为，实质上是图书馆政策的延续。图书馆政策调整可分为以下四种类型：①增扩型和缩减型政策调整；②合并型和分解型政策调整；③激进型和渐进型政策调整；④废止型和延续型政策调整。通过对图书馆政策进行相应的调整，及时纠正图书馆政策的失误或偏差，可以使图书馆政策更好地符合客观实际的需要，有利于尽快实现图书馆政策目标。

第四节　国内外图书馆政策举要

一、国际组织制定的图书馆政策

多年来，国际图联（IFLA）、联合国教科文组织（UNESCO）、图书馆共同体国际联盟（ICOLC）等国际组织一直致力于世界图书馆事业的规划、协调、指导与组织活动，并颁布了一系列图书馆政策。限于篇幅，下文着重介绍国际图联（IFLA）制定的图书馆政策。

1. 国际图联的长期政策

由国际图联执行委员会制定的长期政策于 1991 年 4 月 10 日得到批准，并提交 1991 年 8 月在莫斯科召开的理事会审议通过。

国际图联的长期政策旨在支持执行 IFLA 的任务和使命，为造福于社会而加强其在成员中的领导地位，为图书馆事业的发展提供一个具体的框架。

通过对世界范围内图书馆事业的考察，对图书馆的性质和职能在今后几十年内变化趋势的预测，国际图联认为在制定长期政策时应考虑如下问题：

(1) 图书馆在社会和文化方面的作用，特别是在扫盲中的作用；

(2) 提供和保护每个人获取所需信息的权利；

(3) 强化个人做出成熟及负责任的决定的能力；

(4) 发展图书馆事业，在信息匮乏和信息富有之间建立起一座桥梁；

(5) 学术自由，其中包括保护图书馆资源和人员不受审查制度的限制；

（6）世界信息市场的发展，认识到信息是一种商品；

（7）改善图书馆职业的地位，包括教育和专业的发展，图书馆员的权利和义务，发展行之有效的图书馆协会；

（8）加强国际图联在图书馆和专业协会中的领导和催化作用；

（9）影响新的信息技术和电子通信技术的发展和应用，特别是有助于图书馆员改善服务的信息工具、技术和标准。

上述政策可归纳为四个主题，即：①促进图书馆的社会、文化和教育作用；②改善信息的检索和利用；③扩大图书馆专业；④影响信息技术和电子通信技术的发展和应用。

国际图联的长期政策是为其成员和联合会本身制定的，它所制定的决策、规划和项目将对今后10～15年图书馆事业的发展产生影响。

2. 国际图联的核心计划

目前，国际图联共有五项核心计划：

（1）世界书目控制与国际机读目录（Universal Bibliographic Control and International MARC Core Programme，简称UBCIM）

UBCIM的宗旨是努力协调国家书目控制及国际书目数据交换的系统与标准的开发活动，同时努力推广通用机读目录格式并通过专家协调它的开发与维护工作。具体而论：①促进图书馆特别是国家书目机构间可兼容书目记录的交换与使用；②促进书目著录标准化与书目记录中检索点的选择与形成；③促进各国采取国家书目机构对其提供的本国出版物书目记录的兼容性负责的原则，无论以机读形式还是以其他形式提供，记录必须依据国际书目标准生成，并必须使其能与其他国家书目机构的记录进行相互交换；④促进国家机读书目数据交换标准的建立与维护。

（2）世界出版物的收集利用（Universal Availability of Publications Core Programme，简称UAP）

UAP的概念于1973年首次提出，1977年为了识别与开发一个完整的行动计划，成立了世界出版物的收集利用指导委员会，正式设立了这一计划，1978年在国际图联第44届大会上宣布计划的开始。

该计划的目标是使世界各地的用户随时都可以最大限度地获取他们所需要的各种载体的出版物（为公众使用而发行的知识记录），这些出版物不仅包括灰色文献在内的印刷材料，而且包括视听材料与数字或模拟形式的电子出版物。为实现这一目标，该计划一方面在从地方到国际的各级范围，从新资料出版到最后版本保存的各个阶段，努力识别并清除种种障碍，并对改善出版物共享现状所采取的行动提出建议、进行鼓励并提供支持；另一方面确保改善出版物所提供信息的共享，同时努力改善对出版物本身的共享。

(3) 出版物的保护与保存 (Core Programme for Preservation and Conservation，简称 PAC)

出版物的保护与保存核心计划于 1983 年 4 月在一个由国际图联主席召集的特别工作组的会议上首次提出，1984 年在内罗毕国际图联年会期间由国际图联执委会批准并正式创立，1986 年在奥地利维也纳由国家图书馆馆长会议、国际图联及联合国教科文组织共同发起，举行了第一次国际图书馆资料保存会议，从此正式开始了此项计划的实施。

该计划的宗旨是保证各种载体的图书档案资料无论出版与否，均以易于存取的形式尽可能长久地予以保存。为实现这一目标，该计划最重要的任务就是在政府、公众、信息与文化遗产专业人员中提高对机构管理中文化保护所占据的重要位置的认识。

(4) 世界数据流与远程通信 (Universal Dataflow and Telecommunications Core Programme，简称 UDT)

世界数据流与远程通信核心计划于 1983 年提出，1984 年批准，1985 年正式设立。该计划原名为跨界数据流及数据交换有关问题 (Transborder Data Flow and related problems of data exchange，简称 TDF)，1986 年改为现名。

UDT 计划努力进行图书馆领域电子通信与资源共享的实际探索，促进有关标准与技术的采用，并监督有关的政策问题以排除影响图书馆领域电子数据传输的障碍。其目标在于通过以下几方面促使图书馆与国际图联各项计划及项目的工作更加有效：①促进图书馆间、图书馆与其用户间的电子数据传输；②努力减少影响图书馆、图书馆用户及图书馆供应者进行电子数据传输的远程通信障碍；③在电子数据交流的手段与方式方面，帮助并支持国际图联专业部组及其他核心计划；④跟踪电子数据交换及远程通信方面的发展，并提供有关信息，支持与专门应用于图书馆的电子数据通信技术有关的国际标准的推广、实施与应用。

(5) 发展图书馆事业 (Core Programme for the Advancement of Librarianship，简称 ALP)

发展图书馆事业核心计划原名为发展第三世界图书馆事业核心计划 (Core Programme for the Advancement of Librarianship in the Third World)，于 1983 年提出，1984 年在内罗毕召开的国际图联大会上正式开始。这一计划是国际图联 1987—1989 年重点讨论的主题，1990—1991 年作为一个专门项目进一步开发并予以定义，1992 年 1 月工作全面展开，1997 年改为现名。

ALP 旨在促进发展中国家的图书馆与信息服务的逐步改进，使它们在国家发展中发挥积极作用。该计划的重点是创造各种条件，以使各国朝着发挥自己主动性的方向努力，朝着自给自足的方向系统地发展。具体而论：①支持第三世界国家与地区各级图书馆组织的活动，并开发各种途径与手段，促进国际图联与这些组织之间的具有实质性意义的联系；②与有关国际组织合作，积极协调国际上为支持第三世界国家图书馆与信息服务发展所开展的各种活动；③与国际图联内各有关专业组及其他核心计划开展广泛的合作，积极促进国际图联在第三世界活动的开展，包括各种项目与活动的开发；④提高政府机构与一般公众对第三世界发展过程中图书馆信息服务作用的认识，并鼓励进行国家级图书馆与信息基础设施的规划。

3. 国际图联制定的阶段性战略计划

国际图联至今已三次制定了阶段性战略计划，即战略计划 2004—2005、战略计划 2006—2007、战略计划 2008—2009，每一个战略计划的目标都有所不同。

（1）借助图书馆的发展行动计划（2004—2005）

该计划的目标是：①援助人力资源开发；②支持图书馆协会的发展，并且支持它们对文明社会施加影响的工作；③与学习型社会合作，促进图书馆的发展，促进实用性扫盲、阅读和终身学习的发展；④促进新技术和电子资源的发展，在本地资源格式化方面给予协助；⑤支持信息传播和针对社区的出版活动，要特别关注土著社区的居民。

（2）借助图书馆的发展行动计划（2006—2007）

该计划的目标是：①为图书情报工作者的教育和发展提供机会；②为新图书馆协会的建立提供便利，为贯彻执行国际图联关于管理图书馆协会的指南减轻困难；③促进图书馆在信息扫盲和终身学习方面职能的发挥，与功能性文盲作斗争；④促进信息通信技术的利用和本地电子资源的创建；⑤加强对社区的出版活动和信息传播，要特别关注边缘群体。

（3）文献传递和资源共享战略计划（2008—2009）

该计划的目标是：①规划并实施国际图联关于国际资源共享的活动；②为文献传递和资源共享从业者提供持续的教育机会；③监测电子资源、作品许可证以及版权法对资源共享和文献传递的影响；④促进技术在简化国际资源共享和强化服务传递方面的应用；⑤促进世界范围内文献传递和资源共享同行的活动。

4. 国际图联制定的弱势人群服务政策

弱势人群服务图书馆专业组（Libraries Serving Disadvantaged Persons Section，简称 LSDP）是国际图联内长期关注那些不能利用常规图书馆服务的特殊人群的专业组之一，它是国际图联“医院图书馆委员会”（IFLA's Hospital Library Committee）发展而来，至今已有 70 多年的历史了。迄今，该专业组已出台了以下服务规范：①《监狱犯人图书馆服务指南》（第三版，2005）。②《残疾群体利用图书馆——检查清单》（2005），是关于图书馆如何使各类残疾人平等利用图书馆的一个综合指南，主要从物理设施、馆藏资料类型、服务及与社会残疾人组织和个人交流三方面进行阐述。③《诵读困难群体图书馆服务指南》（2001）。④《医院病人、长期居住在护理机构中的老年人和残疾人图书馆服务指南》（2000）。⑤《聋哑群体图书馆服务指南》（第 2 版，2000）。⑥《易读物服务指南》（1997）。⑦《医院病人和社区残疾群体图书馆服务指南》（1984）。

二、俄罗斯制定的图书馆政策

1. 政策的制定者

俄罗斯联邦图书馆政策的制定主体主要包括以下三类：①立法机关。俄罗斯立法机关为国家杜马，国家杜马设有 16 个委员会，其中的教育和科学委员会、信息政策委员会是国家图书馆政策体系中总政策的制定者和直接决策者。②行政机关及组织。俄罗斯联邦文化部以及隶属于它的各类图书馆问题跨部门专家委员会、俄罗斯科学部、教育部、科学院、俄罗斯总统文化与艺术委员会、俄罗斯国家出版委员会、俄罗斯档案馆、国家通信委员会以及俄罗斯联邦主体的文化管理机构等一系列组织机构是国家图书馆政策体系中的基本政策和部分具体政策直接或间接的制定者与决策者。③利益团体。俄罗斯图书馆协会、莫斯科图书馆协会、圣彼得堡图书馆协会等一系列非政府组织也是俄罗斯联邦国家图书馆政策体系中的基本政策和部分具体政策的直接或间接制定者。

2. 政策内容

主要包括：①图书馆信息化规划（1992 年至今）；②俄罗斯保护图书馆馆藏国家规划（2001—2005）；③在全俄公共图书馆建立网络化的法律信息公共中心联邦规划（1998—2005）；④“俄罗斯电子图书馆”跨部门规划；

⑤《俄罗斯联邦文化规划》（2006—2010），该规划要求建立联邦与地方两级水平的图书馆馆藏安全系统，并首次将国家档案馆的文献、电影馆馆藏资料与博物馆、图书馆馆藏一并归入俄罗斯联邦文化遗产的范畴。

3. 政策的价值取向及总目标

俄罗斯联邦图书馆政策的价值取向是保障并实施公民自由地获取文献信息的基本权利。加强图书馆在发展的信息社会和建设法制国家中的作用并把它建设成保证社会稳定、支持社会民主化、促进经济改革和发展的全社会的信息中心是国家图书馆政策的总目标。事实上，俄罗斯联邦图书馆政策在保障公民自由地获取信息的权利方面、在引导全俄图书馆事业发展方向方面、在协调图书馆同政府机构以及社会团体的利益方面，都发挥了巨大的作用。

三、美国制定的图书馆政策

1. “Information 2000”计划

1991 年 7 月，美国图书馆与信息科学国家委员会（NCLIS）、白宫图书馆与信息服务会议工作小组在华盛顿特区召开了第 2 次白宫图书馆与信息服务会议，将近 2000 名各地代表和观察员参加。会议中讨论自 1990 年春天起到 1991 年全美 50 州地区性会前会议所提的 2500 个议案，经表决后，决议通过 95 项优先建议案，并于 1991 年 11 月做成正式文件“Information 2000”，呈送布什总统及国会。文件的主要诉求是美国图书馆事业未来十年的工作目标，包括：

（1）信息获取方面：所有美国民众必须能免费、便利地获取公共信息；

（2）国家信息政策：图书馆与信息服务从业团体必须有更多机会参与联邦信息政策的制定，并将政府信息传递给民众；

（3）信息网络：全面规划网络，促进资源共享，网络规划应涵盖各级政府、各类型图书馆、信息中心、学校、私人机构等，遵循通用标准，扩大信息的传播范围；

（4）组织与管辖：加强图书馆在教育体系中的功能，联邦政府应加强对图书馆的经费支持，促进图书馆的发展；

（5）信息服务：完善的信息服务必须兼顾所有美国民众的信息需求，不论其教育、经济、文化或语言背景；

（6）读者辅导：图书馆必须指导现实及潜在读者善用图书馆与信息中心的资源，使民众从信息资源中获得最大益处；

（7）人力发展：加强培训图书馆及信息服务人才；

（8）信息保存：加强信息储存人才的训练，善用各种新兴的媒体与技术；

（9）信息服务行销：评估目前图书馆在社区服务中的功能与影响，研究切实可行的服务推广行销模式。

2. 美国图书馆协会（ALA）制定的《图书馆权利法案》等一系列政策

《图书馆权利法案》（*Library bill of Rights*）于1948年6月30日由ALA理事会正式通过，1961年2月2日、1980年1月23日相继得到修订，1996年1月23日ALA理事会重申了这一法案。其内容为：

美国图书馆协会宣布：所有图书馆都是信息和思想的论坛，图书馆的一切服务活动都应受下列基本政策的指导：

（1）图书和图书馆其他资源应是为了满足图书馆所服务的社区所有居民的兴趣、信息和教化需要而提供，不能因为责任者的出身、背景或观点而拒绝接纳相关资料；

（2）图书馆应提供反映古今各种观点的资料和信息，不能因为反对某种学派或学说而禁止或排斥相关资料；

（3）图书馆在履行其提供信息和开启民智之职能的过程中，应向文献内容审查制度提出挑战；

（4）图书馆应该加强与一切抵制剥夺表达自由和思想存取自由的个人或组织之间的合作；

（5）一个人使用图书馆的权利不应因为其出身、年龄、背景或观点而被否定或剥夺；

（6）对其服务对象开设展览室和会议室的图书馆，应在公平的基础上使这些设施能够被其个体用户或群体用户享受，而不应计较其信仰或组织上的隶属关系如何。

1995年12月，美国图书馆协会在美国《图书馆杂志》上发表了《美国图书馆事业发展的十二条宣言》，在图书馆界引起了很大的反响。这十二条宣言的内容是：①图书馆向市民提供信息的机会；②图书馆应消除社会的障碍；③图书馆是改变社会不公平现象的基地；④图书馆尊重个人的价值；⑤图书馆培育创造精神；⑥图书馆为儿童打开心灵的窗户；⑦图书馆的服务会得到社会应有的回报；⑧图书馆构建社会群体；⑨图书馆系紧家族的纽带；⑩图书馆激励每一个人；⑪图书馆提供心灵的圣地；⑫图书馆保存历史记录。

此外，ALA 还制定了大量的图书馆政策，例如《关于阅读自由的声明》（*The Freedom to Read Statement*，1953 年 6 月 25 日 ALA 理事会和 AAP 阅读自由委员会通过，1972 年 1 月 28 日、1991 年 1 月 16 日、2000 年 7 月 12 日相继修订）、《关于观看自由的声明》（*Freedom to View Statement*，1990 年 1 月 10 日 ALA 理事会签署）、《图书馆：一种美国式的价值观》（*Libraries：An American Value*，1999 年 2 月 3 日 ALA 理事会通过）、《关于恐怖袭击发生后重申知识自由准则的决议》（*Resolution Reaffirming the Principles of Intellectual Freedom in the Aftermath of Terrorist Attacks*，2002 年 1 月 23 日 ALA 理事会通过）、《针对侵犯图书馆用户权利的美国爱国者法案及其相关措施的决议》（*Resolution on the USA Patriot Act and Related Measures that Infringe on the Rights of Library Users*）、《就用户行为和图书馆使用制定政策与程序的指导方针》（*Guidelines for the Development of Policies and Procedures Regarding User Behavior and Library Usage*，1993 年 1 月 24 日 ALA 知识自由委员会通过，2000 年 11 月 17 日修订）、《关于政府胁迫的政策》（*Policy on Governmental Intimidation*，1973 年 2 月 2 日 ALA 理事会通过，1981 年 7 月 1 日修订）、《关于联邦通信委员会制定的新规则与媒体垄断政策的决议》（*Resolution on New Federal Communications Commission*（FCC）Rules and Media Concentration，2003 年 6 月 25 日 ALA 理事会在多伦多正式通过）、《关于图书馆用户个人身份信息保密问题的政策》（*Policy Concerning Confidentiality of Personally Identifiable Information about Library Users*，1991 年 7 月 2 日 ALA 理事会通过）、《关于图书馆记录保密问题的政策》（*Policy on Confidentiality of Library Records*，ALA 理事会 1971 年 1 月 20 日通过，1975 年 7 月 4 日、1986 年 7 月 2 日修订）、《贯彻图书馆记录保密政策的推荐程序》（*Suggested Procedures for Implementing Policy on Confidentiality of Library Records*，1983 年 1 月 9 日 ALA 知识自由委员会通过，1988 年 1 月 11 日修订）等。

3. 美国图书馆界的因特网过滤政策

在美国，反图书馆因特网过滤的力量已经汇成一股强大的洪流，他们开展了多方面的工作（如发布宣言、提起诉讼）来试图取消图书馆的因特网过滤政策。譬如：美国图书馆协会发布了一系列关于因特网过滤的政策声明，如《关于图书馆使用过滤软件的声明》、《关于图书馆使用过滤软件的决议》、《关于反对联邦强制实行因特网过滤的决议》等。

另据 ALA 网站上的统计，美国共有 25 个州图书馆协会发布过关于因特网过滤的政策声明。关于美国各州图书馆协会因特网过滤的政策在此不一一赘述，仅举纽约图书馆协会一例加以说明。2001年6月5日，纽约图书馆协会理事会通过了《纽约图书馆协会关于因特网存取的声明》（NYLA statement on Internet Access）。其要义是：支持开放的因特网存取；反对联邦政府或州政府限制对因特网的存取；本协会不推荐在图书馆中使用的过滤软件；反对联邦政府、州政府或其他地方政府制定类似的政策。

然而，美国图书馆界也确实看到了网络信息资源存取过程中的问题。为了消除这些问题，同时又回避安装过滤软件，ALA、NCLIS等主张制定“可接受的使用政策”（Acceptable Use Policies，AUP）来取代因特网过滤软件，他们希望将AUP作为解决网络不良信息问题的途径。ALA的知识自由委员会（Intellectual Freedom Committee）在1998年6月发布了《关于制定公共图书馆因特网使用政策的指示》。该指示建议各图书馆制定书面的因特网使用政策，向所有图书馆用户宣布因特网使用政策，提醒图书馆用户本馆没有安装过滤软件；并且还要在所有的上网计算机上张贴禁止使用图书馆设备存取色情信息等非法信息和有害信息。该指示还要求因特网使用政策应该规定合理的网络存取时间、地点，对用户保密，保护用户隐私等。NCLIS于1998年通过一个决议来鼓励使用这样的政策：本委员会强烈建议每个学校、图书馆制定正式的、书面的关于因特网存取政策的声明，并定期对该政策进行审查。据NCLIS的统计，至1998年，美国62%的公共图书馆制定了这样的政策。

四、新加坡制定的图书馆政策

1992年6月，新加坡信息艺术部部长指定成立“2000年图书馆审查委员会”。1992年6月—1994年2月，历经多次会议与咨询，并邀请多国内外相关单位研究，“Library 2000”报告在1994年春天产生，由信息艺术部部长接受之后，提送国务院审理。报告书共有171页，主要包括以下内容：

（1）图书馆在信息科技时代的角色。①以新加坡作为国际信息港；②保存及推广新加坡的文化遗产；③提供教育、知识与研究资源；④推动新加坡成为完全的阅览及信息社会。

（2）六项策略性方案。①重新调整公共图书馆系统，强化公共图书馆制度；②建立无国界的联合图书馆；③发展以合作为主的国家馆藏政策，合作收集全国信息资源。④提高服务品质，以市场为导向；⑤强化与商业、社会的积极互动关系；⑥使全球信息互通，成为信息整合的中介者。

（3）三项配合条件。①人力方面：与当地的大学签订合作协议，培训在职馆员，以应付新科技之发展。②科技方面：运用多媒体技术、知识领航技术、网络系统等新技术，扩充地区图书馆的使用价值。③组织领导方面：为了实现“Library 2000”计划，新加坡于1995年9月成立了图书馆管理局，分为5个部门，计有总办公室、合作事务部、发展部、图书馆服务部和物业管理部，负责管理国家图书馆并制定政策、策略及推行计划的工作，开展各种创新的图书馆服务。

五、中国制定的图书馆政策

我国制定的图书馆政策十分丰富，既有专门的图书馆政策文本，也有蕴含于其他政策文本中的图书馆政策条文。

1. 国务院、全国人大和全国性党（团、工会）组织制定的图书馆政策

这类政策主要有《全国图书协调方案》（1957年6月6日国务院全体会议第57次会议批准）、《图书馆工作汇报提纲》（1980年5月26日中央书记处第23次会议通过）、《关于改进和加强图书馆工作的报告》（中宣部、文化部、原国家教委、中国科学院联合发布，1987.3.20）等。

2. 国务院组成部门、直属机构和直属事业单位制定的图书馆政策

这类政策主要有《文化部关于加强与改进公共图书馆工作的指示》（1955.7.2）、《明确图书馆的方针和任务，为大力配合向科学进军而奋斗》（1956年7月文化部社会文化事业管理局向全国图书馆工作会议提出的报告）、《中国科学院文献情报工作条例》（1991.8）、《省（自治区、市）图书馆工作条例》（文化部，1982年12月1日）、《普通高等学校图书馆规程》（1987年7月25日原国家教委颁布，2002年2月21日教育部修订）、《文化部关于在县以上公共图书馆进行评估定级工作的通知》（1994年3月7日）、《文化部关于在县以上公共系统少年儿童图书馆进行评估、定级工作的通知》（1995年5月15日）、《中小学图书馆（室）规程》（1991年8月29日原国家教委颁布，2003年3月25日教育部修订）、《中等专业学校图书馆规程》（原国家教委，1997年4月7日）等。

3. 中国图书馆学会制定的图书馆政策

中国图书馆学会（英文译名为Library Society of China，LSC）是由全国图书馆及相关行业或机构科技工作者自愿结合、依法登记成立的全国性、公益性、学术性、非营利性的群众团体，是党和政府联系图书馆工作者的桥梁

和纽带，是引导图书馆行业科学管理，推动科技进步，发展我国图书馆事业的重要社会力量。中国图书馆学会所制定的图书馆政策集中体现在其宗旨和任务之中，具体包括：

（1）活跃学术思想，组织学术研究和开展国内外学术交流活动；

（2）加强同国际图书馆界的联系与合作；

（3）编辑、出版、发行图书馆学各种载体的文献信息资料，促进学科发展；

（4）为国家文化、教育、科技发展战略、政策和经济建设中的重大决策，以及我国图书馆事业的法规政策的制定提供咨询服务，为科研服务，促进知识经济发展；

（5）争取政府授权或委托，参与图书馆业务活动中的相关标准、规范和准则等的制定，及其执行情况的评价与鉴定；参与图书馆员职业资格认证制度的研究与实施；

（6）介绍、评定和推广图书馆学科研成果；

（7）开展对会员和图书馆工作者的继续教育和职业培训工作；

（8）普及图书馆学、信息科学和信息技术基本知识，提高社会公众的图书馆意识；

（9）倡导全民阅读，促进知识的创新与传播，为提高国民科学文化素质，建设学习型社会发挥作用；

（10）传播推广先进技术和经验，为建立各种类型图书馆提供咨询服务；

（11）发现并举荐人才，表彰、奖励在学术活动和图书馆工作中取得优异成绩的会员和图书馆学会工作者；

（12）尊重会员的劳动和创造，维护会员和图书馆工作者的合法权益，反映他们的意见和呼声，举办为会员服务的事业和活动。

4. 中国台、港、澳地区制定的图书馆政策

（1）中国台湾地区

1994年，中国台湾地区开始酝酿制定图书馆事业发展领航文件。2000年，台湾图书馆学会公布了《图书馆事业发展白皮书》。该白皮书设计了图书馆事业的愿景、发展目标与各类型图书馆的任务，拟订了未来图书馆事业的发展策略，即充实图书馆资源的策略、促请行政及立法机关制定图书馆法规及标准之政策策略、优化图书馆管理的经营策略以及提升图书馆专业素质的专业策略。此外，《台湾图书馆学会章程》所规定的学会之任务实际上代

表着该学会所制定的图书馆政策。其主要内容有：①研究图书馆学与资讯科学之理论与实务；②倡导国民读书风气，建立书香社会；③建立图书资讯从业人员之伦理规范；④研订图书资讯之相关标准；⑤推展图书资讯从业人员之继续教育；⑥促进台湾图书资讯资源之开发与利用；⑦谋求图书资讯事业之合作发展；⑧促进台湾图书馆资讯网络系统之发展；⑨编印出版图书馆学与资讯科学书刊。

（2）中国香港地区

1996年11月，香港政府向全港市民咨询《市政局图书馆委员会五年计划》。该计划的主要内容包括：①提供图书馆资料；②提供图书馆；③提供参考及信息服务；④推广活动及图书馆合作；⑤提供其他图书馆服务；⑥信息科技的使用；⑦推广文学艺术。此外，香港图书馆协会（HKLA）的目标也体现出明显的政策意向：①鼓励香港信息与图书馆服务提供其促进政策的发展，包括服务指南和标准的制订；②为图书情报工作者提供一个正式和非正式交流的媒介与网络，这样的交流既包括本港内部的交流，也包括与中国内地和其他国家的交流；③团结香港所有的图书情报工作者，为他们谋利益，并确保能够有效的代表会员的利益；④促进香港图书情报工作者的职业教育和培训。

（3）中国澳门地区

澳门特区的图书馆政策集中体现在澳门图书馆暨资讯管理协会（Macao Library and Information Management Association）的会旨之中：①促进澳门的图书馆及资讯服务之合作与发展，制订服务之标准和指引。②团结澳门图书馆及资讯管理从业人员，加强地区与国际之间联系。③举办图书馆及资讯管理的专业教育和训练。④提高图书馆学及资讯管理的专业地位。

第五节　图书馆政策的定位

图书馆是一个系统，按其规模可划分为宏观系统和微观系统。图书馆宏观系统是指一个国家的图书馆事业整体，由全国各种不同类型和不同规模的图书馆组成，包括国家图书馆系统、公共图书馆系统、专业图书馆系统、高等院校图书馆系统、中小学校图书馆系统、儿童图书馆系统、军事图书馆系统、工会图书馆系统等。图书馆微观系统是指某个图书馆，它由信息组织子系统、信息传播子系统和条件保证子系统组成。系统论认为，任何一个系统都处于一定的环境中，并与环境发生着物质、能量和信息交换关系，脱离一定环境的系统是不存在的。图书馆系统自然不能例外。那么，什么是图书馆系统的环境？我们认为，图书馆系统的环境是指图书馆系统存在和发展的全部条件的总和。其中，与图书馆系统有关的外在条件的总和称为图书馆系统外环境，主要包括全球化、网络化、市场化、数字化、社会化与知识化六大社会发展趋势；与图书馆系统有关的内在条件的总和称为图书馆系统内环境，主要包括藏书、读者、馆员、经费、馆舍和物资设备、技术方法等。实践证明，无论是内环境还是外环境对于图书馆系统的存在和发展都是十分重要的和须臾不可离开的，换句话说，图书馆系统的存在和发展都是受其内外环境的制约。由于图书馆政策的目的在于调控和引导图书馆系统的运行和发展，因而决定图书馆系统运行和发展的上述环境因素也必然成为左右图书馆政策定位的因素。由于本书有关章节对图书馆系统的内环境已多有论述，故在此只分析影响图书馆政策定位的外环境。

一、全球化及其对图书馆政策的影响

全球化是当代世界的一大趋势，这种趋势在20世纪90年代清楚地显露出来。前任联合国秘书长加利在1992年联合国日的致辞中宣称："第一个真正的全球化时代已经到来"；美国著名的未来学家奈斯比特也认为，进入20世纪90年代，"全球一体化的新时代已经开始"，未来的世界是"一个不断增进彼此联系的世界"。我国知名学者李慎之将全球化看作21世纪的大趋势，并指出："全球化是已经开始的过程，是已经出现的大趋势，任何看不到这个趋势的研究都是盲目的；任何违反这个大趋势的决策都是错误的。"

全球化是指世界各个分散的部分或因素形成紧密联系的世界性网络，它是一种客观的历史进程，即某种不依各国的具体环境、地域、制度、意识形态发展模式等为转移的趋势，其基本内容是各国（地区）的经济、政治、军事、科技和文化等方面密切联系和相互作用。随着全球化的推进，世界各个部分正在迈向马克思所说的"相互依赖和相互作用"越来越紧密的新时代，构成国家、民族的各项结构性因素相互分离、各自发展的逻辑已经大大减弱，作为整体的全球化的存在世界正展现在人们面前，它涵纳和贯穿诸多地方性社会，构成现象学和解释学意义上的"世界总体"。这种"世界总体"决定了我们思考和行为方式的崭新的视阈，摧毁了视阈分立和分裂的观察方式，视阈融合成为新世界主要的把握角度。我们理论与实践所指向的世界不再专属于某些个体，而是针对共同的世界。

现有的许多图书馆政策都已烙上全球化的印痕。例如，《联合国教科文组织公共图书馆宣言》主张公共图书馆的使命之一是"促进不同文化之间的对话，赞赏文化多样性"；"必须确保与有关合作伙伴——例如用户群体和其他专业人员进行地方、区域、全国甚至国际性合作”。又如，2001 年 OCLC（Online Computer Library Center）制定了一份战略规划，名为“扩展 OCLC 的合作：3 年规划”（Extending the OCLC Cooperative：A Three-Year Strategy），规划的内容之一是“图书馆合作的延伸”（Extending Library Co-operation）。再如，《普通高等学校图书馆规程》（2002 年）规定：“高等学校图书馆应积极开展国内外学术交流，有条件的可按国家有关规定申请加入国际学术组织。”

二、市场化及其对图书馆政策的影响

20 世纪末期世界出现的一个重大历史事件是占世界人口 1/3 的计划经济国家向市场经济的转轨（1996 年世界银行发展报告就是以此作为主题的，题目是《转轨：从计划到市场》），这使得市场经济体制成为全球的压倒性经济体制。市场化的浪潮席卷整个世界，它以前所未有的强大的力量冲垮一切僵化过时的体制，整合、改造和重塑地球上的生产、经营、流通、消费诸方式。图书馆系统的管理体制亦未能幸免。市场化的扩张给图书馆的发展带来了一系列问题，诸如：图书馆能否进入市场？图书馆能否实行一馆两制或一馆多制？图书馆应否树立成本意识和实施成本管理？如何调适图书馆公益性服务与市场化运作之间的矛盾？委托管理①和业务外包②制度能否引入图书馆系统？怎样确定图书馆的核心业务与培育图书馆的核心竞争力？图书馆系统应如何应对 WTO 的挑战？

针对上述问题，图书馆政策主体只有兼顾市场经济的基本规定和图书馆系统自身的运行规律进行分析，才能得出切近事实的结论，才能制定出合理的调控政策，从而最大限度地促进图书馆系统自身的发展。可喜的是，国内外已出台了一部分相关图书馆政策，尽管这些政策文本或条文尚未囊括市场化影响图书馆系统的所有领域，但它们仍可在一定程度上和一定范围内发挥各自的导向、控制或协调功能。譬如，世界贸易组织（WTO）是市场化的产物，而图书馆是公益性服务机构，似乎与以自由贸易为主体的 WTO 无

---

① 委托管理，英文称 Contracting-out，主要指把原来由政府管理的部门委托给民间团体或企业进行管理。

② 业务外包，英文叫 Outsourcing，即在企业或团体价值链中的每一个环节都能够获得最大限度的服务和管理效益，具体来说，它是通过委托外部企业或团体提供本来应该由内部操作的各种业务活动和服务，以起到降低成本、节省时间、提高效率和改进质量的效果；更重要的是，通过业务外包，可以集中精力更有效地完成本单位的核心任务和目标。

关。其实不然。WTO监管着许多控制国际贸易的条约，其中对图书馆和情报部门最具影响的条约是《GATS（服务贸易总协定）》和《TRIPS（与贸易有关的知识产权协议）》。GATS协定有使一个国家的经济全面地向外国竞争者开放的潜在能力，包括诸如图书馆这样的公共服务部门。外国竞争者可以在任何成员国开设公司，与公共服务部门进行竞争。在这种情况下，外国公司可以挑战政府对公共服务部门的支持，要求国民待遇。也就是说，要求获得当地政府给予本国公共服务机构的同等水平的补贴。TRIPS协议具有直接或间接影响国家版权政策和法律制定的潜在力量，人们很难确定WTO是否会在提交到其面前的知识产权辩论中考虑公众利益和内容拥有者权利之间的平衡。鉴于此，在2001年8月于美国波士顿召开的国际图联年会上，IFLA专门公布了一份《国际图联关于WTO对图书馆影响的声明》。声明指出：国际图联敦促各成员熟悉WTO以及各自国内贸易政策的酝酿过程，尽可能强调图书馆的利益及其相关问题；国际图联鼓励其成员在本国GATS的贸易谈判中提高对图书馆价值的认识和关注；在支持WTO成员促进和培育民族文化的同时，国际图联反对设置任何障碍，阻挡由图书馆正常收集和传播的那些合法生产的信息和文化内容在国际自由交流；国际图联同时反对对印刷品及数字内容产品的进口征收关税或其他税收，这些措施可能扼杀知识自由。

又如，1987年2月2日，文化部、财政部、国家工商总局联合发布了《文化事业单位开展有偿服务和经营活动的暂行办法》。其要点是：文化事业单位必须坚持为人民服务、为社会主义服务的方向，正确处理好社会效益与经济效益的关系，把社会效益放在首位。同时，要改善经营管理，注重经济效益，在努力做好本职工作、保证完成国家规定的各项任务的前提下，发挥各自的特长和优势，利用现有的人力、物力，把无偿服务和有偿服务结合起来，积极开展“以文补文”的有偿服务和经营性活动。各单位开展的有偿服务和经营性活动，必须从自己的实际情况出发，因地制宜，量力而行，不得影响本职工作，弃文经商。该《办法》尽管没有注明专门针对图书馆系统，但它实际上已将图书馆系统涵盖在其政策对象范围之内。

再如，《普通高等学校图书馆规程》（2002年）第21条规定：“面向社会的文献信息和技术咨询服务，可根据材料和劳动的消耗或服务成果的实际效益收取适当费用。”此外，2001年12月20日国务院办公厅转发的《“十五”期间加快发展服务业若干政策措施的意见》（国家计委，2001年12月3日）明确指出：“将各类事业单位划分为营利性或非营利性机构。营利性事业单位都要改制为企业或实行企业化管理，实行自主经营、自负盈亏、依法纳税，逐步减少直至取消政府投资和事业经费。挂靠政府部门的营利性机构要与原部门脱钩。非营利性机构也要引入竞争机制，面向市场提供服务。”该政策对于图书馆在市场经济中的准确定位具有明确的指导意义。

三、网络化及其对图书馆政策的影响

今天，网络化大潮以其令人难以想象的速度和不可阻挡的势头席卷全球。它每年以几何级数的迅猛增长，正在对人类的生存与发展产生重大的影响，使我们所处的世界产生深刻的革命性变化。网络化信息资源的爆炸性增长及其所提供的信息服务工具和手段，正对图书馆行业产生巨大的冲击。Rory L. Chase 指出：“随着电子多媒体知识库和网络的创建，实体图书馆和信息中心已经正在萎缩甚或消失。雇员们越来越绕过图书馆和图书馆员，利用先进的知识检索工具去查找他们自己所需要的信息。”也就是说，网络化使图书馆行业面临严峻的挑战。这种挑战主要表现在两个方面：

1. 网络用户急速增长

中国互联网络信息中心（CNNIC）历年来所发布的次统计报告充分反映出这一趋势。截至 1997 年 10 月 31 日、1998 年 6 月 30 日、1998 年 12 月 31 日、1999 年 6 月 30 日、1999 年 12 月 31 日、2000 年 6 月 30 日、2000 年 12 月 31 日、2001 年 6 月 30 日、2001 年 12 月 31 日、2002 年 6 月 30 日、2002 年 12 月 31 日、2003 年 6 月 30 日、2003 年 12 月 31 日、2004 年 6 月 30 日、2004 年 12 月 31 日、2005 年 6 月 30 日、2005 年 12 月 31 日、2006 年 6 月 30 日、2006 年 12 月 31 日、2007 年 6 月 30 日、2007 年 12 月 31 日、2008 年 6 月 30 日、2008 年 12 月 31 日和 2009 年 6 月 30 日，我国上网用户数分别为 62 万、117.5 万、210 万、400 万、890 万、1 690 万、2 250 万、2 650 万、3 370 万、4 580 万、5 910 万、6 800 万、7 950 万、8 700 万、9 400 万、10 300 万、11 100 万、12 300 万、13 700 万、16 200 万、21 000 万、25 300 万、29 800 万、33 800 万，环比增长率分别为 89.5%、78.7%、90.5%、122.5%、89.9%、33.1%、17.8%、27.2%、35.9%、29.0%、15.1%、16.9%、9.4%、8.0%、9.6%、7.8%、10.8%、11.4%、18.2%、29.6%、20.5%、17.8%和 13.4%。

从上述数据来看，互联网刚在我国兴起的头几年，我国网民数量增长非常迅猛；后来，随着互联网的普及，我国网民人数的绝对值越来越大，但相对值（环比增长率）基本上趋于平稳。

2. 网络化环境下用户信息需求发生变异

在网络化环境下，用户对图书馆的知识信息服务需求具有以下特点：①知识信息需求的全方位与综合化；②知识信息需求的开放化与社会化；③知识信息需求的电子化与网络化；④知识信息需求的集成化与高效化。具体而言，用户将会向图书馆提出如下要求：①图书馆数据库网络化，能提供各种最新信息及回溯性资料；②不受时间限制，可随时得到所需资料；③对于各种信息需求，图书馆都能给予快速便捷的回答；④用户通过终端，得到的是经过图书馆鉴别、选择和加工的有价值的信息；⑤用户获取信息最好是免费的。在新的社会环境中，图书馆用户及其知识信息需求结构的变化，将决定现代图书馆的知识信息服务内容、模式与管理机制。

此外，图书馆自身的困境也令人担忧，如许多图书馆经费不足、高素质人才缺乏、管理体制落后，图书馆发展的国家不平衡、地区不平衡和系统不平衡，等等。面对上述挑战，许多图书馆纷纷采取应急之策，如建立图书馆网站、开展网上信息导航和虚拟参考咨询等服务，一些图书馆自觉或自发地组织协作网络（如 OhioLink、CALIS、上海市文献资源共建共享协作网等）。这些举措是对图书馆与网络化协同发展道路的有益探索，在一定程度上缓解了网络化带给图书馆的巨大压力。但是，要使图书馆在网络化环境中长期稳定地健康发展，就离不开调控政策的引导和规范。这方面的调控政策已有不少范例。

例如，2002 年 8 月 23 日，在苏格兰的格拉斯哥召开的国际图联第 68 届大会上，《国际图联关于国际互联网的宣言》获一致通过。宣言指出，鉴于无碍存取信息对于自由、平等、全球理解与和平至关重要，因此国际图联提出以下四点立场：①知识自由是每个人在拥有、表达思想以及查询、接收信息时享有的权利，它是民主的基础，也是图书馆服务的核心。②不论媒体和疆界而自由地存取信息，是图书馆和情报行业的中心职责。③图书情报机构所提供的对国际互联网信息的无碍存取，有助于团体和个人获得自由、繁荣和发展。④应当清除信息流动的障碍，尤其是要消除那些导致不平等、贫穷和绝望的信息流动障碍。

又如，2002 年 4 月 17 日，文化部、财政部联合下发《关于实施全国文化信息资源共享工程的通知》。通知提出要把实施“共享工程”与加强基层文化建设、促进图书馆事业发展紧密结合起来。具体要求是：①实施“共享工程”要依托现有的文化设施网点，以各级公共图书馆为实施主体。②

各地要把“共享工程”的实施纳入文化事业建设整体规划，在设备、人员、资金等方面统筹考虑，给予保障。③各级公共图书馆要加强文献信息资源建设和自动化、网络化建设，加强对专业技术人员的培养，为实施“共享工程”打好基础。

再如，2002 年 2 月 21 日，教育部印发的《普通高等学校图书馆规程》第 18 条规定：高等学校图书馆应根据学校的网络条件，积极开展网上预约、催还和续借服务，网上馆际互借和文献传递服务，网上电子公告、电子论坛和意见箱服务，网上信息资源导引服务，最新信息定题通告服务，网上协同信息咨询服务等网络服务。

四、社会化及其对图书馆政策的影响

在社会学中，“社会化”是一个有着特定内涵的专门术语。所谓社会化，是指个体在与社会的互动过程中逐渐养成独特的个性和人格，从生物人转变成社会人，并通过社会文化的内化和角色知识的学习，逐渐适应社会生活的过程。不过，我们这里所说的“社会化”是特指信息社会化，即将信息及蕴藏在信息背后的信息意识、信息价值、信息机理、信息方法和信息语言通过一定的渠道渗透到社会之中，为广大公众所理解和接受，并内化为自觉的社会生活规范的过程。信息社会化建立在科学技术飞速发展、生产力水平极大提高、信息以及信息需求急剧增长的社会基础之上，表征了社会对信息的关注程度不断提高和信息的社会功能日趋增强的趋势。它具体表现在信息活动的迅速发展与日益普及、信息过程的社会化、信息职能的社会化三个方面。

图书馆是社会信息交流网的重要组成部分，是社会知识、信息、文化的记忆装置和扩散装置。受信息社会化的影响，图书馆的社会职能也在发生相应的演变，其中传递文献信息的职能、开发智力资源和进行社会教育的职能、满足社会成员文化欣赏娱乐消遣的职能正是信息社会化具象化和职能化的典型表征。广大城市社区、乡村、组织和个人对图书馆信息资源的存取水平正在成为衡量图书馆价值的标尺，自然也是图书馆政策的指示器。这一点已在一些图书馆政策中得到体现。

《联合国教科文组织公共图书馆宣言》指出，公共图书馆应“保证市民获取各种社区信息”；“为地方企业、社团和利益群体提供充足的信息服务”；“支持并参与各年龄群体的扫盲活动和计划，在必要时发起此类学文化活动”；“使社区每一个人都能确实得到图书馆服务”。文化部于 1997 年推出《全国知识工程实施方案》，其总体目标是：①形成全社会爱书、读书、利用图书馆的良好风尚，提高全民族的思想道德素质和科学文化素质；②完善图书馆布点及设施建设，使图书馆的网点遍及城乡各地；③把知识送到农村去，提高广大农民的素质，为科教兴农贡献力量；④提高各级各类型图书馆的服务质量、服务水平和服务能力，发挥图书馆在两个文明建设中的作用。1998 年 11 月 26 日，文化部印发的《关于进一步加强农村文化建设的意见的通知》指出："要进一步推动'万村书库'建设，动员社会力量，帮助农村建立图书室"；"要进一步加强农村图书馆（室）建设，大力发展流动性的汽车图书馆，在农村开设书刊流动服务点，发动社会各界捐书助农。"2002 年 4 月 15 日，文化部和教育部联合下发的《关于做好基层文化教育资源共享工作的通知》指出："……图书馆……等群众文化设施要坚持公益性原则，面向基层，免费或低费向青少年学生开放，并增加开放时间。"《普通高等学校图书馆规程》（2002 年）第 21 条规定："有条件的高等学校图书馆应尽可能向社会读者和社区读者开放。"

五、数字化及其对图书馆政策的影响

以计算机技术和因特网技术为代表的现代信息技术正在使人类进入一个前所未有的数字化时代。尼葛洛庞帝（Nicholas Negroponte）在他的《数字化生存》一书中明确指出："计算不再只和计算机有关，它决定我们的生存。""数字化"这一概念已成为当今社会出现频率最高的词汇之一。数字化的革命，正在彻底改变人类的生存和发展方式，人类的生存成为一种崭新形式的数字化生存。人类唯一栖息的星球——地球正在被数字化。数字地球、数字国家、数字城市、数字家庭等，都在演绎和预示着人类生存方式的新革命。虽然目前还不是每一个人都能体悟到这种数字化生存方式的存在及其革命性意义，但数字化时代已向我们悄悄走来，势不可挡。数字化生存的观念和思绪正在占据着我们思维空间的每一个角落。数字化之网正在捕捉现存的每一个事物。

图书馆是对信息进行搜集、加工、整理、存储、选择、控制、转化并提供给一定社会读者使用的信息系统和社会装置，与数字化有着天然的联系，因为数字化的对象就是以文字、图像、声音等为表现形式的信息。数字化对图书馆的影响主要波及图书馆的运动形式和藏书建设两个方面，数字图书馆、数字馆藏等概念的出现充分体现了这种影响。就图书馆政策而言，数字化既影响图书馆政策文本或条款的制定，又影响图书馆政策实践。

1. 数字化在图书馆政策制定中的体现

针对数字化的影响，国际图联专门制定了相应的调控政策。

2000 年 8 月，国际图联执委会批准了《国际图联关于数字化环境下的版权之立场》，明确提出了 12 条原则，其主要内容有：①为了确保在电子格式和印刷格式中授权使用的一致性，在伯尔尼公约通过以及 WIPO 认可的前提下，国家版权法中有关版权的例外及相关权利应根据需要作适当修改。②在偶尔使用版权作品中产生的暂时或技术性的复制应排除在复制权之外。③对于数字化模式下并未引起费用或寻求许可的作品，所有的图书馆用户应可以：浏览公开提供的版权作品；个人可当场或远程地阅读、听取或观看公开出售的版权作品；复制或图书馆和信息专业人员代为复制用于个人、教育或研究使用的数字化作品的适当部分。④向那些为调查研究等正当目的的用户提供受保护作品的数字化版本的行为，应被视为版权法认可的行为。⑤图书馆出借公开出版的物理载体形式的数字化资料（如 CD-ROM），不受法规的限制。⑥契约性条款，例如在协议的许可范围之内，不能不考虑图书馆和信息机构工作人员对电子资源的合理外借。⑦法规应允许图书馆和档案保存机构为保存和保管之目的，将受版权法保护的作品转变为数字化形式。⑧法规还应包括电子媒体的呈缴制度。

2002 年 6 月 27 日，国际图联与国际出版者协会指导小组在巴黎会议上通过了《永久保存世界记忆：关于保护和保存数字信息的联合声明》。声明提出 7 点原则和建议：①日益增量的电子信息具有持久的文化和文献意义，其重要性丝毫不亚于以传统形式出版的信息。②保证这类信息的长期可获得性是必要的，现在必须马上采取行动来促成这种可能性。③IFLA 和 IPA 将努力使数字信息的长期保护和保存问题在国际范围内纳入关键的议事日程。④IFLA 和 IPA 将鼓励有关数字信息保护与保存的行业标准、系统和研究的开发和贯彻，包括参与支撑这样的活动的投资机会。⑤虽然一般来说只要经济上可行，出版者就能够确保他们的出版物的短期保存，但图书馆仍然是通过与出版者适当配合承担长期保存职责的最佳场所。⑥由于国家图书馆有义务获得和保存本国的出版物遗产，而且多数国家图书馆都在尝试采集数字出版物，因此，这些图书馆应该与其他重要的图书馆和组织一道，共同肩负起长期保存数字出版物的职责。⑦一个出版者/图书馆工作小组将进一步就数字信息保存的技术、经济和政策问题采取联合行动，包括在适当的情势下与正在调查研究这些问题的其他组织建立合作机制。

我国也制定了一些应对数字化挑战的图书馆政策。

2000年7月，中国数字图书馆工程建设联席会议办公室颁布了《中国数字图书馆工程建设一期规划》（2000—2005），其主要内容涉及中国数字图书馆工程建设的指导思想、建设目标、建设原则、建设内容、实施步骤、运作方式和预期效果。2001年5月18日，国家计委和科技部联合颁布的《国民经济和社会发展第十个五年计划科技教育发展专项规划（科技发展规划）》指出："加快有关……数字图书馆建设关键技术研究。"2001年6月18日，国家计委颁布的《国民经济和社会发展第十个五年计划科技教育发展重点专项规划（教育发展规划）》指出："要加强校园网和数字图书馆建设。"2002年2月21日，教育部颁发的《普通高等学校图书馆规程（修订）》第11条规定："高等学校图书馆应根据学校教学、科学研究的需要，根据馆藏特色及地区或系统文献保障体系建设的分工，开展特色数字资源建设和网络虚拟资源建设，整合实体资源与虚拟资源，形成网上统一的馆藏体系。"第23条规定："高等学校图书馆应积极采用现代化技术手段，严格遵循相关的国际国内标准，加强自动化、网络化、数字化建设，并随着新技术的应用调整作业流程，改变管理办法。"

2. 数字化对图书馆政策实践的影响

今天，世界各国都在加紧建设数字化图书馆，如由美、英、法、日、德、加、意、俄八国国家图书馆参与的"G8全球数字图书馆联盟"、美国国会图书馆的"美国记忆"（American Memory）项目、UNESCO的"世界记忆"（Memory of the World）计划等，都是国际数字化图书馆建设的一些标志性工程。最近，欧洲正在策划一个单一欧洲图书馆（The European Library，TEL）计划，它是欧洲委员会（European Commission）的一个有关信息社会技术的研究项目，总投资1200万欧元，由大英图书馆牵头，芬兰、德国、意大利、荷兰、葡萄牙、斯洛文尼亚、瑞士等国家图书馆以及欧洲国家图书馆联席会议（Conference of European National Libraries，CENL）等参与。这30个月的研究项目将利用虚拟图书馆技术来发展泛欧信息服务。

中国数字图书馆的研究与开发始于20世纪90年代中期。1996年9月，由原国家教委立项，清华大学、上海交通大学和华南理工大学共同承担的"数字图书馆关键技术"项目开始启动。10月，原国家计委和国家教委正式在上海交通大学立项，启动"电子图书馆雏形"科研项目。1997年7月，国家实施"中国试验型数字式图书馆项目"，项目实施期限为1997年7月至1999年12月。1998年7月，国家图书馆正式向文化部提出立项申请，实施"中国数字图书馆工程"。8月25日，文化部成立中国数字图书馆工程筹备领导小组。1999年3月，国家图书馆文献数字化中心成立。4月14日，国务院批准成立中国数字图书馆有限责任公司。2000年4月，成立了以文化部为召集单位的中国数字图书馆工程建设联席会议，同时还成立了中国数字图书馆工程建设的咨询、指导机构——中国数字图书馆工程建设专家顾问委员会。2001年3月24日，中国数字图书馆工程资源建设指导委员会在国家图书馆正式宣布成立。2001年11月27日，国家发展计划委员会印发《国家计委关于审批国家图书馆二期暨国家数字图书馆基础工程项目建议书的请示的通知》（计社会〔2001〕2482号）下发到文化部，标志着国家图书馆二期工程暨中国数字图书馆工程项目正式立项。2002年1月13日，中国数字图书馆工程法律法规指导委员会在“中国数字图书馆工程知识产权论坛”上宣布成立。2002年5月26日，中国数字图书馆工程标准规范指导委员会在“中国数字图书馆标准规范论坛”上宣布成立。目前，已制订完成《中国数字图书馆工程建设一期规划》及《中国数字图书馆工程一期规划实施方案》；在数字资源建设方面，以图书文献机构的丰富馆藏为依托，并结合其他文化机构的资源，累积建设了总量近10TB的数字资源，内容涉及文学、艺术、法律、科技、教育、旅游等各类信息，并依托国家图书馆馆藏进行了古籍的数字化加工工作；在技术研发方面，开发完成了数字资源加工系统、数字图书馆应用系统、数字图书馆区域服务系统和文献数字化工业化生产加工系统；在知识产权解决方面进行了有益的探索，并组织开发了版权管理系统；积极参与数字图书馆标准规范的研制工作，制订完成了《中文元数据方案》等。

六、知识化及其对图书馆政策的影响

我们正处在知识经济时代，知识经济的特点之一就是社会的知识化。所谓知识化，是指对象掌握和运用一定质量标准的知识的能动过程。也可以这样说，对象获取并利用一定量的非陈旧知识的过程，就是知识化。知识化表现在以下四个方面：①社会主体知识化；②社会财富知识化；③社会运行知识化；④社会体制知识化。追求知识、获取知识、更新知识、创造知识、应用知识是现代人所应具备的基本素质，也是知识经济发展的内在要求。

目前，我国正在实施知识创新系统工程。国家知识创新系统主要包括科学知识创新系统、技术知识创新系统、知识传播系统和知识应用系统四个子系统。其中，知识传播系统是由教育系统、培训系统、信息服务系统、知识和信息基础设施等构成的网络系统，其主要功能是传播知识和信息服务。图书馆作为知识积累的重要装置、知识创新的思想宝库、知识应用的桥梁和纽带以及国民教育的重要阵地，无疑是国家知识创新系统的重要组成部分，并主要归属于知识传播系统。应当说，这是知识化带给图书馆的发展机遇。但是，知识化的大潮也荡涤着图书馆传统的管理思想、管理内容、管理系统和管理手段，这是图书馆所要面对的知识化带来的挑战。图书馆怎样做才能适时地抓住机遇、从容地迎接挑战？图书馆政策能够发挥无可替代的调控功能。

应当指出的是，现有的图书馆政策文本或条文并未直接点明图书馆与知识经济、图书馆与知识创新或图书馆与知识化之间的关系，这无疑是一种缺憾；但多数图书馆政策文本或条文的实质是保障图书馆更好地发挥知识传播职能，也就是说知识化对图书馆的影响已渗透进图书馆政策文本或条文的字里行间。譬如，1999 年 3 月 25 日，国际图联执委会批准通过了由信息自由存取与自由表达委员会（IFLA/FAIFE）起草的《关于图书馆与知识自由的声明》。声明强调指出：①图书馆是获取信息及交流思想的场所，并应起到学习知识、启迪思想和发展文化的纽带作用；②图书馆应该为个人和组织提供终身学习、独立决策和文化发展的基本支持；③图书馆有责任保证和推动知识传播和智能活动；④图书馆将自由地获取、加工和传播信息，并抵制任何专制行为。又如：《普通高等学校图书馆规程（修订）》（2002 年）规定高等学校图书馆必须完成下列三项任务：①做好流通阅览、资源传送和参考咨询工作，积极开发文献信息资源，开展文献信息服务；②开展信息素质教育，培养读者的信息意识和获取、利用文献信息的能力；③积极参与文献保障体系建设，实行资源共建、共知、共享，促进事业的整体化发展。

参考文献

[1] 李慎之．开展全球化研究［J］．世界知识，1994（2）：2-3.

[2] Rory L. Chase. Knowledge Navigators［J］. Information Outlook，1998（9）：17-24.

[3] 尼古拉·尼葛洛庞帝．数字化生存［M］．海口：海南出版社，1997：15.

[4] 周旺生．立法学［M］．北京：法律出版社，2000.

[5] 叶必丰，周佑勇．行政规范研究［M］．北京：法律出版社，2002.

[6] 陈振明．政策科学［M］．北京：中国人民大学出版社，1998.

[7] 张国庆．现代公共政策导论［M］．北京：北京大学出版社，1997.

[8] 刘斌，王春福．政策科学研究（第 1 卷）：政策科学理论［M］．北京：人民出版社，2000.

[9] 潘寅生．图书馆管理工作［M］．北京：北京图书馆出版社，2001.

[10] 吴建中．战略思考：图书馆发展十大热门话题［M］．上海：上海科学技术文献出

版社，2002.
[11] 刘小琴．图书馆规章制度选编［M］．北京：北京图书馆出版社，2001.
[12] 宁骚．公共政策［M］．北京：高等教育出版社，2000.
[13] 吴建中．21世纪图书馆新论［M］．上海：上海科学技术文献出版社，2003.
[14] 邱东江．国际图联与中国图书馆事业（上、下）［M］．北京：华艺出版社，2002.
[15] 王国强．图书馆规划理论的发展与现况［J］．图书馆学、信息科学与资料工作，2003（5）：58-63.
[16] 尤小明．俄罗斯联邦国家图书馆政策［J］．图书馆学、信息科学、资料工作，2002（10）：130-132.
[17] 张久珍．美国图书馆因特网过滤政策评析［J］．图书馆学、信息科学、资料工作，2003（1）.
[18] 王素芳．IFLA弱势人群服务图书馆专业组制定的服务政策及对我国的启示（上）［J］．图书馆，2006（6）：17-21，84.
[19] 尤小明．俄罗斯联邦图书馆政策思想［J］．新世纪图书馆，2008（4）：86-88.
[20] http：//www. ifla. org/V/cdoc/policies. htm［EB/OL］.
[21] http：//www. ala. org/ala/oif/statementspols/statementspolicies. htm［EB/OL］.
[22] http：//lac. ncl. edu. tw/law-libwhitebook. htm［EB/OL］.
[23] http：//www. mlima. ctm. net/［EB/OL］.
[24] http：//www. hklib. org. hk/［EB/OL］.
[25] http：//www. csls. org. cn/rule. htm［EB/OL］.

第十一章 图书馆法

第一节 图书馆法的概念

什么是图书馆法？目前学术界对此尚无定论。国内已公开发表的代表性观点有下列十种：

第一种：图书馆法是调整图书馆工作活动中各种社会关系的法律规范的总称。

第二种：图书馆法是调整图书馆管理、使用和协作关系的法律规范的总和。

第三种：图书馆法是国家立法机关依据一定的法定程序制定的调整图书馆系统中产生的各种社会关系的法律规范的总和。

第四种：图书馆法是调整国家和图书馆关系、各图书馆与其他组织关系以及图书馆与读者关系的法律规范，是国家领导、组织和发展图书馆事业的重要工具。

第五种：图书馆法是调整图书馆事业管理、图书馆读者服务和图书馆内部活动中产生的工作关系的法律规范的总和。

第六种：图书馆法是国家制定的调整图书馆组建及其运行中发生的社会关系的法律规范的总和。

第七种：图书馆法是调整国家、图书馆与社会成员之间在社会文献信息资源和知识的收集、占有、保存、开发、传播、利用以及有关服务的提供、享用过程中所发生关系的法律规范，其形式必须是法律。

第八种：图书馆法是由国家认可的并由国家强制力保证实施的行为规范的总和，它调整着图书馆领域的各种社会关系。

第九种：图书馆法是调整国家与图书馆、图书馆与各级政府组织、图书馆与读者之间关系的法律规范，是发展图书馆事业的重要工具和手段。

第十种：图书馆法是指国家最高权力机关制定颁布的用来调整图书馆工作中产生的各种社会关系的法律规范的总和。

上述十种定义的共同点在于：①强调图书馆法是法律规范；②指明了图书馆法的调整对象是图书馆领域的各种社会关系。这两个方面应予以肯定。但是，每一种定义均有不足之处：第一种定义所用的概念“图书馆工作活动”不精炼，不符合语法规则；第二种定义将“图书馆管理关系”、“图书馆使用关系”与“图书馆协作关系”并列作为图书馆法的调整对象，不符合概念划分的规则，因为“图书馆使用”和“图书馆协作”本身就是“图书馆管理”的对象；第三种定义将图书馆法的制定主体限定为“国家立法机关”，过于狭隘，因为一部分国家行政机关也有立法权；第四种定义排除了图书馆内部的各种关系；第五种定义没有明确区分“图书馆读者服务”与“图书馆内部活动”，因为图书馆读者服务通常就是图书馆内部活动的组成部分；第六种定义排除了国家认可的法律规范；第七种定义认为图书馆法的形式必须是“法律”，给人以模棱两可之感，因为“法律”有三种含义，即法、宪法性法律与普通法律、普通法律；第八种定义将国家制定的法律规范排除在外，只承认国家认可的法律规范，实际上是“捡了芝麻，丢了西瓜”；第九种定义很难区分“国家与图书馆”和“图书馆与各级政府组织”之间的差别；第十种定义将图书馆法的制定主体限定为“国家最高权力机关”，即全国人民代表大会和全国人大常委会，既与图书馆法的立法实践不符，又与《中华人民共和国立法法》关于立法主体的规定相悖。

由此可见，目前关于图书馆法的定义还很不成熟。我们认为，图书馆法是法的一种类型，对图书馆法的界定应该参照法的定义。《中国大百科全书·法学》（1984 年版）对法的界定是：“国家按照统治阶级的利益和意志制定或认可、并由国家强制力保证其实施的行为规范的总和”。《辞海》（1999 年缩印版）对法的界定是：“国家制定或认可，并以国家强制力保证其实施的行为规范的总和。”鉴于此，我们可以给图书馆法下一个定义：图书馆法是指由国家机关制定或认可、以国家强制力保证其实施、调整图书馆活动中的各种社会关系并平衡相关活动主体利益的行为规范系统。

该定义包含以下几个要素：

①图书馆法的制定主体是国家机关，既包括国家立法机关，也包括国家

行政机关。就我国而言，具体是指下列机关：a. 全国人民代表大会及其常务委员会；b. 国务院；c. 省、自治区、直辖市的人民代表大会及其常务委员会；d. 较大的市（即省、自治区的人民政府所在地的市，经济特区所在地的市和经国务院批准的较大的市）的人民代表大会及其常务委员会；e. 民族自治地方的人民代表大会；f. 国务院各部、委员会、中国人民银行、审计署和具有行政管理职能的直属机构；g. 省、自治区、直辖市和较大的市的人民政府。

②国家创制图书馆法的形式有两种，即制定和认可。

③图书馆法是有国家强制力保障的规范，这是图书馆法与图书馆伦理和图书馆政策的重要区别。

④图书馆法的调整对象是图书馆活动中的各种社会关系，主要包括图书馆主管部门与图书馆之间的关系、图书馆与读者之间的关系、图书馆内部上下左右之间的关系、图书馆与图书馆之间的关系以及图书馆与其他社会组织之间的关系。

⑤图书馆法调整图书馆活动中存在的各种社会关系的实质是平衡图书馆活动中各相关主体的利益，即平衡图书馆主管部门、图书馆、图书馆内设机构、馆员、读者、其他社会组织（如出版社、新华书店）的利益。

⑥图书馆法不等于单一的法律规范，而是若干法律规范的总和，即法律规范系统。

第二节　图书馆法的属性与作用

一、图书馆法的属性

所谓图书馆法的属性，就是指图书馆法在整个法律体系中的归属。

对图书馆法属性问题的研究，相关研究者共提出了下列 7 种观点：①民法说，认为图书馆法涉及调整平等主体的财产和人身关系，其应当属于广义的民法范畴。②社会法说。理由是：从调整对象看，图书馆法具有社会法的公法与私法交融的属性；从立法宗旨看，图书馆法与社会法以维护社会弱势群体利益宗旨相一致；从立法原则看，图书馆法符合社会法的公益原则；从法律责任看，图书馆法符合社会法律责任体系的复合性特征。③科教法说或科教文卫法说。④经济法说，认为图书馆与读者类似商家与消费者的关系，故图书馆法属于经济法范畴。⑤双重属性说，认为图书馆法调整双重法律关系，既调整平等主体之间的人身关系和财产关系，又调整不平等主体之间的法律关系，图书馆法兼具民法与行政法的性质；同时，图书馆主要从事教育和情报传递活动，因而图书馆法亦具有教育法和文化法的性质。⑥多重属性说，认为从保证图书馆这一法律主体的合法权益的角度来说，图书馆法属于实体法；从规范图书馆实践这一复杂过程的角度来说，图书馆法属于程序法；从界定国家、图书馆和读者平等主体之间的关系角度来说，图书馆法属于广义上的民法；从界定国家、图书馆和读者中不平等主体之间的关系角度来说，图书馆法属于行政法；从图书馆所从事的是人类精神文化工作的角度来说，图书馆法属于文化法。⑦独立规范说，认为既然图书馆调整对象多样，不能为其他任何一个法律部门完全包容和囊括，那么它是一部专指性很强的法律，是以宪法为指导、以相关法律为参考的相对独立的法律规范。

我们认为，确定图书馆法属性的依据有两个：一是图书馆法所调整的社会关系；二是图书馆法的调整方法。图书馆法调整的社会关系包括图书馆主管部门与图书馆之间的关系、图书馆与读者之间的关系、图书馆内部上下左右之间的关系、图书馆与图书馆之间的关系以及图书馆与其他社会组织之间的关系等。图书馆法的调整方法蕴涵下列五种因素：①法律关系主体的地位和性质，即法律关系主体之间是否存在隶属型关系；②法律事实的选择，即法律关系主体之间产生权利和义务的主要根据是事件还是行为；③确定权利和义务的方式、方法，即权利和义务的确定是由双方协商还是直接由法律规定或者国家机关命令确定；④权利和义务的确定性程度及权利主体的自主性程度，即法律是否允许法律关系主体双方对相互之间权利和义务的内容作一定程度的变更；⑤保障权利得以实现的手段和途径，即当发生违反法律规范要求的行为时，国家所施加的制裁的种类及施加制裁的程序。五种因素之间存在紧密的联系，它们的有机统一构成图书馆法的调整方法。

根据上述标准，我们认为图书馆法应该属于行政法范畴。理由如下：①毛泽东同志在《矛盾论》中曾经指出："在复杂的事物的发展过程中，有许多的矛盾存在，其中必有一种是主要的矛盾，由于它的存在和发展，规定或影响着其他矛盾的存在和发展。"在图书馆法所调整的社会关系中，图书馆主管部门与图书馆之间的关系是主要矛盾，因为图书馆馆舍的兴建、图书馆经费的下拨、图书馆编制的确定等关系到图书馆兴衰存亡的大事均取决于这对矛盾的发展变化，图书馆与读者之间的关系、图书馆内部上下左右之间的关系、图书馆与图书馆之间的关系以及图书馆与其他社会组织之间的关系等矛盾的存在和发展也受这对矛盾的规定和制约。②所谓隶属关系，是指主体相互之间所存在的管理和被管理、命令和被命令及领导和被领导的关系。在图书馆法所调整的诸种社会关系中，大多具有隶属性。图书馆主管部门与图书馆之间、图书馆内部上下之间具有隶属关系自不待言，即使是图书馆与读者的关系也具有隶属性。尽管读者不是图书馆的成员，但读者是图书馆系统的构成要素，任何读者都必须接受图书馆的管理。③图书馆法律关系主体之间产生权利和义务的主要根据是行为，如拨款行为、改变图书馆建筑周边环境的行为、人员调动行为、借阅行为等。④图书馆法律关系主体之间的权利和义务主要由法律规定或国家机关命令确定，而不是由双方协商。例如，主管部门给图书馆拨多少经费并不取决于图书馆是否高兴，图书馆对外借图书的超期罚款也不取决于读者是否满意。⑤图书馆法律关系主体之间权利和义务的确定性程度较高，权利主体的自主性程度较低。譬如，《俄罗斯图书馆事业联邦法》（1994）对图书馆用户的权利、特殊群体图书馆用户的权利、图书馆用户的责任、图书馆的义务和权利、国家对图书馆事业的义务均作了明确规定，任何一方主体都无权随意变更。⑥当发生违反图书馆法的行为时，犯法者所遭受的制裁通常是行政制裁。例如，《日本图书馆法》（1999）第23条规定：根据第20条规定支付了补助金以后，如果发生了下述事项中的一项，国家必须终止支付该年尚未支付的补助金，同时，责令其返还已经发放的该年度的补助金：图书馆违反了该法律的规定；地方公共团体违反了补助金发放条件；地方公共团体采用虚假的方法获取补助金。《韩国图书馆法》（1963）第10条规定：监督厅对公共图书馆有下列情形之一项者，得命令其设立者停馆：显著危害美风良俗之行为；不能维持第5条第3项规定之设施标准；违反本法或本法之命令，非停馆不足以进行监督时。

图书馆法所具备的上述几个特点完全符合行政法的要件，因此我们说图书馆法属于行政法范畴。九届全国人大常委会将有中国特色的社会主义法律体系划分为7个法律部门，即宪法和宪法相关法、民法商法、行政法、经济法、社会法、刑法、诉讼和非诉讼程序法。十届人大重提上述七大法律部门，并以2010年为基本确立该体系的预期时间。我们将图书馆法归入行政法这一法律部门应该是比较合理的。

二、图书馆法的作用

图书馆法的作用，亦称图书馆法的功能，泛指图书馆法对个人以及社会发生影响的体现。一般来说，一切社会的法都具有规范作用和社会作用之分。法的规范作用是指法对人的行为或社会关系发生影响的手段和方式，主要包括指引作用、评价作用、预测作用、教育作用和强制作用；法的社会作用是从法的本质和目的这一角度出发来分析的，是指维护有利于特定人群的社会关系和社会秩序。图书馆法作为法的一种类型，自然也在不同程度上具备上述功能。

具体而言，图书馆法的作用表现在以下几个方面：

（1）保证图书馆事业正确的发展方向

作为上层建筑的图书馆事业，必然要受到一定社会意识形态的制约。有了图书馆法，就可以运用法律手段来保证图书馆事业发展的社会主义方向，使图书馆的一切工作都围绕国家的路线方针运行，从而保证图书馆事业服务于社会主义市场经济，服务于科教兴国的战略目标，促进社会生产力的发展，巩固和发展社会主义精神文明建设。例如，《北京市图书馆条例》（2002）第3条规定："举办图书馆应当坚持为人民服务、为社会主义服务的方向，积累和传播有益于提高民族素质、有益于经济发展和社会进步的科学文化知识，丰富人民群众的精神生活。"

（2）保障图书馆事业发展的物质条件

图书馆法中通常都有关于经费、馆舍等方面的规定，这就能够从法律上保证图书馆事业发展的物质基础。譬如，《俄罗斯图书馆事业联邦法》（1994）第14条规定：国家通过拨款和实行相应的税务政策、信贷政策以及价格政策来支持图书馆事业的发展。《挪威公共图书馆和学校图书馆法》（1977）第3条规定：居民在8 000人以下的公共图书馆，市政府将最少拨出每人10克朗的图书馆经费；人数超过8 000，每人至少要有5克朗的经费。

（3）规定行为主体的权利和义务，保证图书馆系统的有序运行

图书馆法通过规定图书馆活动主体的权利与义务，如图书馆主管部门的权利与义务、图书馆的权利与义务、图书馆用户的权利与义务等，对与图书馆有关的各种资源进行权威性分配，从而保证图书馆系统的有序运行。

（4）使图书馆在信息社会处于强势

经济的发展，科学、教育、文化事业的繁荣，刺激了社会对信息的需求，信息已成为与物质、能源并列的三大社会支柱之一。信息作为一种资源，在社会生产和人类生活中正发挥着日益重要的作用。在信息社会，图书馆作为收集、整理、传播文献信息的中介机构，其社会职能、藏书结构、技术方法、服务方式等都将发生变革。在这种背景下，必须借助于法律手段，才能适当调整国家与图书馆、图书馆与图书馆、图书馆与用户、图书馆与社

会及图书馆内部的各种关系；必须借助于法律手段，才能加强国家对图书馆事业的宏观管理，明确图书馆在信息社会中的地位和作用，使其在今后信息产业的竞争中处于强势。

第三节　图书馆法的立法原则

图书馆法的立法原则是国家机关据以制定图书馆法的准绳，是贯彻于整个图书馆立法活动过程始终的行为准则，它是图书馆立法指导思想（当代中国立法的指导思想是马克思列宁主义、毛泽东思想和邓小平理论）的规范化和具体化，是立法指导思想的体现形式和落实的保证，它反映国家机关在把立法指导思想与图书馆实践相结合的过程中的倾向和注重的立场。

《中华人民共和国立法法》（2000-3-15）第3条、第4条、第5条和第6条分别规定了我国立法的基本原则，即：①立法应当遵循宪法的基本原则，以经济建设为中心，坚持社会主义道路、坚持人民民主专政、坚持中国共产党的领导、坚持马克思列宁主义毛泽东思想邓小平理论，坚持改革开放。②立法应当依照法定的权限和程序，从国家整体利益出发，维护社会主义法制的统一和尊严。③立法应当体现人民的意志，发扬社会主义民主，保障人民通过多种途径参与立法活动。④立法应当从实际出发，科学合理地规定公民、法人和其他组织的权利与义务、国家机关的权力与责任。

根据《立法法》的规定，并借鉴学术界的研究成果，我们认为，当代中国图书馆立法应遵循以下基本原则：

一、合宪性和法制统一

图书馆立法活动要遵守宪法，要维护法制统一，这是维护和保障图书馆立法合法性的重要原则。

宪法在一个国家的法律体系中占有主导地位，起核心作用，是一个国家法制的基础，它具有最高的法律地位和效力，它是一个治理国家的总章程。宪法规定一个国家的政治制度、经济制度和社会制度的根本原则，规定公民的基本权利和义务，规定国家机关组织和活动的基本原则，是其他一切法律、法规存在的基础和依据。可以认为，在一个国家中，没有宪制就没有法制。因此，图书馆立法活动必须遵守宪法，以宪法为立法的最高依据和标准。

法制统一原则是现代社会法治国家所共同提倡和遵守的一个重要原则。法制统一原则的内涵通常包括以下几个方面：首先，合宪性。就是说，一切图书馆法律、法规、规范性法律文件以及非规范性法律文件的制定，必须符合宪法的规定或者不违背宪法的规定。凡是违背宪法者，不能具有法律效力。其次，在所有图书馆法律渊源中，下位法的制定必须有宪法或上位法作为依据，下位法不得同上位法抵触，凡是下位法违背上位法的均属违法立法，该下位法不能具有法律效力。再次，在不同类图书馆法律渊源中（如图书馆法律和图书馆行政法规之间）、在同一类图书馆法律渊源中（如图书馆部门规章之间）以及同一个法律文件中，规范性法律文件不得相互抵触。最后，图书馆法与其他法律部门的规范性法律文件之间不得冲突、抵触或重复，应该相互协调和补充。

二、群众路线和专门机关工作相结合、民主与集中相结合

图书馆立法工作坚持群众路线和专门机关工作相结合、民主与集中相结合的原则，是使图书馆立法具有群众基础和保证立法质量的一项重要原则。

群众路线，就是一切为了群众，一切依靠群众，从群众中来，到群众中去。它是把马克思主义关于人民群众是历史的创造者的原理系统地运用在中国共产党的全部活动中，形成的党在一切工作中的路线，这是中国共产党进行长期革命活动过程中形成的无比宝贵的历史经验的总结，也是我国社会主义立法经验的总结。毛泽东同志在《关于领导方法的若干问题》（1943.6.1）一文中指出："我们共产党人无论进行何项工作，有两个方法是必须采用的，一是一般和个别相结合，二是领导和群众相结合。""在我党的一切实际工作中，凡属正确的领导，必须是从群众中来，到群众中去。这就是说，将群众的意见（分散的无系统的意见）集中起来（经过研究，化为集中的系统的意见），又到群众中去做宣传解释，化为群众的意见，使群众坚持下去，见之于行动，并在群众行动中考验这些意见是否正确。然后再从群众中集中起来，再到群众中坚持下去。如此无限循环，一次比一次地更正确、更生动、更丰富。这就是马克思主义的认识论。""从群众中集中起来又到群众中坚持下去，以形成正确的领导意见，这是基本的领导方法。"

坚持民主与集中相结合的民主集中制的原则，是保证图书馆立法正确科学的一项重要原则。邓小平同志在《在扩大的中央工作会议上的讲话》

(1962.2.6)一文中指出:“事实确是这样,没有民主,就没有集中;而这个集中,总是要在民主的基础上,才能真正地正确地实现。”“总之,民主集中制是党和国家的最根本的制度,也是我们传统的制度。坚持这个传统的制度,并且使它更加完善起来,是十分重要的事情,是关系我们党和国家命运的事情。凡是违反这个制度的,都要纠正过来。”

三、理想与现实兼顾

人们通常都会认为,正义是法追求的首要目标,只有正义的法才会获得人们的信仰,背离了正义的法都不是真正的法。诚如罗尔斯所言:“正义是社会制度的首要价值,正像真理是思想体系的首要价值一样。……某些法律和制度,不管它们如何有效率和有条理,只要它们不正义就必须加以改造和废除。”由于人类理性为法设定了正义的理想,所以许多法学家认为法应当是人类理性的产物。但是,深入考察迄今为止的所有法律制度,就会发现许多法律制度恰恰不是理性的产物,而是人类经验的积累,一种秩序的形成往往是世世代代的人类持续不断地博弈、试错、选择、淘汰的结果,而立法在很大程度上只是对这种久已形成的社会秩序的文字记载和书面确认。许多法学家指出,人类理性并不具有为整个社会全面设计法律制度的能力。这种情况意味着,在立法过程中,立法者凭借其理性追求正义理想的空间并不十分广阔。

法的生命力根植于社会现实的土壤之中,法必须与社会现实保持最大限度的亲和力才能最大限度地发挥它自身的效能,因而,立法者的创造性似乎只有在社会现实允许的范围内才有施展的余地。在图书馆立法过程中,立法者经常面临着的情形是理想与现实的错位,正义的理想(如保障人权、保障各民族和各种族人民自由获取情报权和得到精神上的发展等)经常遭到严峻社会现实(如图书馆馆舍破旧、图书馆经费短缺、图书馆员素质不理想、主管部门不重视图书馆等)的强烈冲击。如果图书馆立法者企图从理想出发去刻意设计一种看上去更完美或更合乎正义的图书馆法律制度,那么,由于理想和现实之间难以跨越的距离,这种刻意设计的法律制度极有可能因遭受社会现实的强烈冲击而使其自身的效力大打折扣,甚至会出现更加糟糕的情形,即旧的图书馆活动秩序已经瓦解,新的图书馆活动秩序仍然难以建立,整个图书馆系统因此处于无序混乱的状态。但是,图书馆立法者毕竟不能在社会现实面前采取完全顺从的态度,否则图书馆法就不能满足社会进步发展的要求。图书馆立法者必须在理想与现实之间寻求一条恰当的中间道路，既要仰望天空，又要脚踏实地，既不能执著于理想而急躁冒进，也不能屈服于现实而故步自封。

四、原则与具体兼顾

图书馆法是行诸于文字并由概念和规则交织复合而成的一个逻辑体系，由于立法者认知能力的固有局限，也由于逻辑和实在之间的天然差距，复杂的图书馆活动永远不可能被表现为逻辑形态的图书馆法规定得面面俱到。无论图书馆法被制定得多么完备，也不可能把全部图书馆活动的丰富性、混乱性和无限可变性一览无余地囊括其中。尽管如此，细致与具体仍然是用来衡量图书馆法完备程度的一个重要的技术尺度，从而也是图书馆立法者应当追求的一个技术指标。图书馆法只有被制定得足够细致、足够具体的时候，才可能具有足够的可操作性和可预测性，人们在尝试和从事各种图书馆活动的时候才会真正感到有法可依。如果图书馆法被制定得过于粗略，就会漏洞百出、歧义丛生，这不仅会让相关主体在图书馆活动中不知所措，就连司法者和执法者也会感到无所适从。如果司法权和执法权所到之处皆有明确具体的法律规定，那么司法者和执法者滥用职权、营私舞弊的行为就会处处遇到图书馆法的羁绊。

但是，图书馆立法者也不能在细致与具体的技术维度上走向极端。由于图书馆立法者感知和处理具体法律事件的经验毕竟远逊于司法者和执法者，并且由于规则与事实的摩擦地带通常是在司法过程和执法过程而不是在立法过程，因而处理许多疑难法律事件还须司法者和执法者在法律规定的框架内斟酌权衡，给司法者和执法者保留适度的自由裁量权有助于克服图书馆法自身的僵硬呆板。无论如何，企图用详尽无遗的法律条文将司法者和执法者的自由裁量权彻底取缔的设想是不切实际的。图书馆法如果被制定得过于细致具体，其灵活性和机动性就会大大减弱，在处理许多具体问题的时候就会缺少腾挪闪转的空间。不仅如此，过分的细致意味着烦琐，如果事无巨细全部做到有法可依，那么图书馆法的条文和篇幅肯定会膨胀到让任何人都难以忍受的程度。

五、稳定性与变动性兼顾

稳定性与变动性是图书馆立法者在时间维度上面临的一个两难选择。一个频繁更改、变化无常的图书馆法律制度，只能是为了应对某些偶然情势而制定的特殊措施，它会缺少连续性、稳定性和逻辑自洽性。面对这样的图书馆法律制度，有关图书馆活动主体往往感到无所适从。然而，稳定性和确定性不足以为我们提供一个行之有效、富有生命力的图书馆法律制度。图书馆法还必须满足社会发展和变革提出的正当要求。如果一个图书馆法律制度和社会发展彻底错位，或者死死抱住上个时代只具有短暂意义的观念不放，那么显然是不可取的。如果把图书馆法的内容固定为永恒，那么它在一个变动不居的世界中将会很难发挥作用。我们必须在运动与静止、保守与创新这些彼此矛盾的力量之间谋求某种和谐。作为使松散的图书馆活动紧紧凝聚在一起的黏合物，图书馆法必须巧妙地将过去与现在勾连起来，同时又不忽视未来的迫切要求。

法律中的许多变化都是缓慢而又渐进发生的，图书馆法的变化速度必须控制在相关活动主体认知能力容许的限度之内，并且不能对现有图书馆活动秩序构成过分强烈的冲击。图书馆法的变化往往只能局限于图书馆法律制度的一些特殊方面，或只能局限于一个特定框架中的具体问题。图书馆法律制度中的某些部分会在某种程度上发生变化，而其原有结构的大部分则一如既往。大多数图书馆法的变革都具有非整体或不完全的性质，而这恰恰解释了稳定与变动在图书馆法律生活中相互联结和相互渗透的事实。

六、总结国内实践和借鉴异域经验相结合

这一原则是法的继承性在图书馆法的创制工作中的体现。认真总结、积极吸取国内外图书馆立法实践的经验教训，是图书馆立法活动少走弯路、沿着正确轨道前进的重要保障。列宁早在 1918 年 4 月《苏维埃政权的当前任务》一文中指出："社会主义实现得如何，取决于我们苏维埃政权和苏维埃管理机构同资本主义最新的进步的东西结合的好坏。" 20 世纪 90 年代初邓小平曾经提出："社会主义要赢得与资本主义相比较的优势，就必须大胆吸收和借鉴人类社会创造的一切文明成果，吸收和借鉴当今世界各国包括资本主义发达国家的一切反映现代化生产规律的先进经营方式、管理方法。"①我国图书馆立法是一项比较薄弱的工作，新中国成立后尚无统一的全国性图书馆立法，只产生了几部地方性法规和地方政府规章，因此，在建立、健全和完善我国的图书馆法律制度方面，需要很好地借鉴和吸收其他国家或地区在这方面的成功经验和有益做法。

---

① 邓小平文选（第三卷）[M]．北京：人民出版社，1993：373.

但是，我国图书馆立法工作在积极大胆借鉴和吸收异域图书馆立法好的经验和做法时，应当与中国的具体国情紧密结合。为此，对借鉴和吸收不仅要积极大胆，而且要慎重细致，注重实效，力求做到“洋为中用”。毛泽东同志曾经指出：“学习有两种态度。一种是教条主义的态度，不管我国情况，适用的和不适用的，一起搬来。这种态度不好。另一种态度，学习的时候用脑筋想一下，学那些和我国情况相适合的东西，即吸取对我们有益的经验，我们需要的是这样一种态度。”① 邓小平同志也曾告诫我们：“其实有些事情，在某些国家能实行的，不一定在其他国家也能实行。我们一定要切合实际，要根据自己的特点来决定自己的制度和管理方式。”② 因此，只有经过深入调查研究，反复比较论证，经过鉴别和消化之后，根据我国具体国情进行筛选和取舍，才可能做出合理的借鉴和吸收。更为重要的是，应当注意吸取对方在图书馆立法中的失误和教训，这对我国图书馆立法工作有着重要警示作用和参考价值。

第四节 图书馆法的核心主题

所谓图书馆法的核心主题，是指图书馆法所调整的相关活动主体享受的权利和承担的义务，主要体现在图书馆上级主管部门的权利与义务、图书馆的权利与义务、图书馆用户的权利与义务以及图书馆员的权利与义务四个方面。

一、图书馆上级主管部门的权利与义务

图书馆上级主管部门在管理图书馆事业的过程中，应享有以下权利：①领导、协调其下属图书馆的发展，领导、规划全国、本系统或本地区图书馆事业的总体布局与建设，对全国、本系统或本地区图书馆事业发展进行宏观或中观调控；②监督图书馆遵守法纪、执行政策；③对图书馆人员流动、财产流转等实行监督检查。

与此同时，图书馆上级主管部门应履行下列义务：①在法律规定范围内，对图书馆发展提供总体保障；②按时、足额下拨经费；③在法律规定范围内，及时为图书馆人员调动提供方便；④为图书馆设备更新、技术引进等

① 毛泽东选集（第五卷）［M］．北京：人民出版社，1977：401-402.

② 邓小平文选（第三卷）［M］．北京：人民出版社，1993：221.

提供途径和资金；⑤保障图书馆之间的馆际协作与资源共享。

二、图书馆的权利与义务

图书馆应享有下列权利：①按照图书馆的目的、任务和章程独立确定本身工作内容与具体形式；②根据创办者意见制定图书馆规则；③根据图书馆利用规则确定珍稀出版物及其他文献的出借保证金数额；④根据图书馆利用规则确定用户给图书馆造成损失的赔偿形式和数额；⑤为了扩大图书馆为用户提供的服务项目和创造性地发展图书馆，在不影响图书馆主要活动的情况下，进行经营活动；⑥按照现行法规定的程序建立图书馆联合组织；⑦执行中央和地方图书馆事业发展规划；⑧按照规定的程序与外国图书馆和其他机构及组织团体进行合作，包括进行国际图书馆交换，按规定手续加入国际组织，参与实现国际图书馆界及其他有关计划；⑨根据现行法之规定，取得图书馆创办者同意，可按文献剔除手续从馆藏中剔除和出售文献；⑩从事不与现行法相抵触的其他事务。

图书馆承担的义务有：①按照现行法、馆章和图书馆利用规则为用户服务；②按用户要求提供有关馆藏收集和利用方面的工作信息；③保障馆藏的完好性，及时将其编入联合目录，作为民族、文化财富进行登记；④按现行法和图书馆创办文件所规定的程序向其创办者和国家统计部门报告有关工作；⑤自觉宣传党和国家的方针政策。

三、图书馆用户的权利与义务

图书馆用户可享受下列权利：①每一个图书馆用户都有平等享受图书馆服务的权利，而不受年龄、种族、性别、宗教信仰、语言或社会地位的限制；②文献资料和图书馆服务设施的使用权；③文献采购的参与权；④对图书馆服务项目、服务内容及馆读双方权利义务的知情权；⑤借阅、查询和利用图书馆资源的行为及其具体内容应作为隐私权保护；⑥充分享受法定的图书馆开放时间；⑦对图书馆服务活动和管理活动的批评、建议和监督权。

图书馆用户应履行的义务可用一句话来概括，即遵守图书馆法及图书馆规章制度。具体而言，包括下列内容：①爱护图书馆资源；②维护图书馆秩序；③尊重图书馆员的劳动；④破坏图书馆利用规则和使图书馆遭受损失的用户，应自行承担相应的责任。

四、图书馆员的权利与义务

图书馆工作者可享受下列权利：①健康受保护权；②荣誉和名誉受保护权；③在图书馆范围内，自愿选择岗位权；④图书馆领导职务的选举权和被选举权；⑤职称晋升权；⑥对图书馆领导者和管理者的监督权；⑦与用户的交流权和交友权；⑧对违法或违背图书馆宗旨的命令有抗拒权。

图书馆员应履行的义务就是遵守图书馆法及其相关法，遵守图书馆规章制度，遵守图书馆员伦理准则，全心全意为读者服务。

第五节　国内外图书馆法的立法概况

一、国外图书馆法发展概述

1. 图书馆法的起源与第一部国家图书馆法的产生

图书馆法的萌芽时期可追溯到17世纪下半叶。1696年北美马里兰州议会第一次采取立法行动兴建图书馆。从19世纪初开始，图书馆才作为一种重要的社会建制，被确认为是社会所必需而获得了国家法律的保护。1818年美国首先通过了一项涉及州图书馆问题的立法，促使美国在1840年前各州首府都建立了州公共图书馆。1847年新罕布什尔州通过了第一部独立州的专门图书馆法。到了1890年，美国就已有29个州相继颁布了州图书馆法。正是由于立法措施所起到的保障和推动作用，才促使美国的公共图书馆事业迅速发展起来。与此同时，英国政府对图书馆事业的发展和图书馆立法问题也特别重视。英国在1845年通过了包括图书馆法律条文在内的《博物馆法》后，于1850年颁布了由下院议员威廉·尤尔提议通过的世界上第一部国家图书馆法——《公共图书馆法》。该法明确规定：地区每5 000人要建立一所图书馆，经费从地方税收中拨给，并授权地方议会为准备免费图书馆的设备征税，同时确定了图书馆的管理体制。通过这样的立法，就使地方图书馆经费来源有了法律保障，从而极大地推动了地方的文化、教育和科学事业乃至国民经济的迅速发展。第一部国家图书馆法的颁布，产生了较为深远的影响。它不仅处于先导地位，而且体现了图书馆不受私人捐赠所控制和采集图书不为政治、宗教所左右的原则。

2. 国外图书馆法的发展现状掠影

进入20世纪后，随着社会经济、科学技术和文化教育事业的飞速发展和图书馆社会职能的不断加强，发展图书馆事业的重要性也逐渐被社会所共识。世界上许多国家都清醒地意识到，要加强国家对图书馆事业的宏观调控，保障图书馆经费来源，提高图书馆员素质，改善办馆条件，增进在图书馆之间的交流与合作，就必须进行立法。在这种背景下，许多国家包括第三世界国家纷纷制定颁布和不断修改完善图书馆法。据不完全统计，目前世界上已有80多个国家制定和颁布了200多部图书馆法。限于篇幅，我们只择要介绍英国、日本、俄罗斯和韩国的图书馆法。

(1) 英国

英国是世界上图书馆事业较发达的国家之一，其图书馆立法活动也处于世界领先地位。

1708年，大不列颠议会制定了*An Act for the Better Presevation of Parochial Libraries in England*。这部法律至今还在生效，也是英国最为古老的一部图书馆法。1850年，英国议会通过了由下议院议员威廉·尤尔提议的《公共图书馆法》，这是世界上第一部国家图书馆法。1887年，苏格兰公布了《公共图书馆巩固法》。1925年，《苏格兰国家图书馆法》出台。1947年，《公共图书馆法》出台。1964年，《公共图书馆和博物馆法》颁布。1972年，《大英图书馆法》颁布。1986年，《北爱尔兰教育和图书馆法令》问世。1992年，《公共图书馆调查程序法则》问世。2003年，英国议会通过了《法定缴存图书馆法》。2008年，北爱尔兰颁布了《图书馆法》。

从总体上看，英国图书馆立法活动具有以下几个特点：第一，图书馆立法活动起步早，历史悠久；第二，重视公共图书馆立法，公共图书馆法律体系比较完备；第三，既有全国性图书馆立法，又有地方性图书馆立法，注重立法层次的高低搭配；第四，尽管图书馆法的数量很多，但缺乏一部统摄全国各级各类图书馆的法律，这不能不说是一种遗憾。

(2) 日本

在日本，试图把图书馆事业的发展建立在法治基础上的努力，是伴随着明治维新以来实行“文明开化”的国策而开始的。1899年（明治三十二年），日本以天皇“敕令”的形式发布了《图书馆令》，这被认为是日本最早的图书馆专门法令。1933年（昭和八年），明治《图书馆令》作了一次全面修订，以《改正图书馆令》的名义发布，形成了日本战前最为详尽的图书馆专门法令，一直延续到战败。如果仅从时间上看，日本的图书馆立法在世界范围内起步并不算晚，虽然比美、英等国晚了将近半个世纪，但比欧洲多数国家要早。然而日本战前的图书馆法令在内容上却没有体现出西方近代以来图书馆的公共性、开放性与民主性，没有体现出近代以来的图书馆观念，而是把图书馆作为官僚机构的一部分，以天皇“敕令”的形式对其加以规范，目的在于使图书馆全面服务于军国主义统治下的“思想善导”，就像天皇以“敕令”的形式规范荣典、恩赦、警察、教育等制度一样。从明治《图书馆令》颁布到1945年战败，日本的图书馆从总体上看依然徘徊于近现代图书馆的门槛之外。战前的图书馆立法，既是基于这样一种现实，又在某种程度上通过法律的力量强化了这种现实。

日本现代意义上的图书馆专门法是战后才出现的，日本现代图书馆法律体系的建设也由此开始。从总体上看，日本图书馆法律体系主要包括以下几个方面：①图书馆专门法。日本由国家颁布的图书馆专门法到目前为止共有三部，即1948年的《国立国会图书馆法》、1950年的《图书馆法》和1953年的《学校图书馆法》，习惯上称为“图书馆三法”。②图书馆专门法的配套规章。从形式上看，配套规章主要有两大类。一是图书馆专门法的“施行令”、“施行规则”，如《图书馆法施行令》、《学校图书馆法施行规则》等，日本学者统称其为“法令”。这类配套规章的制定主体是接受立法机构委任的有关行政管理部门，最后以国务大臣“政令”或文部省“省令”的形式颁布，其内容主要是对国家立法原则规定的细化。另一类配套规章是有关管理部门为了实施法律法令的规定而发布的一些通知、决定、告示、训令等行政性规章，日本学者将其统称为“通知等”。③行业标准、纲要、业务规范等。这类标准、纲要、规范，日本学者统称其为“基准等”，其制定的主体主要是图书馆或相关的行业协会，如日本图书馆协会、全国学校图书馆协议会、专门图书馆协议会、终生教育审议会等。④图书馆相关法。这类法主要包括两大类：一是图书馆适用的其他法律法规，二是其他法律法规中包含的有关图书馆的规定。⑤图书馆“誓约”与“自律规范”。图书馆“誓约”主要是指日本图书馆协会1954年5月最初颁布、1979年5月最新修订的《图书馆自由宣言》；图书馆“自律规范”主要是指日本图书馆协会1980年6月公布的《图书馆员伦理纲领》。⑥国际条约、协定、宣言等。与图书馆有关的、具有国际效力的国际条约、协定、宣言等，既是日本制定国内图书馆专门法的重要参照，也是日本图书馆事业以开放的姿态走向世界的重要指针。被纳入日本图书馆法律体系的国际条约、协定、宣言等，主要有四大类：一是与图书馆的自由权利及国民自由利用图书馆的权利相关的国际公约，如《经济、社会及文化权利国际公约》、《公民权利及政治权利国际公约》、《儿童权利公约》等。二是有关图书馆服务、建设、发展方面的国际宣言、标准、指针等，如联合国教科文组织发表的《公共图书馆宣言》和《学校图书馆媒介服务宣言》、《IFLA 公共图书馆标准》、《面向听觉残疾者的图书馆服务的IFLA 指针》等。三是有关出版物国际交换的条约、协定，如《关于出版物国际交换的条约》、《关于国家间政府出版物及政府文书交换的条约》等。四是与图书馆关系密切的著作权保护方面的国际条约，如《伯尔尼保护文学及艺术作品公约》、《世界版权公约》、《关于设立世界知识产权组织的条约》、《关于设立亚太地区文化及社会中心的协定》等。

由以上六个方面构成的日本图书馆法律体系具有以下三个特点：①图书馆专门法从整体上说被纳入了教育法体系，是教育法的一个分支。②从内容上看，日本图书馆专门法对日本图书馆事业发展的最大贡献是比较系统、完备地确立了现代图书馆观念。日本“二战”后图书馆专门法中所确立的现代图书馆观念主要包括图书馆的服务性、图书馆的民主性、图书馆的免费制与图书馆员的专业性。③在日本现行的图书馆法律体系架构中，图书馆专门法虽然是基本的，但数量并不算多，其主要规定是围绕着图书馆的性质、功能、任务、体制等方面展开的。也就是说，图书馆专门法并没有涉及图书馆活动的所有方面，只是规范了图书馆自身的主要活动。图书馆活动涉及的更多方面是通过图书馆相关法来规范的。日本目前对图书馆的法律规范，已经初步形成了一个覆盖图书馆活动方方面面的法律体系。大凡图书馆活动涉及的方面，就有相应的法律保障。不同的单行法之间，又有一种相辅相成、配套衔接的关系。这是日本现行图书馆法律体系的一个突出特色，也是日本图书馆法治建设较为发达的重要标志。

（3）俄罗斯

在前苏联未解体时，前苏联最高苏维埃主席团曾于 1984 年 3 月 13 日颁布了《苏联图书馆事业条例》。该法共 6 章 32 条。第 1 章是“总则”；第 2 章是“苏联图书馆的统一系统”；第 3 章是“图书馆藏书的组建和保存”；第 4 章是“图书馆服务”；第 5 章是“图书馆的物质技术保障、图书馆工作人员和干部的培养”；第 6 章是“图书馆的国际交往”。该法具有下列几个特点：①强调并明确区分了图书馆的社会职能、图书馆的使命与图书馆的基本任务。②规定了国家图书馆事业的基本组织原则，即把全国的图书馆组成一个系统；按计划发展图书馆网，根据国民经济各部门和各地区发展的特点和前景在全国各地合理分布图书馆；保证图书馆的组织和方法领导的统一；国家按计划培养图书馆工作人员和干部；人人免费利用图书馆；社会团体、劳动集体和公民参加图书馆的管理工作。③凸显了文化部在管理图书馆事业中的核心地位。④规定了组建和注册图书馆的具体要求。⑤强调了图书馆统计工作的重要性。⑥确立了馆藏出版物和其他资料馆际无偿转送制度。⑦规定了建立民办图书馆的制度。

前苏联解体后，1994 年 12 月 23 日，俄罗斯国家杜马通过了《俄罗斯图书馆事业联邦法》。该法共 8 章 28 条。第 1 章是“总则”；第 2 章是“公民在图书馆事业中的权利”；第 3 章是“图书馆的义务和权利”；第 4 章是“国家对图书馆事业的义务”；第 5 章是“俄罗斯联邦各族人民的文化财富在图书馆保存和利用的特殊规则”；第 6 章是“图书馆相互关系的协调”；第 7 章是“图书馆事业的经济调节”；第 8 章是“结尾”。该法的特点表现在：①法律条款的内容比较全面，几乎涉及了图书馆活动的所有领域；②旗帜鲜明地提出了图书馆的工作原则，即保障人权，保障结社权，保障各民族和各种族人民自由获取情报权和得到精神上的发展、掌握本国和世界文化以及从事文化、科学和教育活动。③详细规定了各类图书馆活动主体的权利与义务，重视特殊群体图书馆用户的权利保护；④强调要从民族文化财富的高度来认识图书馆馆藏资源的价值；⑤建立了图书馆与图书馆及其他文献情报机构协作协调的制度；⑥规定了图书馆的创建、改组和停办制度，强调了图书馆的法人地位；⑦确立了图书馆发展基金会制度；⑧注重图书馆主体法与图书馆辅助法之间的配套衔接。

(4) 韩国

韩国的图书馆基本法最初制定于1963 年，此后相继修订或制定了 1987 年的《图书馆法》、1991 年的《图书馆振兴法》、1994 年的《图书馆及读书振兴法》以及 2006 年的《图书馆法》。迄今为止，图书馆法经历了四次重大修订或制定新法。为了实施图书馆基本法，除了颁布和制定相关的法律实施令与实施规则外，还多次对全文进行了修订或重新制定。截至 2008 年 4 月 1 日，已修改 23 次。

韩国现行《图书馆法》（2006 年 12 月 20 日，法律第 8069 号）共 9 章 48 条，还有附则。其基本内容为：第 1 章　总则；第 2 章　图书馆政策的建立及推进体系；第 3 章　国立中央图书馆；第 4 章　公共图书馆；第 5 章　大学图书馆；第 6 章　学校图书馆；第 7 章　专业图书馆；第 8 章　消除知识信息差距；第9章　附则。

该法的特色在于：第一，强调图书馆保障国民信息获取权与知情权的社会责任；第二，强调用户个人信息保护；第三，强调“图书馆”这一名称的神圣性和不可侵犯性；第四，规定在总统属下设置图书馆信息政策委员会，以便制定、审议和调整图书馆政策的重要内容；第五，分别规定不同类型图书馆的设置条件和具体职责；第六，强调地区代表图书馆和地方图书馆信息服务委员会的重要地位；第七，扶植私立公共图书馆和私立专业图书馆的发展；第八，强调图书馆要致力于消除知识信息差距并为知识信息弱势群体提供援助；第九，注重《图书馆法》与《著作权法》、《文化艺术振兴法》等图书馆相关法的协调一致。

二、中国图书馆法的产生与发展

自清代宣统二年以来，我国所制定的调控图书馆事业的规范性文件相当多。在这些规范性文件中，哪些属于法律规范？哪些不属于法律规范？这就涉及判断标准问题。

《中华人民共和国立法法》（2000.3.15）将所有法律规范区分为法律、行政法规、地方性法规、自治条例和单行条例及规章五种类型，并规定了每一种类型法律规范的立法权限和立法程序。按照该法的规定，法律由全国人民代表大会或全国人民代表大会常务委员会制定，制定后由国家主席签署主席令予以公布；行政法规由国务院制定，制定后由总理签署国务院令予以公布；省、自治区、直辖市的人民代表大会及其常务委员会和较大的市的人民代表大会及其常务委员会可以制定地方性法规，省、自治区、直辖市的人民代表大会制定的地方性法规由大会主席团发布公告予以公布，省、自治区、直辖市的人民代表大会常务委员会制定的地方性法规由常务委员会发布公告予以公布，较大的市的人民代表大会及其常务委员会制定的地方性法规报经批准后由较大的市的人民代表大会常务委员会发布公告予以公布；民族自治地方的人民代表大会有权制定自治条例和单行条例，自治条例和单行条例报经批准后，分别由自治区、自治州、自治县的人民代表大会常务委员会发布公告予以公布；国务院各部、委员会、中国人民银行、审计署和具有行政管理职能的直属机构可以制定部门规章，部门规章由部门首长签署命令予以公布；省、自治区、直辖市和较大的市的人民政府可以制定地方政府规章，地方政府规章由省长或者自治区主席或者市长签署命令予以公布。立法法的上述规定应当作为衡量一种规范性文件是否为法律规范的重要尺度。

此外，根据公认的法理，法律规范的总体结构可以划分为微观、中观和宏观三个层面。微观法律规范是以语言、文字的方式加以描述和设定的在一定的条件下人们应为（或应不为）的行为模式以及在违反这种行为模式时特定的国家权威机关对行为人所施加的不利性惩罚。微观法律规范由四个要素组成，即规范适用的条件、义务和权利规定、指明违反义务的行为和关于违反义务的处理规定。中观法律规范是调整社会某一范围、某一领域、某一方面的微观“原子”法律规范的有机组合。中观法律规范在法律文本上表现为调整某一社会领域或社会关系的一部完整的单行法律及其相关的文件，一般由总则、分则及附则构成。从逻辑上看，中观法律规范的构成要素是功能有所分化的四种类型的微观法律规范，即抽象的法律原则、具体的法律规则、法律概念及法律技术性规定。宏观法律规范是指一个国家所有单行法律所构成的统一的规范体系。显然，上述法理也可以作为鉴别一种规范性文件是否为法律规范的重要标准。

然而，由于历史发展的阶段性以及人类认识能力的累积性和渐进性，我们不宜用太挑剔的眼光看待历史。那么，究竟如何识别至今我国所颁布的调控图书馆事业的法律规范？我们拟按以下原则处理：对中华人民共和国成立前的规范性文件，按法理标准从宽把握；对中华人民共和国成立后、《中华人民共和国立法法》颁布前的规范性文件，以法理标准为主、以《中华人民共和国立法法》的规定为辅从严把握；对《中华人民共和国立法法》颁布后的规范性文件，以《中华人民共和国立法法》的规定为主、以法理标准为辅从严把握；对台湾地区的规范性文件，按照台湾地区图书馆学界的通识把握。下文对我国图书馆立法史的梳理就按这一原则进行。

1. 中华人民共和国成立前的图书馆法

从 20 世纪初到中华人民共和国成立前，中国图书馆事业经历了从古代藏书楼到近代图书馆的根本性的历史转变。在当时发达的西方工业化国家的文化思想影响下，国外图书馆的先进思想与方法开始传入中国，中国图书馆事业也随之进入了新的发展时期。1904 年以“图书馆”命名的公共图书馆在湖南诞生，而后全国有相当一部分公共图书馆如京师图书馆、江南图书馆、京师通俗图书馆等相继成立。在近代图书馆产生的同时，中国图书馆立法史的序幕也被揭开。1910 年，清政府制定和颁布了中国第一部图书馆法——《京师图书馆及各省图书馆通行章程》。该章程由当时的学部奏拟，共20条，它对图书馆的宗旨、布局、馆舍、机构、藏书、人员、借阅办法等许多方面作了具体规定。该章程虽因当时政治和经济等因素的限制而没能照章行事和全面施行，但其内容全面、要求具体，无疑占据了中国图书馆立法史上的首创地位。

辛亥革命以后，旧中国政府制定和颁布了一系列图书馆法。1915年，北洋政府教育部呈请大总统批准并颁布了《图书馆规程》（11条）和《通俗图书馆规程》。1927年，国民政府大学院公布了《图书馆条例》。1930年，教育部公布了《图书馆规程》（14条）和《私立图书馆立案办法》。1939年，教育部公布了《修正图书馆规程》、《图书馆工作大纲》和《图书馆辅导各地社会教育机关图书教育办法大纲》。1940年，国民政府公布了《"国立中央图书馆"组织条例》。1941年，教育部公布了《各级学校及各机关团体设置图书馆（室）供应民众阅览办法》和《普及全国图书教育办法》。1944年，教育部公布了《图书馆工作实施办法》。1947年，教育部公布了《图书馆规程》（34条）。这一时期，除中央政府及有关部门颁布的图书馆法外，各省也颁布了一些地方图书馆法，如《湖南图书馆暂行章程》、《台湾省图书馆组织规程》等。

这一时期的图书馆立法具有以下几个特点：①中央图书馆立法与地方图书馆立法并举；②图书馆法的内容很全面，涉及各种类型的图书馆；③政府对图书馆立法非常重视，尤其是国民政府教育部在图书馆立法方面发挥了关键作用；④图书馆法的内容与时俱进，具有浓厚的时代气息。

2. 中华人民共和国成立后的图书馆法

（1）宪法中有关图书馆的规定

《中华人民共和国宪法》（2004.3.14）第22条规定："国家发展为人民服务、为社会主义服务的文学艺术事业、新闻广播电视事业、出版发行事业、图书馆博物馆文化馆和其他文化事业，开展群众性的文化活动。"宪法是我国的根本大法，它的这一规定是我们制定其他图书馆法的依据和前提。同时，宪法的规定又是总括性的，条文比较笼统，操作性不强。

（2）图书馆专门法

中华人民共和国成立后我国未曾出台全国性的图书馆专门法，只产生了几部专门性的地方性法规和地方政府规章。它们是：

①《上海市公共图书馆管理办法》。该法是上海市人民政府于1996年11月28日颁布的地方政府规章，共8章39条。其内容涉及公共图书馆的

定义、管理部门、设置、书刊资料的收藏、工作人员和设备及经费、读者服务工作、辅导和业务及奖惩等方面。

②《深圳经济特区公共图书馆条例》(试行)。该法是深圳市人民代表大会常务委员会于1997年7月15日颁布的地方性法规，共8章38条。其内容涉及公共图书馆的定义、设置原则、公共图书馆的管理与建设、读者服务、文献收藏、工作人员、奖励与惩罚等方面。

③《内蒙古自治区公共图书馆管理条例》。该法是2000年8月6日内蒙古自治区第九届人民代表大会常务委员会第十七次会议所通过的地方性法规，共6章34条。其内容包括公共图书馆的主管部门、公共图书馆的建设、公共图书馆的服务、公共图书馆工作人员、奖励与惩罚等方面。

④《湖北省公共图书馆条例》。该法是2001年7月27日湖北省第九届人大常委会第26次会议通过的地方性法规，共23条。

⑤《北京市图书馆条例》。该法是2002年7月18日北京市第11届人大常委会第35次会议通过的地方性法规，共7章45条。该法代表了目前中国图书馆事业地方性立法的最高水平。从总体来看，该法表现出十大亮点：第一，在中华人民共和国成立的图书馆立法中，第一次突破了馆种类型、隶属系统的分割和壁垒，把各种类型的图书馆纳入了统一的法律平台。第二，明确规定了“经费投入预算化”。第三，通过规定不同级别图书馆的文献信息资源年入藏量来保障图书馆基本的资源购置费。第四，通过规定不同级别图书馆的基本硬件条件来保证图书馆的基本质量。第五，私立图书馆合法存在。第六，明确了对社区、乡镇图书馆建设采取多种扶持措施。第七，规定设立图书馆专家委员会。第八，倡导志愿者参加图书馆服务工作。第九，明确引入了“读者权益保障”的概念。第十，展现了面向信息时代，基于计算机和网络环境的数字化图书馆的前景。

⑥《河南省公共图书馆管理办法》。该法是2002年7月23日河南省人民政府发布的地方政府规章，共28条。

⑦《浙江省公共图书馆管理办法》。该法是2003年8月6日浙江省人民政府公布的地方政府规章，共7章34条。其内容涉及公共图书馆的行政管辖、公共图书馆建设与经费、公共图书馆服务与读者权益、文献信息资源、工作人员、法律责任等方面。

⑧《山东省公共图书馆管理办法》。该法是2009年4月23日山东省人民政府颁布的地方政府规章，共27条。该法的特点是：第一，鼓励社会力量兴办公共图书馆；第二，强调将公共图书馆建设纳入当地国民经济和社会

发展计划；第三，强调公共图书馆要为少年儿童、老年人和残疾人等弱势群体提供便利；第四，强调要严格管理和保护公共图书馆的馆舍、文献信息资源和相关设施、设备；第五，强调要实行公共图书馆文献信息资源的免费和公开利用制度；第六，对公共图书馆活动所涉及的相关主体的行为规定了较具体的奖惩办法，可操作性强。

值得注意的是，目前国内学术界普遍将《省（自治区、市）图书馆工作条例》、《中国科学院文献情报工作条例》和《普通高等学校图书馆规程》作为“部门规章”看待。我们认为这完全是一种误解。就《省（自治区、市）图书馆工作条例》来说，它是1982年12月1日文化部颁布的。从形式上看，它具备总则、分则与附则三个部分；但从逻辑上看，它缺少作为中观法律规范组成要素的“法律概念”和“法律技术性规定”部分，即它既没有确切地界定任何一个法律术语的内涵，也没有关于生效日期等必要构件的规定。此外，其所包含的微观法律规范也不完整，主要体现在“指明违反义务的规定”和“关于违反义务的处理规定”两部分。它只笼统地规定了对图书馆工作人员的处罚措施（“对违章、失职以至造成严重事故的人员，应视情节轻重，予以批评教育或党纪国法处分”），而没有涉及图书馆主管机关、图书馆创办者和读者的违规责任。就《中国科学院文献情报工作条例》来说，它是1991年8月中国科学院颁布的。它既没有对相关法律术语的解释，也没有设置“法律责任”部分，因而不像一部“法”，当然也谈不上“部门规章”。就《普通高等学校图书馆规程》而言，它是2002年2月21日教育部公布的，文件编号是“教高［2002］3号”。当其时，《中华人民共和国立法法》已生效近两年。按照该法的规定，部门规章应由部门首长签署命令予以公布，通常以“部长令”的形式出现。然而，该文件以“教高［2002］3号”的形式出现，显然不符合立法法的规定。不仅如此，该文件缺少“法律责任”部分，也空缺作为中观法律规范的必要成分——“法律概念”部分，因此它不具备“部门规章”的要件。

（3）图书馆相关法

所谓图书馆相关法，是指在其文本中存有针对图书馆的条、款、项或目之法律、法规、条例或规章。图书馆相关法主要涉及下列领域：

①财政税收。例如，《文化事业单位财务管理办法》（财政部、文化部，1992.12.30）第二十三条第一款规定：“没有稳定的经常性业务收入或收入较少的图书馆、中等专业学校等单位为全额预算管理单位。实行‘全额预算包干，超支不补，结余留用’的预算管理办法。”《中华人民共和国营业

税暂行条例》（国务院，1993.12.13）第六条规定：“下列项目免征营业税：……（六）纪念馆、博物馆、文化馆、美术馆、展览馆、书画院、图书馆、文物保护单位举办文化活动的门票收入，宗教场所举办文化、宗教活动的门票收入。”

②科普教育。例如，《中华人民共和国科学普及法》（全国人大常委会，2002.6.29）第十六条第二款规定：“……科技馆（站）、图书馆、博物馆、文化馆等文化场所应当发挥科普教育的作用。”1989 年 11 月 1 日山东省人大常委会公布的《山东省未成年人保护条例》第十八条第二款规定：“图书馆、文化馆、博物馆、纪念馆、公园、影剧院、体育场（馆）及其他公共文体场所，应为未成年人的学习和活动提供条件。”1995 年 3 月 18 日第八届全国人大第三次会议通过的《中华人民共和国教育法》第五十条规定：“图书馆、博物馆、科技馆、文化馆、美术馆、体育馆（场）等社会公共文化体育设施，以及历史文化古迹和革命纪念馆（地），应当对教师、学生实行优待，为受教育者接受教育提供便利。”《监狱教育改造工作规定》（司法部令，2003.6.13）第三十三条规定：“监狱应当办好图书室、阅览室、墙报、黑板报，组织开展经常性的读书、评报活动。监狱图书室藏书人均不少于 10 本。”

③新闻出版。例如，1981 年 5 月 20 日国务院批准的《中华人民共和国学位条例暂行实施办法》第二十三条规定：“已经通过的硕士学位和博士学位的论文，应当交存学位授予单位图书馆一份；已经通过的博士学位论文，还应当交存北京图书馆和有关的专业图书馆各一份。”1991 年 7 月 15 日机电部发布的《科学技术期刊管理办法》第二十五条规定：“期刊出版后，必须按期向部期刊办缴送样刊两份，正式期刊还须向中国版本图书馆、国家科委科技情报司和新闻出版署期刊司缴送样刊。”1994 年 8 月 25 日国务院发布的《音像制品管理条例》第十二条第二款规定：“音像出版单位应当自音像制品出版之日起 30 日内向国家版本图书馆缴送样品。”1997 年 1 月 2 日国务院颁布的《出版管理条例》第二十二条规定：“出版单位发行其出版物前，应当按照国家有关规定向北京图书馆、中国版本图书馆和国务院出版行政部门免费送交样本。”1997 年 12 月 30 日新闻出版署发布的《电子出版物管理规定》第三十五条规定：“电子出版物出版单位在电子出版物发行前，应当向北京图书馆、中国版本图书馆和新闻出版署免费送交样本。”

④文物保护。例如，2002 年 10 月 28 日第九届全国人大常委会第 30 次会议通过的《中华人民共和国文物保护法》第三十六条第一款规定：“博物

馆、图书馆和其他文物收藏单位对收藏的文物，必须区分文物等级，设置藏品档案，建立严格的管理制度，并报主管的文物行政部门备案。”第四十七条规定：“博物馆、图书馆和其他收藏文物的单位应当按照国家有关规定配备防火、防盗、防自然损坏的设施，确保馆藏文物的安全。”

⑤知识产权。例如，《中华人民共和国著作权法》（2001. 10. 27）第二十二条规定：“在下列情况下使用作品，可以不经著作权人许可，不向其支付报酬，但应当指明作者姓名、作品名称，并且不得侵犯著作权人依照本法享有的其他权利：……（八）图书馆、档案馆、纪念馆、博物馆、美术馆等为陈列或者保存版本的需要，复制本馆收藏的作品。”

⑥档案保护。例如，《中华人民共和国档案法》（1996. 7. 5）第十二条规定：“博物馆、图书馆、纪念馆等单位保存的文物、图书资料同时是档案的，可以按照法律和行政法规的规定，由上述单位自行管理。”

⑦民族工作。例如，《城市民族工作条例》（1993 年 9 月 15 日，国务院批准、国家民委发布）第十九条规定：“少数民族人口较多的城市的人民政府，应当根据需要和条件，设立具有民族特点的文化馆（站）、图书馆。”

⑧基本建设。例如，《楼堂馆所建设管理暂行条例》（1988. 9. 22，国务院发布）第四条规定：“下列建筑物，按当地一般民用建筑标准建设的按基本建设程序办理，高于当地一般民用建筑标准或者建设总投资三千万元以上（含三千万元，下同）的依照本条例的规定进行管理：（一）文教、卫生、体育单位根据事业发展和业务需要建设的教学楼、档案馆、研究楼、资料楼、实验楼、影剧院、博物馆、科技馆、图书馆、排演场、文化站、体育馆……”又如，《停车场建设和管理暂行规定》（1988. 10. 3，公安部、建设部联合发布）第五条规定：“新建、改建、扩建的大型旅馆、饭店、商店、体育场（馆）、影（剧）院、展览馆、图书馆、医院、旅游场所、车站、码头、航空港、仓库等公共建筑和商业街（区），必须配建或增建停车场；有条件的小型公共建筑须配建自行车停车场。停车场应与主体工程同时设计、同时施工、同时使用；大型公共建筑工程设计没有停车场规划的，城市规划部门不予批准施工。”再如，《公共文化体育设施条例》（国务院，2003. 6. 26）第二条规定：“本条例所称公共文化体育设施，是指由各级人民政府举办或者社会力量举办的，向公众开放用于开展文化体育活动的公益性的图书馆、博物馆、纪念馆、美术馆、文化馆（站）、体育场（馆）、青少年宫、工人文化宫等的建筑物、场地和设备。”这就意味着，这部行政法规的所有条款均适用于图书馆。尽管该法规的名称上没有冠以“图书馆”三个字，但它

的内容都可以用来调整图书馆事业的发展。因此，在很大程度上我们可以把该法规当作一部“全国性准图书馆专门法”看待。

⑨环境卫生。《公共场所卫生管理条例》（1987. 4. 1，国务院发布）第二条规定：“本条例适用于下列公共场所：……（五）展览馆、博物馆、美术馆、图书馆……”

⑩消防安全。《机关、团体、企业、事业单位消防安全管理规定》（2001. 11. 14，公安部发布）第十三条规定：“下列范围的单位是消防安全重点单位，应当按照本规定的要求，实行严格管理：……（六）公共图书馆、展览馆、博物馆、档案馆以及具有火灾危险性的文物保护单位……”

(4) 中国加入的与图书馆有关的国际公约

这类公约主要有《经济、社会及文化权利国际公约》、《儿童权利公约》、《伯尔尼保护文学及艺术作品公约》、《世界版权公约》、《建立世界知识产权组织公约》、《世界知识产权组织公约》、《保护录音制品制作者防止未经许可复制其录音制品公约》等。这些国际公约是我国制定图书馆法的重要参考依据。

这一时期的图书馆立法具有以下几个特点：①在宪法中有专门条文调整图书馆事业的发展，这就从根本上确立了图书馆事业的法律地位；②在图书馆专门法的制定方面，地方立法先行，中央立法滞后；③地方所制定的专门图书馆法多以公共图书馆事业为调整对象，这一方面反映了地方政府对公共图书馆事业的重视，另一方面也体现出地方图书馆立法的视野过于狭窄；④图书馆相关法的覆盖面很宽，这为图书馆事业的发展奠定了较宽厚的法律基础，同时也反映了整个社会的图书馆意识正在增强；⑤由图书馆专门法、图书馆相关法、与图书馆有关的国际法等子系统组成的中国图书馆事业的法律保障体系正在萌芽，但遗憾的是，能够发挥支柱作用的一部全国性的图书馆专门法迟迟难产，这就使得该体系很不美观、很不稳定、很不健全。

三、中国台湾地区的图书馆法

台湾图书馆事业是中国图书馆事业的重要组成部分。由于众所周知的历史原因，中国图书馆事业自 1949 年以来形成了大陆与台湾并行发展的格局。根据文献调查，1949—1960 年间，台湾地区图书馆法的制定工作步伐是比较缓慢的。1960 年以后，在台湾图书馆学会的积极推动下，这项工作得到深入开展。1966 年，台湾图书馆学会第 14 届年会通过了制定图书馆法的决议。经过 35 年艰苦不懈的努力，2001 年 1 月 4 日，台湾地区《图书馆法》

在其“立法院”第4届第4期第28次会议上正式通过。

台湾《图书馆法》总共有20条，对图书馆立法之缘由、立法对象、主管机关、各级各类图书馆之概念及设置原则、馆长及馆员资质和任用原则、图书馆与其他相关法规的均衡借用、呈缴本制度、图书馆职能范围及业务内容、评鉴及奖惩等诸方面做出了法律的界定。

该法具有以下几个特点：①适用范围的广泛性，即普遍适用于“国家图书馆”、公共图书馆、大专院校图书馆、中小学图书馆和专门图书馆。②强调图书馆活动主体权利与义务的均衡和统一，如第八条规定：“图书馆办理图书资讯之阅览、参考咨询、资讯检索、文献传递等项服务，得基于使用者权利义务均衡原则，制定相关规定。”③注重图书馆法与相关法律之间的协调，如第七条规定：“图书馆应提供其服务对象获取公平、自由、适时及便利之图书资讯权益。前项之服务应受著作权法有关合理使用馆藏规定之保护。”④对公立图书馆任用管理人员和专业人员设置了较高的门槛，如第十条规定：“图书馆置馆长、主任或管理员，并得置专业人员办理前条所规定业务。公立图书馆之馆长、主任或管理员应由专业人员担任。公立图书馆聘用第一项人员应依公务人员任用法规定任用，必要时，得依教育人员任用条例规定聘任。”⑤非常强调图书馆资源共享，如第十二条规定：“为加强图书资讯之收集、管理及利用，促进馆际合作，各类图书馆得成立图书馆合作组织，并建立资讯网络系统。”第十三条规定：“图书馆为谋资源共享，各项图书资讯得互借、交流或赠与。”⑥为推行呈缴本制度而制定了强有力的保障措施，如第十八条规定：“出版人违反第十五条第二项规定，经‘国家图书馆’通知限期寄送，届期仍不寄送者，由‘国家图书馆’处该出版品定价十倍之罚锾，并得按次连续处罚至其寄送为止。”第十九条规定：“依本法所处之罚锾，经限期缴纳，届期仍不缴纳者，应依法强制执行。”⑦为相关图书馆规范、基准等图书馆辅助法的制定留下了许多接口，如第五条规定：“图书馆之设立及营运基准，由‘中央’主管机关定之。”第六条规定：“图书资讯分类、编目、建档及检索等技术规范，由‘中央’主管机关指定‘国家图书馆’、专业法人或团体定之。”第十六条规定：“‘中央’主管机关应建立图书馆辅导体系。”

此后，台湾地区又相继颁布了一系列营运基准（如公共图书馆设立及营运基准、大学图书馆设立及营运基准草案、专科图书馆设立及营运基准草案等）、技术规范（如机读编目格式、文献分析机读格式、诠释资料格式规范、资料数位化与命名原则规范等）、辅导体系（如图书馆辅导要点、大学校院图书馆辅导团工作计划草案、公共图书馆辅导团工作计划草案、专门图书馆辅导团工作计划草案等）和40余种“中央标准”等图书馆辅助法，从而使得台湾地区的图书馆法律体系日臻完善。

参考文献

[1] 罗尔斯著．正义论［M］．何怀宏，等译．北京：社会科学文献出版社，1988：3.

[2] 李静．如何为图书馆立法——专家热议制定《公共图书馆法》［N］．中国文化报，［2009-01-18］.

[3] 张恒山．法理要论［M］．北京：北京大学出版社，2002.

[4] 李培传．论立法［M］．北京：中国法制出版社，2004.

[5] 陈金钊．法理学［M］．北京：北京大学出版社，2002.

[6] 沈宗灵．法理学［M］．北京：北京大学出版社，2000.

[7] 周旺生．立法学［M］．北京：法律出版社，2000.

[8] 吴建中．战略思考：图书馆发展十大热门话题［M］．上海：上海科学技术文献出版社，2002.

[9] 李国新．日本图书馆法律体系研究［M］．北京：北京图书馆出版社，2000.

[10] H. C. 坎贝尔著．公共图书馆系统及其服务［M］．黄健元，张保明，译．北京：科学技术文献出版社，1986.

[11] 梁平．图书馆法简史要略［J］．河南图书馆学刊，2001（6）：76-79.

[12] 孙利平，卢海燕．台湾地区《图书馆法》立法回眸［J］．大学图书馆学报，2001（6）：25-29，33.

[13] 李农译．日本《图书馆法》［J］．江苏图书馆学报，2001（3）：53-55.

[14] 林曦译．俄罗斯图书馆事业联邦法［J］．江苏图书馆学报，1997（1）：51-56.

[15] 官凤婷．英国图书馆法发展历程与现状［J］．图书馆学研究，2009（2）：93-98.

[16] 田玲玲．谈谈我国制定图书馆法的必要性［J］．科学咨询：教育科研，2007（12）：78-79.

[17] 李炳穆．韩国图书馆法［J］．图书情报工作，2008（6）：6-21.

[18] 韦瑛．对制定我国图书馆法的探讨［J］．图书馆界，2002（4）：10-13.

[19] 薛智胜，尹倬．关于图书馆法法律属性的探讨［J］．图书馆工作与研究，2008（6）：11-14.

第十二章 图书馆目标管理

目标管理是第二次世界大战之后在美国首先提出的一种先进的企业管理制度，也是一种科学有效的管理方法。自 20 世纪 50 年代中期以来，目标管理的理论研究不断走向深入，实践范围逐渐扩展，目标管理早已冲破企业管理的樊篱，向各种类型的其他组织渗透，图书馆也在其中。

第一节 图书馆目标管理的理论渊源

一、Peter F. Drucker 的目标管理理论

Drucker 在 1954 年出版的《管理的实践》一书中首先提出了目标管理的概念。随后，他在《有效的管理者》、《管理：任务、责任、实践》以及《效果管理》等著作中又多次做了阐述。其主要观点是：

1. 企业的目的和任务必须转化成为目标

Drucker 指出，以追求最大利润作为事（企）业目标的理论必须摒弃。任何企业都具有八个重要领域，必须为每个领域制订努力目标。这八个领域是：在市场上的地位、革新、生产率、物资及财产、盈利性、经营人员的能力及其培养、工人的能力及态度、对社会的责任。

2. 事业目标要在企业中展开

Drucker 认为，在明确了事（企）业目标之后，为了把事业推向前进，必须将目标展开。他说，每项业务的目标都必须同整个事（企）业的目标相一致，尤其经营人员的业务更必须以整个事业的成功为中心来考虑。他指出，整个事业的目标必须分别作为每个经营人员的目标，由他们分担起来。

即：加给经营人员的工作要以实现事（企）业目标来评定，其成果也必须根据为实现目标所作贡献的大小来评价。Drucker 认为，目标展开范围是上至经理下至车间主任和事务主任，并且还必须对他们各自的目标作出明确的规定。

3. 目标的实施要以自我控制为主

Drucker 认为，不是因为有了工作才有目标，而是因为有了目标才能确定每个人的工作。目标经营方式所起的最大作用，就是能以自我控制的经营方式取代上级统一支配的经营方式。Drucker 指出，只有以自我控制的经营方式为前提，才能做到尽量由基层作出决定（分权），同时能按成绩付给工资。只有这种“目标与自我控制”的经营管理体制才是真正的目标管理。

4. 管理者的职责在于重视贡献

Drucker 说，重视贡献才能转移管理者的注意力，使他不致局限于自己的专业、某种技能、自己的部门，而是注意整体工作。同时也才能使他注意外界，因为成果只产生于外界。Drucker 认为，每个组织都需要做三项主要工作：它需要直接成果；价值的创造和确立；对未来人才的培养和开发。缺少了其中任何一个方面，组织就会衰亡。因此，每个管理者的贡献应包括这三个方面。Drucker 指出，重视贡献的管理者会提高所有与他共事人的水平，扩大他们的眼界。

5. 提出了建立组织的三项原则

Drucker 指出，在企业内部实际开展目标管理体制是有困难的，因为企业的构成并不能保证经营负责人自然而然地朝着一定目标进行工作。岂止如此，实际还恰恰相反，事业在性质上包含着使工作偏离目标方向的三个因素，即：经营负责人的多数工作是专业化了的；经营管理组织是分阶层的；由于实际工作与思考方式因阶层而异，其结果导致经营管理阶层的内部结合发生崩溃。为此，Drucker 提出了建立组织的三项原则：第一，经营组织必须有助于事业目标的实现；第二，组织要尽量减少中间层次，必须缩短“命令路径”；第三，组织必须是能培育未来的企业经理并能测验他们能力的结构。他认为要满足这些原则，就得采用联邦分权制（federal decentralization）或职能分权制（functional decentralization）中的任一种或两种。他特别强调事业部制（即联邦分权制）的效果。

二、E. C. Schleh 的结果管理理论

E. C. Schleh 在其所著的《根据结果的管理》一书的前言中曾下过这样的定义："所谓按结果管理系指让每个人都为企业的长期目标作出重大成果的经营方式。"其管理思想集中体现在以下几个方面：

1. 结果式经营

E. C. Schleh 强调，企业期望于每个成员的并非工作本身而是工作的结果。例如，公司将期望于每个人一年内完成的工作成果定为目标分配给每个人，每个人为完成该目标而努力。为了有效进行这种努力，要授给每个人一定的权限，以便每个人都有较大的酌情处理的自由。这样，将每个人在一定期间所应完成的工作结果（成果）定为目标，在授予较大权力的条件下，使其有效地去完成业务工作，这就是 E. C. Schleh 提倡的按结果进行经营的管理体制。

2. 目标定量化

E. C. Schleh 认为，制订的个人目标要尽量能用某种形式进行测定，这是进一步扩大每个人（最终成为整个企业的）成果的基础。E. C. Schleh 还说，只有定量地规定目标（例如美元、百分比等），才既容易理解，又能显示出方向来。人们一旦接受在一定期间内必须为企业成果作出贡献的想法，就会生机勃勃。如果没有能够衡量的目标，各个阶层对目标都模糊不清，在这里工作的人就不能成为企业的中心动力。

3. 组织的生动化

E. C. Schleh 认为，权限应该按期望于每个人的工作成果（目标）来确定。只要根据每年企业内外形势的变化来制定目标，则为每项目标规定权限的应有方式自然就是有生气的。从这个意义来说，只有针对企业内外变化，年年制定目标，通过每个人为完成这项目标而开展活动，组织才能有生气。E. C. Schleh 指出，由于目标是动态的，所以认为目标一经决定便一成不变是愚蠢的。

三、R. Likert 的经营行为科学

R. Likert 指出，社会科学通过现在能利用的测定法，对现在已取得优异成绩的经营管理人员与成绩欠佳的经营管理人员进行比较，可以证实两者之

间在领导原则与实践上存在着差异。通过分析实验结果，R. Likert 得出下列等式：

工作成果=决策的质量×激发人们履行决策的动机

进一步详细考察之，“激发动机”要根据下列两个因素进行：①靠充分的情报交流和吸收下级成员参与讨论公司计划来提高士气。②制订为士气高昂的下级成员们所能接受的合理目标。这两个因素相辅相成，进行着 R. Likert 所说的“激发动机”。

鉴于此，R. Likert 的等式可改造成下式：

优异成绩=决策的质量×（充分的情报交流和吸收下级成员参与讨论计划以提高士气+合理目标）

这可说是 R. Likert 所紧抓的“高效生产管理的一般方式”。

此外，R. Likert 还制订了四个条件，作为新型有效经营管理所应具有的状态。①整个企业的目标与其组成部分的目标即使不能遍及所有组织成员及组织受益者，也必须与大多数人的各自要求和愿望充分协调。②组织中各个成员的目标及其所占的比例，必须采用能够高度激发动机的方法来确定，以便当事人能得以完成之。③为了完成在经本人同意基础上制订的目标，组织及其下属组织所采用的方法和手段必须能够高度激发组织成员的动机，必须是能够充分发挥组织成员所拥有的潜力的方式。④组织所采用的工资、奖金、红利、利息等报酬制度，必须让组织成员或有关人员感到是足以公正地补偿他们所做努力和贡献的代价。

R. Likert 特别强调，目标不应单由上级规定，更不应是强加的，必须始终在本人同意的基础上加以规定。应尽力用充分的情报交流与下级成员参与制订计划，以建立起良好的人事关系，利用良好的人事关系制定目标，在完成这项目标的过程中再进一步改进人事关系，进而导致制订下一个更高的目标，这种循环过程便是 R. Likert 所说的目标管理。

四、Vance Packard 的自主管理理论

Vance Packard 在其所著的《攀登金字塔的人们》一书中，把组织比作金字塔，并阐述了其自主管理理论。

1. 对官僚组织机构的批判与改造

Vance Packard 指出，那种权力与决定权集中到最高层的办法只能导致组织软弱无力，失掉革新信心，培养出唯唯诺诺之辈。他批判那种官僚机构，使感情受到压抑的趋势，缺乏坦率而真正的关系，遇有不顺心的事谁也

不肯得罪上级，通常不做分外的事，不做新的尝试，更不肯干有风险的事。这样，将导致领导决策效果甚微，组织本身也日益僵化而缺乏工作效率。Vance Packar 进而提出自己的改造方案：实行分权化；扩大控制范围；让一般管理人员参与讨论重大决策方案。

2. 自主管理

Vance Packard 认为，为了适应整个公司的目标，就必须创造出使每个人都勤奋努力的环境。每个下级成员经过与上级商议后制订出合乎公司方针的目标，也就明确了自己的责任范围。当然，他们在执行中必须向上级报告情况，但目标执行者不受任何约束，可以自由行动，自我控制，更为可靠和有效地完成自己的目标任务。Vance Packard 强调，在这种环境中工作的上下级不是在权威的传统基础上工作，而是在互相信任的基础上一同共事。上级的主要职责并非是监督每个人，而是为了创造一个保证下级成员得以成长的气氛或环境。Vance Packard 称这种工作方法是“轻快的自治”。Vance Packard 指出，在现代工业组织中，这种“轻快的自治”扩大了责任，与人的心理要求完全吻合，也与重视个人、加强民主化的社会要求相一致。

第二节　图书馆目标管理的内涵

一、图书馆目标管理的定义

图书馆目标管理是指图书馆中的上下级一起参与图书馆目标的制订，由此决定上下级的责任和分目标，并使其在目标实施中实行自我控制，并把这些目标作为图书馆经营、评估和奖励每个部门和个人贡献的标准，以努力完成目标的一种现代管理方法。

对图书馆目标管理的概念可以从以下四个方面来理解：

首先，图书馆目标管理是一种参与形式的管理。目标的实现者同时也是目标的制订者，即由上级与下级共同确定目标，上下级共同协商，制订出图书馆各部门直至每个员工的目标，用总目标指导分目标，用分目标保证总目标，形成一个目标手段链。因此，应强调自我控制，通过对动机的控制达到对行为的控制，对权力下放的过程进行管理。

其次，图书馆目标管理力求将图书馆目标与个人目标紧密地结合在一起，以增强员工在工作中的满足感，调动员工的积极性，增强图书馆的凝聚力。

再次，图书馆目标管理层次包括图书馆整体发展战略目标、图书馆年度目标、各部门目标和馆员个人目标。目标管理以图书馆战略目标为前提，以图书馆年度目标为依据，将各种任务、指标层层分解到各部门和每个人。

最后，图书馆目标管理实施的关键是事先制订图书馆合理的任务指标体系、考证因素分值体系和奖罚标准体系，事中进行过程管理，检查考评目标的执行情况，事后按工作绩效和约定的奖罚标准及时兑现奖罚。

二、图书馆目标管理的特点

图书馆目标管理具有以下几个特点：

1. 图书馆目标管理是面向未来的管理

目标是一定时期内个人或集体活动预期要达到的结果（效果）。这就决定了目标的未来属性。当然，面向未来进行管理，不是否定图书馆过去的历史经验，不是不重视现实情况，而是不被传统的经验所束缚，不为现实的情况所困惑，把注意力和工作重点放在对图书馆未来的谋划上（即选择和确定目标）。这是一个目标方向选择和总体目标规划问题。对于管理绩效，现代管理理论有一个重要的公式：管理绩效=目标方向×工作效率。目标方向错了，效率再高也只能是无效劳动。在保证图书馆目标方向正确的前提下，还要做好总体目标规划，以有效地指导图书馆管理活动。

2. 图书馆目标管理是系统整体的管理

有组织的集群活动之所以比个人的力量大，之所以能完成个人无法完成的任务，就在于经联系把分散的个体结合为一个整体——组织系统，而图书馆管理活动是在组织系统内进行的。由于图书馆管理活动的这种系统特性，就决定了必须以共同的目标来统一全体人员的思想和行动，必须实行系统整体管理，才能获得好的绩效。

为什么说图书馆目标管理是一种系统整体的管理？

第一，目标是图书馆系统功能的集中体现，是评价管理绩效的根本标准，因而抓住了目标也就把握住了整体。

第二，图书馆全体员工参加了管理活动。通过目标制订与分解过程，把图书馆内全体人员动员起来参加管理活动，参与对未来的谋划。这样既有利于使全体人员明确图书馆的共同目标，加强整体观念；又有利于明确各部门、各个人为实现共同目标所应承担的任务和目标以及在图书馆系统中所处的地位和作用，从而达到运用目标系统实施系统整体管理的目的。

第三，明确了目标也就明确了工作重点，有利于按“保障重点，兼顾一般”的指导原则对全部工作进行统筹安排，指导图书馆各部门和各个人的行动，防止“各唱各的调”的现象发生，从而达到保证整体和提高管理绩效的目的。

3. 图书馆目标管理是重视成果的管理

获取尽可能好的成果，是人们从事各种活动的共同愿望。然而，对于图书馆管理活动，怎样才能获得尽可能满意的成果？为此，首先必须搞清楚什么是图书馆管理活动的成果。由于图书馆管理是有组织的集群活动，所以图书馆管理活动的成果是指图书馆的目标水平和目标达成度，即目标成果。目标水平高、目标达成度高，图书馆管理活动的成果就大，反之就小。那么，什么是图书馆的目标成果？目标成果是由图书馆的基本任务——最好地满足读者的知识信息需求决定的，即将基本任务转化为目标的那部分成果。如果抓不住目标成果，就是本末倒置了。譬如，一所图书馆打扫卫生得了红旗（成果），或参加红歌比赛得了第一名（成果），但读者投诉相当多，藏书利用率也很低，能说这所图书馆办好了吗？答案显然是否定的。因此，通过目标成果来评价图书馆管理绩效是合理的，图书馆目标管理就是重视成果的管理。

4. 图书馆目标管理是重视人的管理

人是管理的核心和动力，没有人的积极性是不能把事情办好的。人既是图书馆系统的管理者，也是被管理者，只有建立良好的人际关系，才能使图书馆管理产生好效益。然而，怎样调动图书馆人的积极性，协调好图书馆人际关系？图书馆目标管理强调：第一，目标要经过上下级充分协商以后由下级自己制定目标，不要勉为其难和强行指定任务，并且上级还要为下级创造实现目标的条件，以提高下级实现目标的信心和主动性。第二，用目标指导行动，要求上级少干预下级的工作，发挥下级自主管理能力，以创造施展才华的环境。第三，明确目标，使图书馆人在从事某一项活动之前，就知道活动的目的和要取得的具体成果，使“软”的管理变成可以看得见的“硬”管理，既增加压力，又增加动力，以激励图书馆人为实现目标去奋斗。

第三节　图书馆目标管理的基础工作

图书馆目标管理作为一种管理制度和管理思想，是以目标为中心来进行的一系列有组织活动。它与其他管理制度一样，需要建立在一定的基础工作之上。

一、图书馆目标管理基础工作的概念

何谓图书馆目标管理的基础工作？简单地说，图书馆目标管理的基础工作就是为建立图书馆目标管理制度打根基的起点性工作。从管理学角度分析，可以理解为是为建立目标管理制度和发挥各项专业管理的作用而提供的必不可少的经常性工作。

由于图书馆类型和规模不同，不同类型和规模的图书馆担负的任务也有差异，因而不同类型、不同规模的图书馆实施目标管理所需要的基础性工作也各有侧重。但是，它们共同的基础工作应包括基础知识教育、标准化、责任制和信息工作四项。不管什么类型、什么规模的图书馆，只要其实施目标管理，这四项工作都必须先期做好。其中，基础知识教育是先导，标准化是依据，责任制是核心，信息工作是纽带。它们组成一个有机的整体，缺一不可。

二、基础工作与图书馆目标管理的联系

1. 基础知识教育与图书馆目标管理的联系

基础知识教育是指为提高馆员的基本素质而进行的有关本职业、本岗位的职业道德、技术业务和纪律教育，其主要内容包括履行岗位责任制的应知应会教育、职工守则、馆规馆纪、安全卫生知识教育、目标管理基本理论和方法教育等。基础知识教育是图书馆推行目标管理的先导。

2. 标准化与图书馆目标管理的联系

标准化是以制定和贯彻统一的标准为核心的一系列活动过程，它是现代图书馆管理的重要手段。没有标准化，就没有专业化和高质量，就会给图书馆系统造成混乱。标准化与图书馆目标管理之间具有密切的联系：第一，标准是目标的依据，即无论是确定目标还是考评目标都离不开标准。所谓标准是指对重复性事物和概念所做出的统一规定。它以科学、技术和图书馆实践经验的综合成果为基础，经有关方面充分协商同意，由公认的机构批准，以特定的形式发布，如《专利文献著录项目标准》（试行，2006）、《文献著录总则》（1983）、《普通图书著录规则》（1985）、《连续出版物著录规则》（1985）、《公共图书馆建筑防火安全技术标准》（1996）、《襄樊市高中图书

馆建设标准及评估细则》（2009）等。标准一经确定，就在其规定的范围内成为大家共同遵循的准则，具有强烈的权威性和法制性。因此，确定目标必须以标准为前提和依据。第二，有些标准可以纳入目标体系，成为其重要组成部分。图书馆目标是在一定时间内预期达到的目的和成果的综合反映，其具体表现形式包括目标方针、目标项目和目标值三部分。其中大部分目标值实质上就是标准，或者说是将那些符合自己主观条件的标准转化成为目标值。

3. 责任制与图书馆目标管理的联系

责任制是以提高图书馆管理效益为中心，以正确处理图书馆、读者和馆员三者之间的利益关系为基本原则，明确规定图书馆系统内部各个部门及各类人员的职责和权限的一种管理制度。责任制与图书馆目标管理的内在联系表现在：第一，二者都是一种重要的管理制度，都要以正确处理图书馆、读者和馆员三者之间的利益关系为基本原则，以提高图书馆管理效益为出发点和归宿，以充分调动馆员的积极性为基本手段。第二，图书馆目标展开、分解以后，必须将目标责任落实到人，这就要以责任制作基本保证。正因为如此，我们才说责任制是图书馆目标管理基础工作的核心内容。

4. 信息工作与图书馆目标管理的联系

信息是管理的最基本要素之一，任何管理活动都离不开信息。同样，图书馆目标管理也离不开信息：确定目标需要获取大量信息为依据；展开目标需要加工处理信息；实施目标需要不断反馈分析信息；评价目标需要整理和存储信息。图书馆目标管理的过程就是信息的传递和变换过程。因此，信息工作是图书馆目标管理基础工作的重要内容，是使图书馆目标管理得以正常运转的纽带和桥梁。

三、图书馆目标管理基础工作的特点

图书馆目标管理的基础工作主要具有以下三个特点：

第一，先行性、连续性和稳定性。基础工作大多建立在各项专业管理之前，并贯穿于整个图书馆管理活动过程。兹以标准化为例。标准化就是制订标准和贯彻标准的一系列活动：在推行目标管理时，确定目标应以标准为依据，实施目标和绩效审核也同样离不开标准，所以说它既具有先行性，也具有连续性。其他两项工作也具有同样的特征。此外，尽管随着形势的发展和认识的深入，基础工作在内容和方法上要不断发展，但在一定时间范围内一

般会保持相对稳定性。

第二，空间上的低层次性和群众性。基础工作一般发生或作用于较低层次，属于很具体的工作，往往牵涉到许多一线员工。它们是图书馆各项专业管理职能发挥作用的前提和依据，所以必须围绕图书馆系统总目标踏踏实实地去做，应设置相应的组织机构或专职管理人员，做到基础工作的扎实可靠。

第三，内容上的多维性和多层次性。多维性是指基础工作包括多种不同的角度和多个方面，它们相互交叉、相互渗透，又能各自单独地发挥作用。多层次性则是指其工作内容涉及图书馆系统的各个层次、各个岗位、各类人员。因此，图书馆全体人员必须共同努力才能做好基础工作。

第四节 图书馆目标管理的运行

图书馆目标管理过程依序涉及三个环节，即图书馆目标的设定、图书馆目标的实施和图书馆目标成果的考评，图书馆目标管理就是围绕这三个环节的循环来运行的。

一、图书馆目标的设定

设定目标是图书馆目标管理的第一步工作和关键环节。目标是图书馆目标管理的依据，只有制订出既符合图书馆实际情况又有利于图书馆长远发展的目标，才能使图书馆目标管理活动收到好的成效。

1. 设定图书馆目标的依据

确定目标是图书馆内外条件统一的过程，即馆内条件与馆外因素的有机结合。因此，按“充分、必要”的原则处理好目标与条件的关系，是正确设定目标、保证图书馆目标管理绩效的基础。

（1）馆内条件

确定目标时的馆内条件包括图书馆的人力、财力、物力、信息力等实力情况、图书馆人员素质与管理水平、上期目标或任务的完成情况等。这些条件是确定目标的内在基础，其中，人力、财力、物力、信息力等实力是确定目标的资源基础，人员素质和管理水平直接关系到资源的合理使用和作用的充分发挥，而上期目标或任务的完成情况在一定程度上代表了图书馆的基础和人员水平。

(2) 馆外因素

首先是图书馆主管部门的要求。主管部门的要求包括上级的目标、上级下达的任务和指令性计划，这是图书馆确定本馆目标的基本依据。其次，还有一些政治的、经济的、法律的、技术的和自然的因素。政治因素是指国家制定的有关科学、教育和文化事业发展政策，尤其是图书馆事业发展政策；经济因素是指国内外经济形势（如书刊价格走势、通货膨胀率、图书进出口贸易等）；法律因素是指知识产权法（尤其是著作权法）和图书馆法的立法状况；技术因素是指科学技术的发展水平，尤其是新型信息技术的开发与应用状况；自然因素是指气候、地理位置等自然环境条件。这些因素都是确定图书馆目标的约束条件和客观基础，必须对它们进行深入的调查研究和分析。

2. 设定图书馆目标的要求

一个好的图书馆目标必须满足下列要求：

(1) 关键性与全面性结合

确定目标时，既要从图书馆的基本任务出发，全面考虑，又要突出重点和关键性工作。所谓全面性，是指目标要能反映图书馆的全面工作，体现图书馆的基本任务，使下属的各个部门乃至各个人都有目标；所谓关键性，是指目标不能包罗万象，不能（也没有必要）把全部工作都列入目标，必须突出重点，抓主要矛盾。这样才不至于造成人力、财力、物力的过于分散与领导精力的过于分散。在有多个目标的情况下，要区分目标的主次，从资源分配上优先保证重点目标。

(2) 灵活性与一致性结合

系统原理告诉我们，构成系统的各要素之间必须有合理的结构、有序的联系，才能使系统的整体功能得以发挥。因此，确定图书馆目标时，必须使本级目标同上级目标保持一致，使分目标与总目标保持一致，以保证上级目标和总目标的实现；同时还要从本级的实际出发，使目标具有一定的灵活性，要发挥本级的优势和长处，使目标有一定的弹性，能够适应未来的发展和信息环境的变化。这种灵活性与一致性的结合，既能保证上级目标的实现，又能充分发挥本级的主观能动性，提高图书馆管理绩效。

(3) 可行性与挑战性结合

图书馆目标是激发和调动人们积极性的动力。目标没有挑战性，不要付出多大努力即唾手可得，就没有激励作用，也无助于提高馆员的能力；但如果目标定得过高，经过努力也无法达到，使人感到可望而不可即，又会使人们丧失信心，挫伤人们的积极性。只有把可行性与挑战性恰当地结合起来，才能发挥目标的激励作用，鼓舞和团结人们为之奋斗。

(4) 具体化与定量化结合

图书馆目标不应该是一句空洞的口号，应该让人们看得见、摸得着，使人们在实施目标的过程中努力有方向，检查有依据，考核有标准。为此，目标应该明确、具体，尽量用定量的指标描述，如"藏书利用率达到80%"、"图书分类误差率不超过0.5‰"等。对于难以量化的目标，也应该尽量具体化，订出衡量的标准，便于实施和考核。例如，对于阅览室的工作人员，一般不宜用进阅览室的读者人次来衡量其工作业绩，但可以借助书刊丢失率、书刊破损率、环境卫生状况、书刊归架准确度、读者投诉人次等指标来间接考核其工作业绩。

(5) 指令性与民主性结合

设定目标是图书馆领导者的重要职责，必须由领导者亲自决策。而且目标一旦确定，就必须坚决贯彻实施，务求实现，不允许有背离目标、同目标方向不一致的行动。这是设定图书馆目标过程中的指令性一面。但是，设定图书馆目标又不是领导者一个人的事。任何领导者个人的能力、经验、智慧都是有限的，要顺利而正确地设定目标，必须依靠群体的智慧与才能。这既包括发挥智囊机构的作用，也包括发动下级管理者和广大群众参与目标的制定，走群众路线。

3. 设定图书馆目标的程序

一般来说，图书馆可按以下步骤来设定目标：

(1) 正确理解图书馆的整体目标，并向下属传达目标与方针

目标管理的指导原则之一是每个管理人员都要承担帮助上级实现目标的责任。换句话说，图书馆每一个管理人员在他的上级的目标中，都有他的一部分活动。为了达成图书馆的整体目标，首先应由图书馆决策层确定目标和方针，然后下属由此决定自己的目标。如果图书馆决策层不能向下属明确传达整体目标和方针，那么下属因不了解图书馆的目标，不仅工作的积极性会受到挫折，而且在理解部门目标及制定个人目标时可能出现偏差。

(2) 在设定自身目标前，充分进行横向讨论

下属设定目标前，应注意理解上级的目标及方针，并与横向的关联人员进行充分讨论。只有经过充分讨论，明确了相互之间的关系，才算真正做好了设定自身目标前的准备工作。

(3) 下属设定自身的目标(部门或个人目标)

经过上面的步骤后,下属就可以开始设定自身的目标了。但下属在设定自身的目标时,一定要注意他的目标必须与上级的目标相关联,而不能是孤立的。只有这样,图书馆目标管理才会因一级一级目标的实现而取得预期的效果。在设定目标时,如果需要上级的支持,也应该同时向主管明确表示。

(4) 进行纵向讨论,检查是否与上级目标一致

虽然目标最后由本人自主设定,但这并不是说目标设定了以后就可以一劳永逸。不光自己要时时检查设定的目标与上级目标是否一致,上级也要时时检查各个目标是否与整体目标相关联。如果设定的目标不切实际,上级还要与该员工进行深入而诚恳的讨论,并在相互了解的基础上加以调整。

(5) 列出可能遇到的问题,并找出相应的解决方法

这一步骤容易被忽略,但实际上它对于图书馆目标的顺利达成很重要。所谓有备无患,制定目标时应该具备风险意识,也就是对目标在实施过程中可能出现的问题、障碍制订应急预案。

(6) 列出实现目标所需要的技能和知识

在所有影响图书馆目标实现的因素中,人的因素始终是第一位的。但这并不是说每个人都能胜任实现目标的工作,实现目标离不开必要的技能和知识。就像打仗的时候我们需要列出那些必备的武器一样,在这里我们列出所需要的技能和知识,然后有针对性地去加以补充,两者的道理其实是一样的。

(7) 列出为达到目标所必需的合作对象和外部资源

图书馆活动并不是孤立进行的,而是在与许多外部组织发生相互作用的过程中展开的,如出版社、图书公司、书店、其他图书馆、科研部门、企业、主管部门等,就常与图书馆发生联系。有时,图书馆的目标直接来自于相关部门(如企业委托咨询课题),因此要达到目标,必然少不了相关部门的合作与支持,甚至要利用一些必要的外部资源(如馆际互借)。

(8) 确定目标体系

整理图书馆整个目标体系,不但易于明了各目标之间的关系,也便于让图书馆管理人员作调整;同时也可以对各个目标的关系位置一目了然,提升员工个人的参与感。

(9) 确定目标完成的日期并对目标予以书面化

目标制定的关键之一就是其完成日期。在目标制定之后,还要用书面形式确定下来,这是图书馆目标管理规范化的一种表现。对目标加以书面化以

后，不会引起疑虑和争论，而且有利于目标检查和工作考核，也便于目标的修订。此外，目标书面化一定要落实到专人专项，最好是让下属自己将最终确定的工作目标进行整理，做成两份正式的书面材料，一份留给自己，作为后续工作的参考；另一份交给上级主管，以此对员工的工作进行检查。

二、图书馆目标的实施

1. 图书馆目标实施的内涵

目标实施是实现图书馆目标的过程。在实施图书馆目标之前，应将图书馆总体目标分解成若干阶段工作目标，对每一阶段的工作目标都应制定详尽的工作计划。在实施目标的过程中，图书馆领导或部门负责人应与员工沟通，了解目标的完成情况，诸如项目进行到什么地步？项目是否按规定的时间、质量完成？领导者应了解员工在目标完成的过程中需要哪些支持，并督促其完成项目。

图书馆目标实施包括以下内容：①设计目标完成各阶段时间表、质量记录文本等内容；②过程要点的检查监督与记录以及阶段评估；③目标执行过程中的调整；④检查反馈沟通记录。

2. 图书馆目标实施的影响因素

在图书馆目标的实施过程中，下列五个因素会影响其实施效果：

（1）对图书馆目标的期望强度

人们对目标的期望强度基本决定了其实现目标的可能性，因为人们对目标的期望强度决定了其为实现目标而付出的努力。期望强度越高，人们的付出就越多，积极性和动力也越大，目标实现的可能性越高。经验表明：当对目标的期望强度≤50%时，目标基本上不会实现；当50%≤期望强度≤100%时，目标有可能成功，但失败的可能性也很大；只有对目标的期望强度=100%时，人们才会保持着很高的热情和动力来执行目标，目标才会实现。

（2）对图书馆目标的认同感

一般来说，人们总是对自己不认同的那些目标缺乏兴趣，相应地实施该目标的动力也不足。同样，目标只有获得了管理者的认同，才会得到其支持而顺利实现。组织目标与个人目标的紧密结合，可以增强员工的满足感、积极性和凝聚力。

(3) 图书馆目标实施过程中的自我评估

在达到目标的过程中，不断进行自我评估，不但有利于提高自己的能力，还能帮助员工掌握进度，对目标的执行进行有效的控制。

(4) 图书馆目标实施情况的反馈

反馈是组织中常用的激励策略和行为矫正手段，目标与反馈结合在一起更能提高图书馆绩效。目标给人们指出应达到什么样的结果，同时它也是个体评价自己绩效的标准。反馈则告诉人们这些标准满足得怎么样，哪些地方做得好，哪些地方尚待改进。在图书馆目标实施过程中进行反馈，有利于目标的顺利实现，防止实际情况与目标发生偏离。

(5) 对图书馆目标实施过程的多点控制

在图书馆目标的实施过程中，通过上下级共同制定目标、共同监督，可以对目标进行调整并对目标的实施情况进行控制。这不但可以保障目标按照预期的方向顺利实现，而且可以提高上下级对工作的控制管理能力。

3. 图书馆目标实施过程中的控制

在图书馆目标的具体实施过程中，控制主要包括以下四个方面：

(1) 制订工作计划

制订工作计划包括两个方面：一是确定完成任务的各阶段工作计划；二是检查完成各项工作计划所需的资源。

(2) 明确目标实施过程中的授权

授权就是分配他人具体任务以及完成这些任务的权力，同时双方对如何评估任务结果的方法达成一致意见。制定好目标的工作规划及确定完成任务所需的资源后，要根据目标的规划及资源状况进行授权并分配相应的责任。通过授权，让图书馆每个部门直至每位员工能更有效地实现自己的目标任务。

在图书馆目标实施过程中的授权包括三个方面的内容：①要落实好层次管理，分责分权；②要落实目标责任，强化动态管理；③要完善激励机制。

(3) 进行良好的沟通

图书馆目标实施过程中的沟通并非只是为了通报信息，更重要的是为了达成共识，使上下级能及时地把握目标的执行情况。在图书馆目标实施过程中，管理者可以采取以下方式来进行沟通：①每月或每周同每名员工进行一次简短的情况通气会；②定期召开例会，让每位员工汇报他完成任务和工作的情况；③收集和记录员工行为或结果的关键事件或数据；④督促每位员工定期进行简短的书面报告；⑤非正式的沟通；⑥当出现问题时，根据员工的要求进行专门的沟通。

(4) 进行目标跟踪

在执行图书馆目标的过程中，对目标的跟踪有以下几个方面：①衡量工作进度及其结果；②评估结果，并与工作目标进行比较；③对下属的工作进行辅导；④如果发现严重的偏差，找出原因并加以分析；⑤采取必要的纠正措施，后者变更计划。

在进行目标跟踪时，要注意以下事项：第一，要遵循对事不对人的原则；第二，要让下属了解工作跟踪的必要性；第三，工作跟踪不是简单地监督工作情况，关键在于要辅助下属更好地完成工作，达成预定目标；第四，在跟踪工作绩效表现和执行改正措施时，要让下属亲自参与；第五，不以权威和命令的方式进行跟踪；第六，对下属遇到的困难表示理解，针对不同情况，努力帮助下属解决困难。

三、图书馆目标成果的考评

1. 图书馆目标成果考评的原则

所谓目标成果考评，是指图书馆管理者在目标管理实施过程结束后，将所取得的工作成果与原先确定的目标项目标准进行比较，从而对目标的实现情况进行衡量，并总结目标管理活动的经验教训，然后以此为依据对图书馆成员进行适当的奖励和惩罚，以便在更高的起点上开始新一轮的目标管理循环。

图书馆目标成果的考评对于充分发挥目标管理的导向作用和激励员工具有重要作用，它关系到图书馆目标管理是否做到善始善终，以及能否在新的起点上开始更高水准的循环。因此，必须确保成果考评的科学性和准确性。这就要求我们在目标成果考评过程中，必须严格遵循以下主要原则：

(1) 目标性原则

成果考评的基本尺度就是目标本身。因此，必须按照目标所给定的各类定性和定量的项目指标对目标成果进行考评，切不可偏离目标，重新搞一套评价标准进行考评，以免成果考评失去原来的意义。

(2) 客观性原则

在目标成果考评过程中，图书馆考评人员应该从实际情况出发，实事求是，不能弄虚作假。作为考评工作负责人，必须客观地评价每一个下级的目标实现情况，做到一视同仁，不论亲疏，不讲情面，避免由于掺杂个人感情而造成的主观偏见。作为执行目标的人员，则要做到不夸大成果和实施困难，通过成果考评，客观地认识自己，找出自身的弱点和不足，以便正确树立开展下一轮循环的态度。

(3) 激励性原则

成果考评的目的，是通过对整个图书馆推行目标管理活动的考评来检查图书馆成员的工作能力与绩效，并以此为依据进行奖惩，以激发图书馆成员的工作热情和拼搏精神。为此，在考评活动中，必须严格按照评价标准分清功过是非，充分运用考评的结果，达到奖勤罚懒、鼓励先进、鞭策后进，推动图书馆成员整体素质、士气和工作水平不断提高的目的。

(4) 自我考评与上级考评相结合的原则

自我考评和上级考评是图书馆目标成果考评的两个方面，它们既有联系，又有区别。所谓联系，是指两者的内容和方法基本相同，目的一致。所谓区别，是指两者的角度和要求不同。自我考评只是站在个人和局部的角度对成果进行评价，上级考评则是从较高的层次和某一全局性的角度来对成果进行评价。由于角度不同，往往对成果考评的结论也就不尽相同。在两者的结合中，要坚持以自我考评为主，辅之以上级考评。只有这样，才能充分调动双方的积极性，特别是可以促使下级积极参与成果评价，使成果考评比较符合客观实际，从而提高整个图书馆目标成果考评工作的效用。

2. 图书馆目标成果考评的内容

图书馆目标成果考评的内容包括目标状况、实施手段和工作态度三个方面，又可细分为目标实现程度、目标实现进展、目标的难度、实施手段和工作态度等具体指标。

(1) 评价目标的实现程度

目标实现程度是以目标值作为考评尺度的。目标值是目标的具体形式，在考评阶段将实际成果与目标值加以比较，就可知道目标的实现程度。正常情况下，原定的目标值到目标实施过程结束不会发生什么变化，自然要成为成果考评的主要依据。但在目标实施过程中，有时会出现一些新的情况，最初提出的目标值会因为外界条件发生变化，而直接或间接地影响目标完成。这些变化造成的影响，有的可以通过目标执行者的努力来消除，有的则是主观能力难以消除的。为了正确地反映目标状况，就有必要根据外界客观条件的变化，适当地调整目标值并加以最后确定。

（2）评价目标的进展情况

目标是一个向量，不仅有质与量的要求，还有时间的要求。特别是对于那些工作过程有前后联系和逻辑顺序的部门或个人来说，对预定目标的进度要求往往很高。因此，在图书馆目标成果考评中，有必要对目标的进度加以评定。

对目标进度评价一般采用均衡性指标，它可以反映目标实施进度的均衡程度以及目标实施的实际进度与计划进度的偏离程度。均衡性指标包含三项内容：一是目标完成率，即某个时期内实际完成的目标值同计划目标值进行比较的比率；二是目标进度偏离程度，由实际目标完成率同理想完成率之间的差额来表示；三是目标进度均衡率，即理想均衡率与目标进度偏离程度之差。

（3）目标难度的比较

目标难度是指根据目标任务的性质、客观条件和外界因素等的不同，为实现预定目标时所付出的代价和努力的大小不同。图书馆不同的工作部门、不同的岗位，目标的难度往往各不相同，如参考咨询工作和流通阅览工作相比，其难度就大不一样。因此，在图书馆目标成果考评中，只注重目标的实现程度而不考虑目标难度的做法，并不能全面衡量目标执行者的业绩和能力。只有把目标实现程度和目标难度结合起来考虑，才能对目标成果做出较为全面的评价。

（4）评价实施手段的优劣

实施手段是实现目标的工具和方法，也是实现目标的基本保证。没有实施手段，图书馆目标任务就不能实现。一项好的实施手段，不仅能保证和促进图书馆目标的实现，而且能使目标执行者取得更大成果，充分反映出目标执行者的智慧和才能。一般来说，对实施手段的评价主要涉及三个方面：一是评价其在技术上的先进性；二是经济上的合理性；三是内容上是否具有创造性。

（5）对工作态度的考评

工作态度是指在图书馆目标推行过程中，目标执行者个人的积极努力和发挥主观能动性的情况，它反映了人的精神风貌。对工作态度的考评，应从工作热情和协作精神两个方面着手。饱满的工作热情是实现图书馆目标的重要保证，也是图书馆具有活力的基础。协作精神是指目标执行者在工作过程中，能否主动协助他人解决困难，以及是否主动为共同目标执行者或相关人员实现目标创造良好的环境。在图书馆目标成果考评中确立“协作精神”

指标，有利于加强图书馆内部的团结，确保各项子目标和图书馆整体目标的实现。

参考文献

[1] 苏俊．卓有成效的目标管理［M］．广州：广东经济出版社，2008.
[2] Tim Ang，姜旭平．目标管理课堂［M］．上海：上海交通大学出版社，2008.
[3]（日）JMAM 目标管理项目组著．目标管理决定成败［M］．傅羽弘，郭美辛，译．北京：科学出版社，2007.
[4] 潘方勇等．目标管理实用图解手册［M］．北京：中国工人出版社，2006.
[5] 纲目．有效的目标管理［M］．北京：中信出版社，2002.
[6] 罗斌，张仁一．经济组织、行政组织、非盈利组织实施目标管理 15 条要则［J］．价值工程，2000（1）.
[7] 陈潇源．论公共组织部门的目标管理［J］．中小企业科技，2007（10）.
[8] 杨永杰．论行政组织的目标及目标管理［J］．甘肃政法学院学报，2001（4）.
[9] 张维君．政府组织实行目标管理的探讨［J］．辽宁公安司法管理干部学院学报，2007（1）.
[10] 黄力．运用“目标管理和自我控制”方法可以解决个人意愿与组织利益不协调问题［J］．世界有色金属，2007（8）.

第十二章 图书馆全面质量管理

第一节 图书馆全面质量管理的依据

全面质量管理（英文简称 TQM）是美国著名统计学家 W. 爱德华·德明（W. Edwards Deming）在 20 世纪 50 年代提出的一种全新的管理理论和方法。全面质量管理理论特别强调管理过程中质量控制的核心地位和决定性作用，强调人对质量控制的支配意义，认为质量既是科学管理的一种要素和措施，又是实施科学管理的一种目的和要求。几十年来，全面质量管理理论风靡全球，走俏于各行各业，对提高各个领域的产品质量和服务质量起到了巨大的推动作用。那么，全面质量管理是否适用于图书馆呢？答案是肯定的。

一、图书馆实施全面质量管理的可行性

1. 从管理的目的看，全面质量管理的实质与图书馆的宗旨一致

图书馆以服务用户为己任，质量一直是图书馆工作的一个具有战略性的问题。各个图书馆所采取的质量改进策略可能会有所不同，但改进服务从而提供最高质量的产品这一目标永远是我们职业精神的一个组成部分。因此，对图书馆来说，建立一种评价绩效的机制是很需要的，而全面质量管理正是一个以了解用户需要、提高服务质量和满意度为中心的系统过程。此外，全面质量管理还强调持续改进，一个承诺满足用户要求、保证用户满意的图书馆就可以把全面质量管理作为持续评价和改进图书馆服务的有效战略。图书馆一直在努力改进服务和更好地满足用户需求，这两个目标与全面质量管理

是直接相关的。因此，全面质量管理在本质上与图书馆的宗旨是一致的。

2. 从理论上看，图书馆全面质量管理的研究不断深入

（1）文献数量不断增多。2009年12月14日，我们以“图书馆+质量管理”为题名检索式在“中国知网”上进行检索，结果如下：20世纪80年代，研究图书馆质量管理的文献记录只有3条；20世纪90年代，研究图书馆质量管理的文献记录有19条；进入21世纪后，研究图书馆质量管理的文献记录猛然上升到217条。

（2）内容丰富多彩。研究者从不同角度探讨了质量管理在图书馆的应用，其研究主题几乎涉及图书馆工作的各个方面，诸如图书馆人力资源质量管理、图书馆读者工作质量管理、图书馆清产核资质量管理、图书馆采访工作质量管理、图书馆文献资源建设工作质量、图书馆编目工作质量管理等。

3. 从实践上看，全面质量管理理论在图书馆管理中得到证实

全面质量管理已为各种类型的图书馆所采纳。美国俄勘冈州立大学图书馆是最早引进全面质量管理的图书馆之一。1990年，为了满足对服务增长的需要和减少由于成本提高而引发的问题，该图书馆运用全面质量管理提高工作效率、加强对资源的开发利用。英国女王大学图书馆利用全面质量管理改变了图书从订购到上架的整个流程，大大缩短了用户获得图书的时间。一些图书馆将ISO9000认证体系引入质量管理实践并获得了成功，如英国Taylor Woodrow公司的Taywood信息中心、大连海事大学图书馆、海南大学图书馆、台北市立图书馆等。一些图书馆由于实施全面质量管理的卓越成就而获得了质量奖，如澳大利亚Woollongong大学图书馆在1996年11月获得了澳大利亚最高质量奖——“业务成就卓越奖”。

二、图书馆实施全面质量管理的必要性

图书馆实施全面质量管理，不仅是可行的，而且是必要的。

1. 可提高服务质量

图书馆引进质量管理的思想和方法，对图书馆工作的各个环节采取有效措施进行质量控制，建立质量约束机制，对于树立馆员的质量意识，改善图书馆的服务质量无疑起到积极的作用。

图书馆读者服务工作是需要一个部门的多个人员和多个部门共同配合完成的。质量管理体系不仅对直接与读者打交道的流通、阅览、咨询、检索等环节工作做出详细要求，而且也要对间接为读者服务的部门提出上一环节为下一工序服务的要求。即凡是接续上一部门工作进行再加工的下一部门，就是上一部门的“顾客”，必须替下一部门着想。例如对采访部门来说，分编部门就是它的“顾客”，而阅览、流通等部门又是分编部门的“顾客”，它使得图书馆每个部门、每个人都明确自己工作的“顾客”是谁，从而保证自己所完成工作的质量不仅达不到质量要求不能流向下道工序，而且一定要使下道工序的“顾客”满意才行，从而提高了整个图书馆的工作质量。

2. 可保证工作质量的稳定

在管理中，应确定本馆的质量方针与目标，应确定各岗位的职责与权限，还应建立质量体系并使其有效运行。质量管理不仅注重人的主导地位，更注重管理活动各环节质量的测度与调控。质量体系的文件化，增加了图书馆工作的稳定性。图书馆质量管理体系的有效运行，是图书馆为读者提供长期优质高效服务的保证。

3. 可促进工作的规范化

引进质量管理方法，建立起本馆的质量体系，可通过确定组织机构与职责、程序文件、岗位工作指导书等，明确各部门、各岗位人员职责与权限，明确各项工作的程序及其控制原则与方法，明确各工作环节之接口的处理方法及各自的责任，明确各个工作岗位的具体工作流程与行为规范，从而增强图书馆工作的个体规范性，提高馆员的工作规范化意识。

4. 可持续改进

传统的管理方法常常以维持现状为重心，其座右铭是“如果没破，就无需修理它”（If it’s not broken，don’t fix it）。而全面质量管理则把重心转向对系统和过程的持续改进，信奉“即使没破，也要不断改进它”（Continue to improve it even if it isn’t broken）。为了改进机构任务中关键的流程，持续改进使用了一系列特有的方法、工具和测度，以便系统地收集和分析数据。持续改进的要素包括两个方面：一方面是改进哲学，另一方面是一系列问题解决工具和技巧，其中问题解决工具有头脑风暴法、流程图、控制图、因果图等，利用这些图表可以显示出一个机构的工作流程如何？它的基准是什么？变动出现在什么地方？需解决的问题的相对重要程度及所产生的变化是否已达到预期的影响？等等。要进行持续改进，需具备一个简单的前提，即一个结构化的解决问题的过程比一个非结构化的解决问题过程会产生更好的效果。不像传统方法仅仅是以一种不明确的、直觉的方式去做得更好那样，持续改进以量化绩效指标为基础，使图书情报机构能建立起可测度的目标，并监控趋向于这些目标的进程。

第二节　图书馆全面质量管理的要素

所谓图书馆全面质量管理，是指图书馆为保证和提高信息服务质量，动员图书馆的各个部门和全体员工，综合运用管理技术、专业技术、思想教育、经济手段和科学方法，建立健全服务质量保证体系，对服务的全过程实行有效控制，从而经济地开发、生产和提供用户满意的信息产品与信息服务，做到最适质量、最低消耗和最佳服务，最终实现不断提高服务质量的目标。

图书馆全面质量管理包含下列几个要素：

一、对质量的全面承诺

在全面质量管理中，“全面”一词特别重要，因为图书馆若想实施全面质量管理，首先要做的就是进行全面承诺。图书馆高层管理者必须充分承诺执行全面质量管理工作的原则，并且这一承诺要在整个图书馆中表现出来。戴明认为，来自上层管理者的牢固承诺是最重要的步骤。Guy St. Clair 也指出：质量进程应从最高层开始，除非高层管理者接受质量管理的概念，并鼓励整个组织采纳它，否则即使有良好的愿望、热情、馆员对优质服务的承诺，质量进程也不会取得完全成功。高层管理者不深深涉入全面质量管理，将给其他工作人员不充分承诺提供好的借口。图书馆管理者要保证为全面质量管理计划提供必需的资源，通过全面质量管理为用户提供所有的产品和服务，认真检查、研究图书馆所有的工作程序和过程，从而找出质量不高的原因，而不是从员工身上找原因。应在整个图书馆中普及全面质量管理这种共同语言，增强全面质量意识，让人人不仅能自如使用，而且能满腔热情地承担责任，从而使承诺弥漫于整个图书馆之中。

对全面质量管理的全面承诺还要反映在图书馆的使命、愿景声明、长短期目标中，战略计划也应强化这一承诺。在图书馆开展关于全面质量管理的哲学、期望和利益的有效交流是一项必不可少的程序，图书馆高层管理者在准备的最初阶段就应充分利用这一举措，通过宣传栏、小册子、简报等形式宣传有关全面质量管理的知识，使其遍及图书馆的每一个角落。

二、以用户为导向的服务

全面质量管理认为：一个组织的质量是由顾客满意程度所决定的。当一个组织把为顾客提供满意的服务作为使命时，它自然会在实施全面质量管理中获益。长期以来，图书馆就是社会最好的服务组织之一，图书馆员一直把为用户服务作为工作哲学。然而，随着环境的变化、社会的发展以及技术上的突破，用户对图书馆的要求也在不断发生着变化，可以说，用户对图书情报服务提出了越来越高的要求，他们渴望从图书馆获得更多样化、更高级的产品和服务。因此，作为以服务为导向的组织，图书馆只有对这种不断变化的需求作出反应，不断改进服务质量，为用户提供满意的服务，才能保持自身的存在和发展。

全面质量管理强调对外部顾客（用户）的关注，但也对内部顾客，也就是图书馆工作人员的需求给予同等关注，这也正是全面质量管理优于其他管理方法的特征之一。全面质量管理认为：图书馆工作人员是图书馆最重要的资源，为用户提供满意的服务从根本上说将来自于高素质的图书馆工作人员的工作，因此，为他们提供自身发展所需要的机会和条件，是图书馆成功的关键。

作为全面质量管理的一部分，图书馆应对其所处的环境有一个整体了解，也就是说对用户满意水平要进行经常调查，从而了解他们不断变化的需求，并通过各种努力加以满足，也只有这样，图书馆才能繁荣发展。

三、消除重复工作

全面质量管理的主要原则之一是把工作做得更好和为用户提供增值产品和服务。图书情报人员应明白他们的工作是与用户的需求直接相连的，他们应常常自问“我们正在为我们的用户做正确的事情吗？”“如果没有，我们如何能改进我们的工作过程呢？”“为什么我们要做这项工作，它将对谁有益呢？”等问题，而不是不加思考地一味埋头按固有的方式做固有的工作。

全面质量管理要求图书馆根据用户需求，简化工作过程，使一些不必要的工序被取消，并且保证工作一次性做好，消除返工的可能性。因为修正以前所犯的错误、重做无用工作以及不会给产品或服务增值的工作，不但会导致巨大的人力、财力、物力浪费，而且不会给用户带来任何利益。据统计，在一个图书馆中，重复工作所造成的花费相当于整个开支的20%。改进工作流程所必需的技巧之一是进行工作抽样，各种抽样方法对检查现在工作活动中是否存在错误或不合理的地方是很有帮助的。

四、协同工作

在执行全面质量管理原则时，若没有协同工作的精神是不可能取得进展的。无论是一个部门内的问题，还是各个部门间的问题，都应在团队中加以解决，因为团队更好地显示了“自我指向的工作组”的特点，团队把在一个区域内工作的大多数或所有员工集中起来，去改进各自领域的质量，全面质量管理团队的所有成员将共负责任，从“团队学习”中获益。团队可以由来自图书馆一个部门的人员构成，也可以是跨部门团队。团队工作重心可以集中在图书馆的多个方面，既可以对他们工作的结果进行评估，也可以通过研究如何改进工作方式来改进某项特定服务。

五、培训

要实施全面质量管理，广泛的培训是必不可少的。那些实施全面质量管理而没有收效的机构，其失败的一个重要原因就是急功近利，缺乏对工作人员进行适当的培训。一个有效的全面质量管理过程，需要对资源特别是对高强度的培训的承诺。领导培训、图书馆员培训、特定计划培训和部门培训是使全面质量管理过程起飞所必需的人力资源投资的一部分。如果图书馆的领导认为无需任何额外支出就能实施全面质量管理，那么，全面质量管理计划成功的可能性就不大。

当员工们接受培训时，他们将会对改进服务对用户的重要性有一个更充分的理解，而这种意识将是以后所进行的全面质量管理活动的基石。培训计划的目标之一应该是发展图书馆工作人员的技巧和能力。此外，培训计划还应鼓励每个图书情报人员的创造力和革新潜能。

适当的培训将为图书馆提供全面质量管理骨干，然后，他们可以再向其他人传授在他们各自的领域中如何实施全面质量管理的知识和技巧。通过培训来传授如何能适当使用全面质量管理工具和技巧，将给图书馆带来巨大回报。卓越的图书情报服务是一个永恒向前移动的目标，而培训则能够创造框架和结构，帮助指导图书馆追求质量改进。

六、授权员工和尊重员工

全面质量管理的特点之一就是引起图书馆内文化的变化，决策将由图书馆中最基层的员工做出。今天，许多大型图书馆仍是等级结构，大多数决策仍是由最高管理者做出的。在这种等级结构中，图书情报人员未受到应有的尊重。

大多数全面质量管理大师认为：一个组织的大多数问题可追溯于过程本身，很少问题是由员工造成的。戴明就认为：85%的质量问题是由过程本身造成的，而只有15%的问题是由员工造成的。因此，他们提倡应停止追究员工的责任，而把更多的注意力放在严格地检查过程或系统上。全面质量管理因授权员工而闻名，一般说来，人们都想把事情做好，都希望以自己的工作而自豪。无数关于“图书馆员为什么要选择图书馆工作作为他们的职业”这一主题的调查已表明，大多数反映者认为，他们之所以进入这一领域，是因为他们喜欢为其他人服务，他们喜欢与信息、知识资源打交道。怀着为其他人提供服务这一强烈渴望，图书馆员已与全面质量管理自然而然地联系起来，现在他们所需要的就是拥有尽可能有效地从事他们工作的权利。因此，消除阻止员工充分发挥作用的障碍就是图书馆管理者的责任之一。全面质量管理强调，图书馆管理者要赋予那些做实际工作的人员权利，以便纠正明显出错的工作和消除为用户服务的障碍。

七、持续改进

全面质量管理不是一项一蹴而就的工作，它不应仅仅在图书馆陷入困境时才被重视，它也不应当被看做是解决图书馆所有问题的万灵药。从某种意义上说，不应把全面质量管理描述成一个“事情的变化”，它应是一种“生活方式”，图书情报服务和知识信息产品质量的持续改进是使用全面质量管理的主要理由。

不像传统的计划那样，全面质量管理应被看做是一个长期作为图书馆一部分的管理过程。尽管全面质量管理的实施会遇到各种不同的挫折，如一些人员对它的抵制；一些人不明白为什么图书馆还要求已过度负荷的人员去承担这一额外的责任；培训将是昂贵的；它将比人们希望看到的演化来得慢；时间将不充足等等，但当全面质量管理得以充分实施时，它将导致对图书馆用户的一个重大改进，整个图书馆工作流程中的有形方面将会得到显著提高。对图书馆来说，更重要的利益之一将是：全面质量管理所创造的文化变化——图书馆工作人员参与评估各种不同的操作、参与决定图书馆的战略方向、作为一个团队发挥作用。服务质量改进只是一个现象，其更深的意义在于它提供了转变图书馆的一些领域、实施以质量为驱动的计划、更多集中在用户和为图书馆提供一股健康的“新鲜空气”的机会。

第三节　图书馆全面质量管理模型和实践

20 世纪 90 年代以来，国外图书馆界掀起一股质量管理热潮，各国图书馆不仅尝试着把全面质量管理（TQM）引入实践，而且图书馆学者、工作者从理论上也展开了积极探讨。其中，图书馆 TQM 模型也是最受关注的研究领域之一。

所谓模型，利皮特（Gordon L. Lippitt）把它定义为“以简化形式来描述世界某一方面的结构和流程的一个象征”。全面质量管理作为一种管理思想和管理工具，最终必然要落实到可以指导具体行动的模型上，而且模型设计的正确与否直接影响着实施的成败。下面选择介绍几个：

一、国内外图书馆 TQM 模型

1. 哈佛大学图书馆 TQM 模型

1991 年秋，哈佛大学图书馆开始引进 TQM。通过对图书馆、图书馆员的发展有关键影响的因素分析，该馆提出了 TQM 实施模型，如图 13-1 所示：

图书馆战略规划位于模型中心，这表明图书馆一切 TQM 活动都要围绕其展开。具体来说，要落实到三大功能模块的顺利实现：

（1）制订图书馆 TQM 计划。在图书馆战略规划指导下，结合员工、用户多方面调查，制订出具体的 TQM 计划，明确图书馆实施 TQM 的目标和目的。

（2）实施多功能管理。通过建立多功能团队，加深对内部用户（图书馆员）、外部用户（图书馆读者）和供应商（书商、出版商等）及其相互关系的理解，保证及时了解并满足各方面的需求。

（3）改进日常作业。在图书馆各项作业中，以团队形式保证全体图书馆员积极加入到工作、服务质量的持续改进中来。此外，交流弥漫在整个模

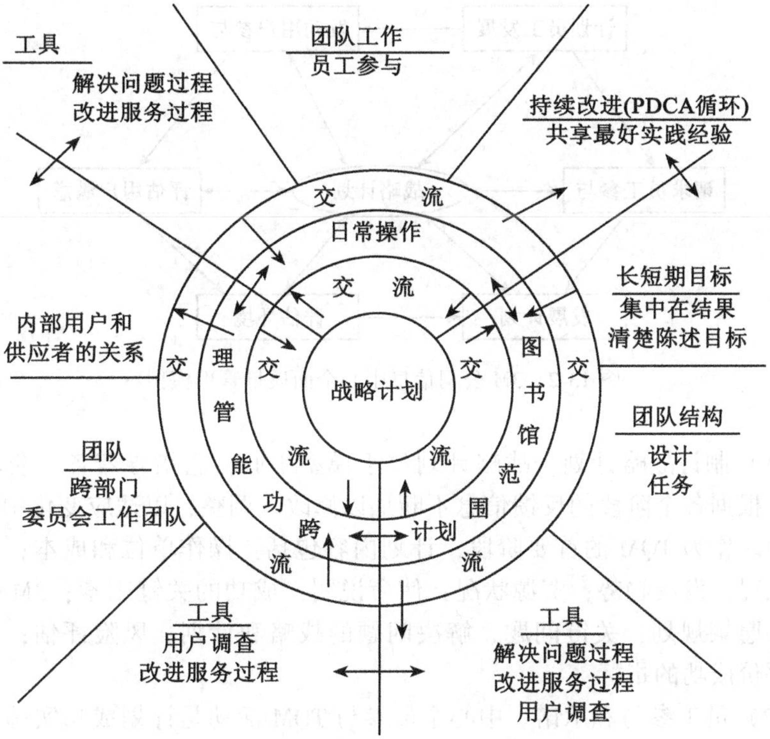

图 13-1　哈佛大学图书馆全面质量管理模型

型中。图书馆通过正式和非正式的交流渠道，如宣传栏、快报、会议、上下级之间对话、图书馆员间的交流等传播着有关 TQM 的各种概念、知识以及质量改进活动的经验和心得，而团队、质量管理工具、解决问题的主要工具和技巧以及服务改进流程则支持着每一功能模块主要功能的实现。

2. 3M 公司信息中心 TQM 模型

3M 公司信息中心实际上是该公司的专门图书馆，其提出的 TQM 实施模型如图 13-2 所示。

该模型是一个阶段性的过程，建立在每一阶段所产生的大量信息的基础上。图中的流向代表实施改进的过程，在每一衔接处所获得的信息会使中心重新审视前一阶段的活动，若有需要，也会重做前面的工作，直到取得满意的结果。实际上，每一步骤所产生的信息都被用来指导日常的操作。模型具体可分解为如下步骤：

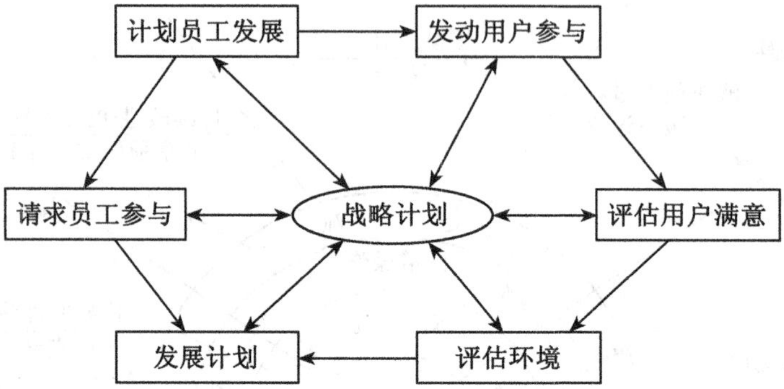

图 13-2　3M 公司信息中心全面质量管理模型

（1）制订战略计划。战略计划位于模型中心，它指导着各个阶段的活动，并根据各个阶段的反馈信息不断加以修改、调整，以适应变化中的形势的需要。作为 TQM 的首要阶段，计划内容包括：操作单位和成本；业务和当前状况；发展趋势；资源状况；使命说明；成功的关键因素；3M 信息服务中心愿景规划；关键问题、解决问题的战略和计划；风险评估；投资要求；评价成功的指标。

（2）员工参与和承诺。中心全员参与 TQM 活动是计划成功实施的关键要素。为此，中心采取了各种促进方法，如广泛开展各种交流、对员工授权、鼓励员工对实施计划提出各种想法、形成执行项目等。然后，再将结果在全体员工中进行交流。

（3）用户参与。发动用户参与是制定和实施全面质量管理计划的重心。通过调查和访问了解用户对某些问题，如服务状况、资源利用情况等的看法，保证计划的制订和实施建立在用户需求的基础之上。

（4）评估用户满意程度。质量保证过程的第四个要素是评估用户满意程度。调查是评估用户满意程度的有效方法之一。该中心对特定服务领域，如参考服务、电子信息服务等用户的满意程度进行了调查，从中发现问题之所在，为改进选择突破口。

（5）员工发展。在 3M 公司信息中心，员工发展已成为聘用制度的一个组成部分。中心为每个工作岗位制订了岗位标准和要求，所聘用的员工不仅具有从事本职工作的良好素质，而且具有胜任中心其他工作所需要的技能和潜力。此外，中心还根据员工的季度、年度工作表现决定其去留，或转到其他更合适的岗位上去。教育也是中心用来提高员工知识、技巧的重要手段，中心员工平均每年有 80 个小时的继续教育时间。

（6）环境评估。在实施全面质量管理中，对外部环境进行评估也是很重要的一个方面。环境评估涉及的内容主要有：确定基准目标、收集有关资料、明确影响中心发展的关键环境因素，如信息技术现状及其发展趋势、知识产权问题等。

此外，交流也是 3M 公司信息中心实施 TQM 的一个重要因素，包括与用户交流、与员工交流以及与中心管理者交流等。

3. 研究图书馆 TQM 模型

Susan B. Barnard 根据美国研究图书馆协会管理服务办公室（Office of Management Services, US Association of Research Libraries）所做的工作以及 1992 年在美国得克萨斯州召开的图书馆馆长会议上讨论的结果，设计出研究图书馆 TQM 模型，模型由四阶段十步骤构成，如图 13-3 所示。

（1）探索和承诺。包括探索和承诺两步。探索的目的是收集有关 TQM 的信息，建立起关于 TQM 及其在图书馆应用的知识储备。承诺则是获得图书馆高、中层管理者和骨干人员对实施 TQM 的理解和支持。

（2）质量策划。该阶段是为质量改进而进行的准备工作，也就是正式的进入准备阶段。这一阶段的活动涉及制订有关计划，为 TQM 在图书馆的实施提供基础和指导。具体来说，又分为评价图书馆的主导文化是否与 TQM 的要求相吻合；加深对内部用户和外部用户的了解；陈述愿景规划，制订指导方针和行动方案等步骤。

（3）实施。这包括：了解用户需求和期望；确定和测度图书馆关键业务流程；组建试验项目团队，负责有待改进的关键业务流程；培训团队成员，使其掌握团队有效运作所需的各种技巧，如人际关系技巧、决策技巧、解决问题的技巧等。

（4）评价和推广。在评价试验项目实施结果的基础上，制订正式的 TQM 战略计划和部门计划，并推广试验项目所取得的经验，形成多个质量改进团队，开始其他质量改进项目。同时，应对在改进中作出贡献的团队和个人给予奖励和表扬。

4. Peter Brophy 和 Kate Coulling 提出的图书馆 TQM 模型

Peter Brophy 和 Kate Coulling 认为，图书馆 TQM 模型应由五步构成，见图 13-4。

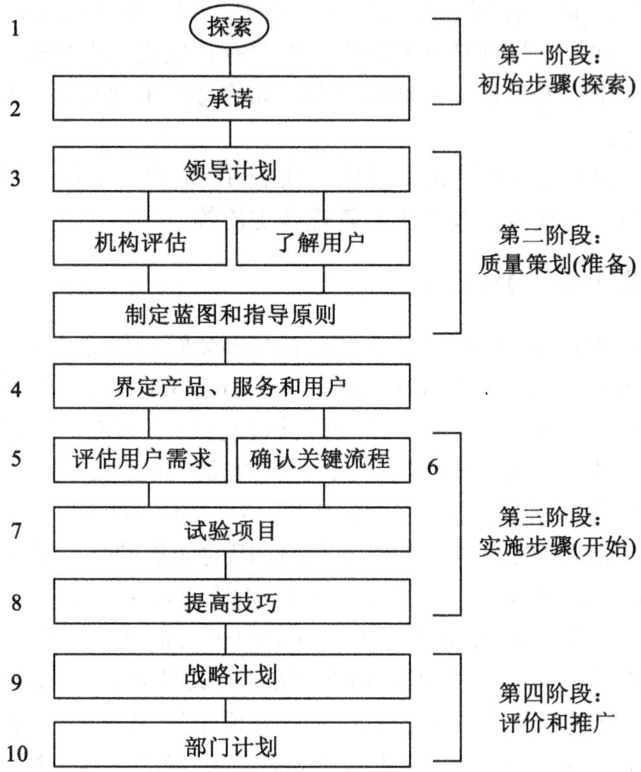

图 13-3 研究图书馆全面质量管理实施模型

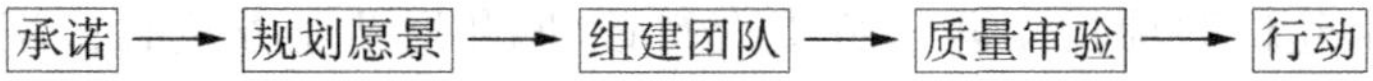

图 13-4 Peter Brophy 和 Kate Coulling 的图书馆全面质量管理模型

（1）承诺。即上至高层管理者，下至一般图书馆员都对全面质量管理过程进行承诺，保证把 TQM 长期执行下去，并对实施 TQM 所需要的时间、财力、物力、员工努力做出充分估计。这期间，有效的交流将对 TQM 实施起到催化剂的作用。

（2）规划愿景。承诺后，就开始规划通过实施全面质量管理所要达到的目的，清楚在今后 2 年、5 年甚至 10 年内图书馆要走向何方。愿景规划可为全体图书馆人员指明奋斗的方向，增强他们的决心和信心。

（3）组建团队。全面质量管理要具有跨越内部界限的能力，保证对每个人授予必要的权力，这就要求组织由等级结构变为平等结构，从而完成对所有员工的授权。通过建立团队，可使大家共同面对有待解决的问题，提出可行的办法，然后通过管理保证实施。

（4）质量审验。即进行“差距分析”，指出质量改进应从何处入手。分析涉及如下方面：①图书馆的目的及所要提供的产品和服务；②对用户的了解程度，包括图书馆的读者对象、读者需求、读者对质量的理解等；③质量成本，能否确认返工的地方，是否把质量成本转嫁到了用户身上，能否找到质量成本的具体例子；④持续改进，持续改进是否已成为图书馆文化的组成部分，有无测度服务改进的机制，能否证明用户的抱怨和建议在改进中已经起到了作用；⑤改进后的流程运转情况，每个流程是否都有专人负责，每个流程和改进情况是否都有文字记录，遇到问题时，是忽视、躲避，还是纠正它并改变流程，以避免再次发生；⑥绩效测度，是否对绩效进行了始终如一的测度，有无与用户需求相关的固定测度指标，是否设了目标，图书馆的目标与用户需求是否一致，是否对质量的“硬件”（如服务、产品的数量）和“软件”（如员工态度）进行了测度，能否证明是在测度的基础上采取的行动；⑦质量测度工具，质量测度工具是否合适，是否有统计技巧和测度的方法，员工是否清楚测度的重要性；⑧员工培训，是否对员工进行了培训，所有员工是否都明白了质量的含义，怎样了解员工对培训的需求。

（5）行动。真正进入实施阶段。从承诺、规划愿景、组建团队、质量审验到行动本身，即做什么？由谁做？什么时间做？这往往是所有步骤中最困难的一步。因为正是在这里，要求所有的员工从习惯的做事方式转变为持续改进。

5. 罗曼博士设计的图书馆 TQM 模型框架

该框架分为三个阶段如图 13-5 所示。

（1）探索。包括探索和承诺两个步骤。探索主要是收集有关 TQM 的各种信息；承诺主要是图书馆全体人员承诺参与 TQM。

（2）准备。包括制订战略计划、了解用户需求、进行机构评估、发展领航计划、建立质量改进团队等。

（3）行动。包括确认和选择问题、分析问题、提出解决问题的具体办法、制订实施计划、执行计划、评价实施结果。

6. 张玉凤设计的理想的图书馆 TQM 模型

如图 13-6 所示。

该模型分六个阶段，每个阶段都在前一阶段成果的基础上继续前进，且

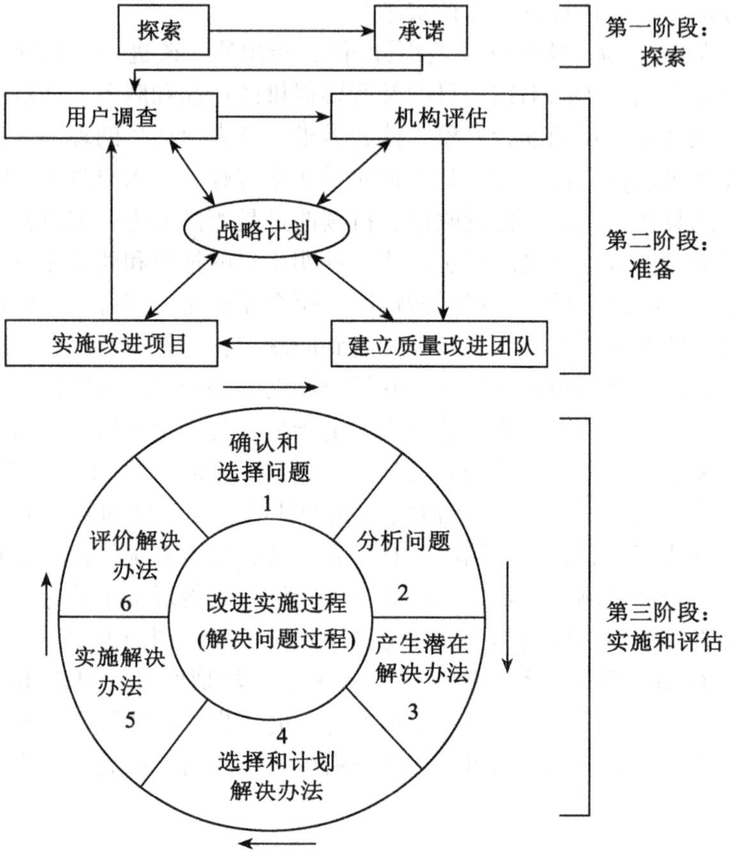

图 13-5　图书馆全面质量管理实施模型

每个阶段均围绕着“服务质量控制过程”这一中心进行，最终环接起来，形成一个持续改进的完整的全面质量管理过程。

（1）评估用户需求。通过各种方式，对用户（尤其是本馆核心用户）的需求进行充分的调查分析，了解用户的具体需要和对本馆服务的各项要求。

（2）根据用户需求制定出图书馆发展的战略计划，确定服务质量的标准、方针和目标，确定图书馆质量控制、质量保证和质量改进的原则与方法。

（3）根据战略计划选择适合的管理体系，营造与全面质量管理相兼容的管理文化。

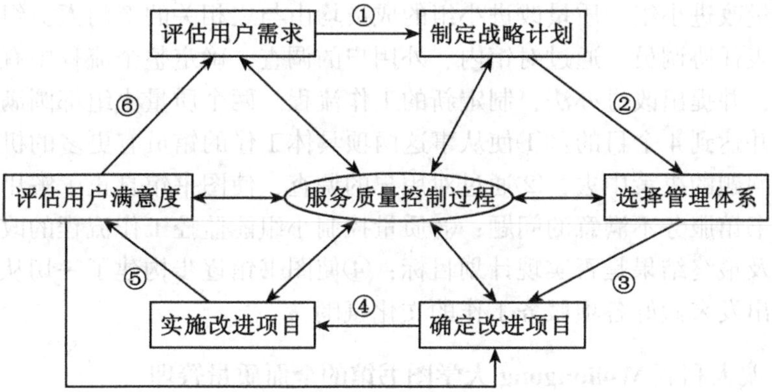

图 13-6　图书馆 TQM 模型

（4）将新的管理体系与当前体系相比较，将新确定的质量目标、最新得出的用户需求与图书馆当前工作相比较，从中找出差距，进行系统分析，从而瞄准改进方向，确认改进项目。

（5）实施改进项目。在实施质量改进期间，图书馆应把科技、资本、人才三个资源要素与整个图书馆战略计划结合起来，将科技与人才要素组合构成有利于确保质量、培养全面质量管理行为的新文化机制，将资本与人才要素组合构成员工工作任务标准化、规范化及制度化的制度机制，将科技与资本要素组合成能根据变化的环境重新设计和整合工作程序的效益机制，用以保证对实施改进项目的全过程进行有效控制。

（6）评估用户满意度。根据特定指标，通过各种方式，进行用户对新的质量目标、新改进的服务项目的满意度调查，找出用户不满意之处或对图书馆服务质量的要求。根据用户要求重新制定改进项目，并予以实施。如果仍达不到用户的满意程度，则开始新的用户需求调查，进入新一轮循环，直到用户满意。

二、国内外图书馆全面质量管理的实践

1. 俄勒冈州立大学图书馆 TQM 的实践

1990 年美国俄勒冈州立大学图书馆开始实施 TQM。首先组织了图书馆管理者和各部门的负责人参加有关 TQM 理论知识的学习班，探讨在图书馆实施 TQM 的可行性。然后，成立了两个质量改进小组：一个是解决新学年

第一学期归还的大量书刊不能及时上架的改进小组，一个是政府连续出版物流程质量改进小组。质量改进小组的成员均由与之相关的部门人员组成，由读者代表任协调员。通过对馆内、外用户的调查，确定整个流程中有待解决的问题，并提出改进办法，制定新的工作流程。两个质量小组都圆满实现了目标，并达到4个目的：①使从事这两项具体工作的馆员有更多的机会参与到解决问题的决策中去；②通过对用户的调查，使图书馆真正了解用户关心和对图书馆服务不满意的问题；③质量控制小组能监控工作流程的改进和全过程以及最终结果是否实现计划目标；④使图书馆逐步构建了一切从用户实际需求出发来做好各项服务工作的文化氛围。

2. 澳大利亚 Wollongong 大学图书馆的全面质量管理

澳大利亚 Wollongong 大学图书馆是一个中等规模的地区性大学图书馆，共有员工80多人，为近1万名学生和教职工提供服务。

1994年，该馆正式开始实施全面质量管理。经过两年的努力，到1996年获得了澳大利亚质量委员会（AQC）颁发的“业务成就卓越奖”。在实施“质量和服务卓越”计划时，图书馆主要加强了7个方面的工作：

（1）领导。通过质量改进和使所有员工参与到制定战略计划的过程，在整个图书馆中发展领导技巧。

（2）战略、政策和计划。进一步检查和精化制定战略计划的过程，保证所有人员都能参与进来，并与大学的计划相结合。

（3）信息和分析。根据图书馆的愿景规划，确定图书馆成功的关键因素、所要达到的关键目标及关键的绩效指标，并让每个改进小组根据自己的情况，发展关键绩效指标。

（4）员工。在实施质量改进期间，图书馆把人力资源战略与整个图书馆的战略计划结合起来，通过授权和改进小组使员工可在多个小组中工作，发展多种技巧。并通过问卷调查，了解员工是否满意，是否能有效沟通，是否能接受图书馆的价值观等。

（5）面向用户。利用用户反馈机制（如置于服务区的意见表），获得用户对图书馆服务的评价（表扬、抱怨等）或建议方面的信息。

（6）流程、产品和服务的质量。利用技术革新、与供应者建立起良好的关系及用数据显示变化和发展趋势来改进流程和服务。质量小组根据对用户的咨询和用户反馈，决定需要优先改进的流程和问题。例如，上架小组通过改进上架流程，提高了用户获得所需资料的机会；保存本小组通过改进保存流程，使其能更好地发挥作用；空间小组改进了图书馆的座位、书架等方面存在的空间问题。

(7) 机构绩效。发展整体绩效指标，进行标杆瞄准，争取在关键服务中达到一流水准。

3. 英国女王大学图书馆（Queen University Library）的 TQM 实践

1991 年底，在女王大学“全面质量管理促进组”的帮助下，女王大学图书馆开始实施质量改进计划。图书馆成立了“质量改进委员会”，由来自图书馆各个部门的代表构成，其任务是制定“质量改进政策”、负责组建解决具体问题的质量改进小组。质量改进小组一般由 4~8 名成员组成，任务是解决与他们的工作直接相关的问题。

因为满足用户需求是整个计划的重心，因此，图书馆用了四个月的时间安排所有员工参加一系列关于关注用户的培训班，对每个小组都进行了关于计划的目标、小组建设和基本技巧，如头脑风暴法和流程图等知识的培训，从而使小组能系统地分析问题和解决问题。两个质量改进小组的工作是检查图书从订购到经过处理直至上架所经历的整个流程中存在的问题，通过利用质量管理工具，小组对流程进行了系统分析，提出了切实可行的解决办法。

实施的结果是：为文献供应者制定了一个规格标准要求；在执行解决办法的两个月期间，图书在编目部停留的时间缩短了 30%；弥补了流程中的一个漏洞，提高了向其他图书馆提供文献的及时性；更加有效地利用员工的时间。

4. 海南大学图书馆的 TQM 实践

海南大学图书馆自 2004 年 8 月启动在国内通行的 ISO9000 族质量管理体系，于 2005 年 3 月 6 日发布指令宣布正式实施全面质量管理（TQM），同时发布《海南大学图书馆质量手册》、《海南大学图书馆程序文件》和《海南大学图书馆工作手册》，作为质量管理体系实施的准则，并成立了质量管理办公室，作为运行质量管理的常设机构。2005 年 7 月 19 日，海南大学图书馆获得了方圆标志认证中心海南分中心颁发的认证合格证书，成为我国第一家以图书馆为独立单位通过 ISO9001 质量管理体系认证的学术机构，开了图书馆界进行全面质量管理的先河。

从管理评价机制上看，海南大学图书馆质量管理属“三方审核型”管理评价机制，包括第一方、第二方和第三方审核。第一方审核是图书馆内部质量管理体系审核，由图书馆自己或以图书馆的名义对质量管理体系进行自我评价和审核，它可作为图书馆自我合格声明的基础。第二方审核实行的是管理评审，管理评审是对本馆 TQM 进行评审，以确保 QMS 持续的适宜性、充分性及有效性，迎接第三方即方圆标志认证中心的审核、认证。第三方审核是有资质的与图书馆及读者没有直接利益关系的第三方（认证/注册机构）对申请认证/注册的图书馆进行的质量管理体系审核。

实施 TQM 后，海南大学图书馆全体员工能够认真贯彻“以质量体系为核心，促进内部管理；以用户满意为目的，持续改进服务”的质量方针，“质量第一，用户至上”的意识不断强化。该馆制定了七项质量目标，即：①开放时间 80 个小时/周以上，文献外借时间 70 小时/周以上。②网上资源和书目检索（OPAC）服务时间每天达到 24 小时。③文献年借阅量生均 30 册以上。④年读者到馆阅览次数 30 次/人以上。⑤年电子书刊访问量，点击 100 次/人以上。⑥用户投诉处理率 100%。⑦用户满意率 85%以上。在上述 7 个质量目标中，2005 年内审时，除年读者到馆阅览人次和年电子书刊点击人次两项外，其他 5 项质量目标都顺利完成；2006 年和 2007 年内审时，七项质量目标均是完成或超额完成。

第四节　图书馆全面质量管理体系的建立

一个有效运行的体系是一个完整的整体，它通过制定质量方针、质量目标，明确职能，确定权限，互相沟通了解，减少或消除由于职能不清导致的障碍，可系统地考虑资源的投入，减少浪费。所以，我们应该考虑建立图书馆全面质量管理体系。

一、建立图书馆全面质量管理体系采用的主要方法

1. 业务流程管理

业务流程管理是指通过对业务流程的分析研究，明确所需完成的任务和在执行任务过程中存在的问题与障碍，通过用户和工作人员通力合作，使供需双方顺利对接。

2. 定标赶超

定标赶超即预先确定一个参照目标（可从单位内外选定），然后把现存的系统同该目标进行对比，找出差距，从而不断加以改进、提高。

3. 再设计

再设计不仅涵盖了流程的改进，而且还在总体高度上对整个流程进行重建。

4. PDCA 循环

即“计划—执行—检查—处理”工作循环，四个阶段周而复始地运转：计划阶段制定质量目标、活动计划、管理目标和实施方案；执行阶段按预定计划要求扎扎实实地去做，以贯彻实现计划、目标；检查阶段对照执行结果和预定目标检查计划；处理阶段实际上就是工作总结阶段。

5. 成立质量控制小组

在实施 TQM 时，通常成立一个质量控制小组，由图书馆内相关部门的人员参加，同时还聘请用户担任协调员。

6. 应用 SERVQUAL 方法评价图书馆服务质量

1990 年，美国服务市场营销学家依据 TQM 理论提出了一种称为 SERVQUAL 的方法。美国图书馆学家对此很感兴趣，他们根据这一方法设计了五个层面，作为用户评价、衡量图书馆服务质量的客观标准。这五个层面分别是：有形设施、可靠性、服务效率、保障及情感移入。每一个层面又分成若干问题，要求用户打分，最终获得用户对图书馆的客观评价，而管理者根据用户的评价制订出战略计划和改进图书馆服务质量的指南。

二、图书馆建立全面质量管理体系的要点

1. 领导亲自参与

已故的日本著名质量管理专家石川馨博士在阐述日本式全面质量管理（又称全公司范围的质量管理 CWQC）时，强调全面质量管理只有在公司社长（总经理）亲自参与的前提下，才能取得实实在在的成效；如果只是授权给下属或通过支持下属来推动，则效果会大打折扣，甚至不可能取得成功。这种说法也符合戴明、朱兰、费根堡姆、克罗斯比等美国著名质量管理专家的观点，即企业要迈向 TQM 成功之路，很关键的一点是要认识到“质量是经营者亲自参与领导所创造出来的，”这也就是当年石川馨博士大声疾呼日本的经营者应把全公司质量管理当做经营上的一种思想变革的理由。

2. 以人为本

在实施 TQM 过程中，成败的关键在于人。美国质量管理专家韦弗（Charles N. Weaver）曾一再强调，在推动 TQM 时，领导者陈旧过时的风格应加以改变，即由监督改为协助，由命令改为沟通，由训诫改为建议，由注重产量改为注重质量，处事方法由封闭改为公开，对下属由担心改为信任。实际上这是管理学上麦格里哥（Douglas Mcgregor）所提出的 X 理论和 Y 理论以及奎奇（William Quchi）所提出的 Z 理论思想的延伸。

3. 用户中心观念

用户是图书馆的顾客，是图书馆生存与发展的基础。图书馆内的各个部门都应树立用户中心的观念，凡未能满足内、外部用户需求的工作过程均应加以改进。每位员工在其工作内容与质量上，必须时时考虑用户的需求，以生产出用户真正满意的产品或推出用户信赖的服务。只有以用户为中心，才能使图书馆的作业过程合理化并成为用户心目中产品和服务的最佳提供者。

4. 持续的过程改进

持续的过程改进是图书馆不断提高产品或服务质量的重要途径。好的过程不一定产生好的质量，但好的质量一定是好的过程中产生出来的。在实施持续的改进时，图书馆应将其内部的人力资源组成团队。团队的主要任务是对图书馆内部的关键过程和影响其生存与发展的重要方面不断地加以改进，使其常具竞争力。

三、图书馆建立全面质量管理体系的步骤

1. 统一思想

建立全面质量管理体系，实行全面质量管理，首先图书馆的领导要统一思想，让员工明确实行全面质量管理的必要性和可行性，尤其是最高管理者必须认清其作用和目的。其方法是：收集有关全面质量管理的信息，特别是其应用于教育部门、服务部门、非赢利组织以及图书馆的重要论述；组织访问考察已成功实施全面质量管理的图书馆，获得关于全面质量管理的第一手资料；聘请全面质量管理专家和顾问到图书馆开办讲座，参加有关全面质量管理的会议、研讨会和培训班等。

通过这些活动，使图书馆所有人员对全面质量管理的概念、历史背景和它在非赢利机构中的应用有比较充分的了解，明确图书馆实施全面质量管理的意义和它在改进图书馆工作质量和服务质量中的作用。

2. 组织保证

实施全面质量管理，领导是关键。应成立由馆长即最高管理者为组长，由业务副馆长为副组长，由各中层负责人参加的领导小组，具体负责管理体系建立的组织实施工作。中层干部既是具体指挥者又是实施者，他们的参与是图书馆成功实施全面质量管理的重要基础。

3. 员工培训

实施全面质量管理，必须全员参与。这就要求大家不仅要明确图书馆实施全面质量管理的意义和它在改进图书馆工作质量和服务质量中的作用，而且还要掌握实施全面质量管理的技术和方法，如产生思想和收集信息的工具（头脑风暴法、调查表、访问等）、达成共识的工具（标准评价表、投票等）、分析和显示数据的工具（因果图、直方图、排列图等）和计划行动的工具（流程图等）。这些工具和技巧在分析问题、实施改进和评价结果中是非常有用的。培训可以通过多种途径，如全体员工大会、板报、快报、办培训班、组织参观等。

4. 全面质量管理体系的策划

首先是制定实施全面质量管理体系的目标，即实施全面质量管理后要实现的长期目标和近期目标。制定目标要围绕上级主管部门制定的图书馆在若干年内的发展总体规划，根据上级的规划和要求，制定出合乎实际需要的质量管理计划，再结合本馆的实际情况（图书馆的服务对象、经济状况、馆舍条件等）和上级的要求确定自己的基本任务、近几年的目标以及实现上述任务的战略步骤。

5. 机构绩效评估

通过用户满意度调查或特定测度指标来反映用户对图书馆提供服务的满意程度，这是进行持续改进的基础。因为只有通过把当前绩效同用户期望进行比较，从中找出差距，查出质量管理上存在的纰漏，才能瞄准改进的方向，设计出新的管理体系，提供高质量服务，达到满足用户需要的目标。

6. 全面质量管理体系结构的设计

全面质量管理体系的结构一般是根据全面质量管理的流程即策划——实施——评价来设计，并根据各馆的实际情况和理解，给各个阶段加入不同的内容，根据体系的结构绘出管理体系的模型（具体可参看本章第3节的内容）。

7. 组织与实施

在质量管理体系策划和体系结构设计的基础上，应具体落实组织机构、职责权限和分工，通常要制定二图一表，即组织的《行政机构图》和《质量管理体系结构图》以及《各职能部门的职能分配表》，明确各个部门的职能。职能分配表具有十分重要的作用，因为它使体系的运行有了组织保证。

要调整机构、配备资源，要使职能部门按计划完成自己的任务和目标，就必须赋予其一定的职责和权力，就必将配备一定的人力资源、物资资源、基础设施，营造相应的工作环境。

8. 编制文件

实施全面质量管理，必须进行文字记载，以便保持行动的连续性和进行前后效果的比较。记载的内容包括实施全面质量管理的方针政策、保证体系正常运转的规章制度，以及平时会议、讨论和工作的记录。

9. 图书馆效率的测量和审计

图书馆开展全面质量管理活动后，必须了解活动开展后工作效率提高的情况和在使读者满意方面达到了何种程度。因此，除了对读者进行必要的调查，以了解读者的需求和对图书馆的满意程度外，还必须运用图书馆统计学知识，从质和量方面对所做工作作出评估。如统计出图书馆机读数据库被检索的次数，采购部门所采购的各专业图书数量，各专业图书的实际使用量等。将全面质量管理开展前后的统计数据作对比，从而测量出质量管理开展后图书馆工作效率的提高状况，这种测量对图书馆质量管理系统来说是至关重要的。

图书馆效率测量的另一个特殊形式是审计。所谓审计，指的是采用一些专业化的标准对图书馆的工作进行评估并做出结论。图书馆的审计工作通常可由馆内外各方面专家和读者组成的审计小组来进行。

通过读者调查、效率测量和审计，可以对开展全面质量管理时制定的任务计划完成情况进行全面检查，总结经验教训，为下一步开展新一轮的质量管理做准备，从而形成新的质量管理循环。

参考文献

[1] 孟广均，徐引篪．国外图书馆学情报学研究进展［M］．北京：北京图书馆出版社，1999.
[2] 董颖．图书馆应否建立“质量管理”体系［J］．图书情报工作，2000（4）.
[3] 汤竞南．图书馆的全面质量管理［J］．图书情报工作，1998（7）.
[4] 陈光华．TQM 实施要点浅探［J］．世界标准化与质量管理，1997（9）.
[5] 张玉凤．论图书馆全面质量管理［J］．图书馆工作与研究，2001（2）.
[6] 臧其梅．图书馆 TQM 的研究和中美大学图书馆的实践［J］．无锡轻工大学学报：社科版，2000（1）.
[7] 罗曼．图书馆全面质量管理（TQM）模型研究［J］．图书馆，2001（2）.
[8] 张玉凤．论图书馆全面质量管理［J］．图书馆工作与研究，2001（2）.
[9] 卢莉华等．高校图书馆“三方审核型”管理评价机制研究——以海南大学图书馆 ISO 质量管理体系为例［J］．图书情报知识，2007（6）.

第十四章 图书馆量化管理

第一节 图书馆量化管理概述

量化管理是指通过对某项工作每一个活动的研究分析，以科学的方法制定出完成该项工作的数量标准，并将它作为技术经济定额来提高工作效率。其实质就是工作过程中劳动消耗的一种数量界限。它有两种表现形式：一是时间定量，即完成某项工作所消耗的必要工时；二是工作定量，即在单位时间内完成的工作量。量化管理作为一种管理方式，具有优化人员结构、调动工作人员积极性、提高工作效率等优点。

所谓图书馆量化管理，就是将图书馆各部门、各环节、各员工在一定的时间内应完成或达到的工作目标全部用一定的数值规定出来，用数值来衡量。

一、图书馆量化管理的原则

1. 实事求是原则

图书馆量化管理的工作分解和各项量化指标的制定，需要结合本单位的实际，不能照搬照抄。在制定量化指标时，不仅要考虑图书馆与其他组织工作性质的差异，而且要考虑馆内不同部门、不同岗位的具体工作差别；在实施过程中，还要结合工作环境的变化不断加以修正与完善。只有这样，才能制定出符合图书馆实际、真实反映工作绩效的公平合理的考核指标。

2. 可行性原则

量化管理作为一种评估体系，必须充分考虑具体实施中的可行性问题。在制定标准时，量化的内容能具体则尽量具体，数据能精确就不要模糊，否则量化管理就难以进行。

3. 灵活性原则

在图书馆活动中，有些工作很难精确计量，如服务态度与效果、改革创新行为等，若执意要对其精确计量，则反而不科学。为此，可采用一些变通的考核办法。譬如：图书馆流通工作是为读者服务的重要窗口，服务态度包括工作的认真程度、语言的规范程度、回答读者咨询问题的准确性、主动服务的质量与数量等。对服务态度与效果的量化可借助读者意见反馈和评价、馆员相互评价、检查考核记录等方式，采用加减一定分值的办法进行量化。

二、图书馆量化管理的意义

1. 量化管理是实行图书馆科学化、规范化管理的重要手段

图书馆内各部门、各工作环节之间有着密切的联系，实行科学的量化管理，能做到相互之间紧密合作和协调，便利各项工作井然有序地进行。图书馆运用量化指标，可精确地反映和说明工作运转状况，可用数字来统计、分析、对比各项工作的成效，从而具体准确地研究各个部门和图书馆整个管理过程。

2. 量化管理便于准确考核图书馆员的工作情况

量化管理是由过去的模糊“软”指标过渡到明确的“硬”指标的必要措施。不实行量化管理，业务考核只能停留在评委给印象分的水平上，尽管印象分来自每个工作人员平时的实际工作表现，但由于缺乏量化的指标，不具有足够的说服力，不能让人心服口服，也不利于考核的公正性和一致性。

3. 量化管理是图书馆引入竞争机制的具体体现

图书馆需要有高素质的人员从事工作。将各项管理工作赋予合理的数值指标，按岗定人，使每个工作人员胸中有数，可激励和促进全体工作人员的责任心和工作热情，增加危机感和紧迫感，优胜劣汰，竞争上岗，提高工作效益。

第二节　图书馆量化管理的指标体系

制定量化管理指标是一个复杂的系统工作，它既要涵盖图书馆工作的全过程，又要对每一具体工作环节给出科学实用的定量管理数据。有些工作可以用数量来表示完成情况，如文献入藏量、分编量、流通量等；而有些工作，则需各单项工作的数量值加以综合经过分析比较方能确定，如对文献的开发利用、满足读者需求的程度等。因此，指标的制定要结合各个图书馆的性质、任务、读者需求、馆舍设备及经费状况等主客观条件，由管理者具体制定，经馆内工作人员反复论证。

图书馆量化管理的指标体系内容很丰富，本节就一般图书馆的量化管理指标做一初步设计以供参考。

一、图书馆工作内容的分类

我们按工作的对象，把图书馆工作划分为文献资源建设、读者服务、技术服务与管理工作四大部分，又细分为18个小类。

文献资源建设包括：①文献采访工作；②文献分编工作；③文献加工工作；④文献典藏工作；⑤文献信息的开发。

读者服务包括：①文献借还工作；②读者教育工作（包括利用图书馆的技巧和文献检索技巧）；③文献复制工作；④读者辅导工作（主要是解答咨询和定题服务）；⑤文献宣传报道工作。

技术服务包括：①计算机软硬件的建设和维护；②数据的安全与备份工作；③工作人员应用计算机技术和软件技术的培训和辅导。

管理工作包括：①传达并布置执行上级部门的指示精神；②制定本部门的发展规划和各项规章制度；③进行本部门机构的设立和调整；④进行本部门人力资源的培训和调配；⑤对物资设备和办公用品的购买、调配和管理。

需要说明的是，上述的工作并不代表工作的人数。因为有些是一项工作需要很多人干，如文献借还工作；有些多项工作只需要一个人干，如管理工作。这就需要计算每项工作的数量，计算每个工作人员完成该项工作的速度。不仅如此，还要制定出衡量该项工作的质量标准。但是，由于工作的数量与质量标准受多种因素的影响，如学历、职称、能力、工具、环境等，不可能制定一个适合于各种类型图书馆的指标，在这里要谈的是如何来制定这些指标，然后由各馆根据本馆实际情况自行制定。

二、工作数量量化标准的制定

工作数量量化标准的制定也叫劳动定额制定，大体上有以下四种方法：

1. 经验估工法

一般由馆长、专家和业务骨干组成估工小组，根据图书馆各部门工作的特点和要求，并考虑本馆的技术条件和劳动组织形式，凭各自的工作实践经验，估计确定工时定额。估工时可按整个工序或工种进行估算，也可以按工序的各组成部分分别进行估算，然后汇总确定工序的工时定额。这种方法的优点是简单易行，工作量少，制定定额比较快，有一定的群众基础。缺点是对定额的各组成部分及其影响因素不能做细致的分析和具体的计算，因而技术根据不足；单凭估工人员的技术和经验，只能反映已达到的工作水平；对同一工种，不同的估工人员有时会估出不同的定额，容易出现偏高或偏低的现象，定额的准确性较差。

2. 统计分析法

根据过去同一工种的实际工时消耗和完成定额的统计资料，分析当前工作条件的变化，来制定定额。这种方法有较多的统计资料为依据，比经验估工法更能反映实际情况，并有利于促进图书馆的统计工作。但是，由于它依据的是过去的统计资料，这些资料中某些不合理的因素（如原始记录不准确，实耗工时中包括了一部分浪费的工时等），必然影响定额的准确性，使定额水平不够先进合理。为了提高用统计分析法制定定额的准确程度，必须建立和健全原始记录制度，加强定额的统计工作，特别要加强对统计资料的整理、分析和研究工作，剔除其中不合理的部分，分析平均水平与先进水平的差距及其原因，还要考虑当前的工作条件同过去相比有哪些变化，这些变化对定额有什么影响。一定要把提高工作效率的各种可能因素，如推广先进的操作方法、采用新技术等考虑进去。

这种方法适用于工作条件比较正常，原始记录和统计工作比较健全的图书馆。

3. 类推比较法

它又叫典型定额法，是以某种同类工种（如几个不同书库的微机借还书）的典型定额为依据，进行对比分析，计算确定另一工种的工时定额。

运用这种方法，首先要对全馆工作进行分类归组，然后在每一组中选出具有代表性的工种，制定典型定额标准，同组中其他工种的定额，通过与典型定额相比较而确定。这种方法比较容易保持同类工种之间定额水平的平衡，只要典型定额制定恰当，对比分析细致，则定额的准确程度较经验估工法为高。为了进一步提高定额的准确程度，要做好工种的分类归组工作，正确地选择代表性工种，科学地、有根据地制定典型定额标准。在对比分析时，要抓住主要影响因素，寻求工时消耗的规律性，并考虑到提高工作效率的潜力。

4. 技术测定法

即在充分挖掘劳动潜力的基础上，根据合理的工作条件和工艺方法，对组成定额的各部分时间进行实地观测或分析计算来制定定额。采用这种方法制定的定额又叫技术定额。第一，要将制定定额的对象（一般为工序）划分为较少的各个组成部分，进行动作研究，找出不必要的动作和交叉作业的可能性，尽量使工序的结构比较合理。第二，要对工作条件和工艺方法进行分析研究，如劳动分工是否合理，工作地布置和设施是否恰当，设备能否得到充分利用，工艺规程是否合理。第三，通过调查或计算取得工序各组成部分的工时消耗资料。由于取得资料的来源不同，技术测定法又可分为分析调查法和分析计算法。前者是在现场通过工作日写实和测时取得工时消耗资料；后者是运用事先制定的工时定额标准，查阅图表取得所需资料。第四，对取得的工时消耗资料进行整理、分析和计算。初步确定各种工时定额和实现定额的组织技术措施，并交群众讨论，经修改批准后，贯彻执行。

这种方法比较科学，有一定的技术依据，较为准确，易于平衡，对工作、技术有促进作用。但是，制定定额的过程比较复杂，工作量大，不易做到快和全。

上述四种制定劳动定额的方法，各有优缺点和适用范围。究竟采用哪种方法，或几种方法结合运用，各馆应从实际出发，根据需要和可能的条件来确定。

三、各项工作的质量量化标准

图书馆各项工作都有其特殊性，都应有其质量标准。

1. 文献资源建设

（1）文献采访工作。采访工作的质量量化标准应从订购图书的重复率、优秀图书以及丛书、多卷书的购全率，优秀工具书的购全率以及有关各馆收藏重点图书的情况等账目手续及图书登录准确完备情况，购书计划的执行情况等方面给出分值，优则加分，劣则减分。

(2) 文献分编工作。文献分编工作的质量量化标准应从分类的准确度、编目的标准度、著录项目的齐全度、标引的精确度、文献入库是否及时、图书交接账目是否准确等来衡量，其标准与准确情况，可用百分比来定量。

(3) 文献加工工作。文献加工工作的质量量化标准应从加工文献的数量、书标的粘贴、收藏章、财产号的打印准确完整率、条形码打印的是否清楚、贴的位置是否恰当等标准来衡量，可以规定错误率的百分比计算质量的优劣。

(4) 典藏工作

文献典藏工作应根据其上架是否及时、书架是否整齐、有无乱架现象、书架是否卫生、文献的丢失率、破损率，来定出百分比（或千分比)，依比值大小等标准计分衡量。

(5) 文献信息的开发

文献信息的开发可以参照类同工作，根据其实际情况制定。如编制文献篇名索引，可参照文献的分类和著录标准执行。如果编写文章述评或信息分析报告，可以参照科研人员发表论文进行制定，也可根据实际情况自行制定。

以上几项内容，凡有全国图书馆评估定级标准的，均可按照相应考核标准进行检查，检查方法可按一月或半年定期检查，也可不定期地进行抽查，几次抽查的差错率之和除以抽查的次数，所得商就是全年的错误率，然后再依比值大小定出加减分值。

2. 读者服务

读者服务是直接接触读者的工作，其服务数量的多少、服务速度的快慢、服务态度的好坏、服务效果的优劣，都应在质量标准中反映出来。目前由于绝大多数图书馆都使用计算机管理文献的借还，所以其服务的数量和速度都可以很容易地统计出来，并且比较精确。但是读者服务工作的好坏，更重要的是体现在服务态度和服务效果上，而这两个方面主要靠读者的反映，因为读者是服务的对象，他们最有发言权，图书馆应广开言路，采用一切有效的方法，充分收集读者的意见，并把意见在质量标准中反映出来，定出分值，比较出服务的优劣。

3. 技术服务

技术服务工作主要是针对馆内工作人员的服务，其工作质量的好坏主要是看软硬件出现故障的次数、排除故障所用时间的长短和服务态度的好坏。故障的次数反映出日常维护工作的情况。一般来讲，维护得好，故障就会少，否则故障就多。故障的次数还反映出对工作人员的技术辅导情况。一般来讲，工作人员技术水平高、操作熟练，故障就少，否则故障就多。排除故障的速度，反映了计算机技术能力和熟练程度。当然，影响软硬件出现故障的因素很多，与软硬件的档次、质量，网络防护设施的配备关系也很大。各馆可以根据本馆的具体情况定出切实可行的标准，以出现故障的次数和故障对工作影响的大小而定出优劣。其服务态度，可以用座谈或调查表的形式进行了解，并可依调查结果和工作记录进行综合评分、定级。

4. 管理人员

管理人员的工作应按照党对干部德、能、勤、绩的标准进行衡量。关于这四个方面的要求，有关干部的考核文件都有具体的规定，这里不再赘述。需要说明的一点是，图书馆管理干部的“绩”，应按照文化部、教育部等政府主管部门颁布的有关图书馆工作的条例和评估指标进行衡量和打分，因为这些条例和指标都是经过有关专家研究制定的，经有关行政部门审批下发的，对当前或今后较长一段时期的图书馆工作具有较强的指导意义。图书馆对工作条例的执行情况、工作评估的达标情况与图书馆管理者的能力和成绩密切相关，应该说可以反映出其工作的优劣。

四、图书馆量化标准的实施

图书馆工作实行量化管理，比工厂车间的定额管理复杂得多，制定量化管理指标体系只是量化管理工作的开始，重要的是要发动全体人员努力达到和突破指标，充分发挥量化管理的积极作用。贯彻执行量化指标，要抓好以下工作：

第一，加强思想政治工作，使图书馆全体人员都懂得，能不能完成量化指标直接关系到工作效率的提高和图书馆整体工作计划的实现，关系到图书馆的职能能否较好发挥。

第二，及时地将量化指标下达到部、室（组）和个人。图书馆应根据全馆的工作计划和整体要求，对各部（室）下达任务。部（室）接到任务后，要进一步审核、编制部内的工作计划，计算出每个岗位的量化指标，并以书面形式下达到每个人。每个人员都清楚自己的工作范围和量化指标，工作就有了标准，考核就有了依据。

第三，狠抓各种技术组织措施的实现，为完成量化指标提供必要的条件。例如，合理安排工作任务，搞好工序衔接，改进和提高工艺水平等。

第四，量化指标的贯彻执行要与工艺改进、开展合理化建议活动以及组织劳动竞赛、总结和推广先进经验等项工作密切结合起来。

第五，加强培训，提高馆员的文化和业务水平。通过举办业务学习班，开展岗位练兵，组织业务骨干进行操作表演等多种方式，帮助大家改进操作方法，掌握先进技能，以达到和突破指标。

第六，正确贯彻按劳分配原则，完善奖惩制度，把完成量化指标的情况作为奖惩依据。

第七，加强量化指标执行情况的统计、检查和分析工作。首先要做好原始记录，正确地反映各部（室）、每个人的工作成绩、工时利用和指标完成情况，因为它是量化管理统计工作的基础。根据这些统计资料以及必要的调查分析，就可以掌握量化指标的贯彻执行情况，分析影响工时利用的各种因素，为降低工时消耗，提高工作效率指明方向。例如分析人员完成指标的程度、超标和完不成指标的人员所占的比重及其增减趋势，就可以针对不同原因采取措施，进一步挖掘劳动潜力，提高劳动效率。

第三节　图书馆统计

图书馆统计既是图书馆管理的基础，也是图书馆管理的方法之一。尤其是量化管理，更离不开统计工作，它是量化管理的基础，也是量化管理的组成部分。图书馆工作量的定额，有的采取经验法或取工作量的平均数，二者都离不开统计工作；在量化管理过程中，为了监测量化管理的进程和效果，也要进行严密的统计工作。因此本节叙述图书馆的统计工作。

一、图书馆统计的定义、对象和任务

1. 定义

统计包括三方面内容：统计工作、统计资料和统计学。统计工作一般包括统计调查、统计整理、统计描述、统计分析和统计显示等。针对图书馆而言，图书馆统计工作是一项传统的业务工作，是指运用统计学原理，根据具体数字来反映图书馆各项工作的实际情况，通过对图书馆工作中的各种现

象、状态、趋势等进行量的描述与分析研究，为工作决策提供坚实可靠的数据支持。随着社会的发展、信息时代的到来，各项改革不断深入，图书馆传统的管理体制受到强烈的冲击，以标准化、规范化、科学化的方式和手段管理图书馆的思想日渐浓厚，图书馆各项统计工作的作用日趋显著，目前，统计工作已受到越来越多的图书馆管理者重视。

2. 对象及任务

图书馆统计的对象是组成图书馆的要素即藏书、馆员、读者、经费、设备以及与其相关的媒介指标，如书刊购置费、藏书利用率等。

图书馆统计的基本任务是对所研究的现象进行统计调查、统计分折，提供统计资料，实行统计监督，制定数量指标系统，确定图书馆统计方法，对图书馆统计工作进行评价。

二、图书馆统计的内容

1. 读者统计

包括对读者到馆人数、读者借阅次数、拒借数字等的统计。只有通过统计分析，才能掌握图书馆各种藏书的利用率及读者到馆率、读者拒借率等统计比率。这些详细的数据可以用排队论的方法，科学地安排工作人员的上班时间，合理地组织劳动力，使之获得最佳效益。

2. 藏书统计

包括藏书数量及其发展变化情况。科学的藏书结构，无疑有利于流通量的进一步提高。用实际藏书结构进行统计分析，可以选出本馆藏书的最优值，得出最佳藏书量和复本量，调整并确定出最适应读者需要的藏书类型，同时还可以对藏书补充做出具有科学依据的预测，使图书馆充分发挥其职能。

3. 借阅统计

包括图书开放情况，图书内览外借情况，馆际互借、图书宣传、参考咨询、情报服务、书目服务等情况。通过借阅统计，可看出哪些书长期为读者所需要，哪些书使用率低，使用寿命短，读者需求变化的倾向等情况，据此来实施本馆图书的采购与剔旧工作。通过对图书借阅的统计，可以反映出读者利用藏书的情况，也可以反映出各种类藏书的流通情况。

4. 图书馆工作人员统计

包括人员数量、各类人员分布、年龄与知识结构、职称、职务、从事专业时间、学术成果等情况。

5. 经费统计

包括经费数量、来源与分配情况。

6. 建筑设备统计

包括图书馆建筑面积、书库、阅览室、办公室等用房的分布情况，机器设备的名称、型号、规格、数量、质量情况等。

7. 图书馆网络统计

包括参加网络的图书馆数量、网络分布状况、藏书总量、计算机数量、数据库状况、图书馆网站点击率、电子文献记录的下载次数等。

三、图书馆统计的方法和步骤

图书馆统计工作的全过程主要可以分为统计调查、统计资料整理和统计资料的分析三个阶段。

1. 统计调查

(1) 统计资料的搜集

统计资料的搜集也称统计调查或统计观察。它是根据图书馆统计的任务，采用科学的调查方法，从搜集被研究现象的原始资料开始的工作过程，是图书馆统计工作的开始阶段，是认识事物的起点，也是整个统计工作的基础。图书馆统计只有通过统计调查取得有关资料，才能为统计整理和统计分析提供依据。

统计调查首先要制定统计调查方案；确定统计调查的目的、对象、范围、项目；编制图书馆统计调查表；确定调查的方式方法。

(2) 图书馆统计调查的方式

按调查时间可分为经常性调查和一次性调查。经常性调查是按照现象发生的时间，进行经常的、连续不断的登记，以反映事物在一定时间内的全部发展过程的一种调查方法，如登记读者到馆人次、图书流通册次等；一次性调查是不连续的调查，只是对事物在一定时点上的状态进行登记。

按调查范围可分为全面调查和局部调查。全面调查是对调查对象的全部数据加以调查，如图书、读者、馆员、经费、设备等；局部调查是仅对调查对象中的一部分项目进行调查（即抽查法）。

按调查组织形式可分为统计报表制度和专门调查。统计报表制度是按国家或上级主管部门规定的表式、时间和程序，自下而上地报送统计资料的一种调查方式。专门调查是根据调查对象的具体情况，专门组织的调查。按其不同的特点，可分为普查、重点调查、典型调查和抽样调查等 4 种。普查是一种全面调查，它的项目主要是现象一定时点上的状态。普查有两种组织形式：一种是通过专门组织的登记来进行，如藏书清点；另一种是在各单位本身的核算资料、报表资料的基础上进行，如图书馆各类人员统计。重点调查是在全部单位中选择部分重点单位进行的调查。这些重点单位在全部单位中虽然只是一部分，但它在研究现象的总量中却占有较大的比重。典型调查是根据调查的目的和要求，选择具有代表性的单位、项目，做周密系统的调查研究，借以认识事物发展规律的一种调查方法。典型调查和统计报表结合，可以弥补报表资料的不足，典型资料与基本指标相结合，还可推算全面数字。抽样调查也称抽样观察、抽样推断、抽样法，在数理统计学里叫参数估计。它不仅包括原始资料的收集，而且包括统计资料的整理与推算。它是按随机原则在总体中抽取一部分调查单位进行观察，用以推算全部总体的一种调查方法。被调查的对象整体，叫做全部总体，而被抽选出来的那一部分观察对象的整体，叫做抽样总体。由于抽样的随机性而产生的样本指标和总体指标之间数量上的差别，称为抽样误差。抽样调查可采用纯随机抽样、机械随机抽样、分类随机抽样、整群随机抽样等方式。

2. 统计资料的整理

统计资料的整理，是图书馆统计工作的第二阶段。它是根据统计工作的任务和要求，对调查所得到的原始资料，进行科学的加工整理，使之系统化，成为反映总体特征和状况的工作过程。人们在统计调查阶段搜集到的资料是分散的、不系统的，也不能反映总体内部联系和全貌。为了说明事物的本质和它存在的规律性，必须对搜集来的资料进行加工整理、综合分组。有时为了特定的目的，对已整理过的统计资料进行再加工，也属于统计资料整理。统计资料整理是统计分析的基础和前提。

①图书馆统计资料整理的分类。一是定期统计资料整理，这是按一定时间（日、月、季、年）对统计资料进行的加工整理；二是专题统计资料整理，这是在一定时期内对图书馆某种现象调查的资料进行加工整理；三是历

史资料整理，如对历年来图书馆发展的数量、藏书数量统计资料的整理等。

②统计资料整理的内容。必须事先制定出一个整理纲要，这个纲要包括如下内容：一是统计资料的分组。这是统计整理的基础。分组就是按一定的标志把调查的图书馆这一现象总体单位划分成若干部分或组，对调查来的资料进行科学的分析整理，以揭示总体内部的构成、类型以及它们相互之间的联系和区别。分组标志可分为数量标志和品质标志。数量标志按事物的数量变化分组；品质标志按事物的性质差异进行分组，如读者可按性别、民族、年龄、职业分组等。二是统计资料汇总，也称统计资料综合。这是统计资料整理的主要内容。统计资料汇总前要进行检查，检查资料的完整性、及时性和准确性。检查的方法有逻辑检查、计算检查、填表检查等。汇总的组织方式有逐级汇总、集中汇总、会审会总等。汇总的技术有手工汇总、机械汇总、计算机汇总。三是统计表的设计。它是统计资料整理的表现形式。统计表的结构从形式上看，由标题、标目、横行、纵行、数字资料 5 个部分组成；从内容上看，包括主词和宾词两部分。统计表的种类有简单统计表、分组统计表和复合统计表。

3. 统计资料的分析

它是整个统计方法的关键步骤，包括统计数据的结论分析和误差分析。前者是从统计数据出发，分析判断出相应的规律性结论；后者是对结果的准确性和精确度进行分析。一般来说，从数据得出结论的方法极多，主要有对比分析法、相关分析法、动态分析法、分组分析法、结构分析法、因素分析法、平衡法、指数法等。下面简述几种常用的方法。

①对比分析法。该方法是统计分析的基本方法之一，它主要是通过纵向对比、横向对比来研究事物发展的规律。对比主要是部门之间、馆与馆之间、系统与系统之间、地区与地区之间及国内与国外之间的对比。

该方法主要有三个步骤：一是收集整理拟分析对象的统计数据，如本馆历年图书流通量、读者人数等；二是确定参照系并收集相关统计数据，如选定同类型馆的相同统计指标（图书流通量、读者人数等）作为参照系；三是进行纵向和横向的相对比较，并得出结论。对比分析对数学的要求不高，且属静态的简单比较，因而适用面广，为人们所常用。

②动态分析法。反映某种现象在时间上变化与发展的一系列指标数值，按时间先后顺序排列，形成一个动态数列。分析动态数列的发展速度和增减速度，可了解事物的变化过程。掌握发展趋势的重要方法即为动态分析法。该方法包括：一是确定拟分析的问题；二是收集整理一定时期内的相关统计

数据；三是建立数学模型；四是进行模型精度检验及发展趋势预测。

③相关分析法。该方法是一种处理变量和变量之间关系的数学方法，即运用数学方法来分析图书馆活动中的各种统计量之间以及各统计量与某一外部指标之间的相关性，从而确定各种统计量之间的相互作用程度之大小，该方法的核心是寻求两个或多个变量的内在联系。例如，由于图书馆的非赢利性及其效益的隐蔽性、时滞性和长期性，使得图书馆经济学的核心和难点——图书馆经济效益评价与计量这一课题的定量研究特别困难。为此，有人针对图书馆投入与产出的不一致性导致了直接应用图书馆劳动成果——服务与劳动消耗之比较难以进行的现实，以易于计量的图书馆服务量与外部某一收益指标（教学成果）的相关性作为分析问题的出发点，采用机辅分析来寻求两者之间的内在联系与规律，以此来确定图书馆服务量的增加与教学成果增加的正线性相关关系，从而避开了直接计量图书馆效益的障碍，收到了一定的效果。

④分组分析法。该方法就是把统计资料按某些变动标志分成若干部分进行研究的方法。包括：a. 收集整理拟分析对象的总体统计资料，使之科学化和系统化；b. 分析总体内不同性质的构成单元的情况，将性质相同的单元归在一个组内；c. 从数量方面分析各单元组内部的联系与规律，从而深入说明各单元及总体的特征与规律。

⑤结构分析法。这是计算某一事物的各个部分在总体中所占比重的分析方法，该方法以分组法为基础，要求首先掌握总体事物的基本统计数据，然后对总体中各个部分的数据进行分解分析，从而计算出各个部分的数值与总体数值的百分比。

图书馆统计分析的方法不限于上述几种，对于不同的问题可以采用不同的分析方法，也可以采用综合的分析方法。只要数据准确，分析方法和步骤得当，就可以得出正确的结论。

四、图书馆统计工作的注意事项

1. 领导要重视

各级领导应高度重视业务统计工作，使图书馆上下都把业务统计工作作为一项全局性和基础性的工作来抓，制定出完整、统一的统计制度。在具体实施时，应使所制定的统计制度与图书馆的组织结构和岗位责任制结合起来，同时明确具体的统计任务和各部门中承担对统计进行监督和汇总的责任人选。对全馆性的统计和资料分析应有专人负责，并要严格执行主管人审核签认的规定。统计工作人员应坚持实事求是的原则，图书馆应把统计工作中反映出来的工作量大小和工作情况的优劣在年终与部门和个人的考核挂钩，作为奖惩工作人员的主要依据。只有这样，才能从根本上克服统计工作中“走过场”式的弊病。

2. 统计工作要规范化、标准化

为了真实反映图书馆工作中发生的各种现象和过程，就需要首先确定一套完整的统计指标体系，这种指标体系应从数量方面来反映图书馆业务工作的全部过程。因此，指标体系中所设置的各种指标必须全面和标准，以便能分别评价出各部门和全馆的绩效。指标的设置不宜过多，应突出核心指标，以免陷入繁琐，反而不利于管理。各馆要根据实际需要，建立一套完整、易于操作的统计指标体系，并形成一套相对全面、固定的统计表格，表格的设计要实用和规范，表格中填报的内容要真实，应杜绝漏报、虚报等现象的出现。

3. 统计手段要现代化

目前，各图书馆基本上都使用了计算机进行业务工作管理，统计工作应尽量使用计算机等现代化设备，建立图书馆数据统计网络机制，实现统计工作的自动化。只有这样，才能将统计工作人员从繁杂枯燥的数字计算中解放出来，真正做到高效、准确、规范地进行统计，提高工作效率，保证工作质量。

4. 责任到人

设置专职或兼职的统计人员直接隶属于馆领导，形成一个上下贯通的统计系统，从而保证统计工作的准确及时。同时，从事统计的工作人员应树立敬业精神，具有高度的责任感和职业道德水准，具备各种统计知识和分析技巧，保证统计数据的客观和公正，保证分析结果的正确性，以提高图书馆的工作效率和服务质量。

第四节　图书馆管理中常用的数学方法

管理科学如果没有数学方法进行刻画和描述，就不可能成为精辟的科学。数学所研究的量与量之间的关系普遍存在于各种物质运动形态之中。图书馆管理活动中存在大量的数量和数量之间的关系。要使图书馆管理精确化、科学化，就必须广泛运用数学方法，实现计量化管理，把定性管理和定量管理有机结合起来。除上节谈到的统计方法之外，图书馆管理中常用的数学方法还有以下几种。

一、模糊数学的方法

模糊数学是对模糊事物或现象进行定量描述使其清晰化的一种数学方法，它是图书馆学研究中重要的数学分支，主要用于人员考评、期刊选优、系统评价和图书分类。

1. 模糊论的基本原理

有一定内涵但外延具有不确定性的现象称作模糊现象。客观世界一切事物都存在着一定的模糊性，只是表现的形式和程度有所不同而已。模糊性是绝对的；清晰性是相对的，是模糊性的特例和体现。

为了用定量方法描述模糊事物的质，模糊论提出“隶属度”的概念，并据以构建出一套隶属函数方法体系。所谓隶属度，就是事物隶属于某种类属或性态的程度。比如，我们要分析一位优秀图书馆工作者的工作质量，就要分析他隶属于工作优秀的程度有多大，是十分优秀，还是八分优秀。所谓隶属函数，就是隶属度在某区间上的可能分布，它所刻画的是事物由从属于到不属于的渐变过程，这个过程的有关数值就是隶属函数。将不同部分的质分别建立相应的隶属函数，并经合成运算，就可以对模糊事物总体质量做出客观的完整的精确的描述。

2. 模糊数学在图书馆管理中的应用

(1) 关于人员考评。众所周知，图书馆管理的关键是对人的管理。由于人的因素在图书馆工作中起着决定性作用，所以对其考评必须充分体现出公开、民主、平等的科学原则，这是调动人员积极性的必要条件。人员考评是一个十分复杂的问题。首先，人的素质本身是多因素的综合表现，各因素的表现差异不具有明确的“非好即坏”和数量区别，即存在着一定的模糊性；其次，进行评价的人员对同一因素存在认识上的差异。所以，模糊数学便成了解决这一问题的有效工具。模糊综合评判法能把工作的优劣自然演化为数量上的差异，把定性评判建立在定量分析的基础上，做到问题数学化、方法模式化，使考核具有较高的准确性和科学性。

（2）期刊选优。期刊选优是模糊数学应用于图书馆学研究的另一主要方面。目前，受书刊涨价因素的影响，图书馆逐渐认识到确定馆藏核心期刊的重要性。核心期刊的确定有多种方法，如引文法、文摘法、流通法等。我们可以把这三种方法进行综合，建立期刊选优的模糊数学模型，使期刊选优工作更具科学性和准确性。

（3）关于图书馆评价。模糊数学对被评对象有关方面的质量优劣进行模糊识别的过程，完整地体现了事物有关的质，由质到量，再由量到质的转化过程，为图书馆评价提供了一个全新的科学的数学模型，是图书馆定量化和科学化评价的有效方法。下面举例谈一下模糊数学在图书馆评价中的应用。

3. 模糊数学在图书馆评价中的应用方法

运用模糊论的原理进行图书馆评价，关键在于写出切合实际的隶属函数。一般可通过建立评价模式然后列出相应的隶属函数。在我国通常采取二元结构的评价模式。它是由指标体系和评语体系组成的。指标体系包含有一组指标和相应的权重，它是一组反映质量结构特征的隶属函数；评语体系包含有一组评语等级和相应的分数，它是一组表征质量优劣程度的隶属函数。两组函数经合成分析，其结果就是对质量的优劣程度所做出的综合判断。具体操作过程可分为四步进行：

（1）建立体系

将被评对象有关质量视为一个系统，它由两个子系统（指标体系和评语体系）组成。

指标体系由指标集和对应的权重集组成。指标是关于质量的一方面的规定，它是一个具体的、可测量的、行为化的和操作化的质量因素。一个指标只能反映质量的一个方面的特征。只有系统化的一组指标即指标集，才能反映质量的总体。指标一般分为一级指标和二级指标两个层次，构成特定的因果关系。指标集应满足方向性、完整性、独立性和可测性的要求。指标集中的指标的个数应在10~30内选择为宜。确定指标集以后，还要定出每个指标的重要程度（即权重），组成权重集。它们反映各指标和被评对象所构成的隶属关系。应当按隶属度概念来赋值，各权重的总和取值为1。

评语体系由评语集和对应的权重集组成。评语是评价者对被评对象有关方面的质所做出的有等级之分的判断。在图书馆内部，评语集一般可选用两种形式：四等级（优、良、中、差）和五等级（优、良、中、可、差）。等级数过少，不合模糊识别的质量要求，过多将会超出人的语义区别能力。权重集是对应不同等级的隶属程度而赋予的数值，通常以分数形式表示，比如，对应于四等级的取值分别为 95 分、85 分、75 分、65 分四级，对应于五等级的取值分别为 95 分、85 分、75 分、65 分、55 分五级。被评对象对应各评语等级隶属程度的信息通过这个权重叙述表示出来，体现出评价工作的模糊特性。

（2）评价统计

首先，按照指标体系和评语体系的要求，设计一份评价表，交给评价人员认真填写，并及时收回；其次，统计出每个指标不同等级的同意人数，再化为同意比率 R_I，得到一组比率，它们表示不同指标不同等级中同意人数的百分比；将各比率依次排列起来，构成一个矩阵，定名为比率集，其表达式为：

$$R=\begin{bmatrix} R_{11} & R_{12} & \cdots & R_{1m} \\ R_{21} & R_{22} & \cdots & R_{2m} \\ \cdots & \cdots & \cdots & \cdots \\ R_{n1} & R_{n2} & \cdots & R_{nm} \end{bmatrix} \quad (0 \leqslant R_i \leqslant 1)$$

式中的 R_i 表示为任意一个指标所做出的某种等级的判断，它精确地描述出任一个指标与某种等级的隶属关系。对于比率集 R 来说，它汇集了全体评价人员对各指标的优劣程度所做出的各种判断，组成了一组反映有关整体质量的模糊关系，并给予综合的定量的描述，因而构成了对整体质量进行模糊识别的基础。

（3）合成运算

指标体系所反映的是量化了的总体质量，比率集所反映的是对该质量的优劣程度所做出的综合评价。两者的有机结合，就能够对被评对象的质量优劣做出精确的判断，这就是模糊关系的合成。模糊论为我们提供了多种合成方法。其中，常用的一种称为模糊矩阵乘法运算。

模糊论认为，如果隶属函数在某区间的分布是一种有限集合，则模糊关系的合成就可以转化为模糊矩阵的乘法运算。这种运算法，要求将具有结构特征的权重集 P 与表示质量优劣程度的比率集 R 组成一个新的模糊关系 S，记作 $S=P\times R$，或写成

$$S=\begin{pmatrix}P_1\\P_2\\\vdots\\P_n\end{pmatrix}\cdot=\begin{pmatrix}R_{11}&R_{12}&\cdots&R_{1m}\\R_{21}&R_{22}&\cdots&R_{2m}\\\vdots&&&\\R_{n1}&R_{n2}&\cdots&R_{nm}\end{pmatrix}(\sum_{i=1}^{n}R_i=1)(0\leqslant R_i\leqslant 1)$$

这是一个比较客观、真实、完整地反映质量优劣程度的模糊系统。各要素纵横排列有序，相互间存在制约关系，任何一个要素的残缺，均会影响系统的整体性能。式中的“·”表示模糊矩阵乘法运算。模糊矩阵的乘法类似于普通矩阵的乘法，不同的是把算术乘“×”换为取最小值“∧”，把算术加换为取最大值“∨”。按照这个法规进行计算，即可得到一组新的矩阵，记作 $S=[S_1, S_2, \cdots, S_m]$。

这是一个新的模糊关系，它综合了所有评价人员对被评对象的评价，较为真实地列出一组完整的判断。这些信息是真实可信的。

为了对这一组的判断有一个确切的了解，可将其进行归一处理：设 $S'=S_1+S_2+\cdots+S_m$，则 $S_。=[S_1/S', S_2/S', \cdots, S_m/S']$。经归一处理的 S，称为总评集，总评集中的每一个数值，表示该评语等级在总体中所占的百分比。

(4) 分析处理

由于评价的结果仍然是一种模糊关系，不能直接用来对被评对象进行排名评优，因而还要作进一步分析处理。根据不同的评价要求，一般可采用三种方法进行分析处理。

一是确定最终评价。这种方法要求按最大隶属原则，确定出被评对象最终的评语等级。比如，在 $S=[S_1, S_2, S_3, S_4, S_5]$ 中，如果 S_1 为最大值，则最终评价确定为优等。实质上，这是一种人为的裁决，在一般情况下，这种裁决是有效的。

二是计算优良度。此方法设 $S=[S_1, S_2, S_3, S_4, S_5]$，则优良度 $=S_1+S_2/S_1+S_2+S_3+S_4+S_5$，优良度越大，说明被评对象隶属于优良的程度越高。

三是模糊关系单值化。在图书馆评价过程中，有时需要对同一类型的被评对象进行比较，就必须进行量化处理，使多值关系变成单值关系。可以先将评语体系中的权重集以具体的分数表示，然后与总评集进行合成，按普通矩阵乘法法则进行运算，最后得出一个综合评分。

二、运筹学的方法

1. 运筹学的基本原理

运筹学是现代数学的一个重要分支，是20世纪40年代发展起来的一门新兴学科，是利用数学工具谋求最优安排的一种方法。运筹学是软科学中的一个学科，兼有逻辑的数学和数学的逻辑的性质，是系统工程学和现代管理科学的基础理论之一，是许多学科不可缺少的方法、手段和工具。

运筹学研究的特点是：将许多具有典型性的问题抽象成具有共性的数学模型，对模型求解，再对解进行切合实际的解释，然后把结果用于这类问题。

运筹学的具体内容包括：规划论（包括线性规划、非线性规划、整数规划和动态规划）、决策论、对策论、排队论、搜索论、库存论、计划协调技术等。

2. 运筹学在图书馆管理中的应用

(1) 规划论

规划论是在一定的约束条件下，求得某一指标的最大值或最小值的数学方法。在图书馆工作中，经常可以碰到这类问题，例如，购书经费有限，如何合理地采购各类图书资料？如何对各阅览室进行图书分配，以便能获得最大利用？或者已知各类书刊资料的利用率和价格，如何既追求图书资料的最大利用，又获得图书经费的最节省使用？此外，在馆舍建筑设计、阅览室的位置分布、藏书的合理布局等方面，都可运用规划模型。

(2) 决策论

即如何在客观条件允许的范围内，进行科学的分析和计算，做出正确的判断，制定各种策略，并按一定的衡量标准选择最优策略作为行动的准则。图书馆中有大量工作需要我们选择最佳方案，如图书、期刊的采购比例及中外文书刊的采购比例怎样才是最合适？是否要对所有读者的所有借阅要求全部满足？如果不是的话，该满足到怎样的地步才能既竭力为读者服务，又不超出图书馆的实际服务能力？

(3) 对策论

即研究如何建立竞争局势下的数学模型，探索最优竞争策略的一种数学方法。

(4) 排队论

又称随机服务系统理论，通过统计研究找出反映一些现象的平均特性的规律，以提高服务质量、降低成本。在图书馆工作中，排队是经常遇到的现象，如读者借书、还书都需要排队，就连书刊有时也需要排队；书刊资料采购进来以后，来不及马上加工处理，要等待分类、编目等一道道工序。排队论可以对这些现象进行定量分析，为控制服务成本和读者的等候费用提供可靠的数据。诸如在工作人员服务能力不变的情况下，是设一个总借阅台还是设几个分借阅台才能减少读者等候时间？如何缓解流通台前的高峰分布？对此，排队论都可以提出最好的模型。

（5）搜索论

研究在寻找某种对象的过程中，如何合理地组织搜索工作，以取得最好效果。如在图书馆查新服务中，只有制定最佳的检索策略，才能最迅速、最有效地满足用户的需求和最经济地节省图书馆的成本。

（6）库存论

又称存储论，是研究存储问题的数学方法。在图书馆工作中，人们既不希望因存储书刊过少而拒绝大量的读者借阅要求，也不希望因存储过多而造成“书满为患”的局面，就要研究合适的书库存储量。同样，公共图书馆如何控制发给借书证的读者人数才能充分发挥馆藏的作用？也可用存储论来解决。

（7）计划协调技术（PERT）

PERT 是将一项计划的实施过程用网络形式表示出来，找出计划中的关键工作和关键线路，选取最优方案加以实施，以达到缩短任务完成时间等目标的一种科学方法。例如，图书馆新馆建设或开办分馆以前，可以设计一些活动，估计完成每一活动所需的时间，用网络图表达各项活动的先后顺序及时间长短，找出建馆的最快途径或最关键的路线。

目前我国图书馆学界对运筹学在图书馆管理中的应用研究以排队论居多。下面就举例谈一下排队论在图书馆借阅管理中的应用。

排队论是运筹学的组成部分，也是管理科学方法体系中内容异常丰富的一个精华部分。它研究的内容有三部分：一是性态问题，它研究各种排队系统的概率规律性，主要是研究排队长度分布、等待时间分布和忙期分布等，包括瞬态和稳态两种情形；二是最优化问题，包括静态最优和动态最优，前者指最优设计，后者指排队系统的最优营运；三是排队系统的统计判断，指判断一个给定的排队系统符合哪种模型，以便根据排队理论进行分析研究。

①排队系统的组成。排队系统包括读者以恒定的或变化的到达率来到服务台（或服务设施）等待服务。如果到达的读者能进入服务设施，就接受服务；如果他们必须等待，就开始参加排队，然后以恒定的或变化的服务率接受服务，接着便离开系统。

一般的排队系统由输入过程、排队规则和服务机构三个部分组成。一是输入过程，包括单位时间到达的读者数量分布，允许形成的队数，最长的队长，需要服务的最大读者数量；二是服务机构，包括为一个读者服务的时间分布，馆员数量，馆员的排列（并联、串联等）；三是排队的规则，指读者排队的次序（先到先服务，后到先服务，随机服务与优先服务等）。

②排队模型。典型的排队模型有以下三种：一是最简单的排队模型，读者到来的速度（用 A 表示）和服务的速度（用 S 表示）都是固定的，则有 $S>A$、$S<A$ 和 $S=A$ 三种情况。$S>A$，则服务设施可有 $1-S/A$ 的空闲时间；$S<A$,则排队线愈来愈长；$S=A$，不用排队，服务设备也得到充分利用。二是单台——单相随机排队模型，读者来到的速度和服务速度都是不固定的，则平均排队长度为 $L=A/(S-A)$，平均等待时间为 $W=1/(S-A)$，服务设施利用率 $P=A/S$。三是多台——单相随机排队模型，平均排队长度：

$$L=\frac{AS\left(\frac{A}{S}\right)^{k}}{(K-1)!\ (KS-A)^{2}}P_{o}+\frac{A}{S},$$

平均等待时间：$W=L-A/S$，

服务设施利用率：

$$P=\frac{1}{K!}\left(\frac{A}{S}\right)^{k}\frac{KS}{KS-A}P_{o}$$

（其中 K 为服务设施台数，P_o 为排队系统处于空闲状态的概率）。利用这个模型可以得出一条重要的排队系统管理规律：把多个单台排队系统合并为一个多台排队系统，可以大大提高效率，缩短读者平均等待时间。

③排队论实例。某图书馆有读者 5 000，日来馆借书者在 100～300 人次之间。该馆图书实行开架借阅。设置 100 个代书板，每人限拿一个代书板借书。则库内最多人数限为 100 名读者。每人平均在库内逗留时间为 10 分钟。则该馆日容纳读者量为 100×60÷10×8＝4 800。就是说该图书馆基本上能满足全校读者同日到馆的情况。也就是说即使在人流最多的时候，也能满足接待任务。在这里 100 个代书板相当于 100 个排队系统。每个 10 分钟的逗留时间相当于服务时间的分布，也就是服务速度。这表明每 10 分钟该馆平均可接待读者 100 名。而每日读者来馆的人数只有 100～300 名。可见该馆读者稀少，造成资源闲置浪费。因此该馆应广开门路，吸引更多的读者。而该馆的还书口只有 1 人，设平均每分钟接待 1 名读者，则该馆日接待还书读者量为 1×60×8＝480。虽然该馆日还书接待能力只有借书接待能力的 1/10，且

读者到馆时间也经常很集中，但从用户到馆的速度$\left(A=\frac{100}{60\times8}\sim\frac{300}{60\times8}\right)$和服务的速度（$S=1$）来看，$S>A$，服务设施可有 $1-A/S$ 的空闲时间。所以暂时还不需要增加还书设备和人力。

三、其他方法

1. 移动平均法

移动平均法是假设未来的状况与较近时期有关，而与更早的时期关系不大，并已有过去时期的数据，也就是一组时间序列 X_1，X_2，X_3，…，X_t，用它来预测未来的时段 $t+1$ 的预测值 X_{t+1}。如果现在只考虑三个数据，可用下列公式计算预测值：$X_{t+1}=X_1+X_2+X_3/3$

2. 指数平滑法

这是对移动平均法的一种改进。因为移动平均法计算的是算术平均值，即认为每个数据对未来定量值有相同的作用。移动平均法，只利用过去较近的一部分时间序列。实际上，每个数据的作用并不相同，再加上图书馆各部门工作本身在不同时间的工作量呈现不同的特点，未来的定量也未必只与较近时期的时间序列有关。因此，当时间序列已表现出某种规律性趋势时，例如上升、下降和周期性变化等，定量就需要考虑这些趋势的意义。

3. 数理统计

在图书馆学研究中，数理统计方法的应用是相当普遍的，图书周转率、借阅率、拒借率、读者到馆率的计算，以及书刊采购规律、读者阅读规律的研究等，几乎图书馆工作的每一个环节都要用到数理统计知识。数理统计对于馆藏最佳复本量的确定、指导图书采购工作、制定合理的采购策略等，均具有十分重要的现实意义。

参考文献

[1] 黄宗忠．图书馆管理学［M］．武汉：武汉大学出版社，1992.
[2] 郑全太．模糊论在图书馆评价中的应用研究［J］．图书馆工作与研究，1997（2）.
[3] 刘美丽，李荣．信息管理与运筹学［J］．图书馆建设，2000（6）.

[4] 王亚芳．试论运筹学在图书馆管理中的运用［J］．河南图书馆学刊，1988（1）．
[5] 耿正萍．大学图书馆业务考核量化管理初探［J］．情报资料工作，2001（5）．
[6] 曹文，马莉．浅谈图书馆量化管理［J］．石河子科技，1999（4）．
[7] 朱夏宁，韦成礼．关于图书馆工作量化管理的讨论［J］．农业图书情报学刊，2005（12）．
[8] 朱伟玲．高校图书馆流通量化管理新探［J］．大学图书情报学刊，2005（5）．
[9] 杨阳．高职图书馆量化管理的实践与思考——以广东机电学院图书馆流通部为例［J］．开封教育学院学报，2008（2）．
[10] 郑玮，脱建春．论图书馆统计工作［J］．北京机械工业学院学报，2002（6）．
[11] 张晓媛．浅论图书馆的统计工作［J］．山西统计，2000（4）．

应用篇

第十五章 图书馆人力资源管理

人力资源是重要的社会资源和经济资源，在人类组织活动中发挥着积极的能动作用。尤其是随着信息技术的广泛运用，社会突飞猛进的变化，对人力资源的结构和组织方式提出了更高的要求。因此，人力资源管理已成为有效实现组织既定目标的关键因素。图书馆作为社会信息交流的有机实体，如何适应社会发展的需要，建立合理的人力资源管理机制，真正做到在图书馆工作中发现人才、培养人才、吸引人才，从而使图书馆人力资源与物力资源实现完美结合，达到最佳运行状态，是当前图书馆管理活动中的主要任务。从某种意义上讲，图书馆人力资源的数量和质量关系到图书馆事业发展的活力和水平。

第一节 图书馆人力资源管理的内涵

一、什么是图书馆人力资源管理

图书馆人力资源是指所有从事图书馆工作的在职人员的总和，或者说是指为图书馆创造物质财富和精神财富，具有从事智力劳动和体力劳动能力的工作人员的总和。它是图书馆组织中最重要的资源，在图书馆工作中发挥着主导作用。美国著名图书馆管理学家罗伯特·D. 斯图亚特和约翰·泰勒·伊斯特利克指出："所有的图书馆都包括三个组成部分：①物资设备与供图书馆活动用的成套设备；②资源收藏；③收集和组织资源的及检索用户需要的情报的工作人员。在这三个组成部分之中，只有最后一个——工作人员——才能给图书馆带来生命，使图书馆有了原动力，成为社会服务的重要力量。"由此可见，人力资源是图书馆生存和发展的基本要素与动力，对图书馆事业的发展有着决定性的作用。

图书馆人力资源管理是指为了顺利地实现既定目标，而对图书馆人力资源的获取、开发、保持、利用进行系统化管理的活动过程。具体来说，就是在图书馆的管理活动中“形成、培养、配置、周转、爱护、保全组织成员，建立组织及其成员之间良好的劳动关系，充分挖掘组织成员的劳动潜能，调动其积极性、自觉性、创造性，以实现组织目标的全过程”。图书馆人力资源管理的目的就是要通过人力资源的合理调配与培训，建立图书馆组织机构与工作人员之间的良好互动关系，实现图书馆其他资源与人力资源的最佳结合。这是因为图书馆服务的开展，图书馆资源的利用、操作和配置以及图书馆形象的塑造都是由图书馆员来实现。人力资源的优化配置是提高图书馆核心竞争力的关键因素，是图书馆可持续发展的坚强基石。

二、图书馆人力资源管理的内容

图书馆人力资源管理的内容相当广泛，归纳起来，主要体现在两个层面上，即宏观的人力资源管理和微观的人力资源管理。

宏观层面的图书馆人力资源管理是指决策者在图书馆管理活动中进行的人力资源战略规划，制定人力资源发展的方针政策，分析与预测图书馆人力资源的存量与需求，控制与评价人力资源利用的管理过程。通常体现为针对社会发展以及图书馆事业发展的需要，制定图书馆人力资源的发展规划与战略管理政策，建立图书馆人力资源社会保障体系，推动图书馆人力资源管理的社会化和系统化发展，如图书馆专业人员职业资格的培训与认证工作。

微观层面的图书馆人力资源管理主要是指具体制定图书馆的人事管理制度与相关的方针政策，确定人员编制，规定人员的业务职称标准和考核标准，明确岗位要求与薪酬制度，配备与培训图书馆工作人员，协调图书馆各部门人力资源关系等图书馆管理活动过程。如果说宏观的图书馆人力资源管理的重点在于营造图书馆人力资源使用的社会环境的话，那么微观的图书馆人力资源管理则侧重于对图书馆工作人员的录用、选拔、培训、使用、考核与奖惩等具体指标的制定与运用。微观的图书馆人力资源管理通常是由图书馆的人事管理部门来执行与完成。

宏观的人力资源管理与微观的人力资源管理是图书馆人力资源管理不可缺少的重要内容，在很大程度上决定了社会与图书馆、图书馆与部门、部门与个人之间的互动关系，也决定了图书馆事业发展的动向。

三、图书馆人力资源管理的原则

图书馆人力资源管理是图书馆管理和发展战略中重要的工作内容，需要政府和社会的积极支持以及图书馆各级领导与管理部门的协同努力。从根本上说，图书馆人力资源管理的核心是优化图书馆人力资源结构以及合理使用专业人员，它直接关系到图书馆组织的生存与发展，也是衡量人力资源管理效果的主要标准。在图书馆人力资源管理活动中应遵循“以人为本”的指导思想，坚持体现以下几个基本原则：

1. 以思想和行为为中心

这是图书馆人力资源管理基本思想的具体体现。图书馆工作人员是图书馆的第一资源，他们是图书馆工作的生命与灵魂。由于图书馆工作人员是由具有精神和情感的血肉之躯构成的特定群体，有着自己的理想与追求，渴望实现自己的人生价值，因此在图书馆人力资源管理过程中，应采取柔性管理策略，认真观察图书馆工作人员的思想和行为的变化，注重维护图书馆工作人员的利益，强调对图书馆工作人员的人性化管理，激发他们的工作热情，为图书馆工作人员创造良好的工作环境，使之努力实现图书馆的既定目标。

2. 以需要和能力为标准

这是图书馆人力资源管理指导思想的具体运用。图书馆人力资源管理的主要内容是对各类专业人员的配备和使用。如何构建图书馆组织机构与工作人员之间的互动关系，实现图书馆其他资源与人力资源的最佳结合，是人力资源管理的关键问题。因此，在图书馆人力资源管理活动中应充分注意按照因事择人、因才器用的管理规律，不但要根据工作岗位的实际要求来选拔和使用各类专业人员，同时还应根据人们的能力和素质的差异去安排不同的工作。只有这样，才能够最大限度地激发图书馆工作人员的个人潜力和工作热情，并使之产生理想的工作效果。所以，以工作需要和工作能力作为图书馆专业人员使用的基本原则是进行人事制度管理和人员配备的基本要求，也是提高工作效率和避免人力资源浪费的有效措施。

3. 以平衡和团队为动力

任何事物都是运动并发展的，图书馆人力资源管理也是如此。随着社会的变化和发展，图书馆工作人员客观地存在着适应社会的滞后现象。因此，在调整图书馆与社会发展关系，进行图书馆组织机构的重组与变革的同时，还应做出相应的人力资源调整，以维持社会和图书馆发展的动态平衡，同时也应注意图书馆人力资源的专业结构平衡、年龄结构平衡以及知识结构平衡。要做到这一点，就要不断强化图书馆工作人员的继续教育和业务培训，注重图书馆人力资源的引进与流动。通过对在职人员的继续教育，提高工作人员的技能和水平，改善图书馆人力资源结构。此外，要通过对人员的引进改善和调整图书馆工作人员的能力结构，组成科学合理的团队，以团队的精神和力量来推动图书馆事业的发展。这是现代社会发展对人力资源的要求，也是图书馆在发展中不断创新的力量源泉。

总之，图书馆人力资源管理应该建立在尊重知识、尊重人才的基础之上，充分发挥图书馆工作人员的聪明才智，调动其积极性。只有以人为本，强调人的主观能动性，合理组织图书馆人力资源队伍，才能使图书馆事业兴旺发达。

第二节　图书馆员的职业资格

一、图书馆员职业资格产生的背景

随着信息技术和网络技术的快速发展，加剧了全球性的竞争，促使图书馆面临的社会环境发生了极其重要的转变。计算机技术、多媒体技术、网络技术等被大量引入图书馆，使图书馆的资源结构、信息处理技术、服务项目和手段发生了巨大变化，对图书馆员提出了更高的素质要求和专业技能要求。在新的环境中，图书馆员不仅要具有图书情报专业知识，而且还应具有计算机操作、网络信息收集、数字信息加工处理以及信息资源管理等多方面的知识和技能，充当信息资源的管理者、导航者以及信息资源的利用者。1997 年 6 月，比尔·盖茨在美国专业图书馆学会第 88 届年会上曾就知识经济时代图书馆及图书馆员的地位和作用问题明确指出：图书馆员应当成为专业的知识组织者和导航员。为了更好地提高图书馆员素质，强化图书馆管理，规范图书馆员的就业行为，人们提出了图书馆员的职业资格认证问题。

二、图书馆员职业资格的含义

所谓职业资格，是指对劳动者或就业者从事某一职业（或工种）所必备的学识、技术和能力的基本要求。图书馆员职业资格是指图书馆员在信息资源获取、信息资源组织、信息技术利用、信息服务活动等领域中有效完成工作任务所必须具备的基础知识、理解能力和基本技能，它是选拔、录用图书馆员的主要依据，也是图书馆员职业发展的必要条件。

作为一名出色的图书馆员，其自身的价值主要体现在两个方面：一是在图书馆工作中能够熟练地分析与掌握信息资源的内容和组织方式，并能够在浩如烟海的信息海洋中挑选出最适合用户需求的信息资源。二是图书馆员能够针对信息用户的特定需求解答所提出的问题，并进行信息利用的指导，以满足信息用户不断增长的信息需求。所以，图书馆员在国外也被称为信息导航员和社会教师。

一些欧美国家规定，要成为图书馆专业人员，必须在经图书馆协会认可的图书馆学院或图书馆情报学院修满一定的学分，才能获得图书馆员专业资格。在美国，获得这一资格的基本条件是具有图书馆学或情报学硕士学位。可以说，在这些国家里，图书馆员是从事社会知识服务的专业人员。尤其是在美国和英国，图书馆员之所以普遍受到社会的尊重，有较高的社会地位，正是因为他们以一流的信息服务为国家的政治、经济、科技文化等各个领域的发展作出了贡献，以高效优质的服务赢得了社会的广泛认同和赞誉。

此外，一些专业组织也对图书馆员的职业资格作了进一步研究与认定。例如美国专业图书馆协会（Special Libraries Association，SLA）认为专业图书馆员（美国图书馆界工作人员分为专业馆员、支持馆员、学生助理，不同级别馆员的收入差距较大）特有的专业资格是：对专题范围内的印刷版和电子版信息资源有深入的了解；能根据所服务的对象的战略性信息需求来设计并管理信息服务。具体来说，专业图书馆员的职业要求包括：①具有掌握、评价与筛选学科专业领域核心信息资源的能力；②具有针对用户的专业学科知识需求提供相适应的信息服务的能力；③具有为图书馆和信息用户提供优质的信息利用指导和支持的能力；④具有评价与预测信息需求的满足程度、设计与推广增值性服务和提供相关信息产品的能力；⑤具有通过适当的信息技术获取、组织与传播信息资源内容的能力；⑥具有为特定用户开发专题信息资源并提供个性化定制服务的能力；⑦具有信息服务评价及提出改进意见的能力；⑧具有充当高级管理小组信息资源组织顾问的能力。

国际图联与联合国教科文组织公布的《公共图书馆服务发展指南》指出，“专业图书馆员应当能够设计、规划、组织、实施、管理并评估图书信息服务工作和制度，以便满足社区图书信息服务用户的需求。这些工作包括馆藏建设、馆藏资源的整理与利用、为用户查找和利用信息提供辅导与帮助，以及系统开发，以方便使用图书馆资源”。其中对专业图书馆员的职业资格规定：①分析社区的资源与信息需求；②制订和实施发展服务工作的政策；③规划公众服务措施并参与提供服务；④获取和提供信息；⑤使用适当的资料解答信息和参考咨询问题；⑥协助用户使用图书馆资源和信息；⑦制订服务措施，满足如儿童等特殊群体的需求；⑧建立和维护数据库，满足图书馆及其用户的需求；⑨设计图书信息服务工作和制度，满足公众的需求；

⑩制订采购政策和馆藏体系；⑪管理图书信息系统；⑫分编图书馆资料；⑬宣传图书馆的服务；⑭评估图书馆的服务措施和制度，并衡量其实际效果；⑮选择、评估、管理以及培训员工；⑯经费预算；⑰制定工作规划；⑱参与新图书馆、重新装修图书馆和流动图书馆的设计和布局；⑲跟踪图书信息服务，包括相关技术的发展等。

根据国际上对图书馆员职业资格的认识，我们认为，作为一名合格的图书馆员，应该符合以下职业要求：①具备良好的个人品德修养和文化修养，以及为公众提供服务的志向和献身精神；②受过良好的社会教育，具备一定的学科知识和专业背景，具有系统的知识理论和专业服务能力；③具有社会权威部门承认的专业图书馆员资格，精通图书馆学或情报学的基本知识和基本技能，有着良好的业务修养；④具有运用信息技术的基本能力和素养，能熟练掌握计算机技术、网络技术、通信技术以及信息检索技术提供用户所需要的信息服务；⑤具有一种或几种外语能力，以提高图书馆信息服务的质量和效率；⑥具备一定的图书馆活动的管理能力、研究能力、创新能力、语言文字表达能力，以对图书馆活动中的各种问题进行深入研究与分析，从而提出解决的方案。

图书馆员职业资格实际上是对从事图书馆工作的人员提出了更高的要求，它以专业人员和拥有专业技术的人员作为提高图书馆管理水平的突破口进行人力资源的整合，充分挖掘图书馆工作人员的知识和能力，以专业化和专家型的社会服务改变图书馆的社会地位，提高图书馆员的整体形象。因此，作为一种社会职业，图书馆员不仅应具有专门的服务技术和能力，而且还应具有特殊的职业伦理和精神，并以此推动图书馆事业的发展。

三、图书馆员职业资格制度

所谓职业资格制度是以从业人员的职业资格为核心，通过制定相关的法律、法规，以及规定获取职业资格的行政程序等方式，对其进行职业资格的鉴定和验证，以提高从业人员素质和保证就业质量的职业许可制度。它是一种法制化的管理制度。实行职业技术鉴定，推行国家职业资格等级认证制度，能有效地提高劳动力素质，是我国人力资源开发的一项战略措施。近年来，随着图书馆专业队伍建设的不断发展，对图书馆员的职业资格的认知度愈来愈高，要求建立图书馆员职业资格制度的呼声也愈来愈高。目前，我国已颁布了《文化行业国家职业标准·图书资料馆员》（试行）、《文化行业国家职业标准·古籍馆员》（试行）和《文化行业国家职业标准·文献修复师》（试行）等文件。同时，国外图书馆界已有完善的职业资格制度，这为我国图书馆员职业资格制度的实施提供了很好的借鉴。

1. 国外的图书馆员职业资格制度

（1）图书馆员职业资格认证制度的起源和发展

图书馆员职业资格证书制度起源于英国。1880年，英国图书馆协会年会通过了对图书馆从业人员进行专业能力考试的决定。1885年，英国图书馆协会受国家委托，举行了第一次专业考试。申请图书馆员职业资格的人员必须通过英国图书馆协会所组织的考试，才能获得“协会准会员”和“协会正式会员”资格。100多年来，美国、英国、日本、韩国、印度、俄罗斯（前苏联）、丹麦、挪威等60多个国家不断制定和修改完善250多部图书馆法律、法规，许多国家的图书馆法规定：图书馆从业人员必须首先经过专业培训，获得图书馆员职业资格证书之后，才能从事图书馆的各项工作。

（2）国外图书馆员职业资格制度的执行

国外图书馆员职业资格制度的执行情况各有不同，但从执行的过程来看，最普遍的做法就是通过法律来保证国家图书馆员职业资格制度的实施。制定《图书馆法》，以法律的形式确定图书馆员资格认证制度以及图书馆员的专业地位，并通过面向社会的统一考试对图书馆员进行严格的选拔和筛选，以保证从业人员的素质与业务质量，是目前通行的行之有效的方法和经验。此制度的执行，使图书馆员作为专业人员有着较高的社会声誉和地位以及良好的福利待遇，受到了社会和人们的尊敬。

从20世纪50年代开始，英国图书馆员职业资格制度发生变化，图书馆员职业资格考试被分为两个等级，其考试的难度有所加大，而且必须在通过第一级考试之后才有资格参加第二级考试。在通过第二级考试并在图书馆有三年工作经验的从业人员才有资格成为英国图书馆协会的会员。在成为会员并出版了高水平的学术专著和论文的基础上，再工作五年，才有资格成为研究馆员。

1925年美国颁布了《图书馆学院最低标准》，并于1933年、1951年、1972年多次修订。ALA认可委员会（COA）执行的标准是该委员会制订的《图书情报学硕士学位教育计划认可标准》，由ALA理事会1992年1月28日通过，1993年1月开始实施，并于2008年修订。在此基础上，ALA认可委员会于1995年还制定了《认可过程政策与程序》，2003年修订。

2001年，日本重新修订了《图书馆法》，加大了司书资格考试的难度，对图书馆从业人员的素质提出了更高的要求。日本的司书资格考试实际上由公务员考试和专业测试两部分组成（国立国会图书馆和国立大学图书馆司书资格考试，要求必须参加二级国家公务员考试作为综合考试成绩），资格考试实行淘汰制，只有通过综合考试才有资格进入专业考试。司书资格考试极为严格，最后的录取率仅为3%~4%，而国立大学图书馆更是要求参加司书资格考试的考生必须有本科以上的学历水平。

2. 我国图书馆员职业资格制度的建立

在我国，建立图书馆员职业资格制度具有重要的现实意义。

首先，从法律制度上保障和完善图书馆的职业发展框架。网络环境导致图书馆员的职业角色日益细化，急需建立完善的职业分类体系、评价体系与职业分布需求体系。职业资格制度将有效地改变人们的职业意识，增强法制观念，从法律制度上给图书馆的专业人才管理提供保障。

其次，促进图书馆人力资源管理向纵深发展。职业资格制度的实施，使传统的图书馆人事管理得到改善和创新，使图书馆拥有真正意义上的人事制度管理权。通过图书馆员职业资格认证制度，实行岗位聘任制，强化竞争意识，促进图书馆与从业者的双向选择，启用符合社会发展需要的专门人才，以改变图书馆工作人员素质低下和年龄老化的现状。通过图书馆员职业资格登记认证，还可以使图书馆与就业人员牢固树立继续教育观念，根据社会发展的需要不断进行职业培训，以提高从业人员的职业意识与职业素质，使图书馆员专业培训更具针对性，从而提升图书馆服务的整体形象。

最后，进行图书馆员社会角色的重新定位，提高图书馆工作人员的社会职业地位。随着社会科学技术突飞猛进的发展，对现代图书馆专业人员提出了更高的要求，作为信息资源的组织者、信息资源的导航者以及信息资源的管理者应具有符合社会需要的职业素养和专业素质。1998年全国图书情报研究生学术研讨会就提出将“信息主管”（Chief Information Officer，CIO）作为研究生教育培养目标之一。图书馆员职业资格制度将为图书馆员角色的转变和图书情报专业培养目标的转变提供国家法律制度上的保障，树立信息主管、信息导航员、知识产品经纪人等职业新形象，使图书馆员这一信息服务的崇高职业获得新的发展。图书馆员职业资格制度将有效地实现完善的图书馆服务体系，促进图书馆员服务价值观念上的转变，从而使社会能从更高的层面上来评价图书馆员的信息服务和知识服务。

我国建立图书馆员资格制度可采用国际上通行的做法，以保证图书馆员职业资格制度的有效执行。

第一，《中华人民共和国图书馆法》是实施图书馆专业资格认证制度的法律保障。从国外图书馆员职业资格认证制度的建立过程来看，都是通过法律法规来制订资格制度的基本纲要，并在此基础上制订出具体的实施内容和方案。如果职业资格制度没有法律依据，那么即使建立起职业资格制度，也是难以实施和发展的。遗憾的是，《中华人民共和国图书馆法》迟迟未出台，这对图书馆员职业资格制度的建立极为不利。

第二，注意各种类型图书馆员职业资格制度的灵活运用。从世界各国图书馆员职业资格证书制度看，图书馆员职业资格认证有三种类型：等级制（如英、美、日等国）、学历制（如韩国）以及考试制（如美、英等国），各种职业资格的要求各有不同。在实施过程中，应根据各馆的具体情况来分别制定相关的执行制度。我国可以灵活运用这些制度，发挥各种职业资格认证制度的长处，规避其短处。国外图书馆资格认证情况是，规模大的图书馆，对从业人员的素质要求高，所采取的图书馆员职业资格认证的标准就高，反之则低。这对于我国图书馆规范图书馆员职业资格认证的行为以及促进其发展都具有积极的借鉴意义。我们可以通过制定资格认证级别，来规定不同工作岗位图书馆员的级别要求，以进行图书馆人力资源的优化配置。

第三，通过图书馆员职业资格考试检验图书馆员的知识结构和服务能力。借鉴国外的经验，可以依托图书馆学情报学高等教育机构对有志于图书馆职业的社会成员进行职业培训，然后由政府部门和中国图书馆学会组织全国性的统一等级考试。考试合格者即取得从事图书馆员职业资格，并发给相应的专业资格证书。初级资格者可以从事图书馆基本的工作，而高级资格获取者则可以从事难度较大要求较高的图书馆信息资源组织和图书馆个性化服务工作。在对图书馆员职业资格进行认证的过程中，应着重考察申请者的知识结构和知识覆盖面，考核适应工作需要的各种专业技能。考试内容应随时代的发展及时更新，以保证图书馆的专业人员始终具有较高的专业理论水平和技能。

第四，坚持公正、公平、公开的原则。在图书馆员职业资格制度的执行过程中，应当严格遵守公正、公平、公开的基本原则，一视同仁，不讲私情。但由于不同地区经济文化发展不平衡，其社会成员的教育水平亦不同。因此，可以按地区发展的状况采取分步的措施来保证图书馆员职业资格制度的实施。如在经济文化发达的地区率先实行图书馆员职业资格的认证，并逐步在全国推广。也可以先在发展水平较快的图书馆率先实施该制度，取得经验后再向其他图书馆推广。同时，还可以根据图书馆员的专业教育情况，对未受过图书情报专业教育的现任图书馆员进行在职业务培训或脱产业务培训，要求他们在规定的期限内通过图书馆员职业资格考试。当然也要考虑到历史原因和现状，由于我国图书馆中年龄偏大的低层次馆员数量较大，而且在很长一段时间内还将继续维持这种结构状况，硬性要求他们在短时间内提高能力，通过相关的职业资格考试是不现实的，因此宜放宽要求，但应注意以其他有效方式督促这些图书馆员提高业务素质。

总之，我们应积极借鉴国外资格认证的成功经验，根据本国实际情况改进现有的图书馆人力资源管理制度，在不久的将来，真正建立起一支素质优良、掌握现代化技术的专业人员队伍，以先进的图书馆人力资源开发管理来实现图书馆事业的全面发展。

第三节　图书馆员的甄选与聘用

图书馆员的选拔和聘用是图书馆人力资源开发和管理的一项基本任务和重要环节，它决定了图书馆人力资源的结构成分以及具有的能力水平。图书馆员甄选是指对从事图书馆工作的人员进行公开选拔和测试，其目的是挑选符合需要的图书馆工作人员，提高工作效率，降低图书馆员职业培训的成本。图书馆员聘用是指在甄选的基础上，对具有专业技术资格和技术能力的竞聘人员进行录用和聘任，其目的是对录用的工作人员明确岗位职责并授予一定的岗位权利，以充分发挥所聘人员的才能和作用，它是图书馆人力资源管理的主要过程。

一、图书馆员甄选任用的原则

1. 公开、公平、公正的原则

图书馆要获得高质量的图书馆员，提高自己的管理水平，就应在甄选和任用未来馆员的过程中坚持公开、公平、公正原则。图书馆应打破传统的自我封闭的形象，把图书馆所需的工作岗位和人员数量以及任职资格、录用时间向社会和图书馆组织内部公布，鼓励社会成员和图书馆职工参加竞选和竞聘。要做到机会均等，一视同仁，坚持任人唯贤，并通过相关的制度来确保选拔和聘用人员的质量。为此，图书馆应为选拔优秀人才创造良好的政策环境和工作环境，以保证图书馆运用科学的方法吸收和录用最合适的工作人员。

2. 用人之长的原则

知人善任、扬长避短，是图书馆员选聘过程中应该注意的重要原则。应该采取客观、辩证的态度，将待用人员的长处和短处、主流与非本质等方面作反复仔细的掂量，区别对待。人无完人，倘若只看到其短处，看不到长处，就会陷入无人可选的困难境地。在甄选员工的过程中，关键在于如何根据岗位要求，发挥工作人员的长处。对于待用人员来讲，若能在一个最适合其个性特点的工作岗位上发挥其长处，就能各得其所，人尽其才；对于图书馆组织而言，也是得到最合适人才的合理途径。

3. 用人不疑原则

它又称为信任原则。对既被任用的人才，要放手使用他们，发挥其主动性、积极性和创造性，支持员工取得各项工作成绩。一个人如果得不到管理者的信任，处处受到猜疑，他就不会全身心地投入到工作中去，智慧和才能就不会充分发挥。只有充分信任，放手支持选拔和录用的工作人员大胆工作，才能使之充分发挥其聪明才智，为图书馆创造更大的成就和效益。

4. 注重潜力的原则

要注重竞聘人员的潜在发展能力。有些人在担任现职时表现出色，但当被选拔到高一级职位时，就不能胜任工作的需要。因此，在对应聘人员进行考核时，应注重对其工作能力、知识范围、思想品德以及交往能力进行全面考核和评定，同时还应注意其团队精神和协作精神的评定。要正确评价竞聘人的发展潜力，根据其处理复杂问题的能力和是否具备高层次人才所需的基本素质进行甄选和聘用。只有这样，图书馆组织才能够避免“提拔过头”的现象，避免造成人力资源的误用和浪费。

5. 条件适当的原则

在选聘过程中，选聘的条件可能很多，候选人过五关斩六将才能够得到想要的岗位。但是，这些条件的设置不能太过脱离组织实际，过于苛刻，必须要根据图书馆组织的目标以及这一目标对人员配置职能的要求等方面来客观设计，应对待聘职位的性质进行工作分析，并充分考虑这一职位对人员提出的要求来选拔人才，这样才不至于浪费大量的时间、精力和费用，同时又能够得到图书馆所需要的各类人才。

二、图书馆员甄选聘用的途径

图书馆进行人员选拔与聘用通常有两种途径：一种是对图书馆内部的员工进行选拔，另一种就是对社会成员进行公开招聘。

1. 内部选拔

内部选拔是指从馆内已有的人员中进行选拔提升，一般要求在组织中建立起详尽的人员工作表现的调查登记材料，以此为基础建立数据库，以便在职位出现空缺时，能够据此进行分析研究，从而从中选出符合要求的人员。

在图书馆内部选拔人才有以下几个优点：①由于对图书馆内人员比较了解，可以通过充分和可靠的人事管理资料进行分析与比较；②被提升的组织内部成员对图书馆组织运行的状况以及现存的问题比较了解，能够比较快地适应岗位要求；③通过对图书馆内部成员的选拔，可以使广大员工看到工作的希望和前途，增强自信心，鼓舞士气，并使其保持良好的工作热情；④可以使图书馆快速获得员工对图书馆业务培训的回报。

但从内部选拔人才也有可能产生一些弊端：①容易造成“近亲繁殖”的后果。由于组织成员已经形成了长期的思维定式，难以产生新的观念和行为，因而此举不利于图书馆组织的发展与创新；②如果图书馆工作岗位所需人员的缺口比较大，而又一味坚持从图书馆内部选拔人才，就有可能导致不适合图书馆岗位要求的工作人员上岗，这样不仅使图书馆失去了获得一流专业人才的机会，也会对图书馆组织的发展形成阻力。

2. 外部招聘

外部招聘是指从图书馆以外的途径来获得人才。外部招聘的渠道很多，例如广告、职业中介、学校、图书馆员工的推荐等。要使外部招聘得以有效地实施，就必须将图书馆空缺岗位的相关情况事先告知应聘者，例如岗位的性质和要求、工作环境的现状和前景、报酬以及福利待遇等。图书馆外部招聘的优缺点恰好与内部选拔互补。

对外招聘的主要优点是：①有较广泛的人才来源来满足图书馆的需求，并有可能招聘到一流的人才；②可避免近亲繁殖，为图书馆带来新鲜空气，新的思想和方法可以为图书馆补充新鲜血液；③由于大部分应聘者都具有一定的理论知识和实践经验，因而可以节省在培训方面所耗费的大量时间和费用。但它也存在不足：①如果图书馆中有胜任的人未被选用，采取外部招聘的方法可能会使这部分人才感到不公平，可能会产生与应聘者不合作的态度，同时会使其士气和积极性受到打击；②应聘者对图书馆的历史和现状不了解，需要有一个了解和熟悉的过程；③由于对应聘者的实际工作能力并不十分了解，因而在招聘过程中不可避免地会过分关注其学历、文凭等。

总而言之，无论是内部选拔还是外部招聘，都各有长处和不足，都不是十全十美的甄选聘用的方法。但在实际工作中，我们可以遵循一些一般的规律。例如，当图书馆内有适合该空缺岗位要求的人选时，应首先从内部进行选拔；当空缺的岗位是图书馆内的关键职位，而图书馆内部又无人可胜任时，就应该从外部招聘。这两种方法应该结合使用，从外部招聘进来的人员应该从基本工作做起，然后根据其表现来进行适当的提升。

三、图书馆员甄选聘用的程序与方法

图书馆员甄选与聘用的流程可根据图书馆的规模和性质以及岗位的要求来进行设计。首先应从岗位的需要出发进行工作分析。确定某项专业工作所需人才的业务水平的目的是确认甄选的标准，是识别最佳人选的前提。例如，选择担任文献采选人员、编目人员、咨询课题主持人与计算机管理系统设计人员时，对他们的要求是有区别的。外语水平与知识广度是外文采选工作的基本要求，编目人员必须要有系统的图书情报专业知识，而专题咨询与计算机管理系统设计人员则需要较深厚的专业理论基础。同时，也要考察工作对候选人的个性特长的要求等，然后针对这些要求设计甄选的方式，如问卷调查还是进行面试等。通过对候选人的甄选，决定其是否被录用，以及被任用至何种岗位。设计甄选与聘用活动的程序时应考虑到实施过程中相关因素的影响，例如时间、费用、甄选的难易程度以及实际意义等。

图书馆员甄选聘用的方法主要有笔试和面试。

其中笔试可以通过各种测验来对以下内容进行考察分析：①智力测验。目的是衡量候选人的记忆力、观察力等。主要是考察候选人在继续学习上的能力，同时也对候选人有个基本的了解。②专业测验。目的是测验候选人所具有的专业技能，以及进一步掌握技能的潜力和能力。例如对参考咨询人员的测验，就应该考察其在咨询工具的操作方面的能力，以及对信息的检索分析处理方面的能力等等。③性格测验。目的是衡量候选人在性格上的特征。在图书馆的参考咨询中，十分强调与读者的沟通交流能力，若候选人在个性上不够耐心，沟通上欠缺技巧，就不符合该岗位的要求。④领导能力测验。目的是衡量候选人在领导能力方面的表现，以及在这方面的潜能。若待聘职位是关键的领导岗位或者是该类岗位的储备人员，就特别应该强调候选人在这方面的能力。

面试则是一种要求候选人口头回答主试提问，以便了解候选人的素质和潜能的甄选方法。面谈的优点是直接简便，可以快速淘汰那些明显不合格的候选人，但同时这种方式也很容易受到候选人表象的影响。由于很多图书馆没有实施现代人力资源管理制度，招聘选用人才时没有采取科学的方法，面

试往往只是走过场，所以负责甄选人才的人员不能从中得到有价值的所需要的候选人的相关资料。图书馆在采取面试这种方式甄选人才时，必须警惕形式主义。在美国，高校图书馆的招聘面试工作主要采取多层次系列面试的方法。根据职务的档次高低，招聘单位一般安排在不同的时间邀请 3～5 名应聘者来学校图书馆参加为时 1～3 天的面试。申请馆长职务的应聘人，必须经历校长、校务委员会成员、图书馆部主任及图书馆工作人员对其进行的多层次的面试过程，时间为 2～3 天。申请图书馆部主任职务的应聘人，需接受馆长、图书馆管理委员会以及部门的工作人员对其进行的面试过程，时间一般需要 1～2 天。申请图书馆一般工作人员职务的应聘人，需经历图书馆管理委员会、招聘部门的部主任及有关的工作人员共同参加的面试过程，一般需要 0.5～1 天的时间。面试的重点，一是了解候选人的工作能力，可以通过询问其以往的工作经历、经验来判断其是否适合该岗位要求；二是了解候选人的性格特点，观察其应变能力等因素。三是了解候选人的求职动机。如有的人将大城市的图书馆当作职业上的跳板，工作态度不端正，应该在面试时充分了解考察，早作判断。

总之，图书馆员甄选任用的方式并不是孤立的，而是根据实际需要灵活选用。在实际工作中，若是从内部选拔人才，对其个人情况都比较了解，可以根据岗位的要求重点考察某一两个方面的能力，而对于从外部招聘的人才，则需采用多种方式来进行全方位的考察。

四、图书馆员甄选聘用的案例分析

1. 上海图书馆的竞聘制度

上海图书馆的竞聘制度是实施人事管理制度改革的产物。该馆采用自上而下的竞聘方法，把竞聘活动分为五个阶段，即第一责任人竞聘、中心处室副职工作人员竞聘、中心处室下属部门管理岗位竞聘、图书馆工作岗位的竞聘、培训试岗。

第一阶段是第一责任人（各业务中心和职能管理部门的主任、处长及主持工作的副职）竞聘上岗。程序为：公布岗位——全体干部职工民主推荐——现职岗位正职意向（可自荐）——领导初审——拟聘任名单公示——公示征求意见情况通报——下发任期目标与岗位说明书——任职演讲——领导审定——上级批准——岗前培训——签约。

第二阶段是中心处室的副职工作人员的竞聘上岗，即副主任和副处长的岗位，程序与第一责任人的竞聘程序大体相同。所不同的是增加了第一责任人意见和群众测评。

第三阶段是中心处室下属部门的管理岗位的竞聘，即一般的部主任和科级岗位。程序与第二阶段同。

第四阶段是图书馆工作岗位的竞聘。在图书馆馆员竞聘工作岗位的过程中，上海图书馆采取了积极动员，下发《职工参加岗位竞聘流程图》等各种职工竞聘的通知和表格等方式，鼓励图书馆员参与竞聘活动。其主要程序为：公布待聘岗位的具体情况——各中心（处室）提供咨询——填写竞聘表（可多选同时竞聘）——面试——拟被聘用——参加岗位培训——签订聘用合同。

第五阶段是未聘人员培训试岗。凡是在两轮中未能竞聘上岗的职工，其人力资源的管理关系归入图书馆人力资源开发部。由该部对未聘员工进行一个月的岗位培训，内容包括工作态度、团队协作方面的培训，另外还对各空缺岗位提供咨询，进行择业指导。

上海图书馆的人事制度改革，不但加大了管理的力度，而且具有明确的组织措施，对图书馆人力资源聘任制度的实行具有参考借鉴意义。在整个过程中，上海图书馆坚持了图书馆员甄选聘用的基本原则，将公开选拔、民主推荐、程序监督、竞争上岗、双向选择、组织公示等方式相互渗透使用，使人事制度的改革充分体现了图书馆发展的预期目标。整个过程增强了图书馆工作人员的责任感和使命感，使他们更加珍惜竞聘所获得的岗位。

2. 美国图书馆协会的“招聘委员会”

该模式是协会在概括总结了许多大型研究图书馆的相关程序的基础上提出来的，它采用招聘委员会作为馆长招聘工作顾问。人事管理官员是委员会的当然成员，负责日程安排、文件及保密等事务。待聘岗位的上司在招聘过程中起关键作用，并提出岗位说明书，包括人选的学历、经历、技能等情况。

在招聘过程中向社会发出招聘广告，内容包括岗位职责、应具备的条件、工资等的简要说明，以及福利待遇、上岗时间、联系人员、应提交的材料目录等。申报人提交的材料通常包括简历或履历，甚至代表作。招聘过程中一个重要部分是向推荐人询问有望入选者的情况。对推荐者提供的情况严格加以保密。在筛选之后，对不符合要求者立即淘汰并通知本人，对入选者则做进一步的考察。

面试由招聘委员会进行，围绕岗位职责和必备条件进行提问，对竞聘者的个人经历和现状进行考察，同时也考察竞聘者的判断力、灵活性和组织能力等基本素质。招聘委员会把面试情况作为向馆长提出聘用建议的依据。根据竞聘岗位的级别，面试通常要进行一到两天。在面试过程中，图书馆领导和工作人员同时也向应聘者介绍和宣传图书馆的情况。面试之后，招聘委员会将综合收集到的材料及考察情况向馆长汇报并提出聘用的建议，由馆长做出决定。

该招聘过程在美国各个图书馆虽有各自的变通之处，但大体是相似的，且在多数研究图书馆都基本遵循研究图书馆协会的指导方针。这种甄选聘用的方式可以使更多人参与选聘过程，吸取更多人的意见，有利于提高对候选人条件审查判断的客观性。同时由于委员会成员多是与该职位有关的各部门的代表，故中选者更易为其他图书馆员所接受。但缺点是耗时过长。

第四节　图书馆员的考核与激励

一、图书馆员的考核

随着现代管理学的不断深入发展，对人力资源的考核已不再局限于工作效果的评估，而强调把图书馆组织的目标融入日常工作中，建立整个图书馆组织管理的考核与激励体系，同时也逐渐把考核重点放在对图书馆工作过程的全程监督、指导与调节上。因此有的学者把这种考核与激励体系称为绩效管理。

1. 图书馆员考核的作用

科学的人力资源考核系统具有以下作用：①考核是员工聘用的依据。图书馆员的聘用标准应该是德才兼备，很大程度上应遵循考核得出的结论，不应该受其他外部因素的影响。②考核是合理配置人力资源的基础。只有通过全面的考核，才能合理地判定每位员工是否具有图书馆业务工作的素质和能力，或者及时觉察员工素质和能力的变化，并及时予以调整。只有这样才能够合理地配置人力资源，以保证图书馆的高效运行。③考核为人员培训提供了理论依据。人员培训是人力资源开发和管理的关键环节。随着现代信息技术的介入，图书馆的服务功能得到了增强，与之相适应对工作人员的素质也就提出了更高的要求，人员的培训也逐渐成为图书馆发展的核心所在，而要确定人员的培养方向，就必须通过对员工的考核来获得。④考核是措施激励的前提。通过科学合理的人员考核，图书馆工作人员可以看到自己的工作成绩，同时也可以看到自己的缺点和不足，明确努力方向，它有助于馆员之间开展公平竞争，充分调动每个人的主观能动性，不断提高个人素质和业务能力，形成积极向上的良好的工作作风。

但是，我国的图书馆员考核工作还存在一些误区：①偏重评价工作任务的完成情况，忽视结合图书馆工作发展的新要求去考核图书馆员的个人能力、发展倾向和特长等。图书馆员在工作中体会不到兴趣发展的愉悦感，导致缺乏工作热情。②偏重事后监督功能，忽视过程指导作用。现有的考核体系导向的组织文化是奖惩性的，而对于在工作过程中出现的一些情况，却没有进行及时的纠正与指导，往往导致错误发生之后问题才被关注的后果。③偏重考核工作的完成，忽视反馈工作的继续。当考核完成之后，图书馆通常只是简单地对这一结果进行按部就班地奖惩，流于形式，而图书馆员却没有从这一结果中了解到自身的工作效果与图书馆的目标有什么出入，不利于工作绩效的改进。

另外值得注意的是，在实际考核过程中应力求避免以下三种偏差：①眩惑影响：即被考核人在某一内容的考核上表现突出（无论其好坏），则在其他项目的评分中往往受其特点影响而表现出得分较高或偏低的现象。因此为了使考核公平合理，各考核人应尽可能避免这种现象的出现。②评分宽大倾向：即对自己的部下因爱护心切，在考核评分时往往高于实际的评分。为防止这种现象产生，各考核人员应当尽量遵守评分规则，实事求是地给予评分。③评分中心化倾向：即评分的结果是大部分人均集中于“中等”这一现象。这是因为考核人对下属不太了解，当对考核项目不能果断进行好坏判断时，为求安全而判定的结果。如果不能对各被考核者的能力进行合理公正的评定，那么对员工的考核就失去了实际的指导意义。

2. 图书馆员考核的内容

图书馆因岗位性质不尽相同，因此不能制定统一的考核标准，应根据岗位职责及岗位实际工作内容，制定出相应的考核标准，考核内容也应根据岗位要求而定。

关于图书馆员的考核内容，应分为政治素质考核和业务水平考核两大方面。政治素质考核应从政治思想表现和职业道德两方面进行；而业务水平的考核内容应包括以下几方面：一是独立工作能力的考核。指图书馆各岗位工作人员应根据图书馆对其岗位工作的具体要求，运用自己掌握的专业知识，独立解决工作中出现的问题，高效准确地完成任务。二是工作量、工作质量、差错率的考核。三是知识更新情况的考核。由于信息化、网络化的快速发展，新的工作要求对图书馆工作人员进行计算机操作技术、外语水平及信息组织能力的考核。四是科研成果的考核。高水平的科研能力与优质的服务质量是相辅相成的，具体考核内容为图书馆工作人员一年中在各级各类刊物发表文章的情况及完成科研课题情况。

在实践中，也有一些图书馆对考核方式进行了一定的改革。例如武汉大学图书馆的年终考核方案就是改革的成果。武汉大学图书馆对职工的年度考核分为三个部分，即《图书馆岗位工作考核自我鉴定表》、《图书馆岗位工作考核表》、《武汉大学职工年度登记表》。其中考核项目包括综合素质、完成工作任务情况、完成创新工作情况以及对本职工作的意见和建议四项。其中综合素质由政治思想、职业素质、工作态度和其他构成。

根据现代人力资源管理理论，图书馆考核领导小组应在对各部门进行考察的前提下，对图书馆员工进行以下几个方面的考核：

（1）能力。能力是指图书馆员在履行职责的过程中表现出的一种综合素质。它是图书馆员完成工作任务的有效保证。图书馆员的能力指标主要包括基础能力、业务能力和素质能力三项内容。其中基础能力包括了基础知识和技能技巧等。关于图书馆员应有的知识技能，很多专家学者都有自己的见解。这方面的能力可以从深度和广度两方面去考核，总结归纳起来，包括有系统的图书情报学知识、信息技术、其他学科背景、外语水平等。业务能力包括图书馆工作的判断能力、沟通能力和指导能力等。网络环境的不断发展变化，要求图书馆员应具备相当的判断力，以保证能够理解读者的需求，并具有彻底解决某些细节问题的能力；与读者和同事之间的沟通能力也在很大程度上影响其工作表现；而作为一名能够提供给读者所需信息的知识导航员，具备较强的指导能力也是必然的要求。素质能力包括智力素质、体力素质和性格修养等方面。对于这个方面的考核可以赋予其“能力开发”的内涵，纳入评估考核体系中。

（2）业绩。业绩是指对图书馆员工作成绩的评定。它既是对图书馆员行为结果的评价认定，也是考核图书馆员在一定期间内对本单位的贡献和价值。工作业绩的考核可以从工作质量以及工作数量两方面进行评定。具体指标可根据各个工作岗位的性质来确定。

（3）态度。态度包括图书馆员工在工作中的积极性、协调性和责任感的规律性表现。积极性是指图书馆员工主动参与图书馆的管理活动并积极提出合理化建议，即使面对困难的工作，也勇于承担积极完成；协调性指在工作中与同事间的关系，要求图书馆员具有较强的合作精神和团队精神；责任感要求不回避责任，不转嫁他人。对这个项目内容的评定，宜采取定性评价的方式进行分析，一般采取主观性评价的方法。

3. 考核的程序及方法

（1）量化考核：为使考核全面、公正、高效，图书馆员的量化考核部分可制订一份考核表，对各个可以量化的指标进行认真的分解，并按优劣程度进行程度的分级，然后根据各人的表现来进行打分考评。

（2）定性评议：为了使考核更科学、全面，在进行量化考核的同时，不应忽视全体馆员和广大读者的评议性意见。应对每一位馆员进行定性评议，主要针对的是考核内容中不宜进行定量考核的要素进行群众评议或组织评议。应强调的是，为读者服务是图书馆的基本职能，因此图书馆在考核过程中，对直接与读者接触的部门应考虑进行读者测评一项，以提高图书馆的服务水平。

（3）确定考核结果：考核小组成员将考核人员量化考核、定性评议的得分综合，即得到被考核人员的最后得分，并将考核结果公布于众。

二、图书馆员的激励

从心理学的角度来讲，激励是指激发人的行为动机的心理过程。通过激励，在某种外部刺激的作用下，使人获得某种内部的推动力，让人始终处在进取、愉悦的状态中。激励机制是人力资源管理中非常重要的组成部分。其主要含义是指为了提高员工的积极性而采取的工作手段。图书馆要大力激发广大馆员的工作热情，调动馆员的主观能动性，提高服务水平，必须引进和实行激励机制。《世界上最科学的管理原则》一书的作者米歇尔·立波夫认为：如何回报员工，员工就如何工作。图书馆员在为读者组织信息资源、提供信息服务和情报咨询的工作中付出了自己的努力和劳动，自然希望自己的工作成绩能得到认可。如果图书馆管理者要增强图书馆员的积极性，提高他们的工作效率，就必须让员工知道自己的业绩将获得何种回报。作为图书馆的管理者要及时了解和掌握馆员的需求与动机，有针对性地采用激励机制和方式，实事求是地进行激励，并通过各种措施来充分肯定图书馆员的个人价值和取得的工作业绩，激发全体馆员的工作热情，调动其内在的自觉意识，挖掘他们的潜力，确保员工的行为与图书馆的发展目标保持一致。

1. 激励图书馆员的基本原则

（1）公平性原则。在任何单位或组织内部，人与人之间首先要相互理解、相互尊重，并在此基础上形成平等和公正的环境。图书馆管理者不能以长官意志、个人好恶和主观偏见来评判馆员的工作表现和成败得失。坚持公平的原则，可以确保每个馆员的心理得以平衡，使其最大限度地发挥自身的主动性、积极性和创造性。

（2）兼顾性原则。是指在图书馆人力资源开发与管理中要做到两个结合。一是物质激励和精神激励相结合，物质激励以精神激励为导向，而精神激励以物质激励为依托；二是奖励和惩罚相结合，奖惩在人力资源开发中十分重要，但惩罚的负效应要求以奖励为主，以惩罚为辅，做到奖罚有度、奖罚分明。

（3）发展性原则。心理学认为，人时刻都处在一种不满足的状态，由不满足而引发的心理压力和紧迫感、责任感又产生了满足新的需要的强大动力，而新的需要一旦得到满足，便会追求更新的需求。如此呈现出循环往复、不断发展、螺旋式上升的趋势。实施激励措施、开发图书馆人力资源，要遵循发展的原则，使馆员在工作中时刻有动力和压力，有责任感和荣辱感，在发展中不断满足心理需求，强化奋发向上的力量。

2. 激励图书馆员的途径和方法

关于图书馆员的激励方法和途径，很多文献都对此有专门的论述。

有学者指出图书馆可适当采用人性激励法，重视以人为本的管理方法，知人善任，并根据业务工作和质量要求及每个馆员的专长、能力安排适宜的岗位；目标激励法，确立适当的目标，诱发人的动机，达到调动人的积极性的目的；参与激励法，通过各种途径鼓励馆员参与管理与决策；知识激励法，图书馆要时常向馆员宣传本行业和相关行业的发展趋势及最新的应用技术，鼓励馆员自学成才和参加各种继续教育活动。

还有学者将图书馆馆员的激励分为成就激励、能力激励、环境激励和物质激励四大类。认为成就激励可以分为组织激励、榜样激励、荣誉激励、绩效激励、目标激励和理想激励六个方面；而图书馆可以通过培训激励和工作内容激励来实现能力激励；公平合理、关系和谐的人文环境以及良好的规章制度与和谐的人际关系则是环境激励的内容；物质激励是改善图书馆员生活环境和生活质量的基础。并在此基础上提出了建立图书馆的人力资源开发激励机制模式，主张以人为本的人才配置激励，始终坚持以馆员为中心；强化技能的人才培养激励，对馆员的培养是图书馆智能资本中最重要的部分；按绩付酬的物质利益激励，一个科学有效的激励机制一定是以物质利益为基本导向的机制；和谐向上的精神文化激励，努力营造一个开放、向上、和谐的图书馆文化，是创建图书馆激励机制的重要环节；责任到人的目标价值激励，把一定时期内每个馆员应当完成的任务转化为明确的个人目标，激发每个馆员按照既定目标积极主动地工作；树立典型的先进榜样激励，保持先进和追求先进，都是馆员内在动力的体现。所有关于图书馆员激励的研究都为图书馆人力资源管理提供了可参考的理论依据。

对图书馆员的激励，首先应尊重图书馆员，尊重并满足图书馆员自身发展的需要。这是人性化管理理念的具体体现，也是提高管理质量的客观要求。恰当的物质利益激励，个性化的工作设计以及给予馆员更大的个人发展空间是激励图书馆员发挥更高的工作效率和水平的有效途径。具体来说，激励图书馆员的主要措施是：

（1）尊重并满足个人的需要

马斯洛需要层次理论为这一做法提供了很好的理论基础。从激励角度看，人的任何行为都客观地存在着驱使人们开展行为活动的种种需要。因此管理者要高度重视对图书馆员个人发展环境的分析。个人发展环境的动力包括机遇和风险两方面，前者包括加薪、提拔、培训机会、更有挑战性的工作机会等；后者则包括失业、接受不公正的管理、了无生趣的工作以及紧张的人际关系等。只有了解图书馆员工的真实环境与思想，才能有目的地采取有效行动调动员工积极性，激励员工朝着组织和个人共同需要的目标前进。

尊重并满足个人需要的具体做法是：①切实了解图书馆员的个人需要，从其动机中发现激励点。工作动机因人而异，能够有效刺激个人的激励点也就不同。要针对其特点进行恰当的激励方式选择，给予他们得到机遇、规避风险的保证和信心。②建立便于各方面交流的畅通渠道。这样的一个渠道对于图书馆来讲是十分重要的，如果这个渠道在某一环节出现堵塞或信息变异，将使管理者无法了解员工的真正需求，员工的诉求也无人重视，导致工作环境中出现恶性循环。③善于肯定图书馆员的个人价值和所取得的成绩。鲍勃·尼尔森在《1001种奖励员工的办法》一书中指出，在员工们的奖励中，排在第一位的是顶头上司的口头赞赏或表扬，第二位是上司的书面表扬或赞赏。这种管理层的理解和赞赏是对员工工作业绩和个人价值最直截了当的肯定。在这种肯定的氛围中工作的员工会有遇到“伯乐”的感觉，也就没有道理不更好地调动自己的潜能去做好工作。

（2）恰当的物质利益激励

根据马斯洛需求层次理论和物质决定精神的原理，物质利益激励是个体精神激励和协调发展激励的基础，只有当前者产生一定效果后，后者才能奏效。物质激励的内容包括工资奖金和各种福利。它是一种最基本的激励手段，因为获得更多的物质利益是普通馆员的共同愿望，它决定着馆员基本需要的满足程度。但必须注意的是，物质激励是一种极具风险的选择，它并不能够激发人们长期处于最佳工作状态，往往花钱不少，但员工的绩效却并无起色。正如心理学家告诉我们的，“金钱顶多是一种短期动力”，时间一长，“这是应得的权利”的想法就会取而代之，其推动作用会很快消失。而且物质激励的操作性也十分复杂，因为要想达到预期效果必须依赖多种因素，而每个人对物质的态度以及为此所愿付出的代价是大相径庭的。

进行恰当的物质利益激励通常可以采取以下做法：①保持固定工资在同行业中的领先地位。从这个角度折射出来的是本组织在同行业中具有某种优势。员工将会从这种领先的工资水平中得到心理暗示：该馆是优秀的，与个人自身的价值是相当的，在该馆工作是值得骄傲的。物质利益不仅是图书馆员生存和发展的物质保障，还是评判其社会地位的价值尺度。②建立完善的考核奖惩制度，以图书馆员的考核成绩为标准来发放奖金，避免平均分配，保证员工的薪酬根据其价值具有竞争性。开发图书馆人力资源，同样要遵循市场经济规律，打破吃大锅饭的局面，解放被束缚的员工潜在能力，本着公平的原则建立并完善付酬机制。图书馆必须采用灵活的工资福利制度，既体现馆员的资本价值，又有利于增进图书馆的绩效。

(3) 个性化的工作设计

工作设计是近年来受到普遍关注的一种激励方法。是指根据赫茨伯格理论，在工作中添加一些可以使员工有机会获得成就感的激励因子，赋予员工更多的自主权和控制权，使他们能不断地挑战自我，用适合自己的方式去实现目标。所有这些都需要管理层懂得如何“下放权力”，同时也要求管理层对最终的结果负责。在图书馆中，往往会听到馆员抱怨说工作重复枯燥，缺乏挑战性，这样通过个性化的工作设计来解决这一问题就比较具有针对性。以下的一些做法值得注意：①为员工出色完成任务提供良好的工作环境。包括提供必要的信息，装配先进的工具设备，并建立符合本馆目标和特色的组织文化，使组织内部洋溢着社区般的友好气氛等。②根据个人的能力为馆员提供更具挑战性的目标，使馆员将压力变为动力，最大限度地挖掘其内在潜力。这种做法可以激发馆员的斗志，激励他们更出色地完成工作，使工作成为一种乐趣。例如增加一些与现任工作相关联的新任务，增派一些原来由经验丰富的老员工、专业人士甚至是管理层做的工作，还可以设定绩效目标，让员工用适合自己的方式去实现它们。

需要指出的是，把工作设计得更有激励性，目的不在于花同样的钱让馆员做更多的工作，而是为了让更有价值的馆员发挥出更大的潜力，而其自身也会因此而获得更好的报酬，对自己的能力也有进一步的认识。

(4) 给予图书馆员个人更大的发展空间

通常个人在选择一份职业时，相比物质利益来讲，更为关心的是组织能够提供给个人的发展空间有多大，前景是否值得期许。贺子岳博士在2003年1月对武汉市几所图书馆所作的调查显示，有58%的馆员认为个人发展是重要的激励方式，只有9.4%的人认为无所谓个人发展。图书馆员在工作中，自然非常希望了解其所属环境发生的一切事情，并能够在工作中得到不断提高知识技能的机会，以满足自身安全与自尊的需要。为此，可采用以下做法：①为馆员提供参与管理的机会。馆员能够借此激励制度参与图书馆内的各级管理决策，以发挥其潜能，增进心理上的满足感，同时也能从中发掘、培养往更高职位发展的能力，提高工作效率。馆员参与管理有多种灵活方式，例如可以定期举行会议，设立包括馆员代表的咨询机构和顾问委员会，还可以举行座谈会，甚至可以建立合理建议制度等。②为优秀馆员提供继续学习深造的机会。根据心理学家马斯洛的需求层次理论，作为个体的员工除了希望有一个好的工作环境和优厚的工作待遇外，更需要不断提高自己的工作能力和综合素质，在工作中不断进步并获得足够的成就感。通过继续教育，可以提高馆员实现目标的能力，实现了图书馆员个人价值的再生，为承担更大的责任、更富挑战性的工作及提升到更重要的岗位创造条件，同时也加强了他们对图书馆的忠诚度，从而提升了图书馆的整体素质。这种激励方法使图书馆在以后的可持续发展中充满生机和活力。

在实践中，还有多种切实有效的激励方式，但无论如何，真正有效的激励方法必须是富有情感、充满活力以及生动新鲜的。

第五节 图书馆人力资源开发

人力资源开发（Human Resource Development，HRD）是人力资源管理的核心内容。人力资源开发的本意是指对人的才能进行开发，在现代管理学中人力资源开发就是把人的智慧、知识、经验、技能、创造性、积极性当作一种资源加以发掘、培养、发展和利用，以提高人的才能和增强人的活力。图书馆人力资源开发就是通过对图书馆馆员进行有计划的人力资本投资，采取教育、培训等有效形式，充分挖掘图书馆员的智慧、知识、经验、技能和创造性，积极调动图书馆人力资源的工作积极性和潜在发展能力的过程，目的在于促进图书馆员的个人发展，提高图书馆员的才能和增强其活力，以保证图书馆各项目标的实现。

一、我国图书馆人力资源开发的现状

目前我国图书馆的人力资源开发存在许多问题，还没有建立起规范、合理的相关制度，图书馆员的潜能释放受到很多因素的制约和影响。其主要表现在：

首先，人本管理思想的缺失制约了图书馆员潜能的开发。近年来很多图书馆学专家都强调以人为本的管理方法，但在实践中往往得不到贯彻执行。强调管理监督功能的图书馆管理方法，暗示了对员工的不信任，在某种程度上挫伤了图书馆员的积极性。同时，管理层还认为员工工作的最终目的是经济利益，他们一旦获得学习的机会，更多的考虑是个人目的。从这个角度出发而形成的图书馆文化，显然是不利于员工的个人发展的，其潜能也得不到重视。

其次，传统图书馆管理理念导致图书馆员的潜能低层次释放。图书馆的传统服务形式是一种消极等待的被动服务，而图书馆员也只是作为文献资料的保管员和传递员来开展工作。在图书馆的管理活动中忽视了图书馆员的个性特长，忽视个人所具有的潜能，把图书馆员的潜能定位在低度释放的范围内，这种低要求、浅层次的能量转换，非但不能创造出图书馆服务工作的高绩效，反而制约了馆员正常能力的有效发挥，更谈不上潜能的最大释放了。

最后，封闭式的管理机制束缚了馆员的潜能释放。我国大多数图书馆的现行管理体制仍是在计划经济体制下产生和发展起来的，具有强烈的自我封闭性。人们没有从社会与发展的角度去清醒地认识图书馆组织的社会地位和作用，而且在图书馆工作部门的设置上按照线性作业流程和工作环节进行架构，实现部门的管理职能。这种线性发展的组织结构造成了对外与社会需求严重脱节，对内只突出了行政管理上的领导与被领导关系，而没有形成业务上的指导与被指导的关系，束缚了图书馆员的个人发展，同时也制约了图书馆的可持续发展。由于缺乏互相沟通和联系，无法实现工作任务的互换，从而使图书馆员长期从事简单重复的工作，缺乏挑战性和危机感，处于缺少竞争力的消极被动状态之中。

为了改变这种落后的人力资源管理面貌，就需要加大改革力度，开发图书馆人力资源，提高图书馆管理效率，激发图书馆工作人员的才能和活力，使之不断焕发出工作激情。

二、图书馆人力资源开发的意义

第一，人力资源开发是图书馆适应社会进步和技术发展的重要措施。社会的进步是推动图书馆事业发展的强大动力，而技术的进步又是图书馆增强生命力和长远发展的重要手段。哈佛大学图书馆的 B. 格拉汉指出：技术的推动常常会掀起一阵学习的浪潮，原有的挑战压力依然存在，而我们手中的工具已经改变，我们必须学会使用它们。图书馆员必须不断更新知识和技能。知识要通过学习和实践来获得，技能要通过在实践中勤学苦练来形成。因此，对图书馆人力资源的智力开发和职业技术开发、人力资源管理政策的开发以及使用性开发都成为图书馆人力资源管理和开发的主要内容，成为系统化的管理工程。

第二，人力资源开发可以提高图书馆工作人员的素质，改善图书馆服务的质量，提高图书馆工作的效率和社会效益。

第三，人力资源开发是图书馆获得竞争力的关键。目前社会上出现了越来越多的提供与图书馆业务类似的服务的机构，同时网络的迅速发展普及，使图书馆不再是人们获得所需信息的唯一途径。要保持并提高自身的地位，图书馆就必须重视开发人力资源，只有如此才能获得长期发展的竞争力。

第四，人力资源开发还是促进馆员发挥潜能的有效途径。通过培训等有效的继续教育方式，使图书馆员的个性和特长得到进一步的发挥，真正落实以人为本的管理思想，馆员的个人发展得到管理层的理解和重视，使他们感受到来自工作中的自我实现成就感，就能够极大地改善图书馆的工作氛围，从而使图书馆和馆员自身实现“双赢”。

三、图书馆人力资源开发的内容和方式

有学者认为，图书馆人力资源开发的内容应包括能力的开发和精神的开发。能力开发，指体能与智力的开发。精神开发，指人力资源的政治观念、职业道德、敬业精神、合作意识等属于组织文化内涵方面的开发。具体包括：①启发调动人力资源已有的体能和智能；②在原有能力的基础上，进一步培养、训练和提高人力资源的能力，特别是智能；③营造图书馆的组织文化，提高图书馆员的思想素质水平，培养图书馆员应有的价值观、敬业精神；④采取各种措施充分调动图书馆员的工作积极性、自觉性和创造性，改

进工作绩效；⑤合理配置、使用图书馆的人力资源，根据个人的才能特点，将之置于恰当的岗位，做到“人尽其才”。

根据人力资源的特点以及现代人力资源开发理论，我们可以把开发活动划分为三个层次：

1. 培养性开发

图书馆人力资源培养性开发主要指以教育培训的方式来进行开发，它包括馆员知识的更新、技能的扩展、素质的提高。在新的网络环境和社会环境下，图书馆员应成为咨询专家、知识导航员，这是图书馆员专业性的体现。根据这种社会需求，应通过对图书馆员的继续教育与培训提高其工作技能和自身素质。例如，日本的终身教育审议会于1996年提交了《社会教育主事、学艺员以及司书培养等的改善方案》，提出了对图书馆员进行培训的具体要求，其中包括情报服务的技术与动向；图书馆内著作权的处理；有关心理咨询与人际交流的研究；参考服务的实践；资料的收集、整理和保存的实践；各种媒体的操作；有关图书馆经营（管理）的研究等。我国学者对此也有不少精辟的见解。如贺子岳提出其内容应包括显在知识部分（图书情报专业知识和技能；学科知识背景；计算机以及网络相关技能；管理知识和沟通技巧）、组织文化部分（图书馆价值观、图书馆各种规程规章等）和隐含知识部分（经验、工作流程、与用户的关系等）。

图书馆员不仅要加强图书馆学情报学专业知识的培训，还要重视其他相关知识和技能的学习。一专多能的人才是图书馆持续发展的保证。图书馆员应进行的知识技能培训为：基本技能培训和工作能力培训。基本技能培训主要指为了满足信息时代用户的信息需求，掌握有关的计算机基本操作、网络基础知识、数据库管理、信息搜集与处理、专业外语等方面的内容。而工作能力培训主要是提高解决实际问题的能力，如怎样正确处理工作中的人际关系、如何设立有效的激励机制、如何分配图书馆中的各种资源等。图书馆人力资源开发的培训应该实现制度化、规范化，对其内容也应有相对权威的规范。中国文化部从1998年起就开始组织图书馆界的专家学者编写有关图书馆员培训的教材，现已形成一个较完整的教材系列。

2. 使用性开发

实际上，使用性开发是对图书馆员激励的一种手段。其内容主要是量才为用、职务晋升。图书馆人力资源使用性开发的关键是用人。我们主张在充分考察图书馆员个人的专业、学历、特长、技能、发展方向和个性的基础上，为其提供更具挑战性的工作任务。图书馆员在工作实践过程中，将不断学习新的技能、积累新的经验、获取新的管理方法，这实际上也是对自身能力的一种挖掘与开发。图书馆在做出这样的工作设计时，不仅使本馆的人力资源得到充分利用，同时也使馆员得到了个人的发展。此外，增加员工岗位轮换也不失为一种有效的开发方式。图书馆员如果长期在同一个岗位工作，容易满足现状而产生惰性，甚至对工作产生心理疲劳。通过岗位轮换，使员工有更多的机会了解、熟悉并从事图书馆内一系列相关工作，扩大视野；同时也能使员工对工作产生新鲜感，增强学习新知识和掌握新技能的兴趣，有利于更新知识结构和培养一专多能的复合型人才，促进图书馆事业的不断发展。但目前一些图书馆考虑到岗位轮换将要付出的培训费用，往往忽视馆员渴望新的工作任务和新的挑战的心理，不鼓励提倡馆员在馆内的工作岗位轮换，导致了工作效率低下的后果。作为图书馆的管理层，应该避免这种“短视病”。

3. 政策性开发

人力资源政策性开发是指通过制定符合人才成长规律和人力资源管理原理的一系列调整政策，来变革管理体制，充分运用激励机制等手段，促进人才的不断涌现。目前我国图书馆人力资源开发与管理的现状不容乐观，很多图书馆都没有形成相关的制度与政策，缺乏对人力资源开发管理的长期规划，对于馆员的开发和聘任等仍主要是遵从上级部门的分配，随意性大，岗位设置与人员结构不合理，造成了一定程度的浪费。对于图书馆人力资源的政策性开发，管理者要做的是制定一套尊重馆员个人发展需要的规章制度，保障馆员的科学培训和合理使用。国内一些具备领先意识的图书馆就制订了这方面的规章制度。例如深圳图书馆于 1998 年颁布了关于馆员继续教育的政策，其中包括《深圳图书馆关于专业技术人员继续教育实施办法通知》、《深圳图书馆职工继续教育办法》以及《深圳图书馆员工继续教育总结考评办法》等一系列规章制度。它们从政策的层面保证了该馆人力资源开发的连续性和制度性，使该馆馆员能够在这一系列的政策中感受到来自工作的压力以及该馆对员工个人发展的重视。

四、图书馆组织文化创建

现代社会的发展是复杂多变的，而图书馆要在这样的一种环境下实现对本馆人力资源的充分开发，途径是多种多样的，所需实现的目标可能也是宽泛的。但是，为了应对层出不穷的突发事件，图书馆应有一个约束组织内全体成员行为的价值体系。这个体系是处于图书馆管理制度以外的，由这一体系所体现出来的就是组织文化，它能够使图书馆员在图书馆组织文化的影响下，朝着整体目标自觉地调整和改变其行为。图书馆需要创建符合自身目标价值的组织文化。

由于图书馆组织文化具备导向、凝聚和约束等功能，其主要目的是达成组织的效能，因此，在构建图书馆组织文化时，应该注意弘扬传统图书馆文化中的精髓，例如奉献精神、推崇智慧等，也要切实培育“以人为本”的文化，不仅应对读者发扬人文关怀的精神，对馆员也要关心爱护。同时，值得注意的是，倡导学习精神和创新精神更是在网络环境下图书馆组织文化所最应关注的课题。随着社会对个人的学习能力提出的要求越来越高，图书馆员所应具备的知识技能和业务技能也应随之提高，这样才不会遭到社会的淘汰。而在这种多变的网络环境下，一个组织若没有足够的应对变化的智慧和能力，没有创新的精神，就是没有生命力的组织。图书馆一直以来就是渴求变化发展的组织，应该在创建组织文化的过程当中注意倡导创新精神，对在事业上有所创新的馆员应该及时进行鼓励。

创建图书馆组织文化的方式有多种，例如通过提高对教育培训的重视程度，加大对教育培训的经费投入，就是对学习精神的一种提倡。当然，通过系统的制度来反映图书馆对某种文化的倡导也不失为一种有效的途径。例如对工作提出新的建议和改进意见的员工，图书馆应该进行肯定与奖励。当然，通过开展一些集体活动来强化图书馆组织认同的价值观，也是创建组织文化的方式之一。

总之，图书馆的组织文化能够促进人力资源的系统开发，能对图书馆员的行为和思想产生规范和协调作用，使图书馆的人力资源能够得到充分利用，从而提升图书馆组织的社会效益和经济效益。

参考文献

[1]（美）Robert D. Stueart，John Taylor Eastlick 著．图书馆管理学［M］．刘碧如，译．中国台北：五洲出版社，1986：81.

[2] 吴国存，李新建．人力资源开发与管理概论［M］．天津：南开大学出版社，2001：21.

[3] 李军，杨国忠编译．21世纪专门图书馆员的专业资格——美国专门图书馆员专业资格委员会报告［J］．医学情报工作．2001（3）.
[4] 菲利普吉尔领导的工作小组代表公共图书馆专业委员会编．公共图书馆服务发展指南［M］．林祖藻，译．上海：上海科学技术文献出版社，2002：71.
[5] ALA. Committee on Accreditation（COA）Proposed Changes to the *Standards for Accreditation of Master's Programs in Library and Information Studies* 1992 for Adoption by Council on January 15，2008；to be effective January 1，2008［EB/OL］．［2009-11-15］．http：//www. ala. org/ala/educationcareers/education/accreditedprograms/standards/index. cfm.
[6] ALA Committee on Accreditation. Accreditation Process Policies & Procedures［EB/OL］．［2009-11-18］．http：//www. ala. org/ala/educationcareers/education/accreditedprograms/resourcesforprogramadministrators/AP3SecondEdition1. pdf.
[7] 贺子岳．网络环境下图书馆人力资源开发研究．2003（4）：82，20，13.
[8] 刘小琴．图书馆规章制度选编［M］．北京：北京图书馆出版社，2001：347.
[9] 吴建中．21世纪图书馆新论［M］．上海：上海科学技术文献出版社. 1998.
[10] 公共图书馆服务发展指南［M］．上海：上海科学技术文献出版社，2002.
[11] 刘喜申．图书馆管理——协调图书馆人行为的艺术［M］．北京：北京图书馆出版社，2002.
[12] 徐建华．现代图书馆管理［M］．天津：南开大学出版社，2004.
[13]（美）雷蒙德·A. 诺伊，约翰·霍伦拜克等著．人力资源管理：赢得竞争优势［M］．刘昕，译．北京：中国人民大学出版社，2001.
[14] 杨东龙．人力资源工具库（第一辑）——如何设计人力政策和制度［M］．北京：中国经济出版社，2001.
[15] 贺子岳．网络环境下图书馆人力资源开发研究［M］．北京．北京图书馆出版社，2004.
[16] 吴慰慈．图书馆职业资格认证制度［M］．图书馆建设，2004（2）：7-8.
[17] 胡京波．我国图书馆员职业资格认证制度建设的研究与进展［M］．国家图书馆学刊，2005（3）：45-49.
[18] 王世伟．在我国三大系统图书馆中实施职业资格认证制度面临的问题［J］．国家图书馆学刊，2007（3）：23-25.
[19] 初景利．从国家事业单位岗位设置改革看图书馆职业资格制度［J］．国家图书馆学刊，2007（3）：20-23.
[20] 王世伟．新世纪图书馆人力资源开发的实践探索［J］．图书馆学刊，2001（6）.
[21]（美）Sandra Pfahler 著．美国研究图书馆馆员的聘用（一）条件和手续［J］．袁国培，编译．大学图书馆学报，1995（5）.
[22] 谢生礼．试论人才的甄选与使用原则［J］．组织人事学研究，2001（2）.

[23] 张雅芳，沈飒．国家图书馆专业人才的选拔与定位初探［J］．中国图书馆学报，2000（3）．
[24] 詹福瑞，袁彪等．国家图书馆人力资源开发与管理［J］．国家图书馆学刊，2008（3）：49-53.
[25] 谭伟．论图书馆人力资源开发［J］．中国图书馆学报，2000（2）．
[26] 初景利，李麟．美国图书馆员职业资格认证体系［J］．国家图书馆学刊，2005（3）．
[27] 周九常．面向知识共享的图书馆人力资源管理研究［J］．情报资料工作，2008（1）：77，93-95.

第十六章 图书馆财力资源管理

第一节 图书馆的理财环境

理财环境是图书馆财力资源管理（亦称图书馆财务管理）赖以生存的土壤，是图书馆开展财务管理的舞台。图书馆进行财务决策、制定财务策略都离不开对理财环境的研究。

一、图书馆理财环境的概念与分类

从系统论的观点来看，所谓环境就是存在于研究系统之外的，对研究系统有影响的一切系统的总和。如果把图书馆财务管理作为一个系统，那么，图书馆财务管理以外的、对图书馆财务管理系统有影响作用的一切系统的总和便构成图书馆财务管理的环境。财务管理环境又称理财环境，是指对图书馆财务活动和财务管理产生影响作用的图书馆内外的各种条件。

图书馆的财务活动是受理财环境制约的，图书馆内外的各种因素对图书馆财务活动都有重要影响。也就是说，图书馆只有在理财环境的各种因素作用下实现财务活动的协调平衡，才能生存和发展。

按照不同的标准可以对图书馆的理财环境进行不同的分类。

按照图书馆理财环境的范围，可将其分为宏观理财环境和微观理财环境。宏观理财环境是指在宏观范围内普遍作用于各个部门、地区的各类图书馆的财务管理的各种条件，通常存在于图书馆的外部。图书馆是整个社会经济体系的一个细胞，整个社会是图书馆赖以运行的土壤，无论社会经济状况的变化、市场的变动，还是政策法律的调整、国际经济形势的变化等，都会对图书馆财务活动产生直接或间接的作用，甚至产生严重的影响。微观理财环境是指在某一特定范围内对图书馆财务活动产生重要影响的各种条件。这种微观环境通常与某些图书馆的内部条件直接或间接有关，从而决定着某种或某类图书馆所面临的特殊问题。图书馆的财务活动状况和成果同图书馆的组织结构、经营活动和管理工作有着联系，离开这些内部条件的制约，要搞好图书馆财务工作是不可能的。

按照图书馆财务管理环境的稳定性，可将其分为相对稳定的理财环境和显著变动的理财环境。图书馆的理财环境总的说来不是一成不变的，但有些理财环境一般变化不大，如图书馆的地理环境、根本宗旨、国家产业政策等。对这些条件一旦认清以后，如无特殊情况，在进行财务管理活动时，可作为已知条件或不变动因素来对待。然而，有些理财环境往往处于显著变动状态，对图书馆的财务状况有重要的影响，如文献价格、资金供求状况、国家的调资政策等。在进行财务活动时，一定要及时观察和发现其变动的苗头，分析其变动的趋向和影响，做出准确的财务预测和决策。

二、经济环境

图书馆财务管理的经济环境是指影响图书馆财务管理的各种经济因素，主要包括经济周期和经济发展水平。

市场经济条件下，经济发展与运行带有一定的波动性。这种波动大体上经历复苏、繁荣、衰退和萧条几个阶段的循环，这种循环叫做经济周期。图书馆的筹资、投资和资产运营等理财活动都要受这种经济波动的影响。

改革开放以来，我国的国民生产总值增长较快，各项建设方兴未艾。国家制定了产业政策并调整了地区经济发展布局，确定了国民经济各部门的发展任务，确立了沿海、内陆、沿边以及少数民族地区的发展规划。然而，由于各种因素的制约，不同地区的经济发展水平差距很大，栖身于不同地区的图书馆必定会受本地经济发展水平的影响，这种影响往往最突出地体现在图书馆的筹资等理财活动方面。

三、政法环境

图书馆财务管理的政法环境是指图书馆与其内外相关主体发生经济关系时所应遵守的各种政策、法律、法规和规章。图书馆在其运作过程中，往往要和国家、出版社、书店、其他企业或社会组织、图书馆职工或其他公民，以及国外的组织或个人发生经济关系。图书馆的理财活动，无论是筹资、投资还是利益分配，都有可能和上述主体发生经济关系。政策和法律为图书馆理财活动规定了活动空间，也为图书馆在相应空间内自由运作提供了强有力的保护。譬如，《文化事业单位财务制度》（1997. 6. 18）、《行政事业单位会计决算报告制度》（2002.3.28）、《行政事业单位国有资产管理办法》（1995.2.15）、《财政部关于事业单位预算编报和核批有关问题的通知》（1998.2.4）、《行政事业单位预算外资金银行账户管理的规定》（1999.6.11）、《事业单位会计准则（试行）》（1997.5.28）、《事业单位会计制度》（1997.7.17）、《国务院关于支持文化事业发展若干经济政策的通知》（2000.12.18）、《全国文化设施维修专项补助经费和全国万里边疆文化长廊专项补助经费管理办法》（1999.11.11）、《关于宣传文化单位所得税政策的通知》（1997.2.13）、《国务院关于对宣传文化单位实行财税优惠政策有关问题的批复》（1994.11.30）、《国务院关于进一步完善文化经济政策的若干规定》（1996.9.5）、《国家计划委员会收费管理司关于北京图书馆读者阅览卡工本费标准的复函》（1998.4.29）等政策或法律（广义）就是图书馆理财活动的准绳和尺度，它们共同构成了图书馆财务管理活动的政法环境。

四、图书馆类型

根据某些相同或相似的特征对图书馆加以分类，便形成了图书馆的各种类型。同一类型的图书馆是指具有相同或相似特征的图书馆群体。1974年，国际标准化组织颁布了“ISO2789—1974（E）国际图书馆统计标准”，把图书馆的类型区分为国家图书馆、高等院校图书馆、其他主要的非专门图书馆、学校图书馆、专门图书馆和公共图书馆六大类型。在我国，通常使用的划分图书馆类型的依据主要有三种：第一，按图书馆的领导系统，可划分为文化部系统所属的公共图书馆，教育部系统所属的学校图书馆，中国科学院、中国农业科学院、中国医学科学院、中国社会科学院等系统所属的科学、专业图书馆等。第二，按藏书范围，可划分为综合性图书馆（包括各级公共图书馆、综合性大学图书馆、工会图书馆等）和专业性图书馆（包括科学研究机构图书馆、专业院校图书馆以及厂矿企业的技术图书馆等）。第三，按读者对象，可划分为普通图书馆、儿童图书馆、青年图书馆、民族图书馆、盲人图书馆等。

图书馆的类型不同，其经费来源、预算方式和会计组织系统往往有别。例如，在我国，公共图书馆由国家拨款（包括中央财政和地方财政），一般实行独立核算，预算项目较全，其会计组织形式包括二级会计单位、基层会计单位和报销单位三种类型；而在高校图书馆、科研图书馆，由于经费只拨给所在单位，图书馆只需向所在单位的财务部门提出购书费和设备费等预算项目，其他费用由所在单位统一划拨，无需图书馆单独提出，这类图书馆通常只有两种会计组织形式，即基层会计单位和报销单位。可见，图书馆的类型不同，图书馆的理财活动就具有不同的特点。

五、图书馆运行机制

图书馆运行机制是指影响图书馆运动的各组成因素的作用过程和作用原理，简要地说，也就是图书馆运行带规律性的模式。从某种意义上讲，运行机制就是促使管理对象不断向管理目标逼近的客观作用力，是一只无形的“手”。图书馆系统的运行机制是客观的，具有外在强制性。不论人们是否意识到它的存在，在图书馆活动中的任何选择都是运行机制作用的结果。

目前，我国图书馆的运行机制有两种：第一，一馆一制，即一个图书馆所有的部门都按公益性事业单位运作，经济效益不是考虑的目标。第二，一馆两制，即在一个图书馆内同时存在着两种不同性质的部门，一是提供无偿信息资源服务的事业部门，二是主要生产和营销信息产品和信息服务的产业部门。显然，这两种类型的运行机制对资金的投入、使用和利益的分配具有不同的要求，图书馆理财活动应针对不同的机制采取不同的策略。

第二节　图书馆经费

经费是筹建新的图书馆、建立图书馆网络、开展和维持图书馆日常活动的基本条件。

一、图书馆经费的来源

图书馆事业的经费主要有以下五种来源：

1. 由国家或地方财政预算拨款

包括图书馆创办费、经常费和基建费。这是图书馆经费的主要来源。

2. 由政府资助或临时拨款

主要包括下列情况：①经营性资助：有些社会需求量大且具有较好社会效益的图书馆，由于经费不足，不能很好运行，由政府提供经营性的财政资助，使其充分地开展活动。②辅助性资助：对少数民族地区、边远地区、经济科学文化不发达地区，凡图书馆事业不发达者，提供经济援助，促其发展。③专项性资助：对某些社会需求大、成本高、投资大的项目，或一个图书馆的财力无法承担，要由一个地区或多馆共同合作的项目，由政府财政进行资助，如数字图书馆建设、联机检索、联合编目等。④激励性资助：拨出一笔经费分别资助给所属图书馆，凡接受这笔经费的地区和单位，必须从自己预算中另拨出一定比例的经费补助同级图书馆，否则不予资助，其目的在于激励各级政府和企事业单位对图书馆投资的积极性。⑤业务研究开发性资助：对某些新技术研发、情报刊物的编译出版进行资助。

3. 单位为所属图书馆从本单位预算中拨款

例如，学校、科研机构、社会团体、企业、医院从本单位每年的预算总额中拨给所属图书馆一定经费。有的按一定比例拨，有的不按比例，而是根据总经费情况下拨，其金额不固定。

4. 社会捐助

这是一种选择性的公共资助，是图书馆经费的一种重要补充。社会团体和私人对图书馆的捐赠形式主要有两种：一种是长期经常性的赞助；另一种是一次性的资助。捐赠的内容有图书、购书专款、图书馆建筑专款、图书馆设备、科研项目费和某些服务项目费等。社会团体和私人对图书馆的捐赠一般都有一定的附加条件，如图书馆建筑要求使用捐赠者姓名，或要求利用这笔款项开展什么工作（如为儿童服务、为残疾人服务）等。例如，美国各种私人和社会性的基金会每年用于图书馆的捐赠达 3 600 多万美元。美国钢铁大王安德鲁·卡内基（Andrew Carneigie，1835—1919）1881 年向故乡邓费尔姆林（Dunfermline，位于苏格兰东部）赠送了一座图书馆建筑，1896 年为 14 所图书馆建筑捐款 186 万美元。据 1920 年统计，他逝世前曾向美、英、加拿大等国总共赠送了至少 2 500 所图书馆建筑，捐款超过 4 100 万美元。美国福特基金会长期资助美国图书馆资源委员会，通过它帮助全国图书馆解决藏书补充和资源共享中存在的问题，发展新的技术和方法。至今，我国也有不少图书馆是接受捐资后的产物。譬如，20 世纪 80 年代初，香港慈善家梁球琚捐资 350 万元港币，帮助广东顺德县建起新图书馆；1981 年，原香港环球航运集团主席包玉刚先生捐资 1 000 万美元用于建设上海交通大学徐汇校区包兆龙图书馆和闵行校区包玉刚图书馆；香港知名人士邵逸夫先生自 1985 年起，分批向全国各地 47 所大学捐建 49 个项目，大部分是建图书馆，捐款额达 4 亿多港币；1995 年初，李嘉诚先生决定捐资 1 000 万美元建北京大学新馆；全国政协委员、香港汉荣书局董事长石景宜先生自 1979 年以来，陆续向国内数百家图书馆及其他团体赠送图书、报刊近 160 万册，约值 1.2 亿港币。此外，还有许多港澳台同胞和海外人士热心于文教事业，慷慨解囊，无私捐助，建设公共图书馆。

5. 自筹资金

主要有两种方式：一是通过与社会团体、地方政府、厂矿企业、科研机构的挂钩、协作、扩大服务范围来筹措经费；二是积极开展有偿服务，在搞好社会公益服务的前提下，利用代译、代查、复印、定题服务、销售信息产品等经营性活动方式筹措资金。

以上几种渠道中，政府或上级主管部门拨款仍是图书馆经费的主要来源。

二、图书馆经费短缺及其缓解举措

近年来，图书馆事业经费不足，尤其是购书费短缺，是图书馆界所面临的最大困难。这一带有共性的问题，严重影响了图书馆事业的发展。据统计，2006 年，安徽省公共图书馆购书经费同比下降 25. 7 万元；15 个县级图书馆常年没有购书经费；全省公共图书馆公用房屋建筑面积年均增加不足 20 平方米；71 个县级图书馆平均建筑面积 656 平方米，21 个图书馆不足 300 平方米，低于国家规定的 1 000 平方米的最低标准；全省有 5 个省辖市没有公共图书馆；5 个市、县图书馆因工程建设等原因长期闭馆；8 个图书馆电子阅览室面积在 50 平方米以下，56 个图书馆没有电子阅览室。另据统计，2007 年福建省公共图书馆图书总藏量较 2006 年有 1. 83 个百分点的降幅，而 2007 年发放借书证数比 2006 年多出 15. 4 万个，两者形成比较明显的供需矛盾；每证拥有藏书从 2006 年的 49. 9 册降低到 2007 年的 32. 68 册，降低了 52. 69%，比全国平均每证拥有藏书量 143 册少了 110. 32 册，降幅达 77. 15%，远远不能满足读者需求；目前福建省仍有 30 多个县级馆达不到部颁标准，县级图书馆购书经费普遍紧缺，有的图书馆甚至多年未购新书。据国家图书馆馆长詹福瑞提供的调研数据，到 2006 年年底，全国有 700 个县级图书馆没有一分钱购书经费，有的图书馆虽然把房子建起来了，但里面连 20 世纪 70 年代以后的书都没有。

在这种严峻的形势之下，大力开展开源节流工作是图书馆理财的关键所在，也是图书馆经费管理的一项长期工作。

1. 加强图书馆立法工作，使图书馆经费来源有法可依

实践证明，一国的图书馆法是本国发展图书馆事业最强有力的武器。迄今为止，英国、美国、瑞典、丹麦、比利时、芬兰、日本、伊朗、挪威、俄

罗斯、韩国等许多国家的图书馆法均有专门条文规定对图书馆事业的拨款制度。我国目前尚无正在生效的全国性的统一的图书馆法，只有几部地方性图书馆法对图书馆的经费来源有专门规定。因此，图书情报界要力促《中华人民共和国图书馆法》早日出台，并且要力促该法设立专条规定图书馆事业的经费来源。

2. 提高政府或主管部门对图书馆的认知程度，扩大其对图书馆的投资

图书馆事业是一项公益性的事业，经费的主要来源是政府或主管部门，这一点在现实社会中是不会改变的。要想扩大政府或主管部门对图书馆的投资，图书馆必须引导政府或主管部门的行为，加强它们对图书馆价值的认识。一方面，图书馆领导要广泛开展公关活动，加强与政府或主管部门的合作和联系，多做宣传，争取与各种媒介建立良好的关系，将图书馆的地位、作用与困难及时反映到主管领导面前，做好领导决策信息服务工作，让事实说话；另一方面，图书馆要面向社会开展各种信息服务，提高自己的服务质量，在本地或本隶属单位建设中发挥作用，体现图书馆存在的价值，争取公众的支持，以提高政府或主管部门对图书馆的重视程度，增加相应的投资。

3. 努力做好有偿服务，增加图书馆收入

有偿服务是在免费服务的基础上，在不影响图书馆职能的范围内，对某些特殊服务对象和服务项目，以及成本昂贵的图书馆专用设备和场所，或通过图书馆工作人员劳动加工成的某些产品收取一定费用，以补偿图书馆的消耗和经费的不足。

图书馆有偿服务可分为三种形式：①限制性的有偿服务。这是为维护图书馆广大基本读者的正当利益、完成图书馆主要任务、防止对图书馆资源过度使用实行的服务收费。如果不进行这种收费，就不能合理和恰当地向读者提供服务，从而会影响图书馆实现其最大的社会效益。②补偿性的有偿服务。这是指图书馆对某些服务项目进行收费，以补偿该项服务的成本耗费。随着图书馆服务项目的增多和利用现代科学技术程度的提高，图书馆开展了一些成本耗费较高的项目（如文献复制服务、联机检索服务等）。这些项目确为读者所需，但图书馆经费有限，如果无偿提供这些服务，势必会影响其他服务项目的正常开展，不利于图书馆社会经济效益的提高以及图书馆的可持续发展。因此，不少图书馆对这些成本耗费较高的服务项目实行有偿制，以弥补这类服务的成本耗费。这样做既能保证这类服务的存在和发展，以满足读者的需要，又不至于影响图书馆其他服务的正常进行。③盈利性的有偿服务。赢利性是指图书馆向用户提供某种服务时收费的目的是赚取利润。盈利性有偿服务的收费由三个部分组成，即不变成本、可变成本和利润。图书馆应灵活运用这三种服务形式，为图书馆金库添砖加瓦。

4. 多渠道向社会融资

一是主动争取社会各界包括个人、公司和基金会向图书馆捐款捐物；二是图书馆与企业“联姻”，积极面向合作企业开展市场调查、技术分析、专利调查、产品前景预测等服务，吸引企业的投资；三是国家应严格执行书刊呈缴制度，凡出版社的正式出版物均应向国家或地方政府指定的图书馆缴送一定数量的样本，以确保出版物的收藏，同时也减轻图书馆经费紧张的压力。

5. 合理分配和使用经费

目前，我国还是一个发展中国家，依靠国家财政大幅度增加对图书馆事业的经费投入是无法在短期内实现的。因此，图书馆必须按照合理的比例分配人头费、书刊采购费与其他费用这三大支出项目的经费，并通过优化藏书结构，将有限的经费用在“刀刃”上，提高图书馆经费的使用效益。此外，图书馆还应建立健全经费分配和使用的审议、监督和约束机制。

第三节　图书馆财力资源管理的目标、任务和原则

图书馆财力资源管理的目标、任务和原则是图书馆财力资源管理理论的基石，它决定着图书馆财力资源管理的方向、内容和方法。

一、图书馆财力资源管理的目标

图书馆财力资源管理的目标是图书馆财务活动所希望实现的结果，是评价图书馆理财活动质量的基本标准，是图书馆财务实践、财务决策的出发点和归宿，也是图书馆财务管理的行为导向，图书馆的一切财务活动都是围绕这个目标而进行的。

那么，图书馆财力资源管理的目标到底是什么？

图书馆财力资源管理的目标是努力增收节支，合理安排支出结构，严格控制经费支出，提高资金使用效果，充分利用有限的资金。

二、图书馆财力资源管理的任务

图书馆财力资源管理的任务是：依法筹集并合理有效地使用资金，对图书馆的各项财务活动实施有效的综合管理。具体包括：①加强图书馆预算管理，保证各项事业计划和工作任务的完成；②加强收支管理，提高资金使用效率；③加强资产管理，防止国有资产流失；④建立健全财务制度，实现图书馆财务管理的规范化和法制化；⑤按规定及时编报决算，如实反映图书馆财务状况；⑥加强财务分析与财务监督，保证图书馆各项活动的合理性与合法性。

三、图书馆财力资源管理的原则

图书馆财力资源管理的原则是图书馆财务管理工作中应遵循的基本规范。它们来源于财务管理工作实践，是在图书馆理财实践过程中抽象出来的并且在实践中证明是正确的行为规范，是对图书馆财务管理工作提出的基本要求，也是评价图书馆财务管理工作质量的标准。它们反映着图书馆理财活动的内在要求，对于规范各类图书馆的理财活动，防止各图书馆自行其是，确保图书馆财务管理工作的质量，实现图书馆财务管理的目标，都具有重要意义。图书馆财务管理原则一般包括以下几条：①依法理财原则；②勤俭节约原则；③量入为出原则；④效益原则；⑤正确处理国家、图书馆和个人三者之间的利益关系原则；⑥责任性原则。

第四节　图书馆财力资源管理的内容

图书馆财力资源管理所研究的是资金的分配筹集、使用及经费支出是否符合预算，是否有利于促进图书馆事业发展的问题。一般来说，图书馆财力资源管理包括下列内容：

一、图书馆预算管理

图书馆预算是图书馆根据事业发展计划和任务编制的年度财务收支计划。

图书馆预算由收入预算和支出预算组成。图书馆的收入预算分为财政补助收入和非财政补助收入两个部分，内容包括财政补助收入、上级补助收入、事业收入、经营收入、附属单位上缴收入、其他收入和拨入专款等项内容；图书馆的支出预算包括事业支出、经营支出、基本建设支出、对附属单位补助支出和上缴上级支出等项内容。

目前，国家对文化事业单位实行核定收支、定额或者定项补助、超支不补、结余留用的预算管理办法。图书馆也不例外。

图书馆预算的编制应遵循下列原则：①根据国家有关方针政策、法规制度和文化事业计划编制单位预算；②坚持实事求是的原则，既要考虑单位的需要，又要考虑国家财力的可能，保证重点，兼顾一般；③坚持以收定支、收支平衡的原则，图书馆预算应自求平衡，不得编制赤字预算；④坚持艰苦奋斗、勤俭节约的原则，挖掘内部潜力，努力增收节支，提高资金使用效益；⑤坚持严格划清经费渠道的原则，事业经费与基本建设投资不得相互挤占和挪用，并根据有关规定分别编制预算；⑥坚持完整性和统一性原则，图书馆必须将全部财务收支项目在预算中予以反映，并按照国家预算表格和统一的口径、程序及计算依据编制单位预算。

图书馆编制预算的方法主要有两种类型：变量预算法和零基预算法。变量预算法是图书馆编制预算最普遍的方法，是以当年预算的具体数字为基础，根据实际执行情况和计划期各项业务的可能增减变动情况来确定下一年度预算比上年预算的增减变动额。因为这种预算方法是以现行预算为基础并预测变动量来编制的，所以也称为“增量预算法”或“减量预算法”。与变量预算法截然不同，零基预算法对于图书馆任何一个预算期、任何一种费用项目的开支数，不是从现有的基础出发，也不考虑目前的费用开支水平，而是一切从零出发，以零为起点，即以无费用、无服务、无成本、无收益作为预算的起点，从根本上考虑各费用项目的必要性与规模。

二、图书馆收入管理

图书馆收入是指图书馆为开展业务及其他活动依法取得的非偿还性资金。具体包括：①财政补助收入，即图书馆通过主管部门、上级单位或直接从财政部门取得的文化事业费，含经常性经费和专项资金。②上级补助收入，即图书馆从主管部门或上级单位取得的各种非财政补助收入。③事业收入，即图书馆开展专业业务活动及其辅助活动取得的收入，其中：按照国家有关规定应当上缴财政纳入预算的资金和应当缴入财政专户的预算外资金，不计入事业收入；从财政专户核拨的预算外资金和部分经核准不上缴财政专户管理的预算外资金，计入事业收入。④经营收入，即图书馆在专业业务活动及其辅助活动之外开展非独立核算经营活动取得的收入。⑤附属单位的上缴收入，即图书馆的附属独立核算单位按照有关规定上缴的收入。⑥其他收入，即上述规定范围以外的各项收入，包括投资收入、利息收入、捐赠收入等。

图书馆收入管理应符合以下要求：①图书馆应当在国家政策允许的范围内合法组织收入。②坚持把社会效益放在首位，同时注重经济效益。③必须使用财税部门统一印制的票据，并建立健全各种专用收款收据、销售发票、门票等票据的管理制度。④必须严格执行国家批准的收费项目和收费标准，不得擅自设立收费项目，自定收费标准。⑤应按规定加强账户的统一管理，收入要及时入账，防止流失。⑥图书馆的各项收入必须全部纳入单位预算，统一核算，统一管理。

三、图书馆支出管理

图书馆支出是图书馆开展业务及其他活动发生的资金耗费和损失。具体包括：①事业支出，即图书馆开展专业业务活动及其辅助活动发生的支出，包括基本工资、其他工资、补助工资、职工福利费、社会保障费、公务费、业务费、设备购置费、修缮费和其他费用。②经营支出，即图书馆在专业业务活动及其辅助活动之外开展非独立核算经营活动发生的支出。③自筹基本建设支出，即图书馆利用财政补助收入以外的资金安排自筹基本建设发生的支出。④对附属单位补助支出，即图书馆用财政补助收入之外的收入对附属单位补助发生的支出。⑤上缴上级支出，即实行收入上缴办法的图书馆按照规定的定额或者比例上缴上级单位的支出。

图书馆支出管理的要求是：①图书馆在开展非独立核算经营活动中，应当正确归集实际发生的各项费用数，不能归集的，应当按照规定的比例合理分摊。经营支出应与经营收入配比。②图书馆应当建立健全支出管理制度。各项支出在单位负责人的领导下，由单位财务部门在财政部门和主管部门核定的预算指标之内统一掌握使用。各业务部门的开支，应事先提出使用计划交财务部门审核后执行。③图书馆应严格执行国家规定的开支范围及开支标准；没有统一规定的，由图书馆作出规定，报主管部门和财政部门备案。图书馆的规定违反国家法律、法规和政策的，主管部门和财政部门应当责令其改正。④图书馆从财政部门和主管部门取得的有指定项目和用途并且要求独立核算的专项资金，应当按照要求定期向财政部门和主管部门报告专项资金使用情况；项目完成后，应当报送专项资金支出决算和使用效果的书面报告，接受财政部门和主管部门的检查和验收。⑤为了加强支出管理，提高经济核算水平，有条件的图书馆应当根据开展业务及其他活动的实际需要，实行内部成本核算办法。

四、图书馆资产管理

图书馆资产是指图书馆占有或者使用的能以货币计量的经济资源，包括各种财产、债权和其他权利，具体是指：①流动资产，是指可以在一年内变现或者耗用的资产，包括现金、各种存款、应收款项、预付款项和存货等。②固定资产，是指一般设备单位价值在500元以上，专用设备单位价值在800元以上，使用期限在一年以上，并且在使用过程中基本保持原有实物形态的资产。单位价值虽未达到规定标准，但耐用时间在一年以上的大批同类物资，也作为固定资产管理。图书馆固定资产一般分为六类：房屋和建筑物；专用设备；一般设备；文物和陈列品；图书；其他固定资产。③无形资产，是指不具有实物形态而能为使用者提供某种权利的资产，如专利权、商标权、著作权、土地使用权、非专利技术、商誉以及其他财产权利等。

对于不同类型的图书馆资产，应分别采取不同的管理办法。以图书馆固定资产为例，应遵循下列管理规定：①建立健全固定资产管理制度。加强固定资产维护和保养，制定操作规程，建立技术档案和使用情况报告制度。②购建和调入的固定资产，由图书馆财产物资管理部门负责验收，图书馆财务部门参与验收。购进贵重仪器等专业设备和新建的房屋及建筑物竣工时，应有专业技术人员参加验收。经验收后的固定资产要及时入账并交付使用。③接受捐赠的固定资产，应按市场价格和新旧程度估价入账，或根据捐赠时提供的有关凭据确定固定资产的价值。接受捐赠固定资产时发生的各项费用，计入固定资产原值。④图书馆固定资产报废和转让，一般经本单位行政领导批准后核销。大型、精密贵重设备、仪器报废和转让，应当经过有关部门鉴定，报主管部门或财政部门、国有资产管理部门批准。具体审批权由同级财政部门会同国有资产管理部门规定。⑤固定资产的变价收入，除国家另有规定者外转入修购基金。⑥图书馆应当定期或者不定期对固定资产清查盘点。年度终了前必须进行一次全面的清查盘点，做到账、卡、物相符。对于盘盈、盘亏的固定资产应及时按规定处理。

第五节　图书馆财力资源管理的技术方法

图书馆财力资源管理的技术方法是图书馆达到财务管理目标、完成财务管理任务的重要手段，也是图书馆财务人员从事财务工作的基本技能。图书馆理财活动中，运用着一系列的技术方法，它们共同形成了一整套科学、完善的财务管理方法体系。根据我国传统的财务管理理论，财务管理包括财务预测、财务决策、财务计划、财务控制及财务分析五个环节。与此相应，图书馆财务管理方法体系也主要由相互联系的财务预测方法、财务决策方法、财务计划方法、财务控制方法及财务分析方法组成。

一、图书馆财务预测方法

财务预测是图书馆财务人员根据历史资料，依据现实条件，运用特定方法，对图书馆未来的财务活动和财务成果所做出的科学预计和测算。财务预测是财务决策的基础，是图书馆编制财务计划的前提，是图书馆日常财务活动的必要条件。

图书馆财务预测工作一般包括如下几个步骤：①确定预测对象和目标，制定预测计划；②收集、整理相关的信息资料；③选择特定的预测方法进行实际预测；④对初步的预测结论进行分析评价及修正，得出最终预测结果。

图书馆财务管理中常用的预测方法可分为定性预测法和定量预测法两种类型。定性预测法亦称非数量预测法，一般是在缺乏完备、准确的历史资料的情况下，由图书馆领导、财务主管及其他有关专家根据过去积累的经验，利用直观资料，依据个人的主观判断能力及综合分析能力，对图书馆财务的未来状况和趋势做出预测的一种方法。定性预测法又可分为意见交换法、类推预测法、理论推定法、专家调查法—德尔斐法等。定量预测法亦称数量预测法，是运用现代数学方法对历史数据进行科学的加工处理，充分揭示各有关变量之间的规律性联系，建立经济数学模型来进行预测的方法。定量预测法又可分为因果预测法和趋势预测法两种类型。

二、图书馆财务决策方法

财务决策是指财务人员在财务目标的总体要求下，从若干个可供选择的财务活动方案中选择最优方案的过程。当然，在可供选择的财务活动方案只有一个时，决定是否采纳这个方案也属于财务决策。财务决策是财务管理的核心，直接关系到图书馆财务管理的质量。

图书馆财务决策一般包括以下几个步骤：①根据财务预测的信息提出问题；②根据有关信息制定解决问题的若干备选方案；③分析、评价、对比各种方案；④拟订择优标准，选择最优方案。

图书馆财务决策常用的方法有优选对比法、数学微分法、线性规划法、概率决策法、损益决策法等。

三、图书馆财务计划方法

财务计划是在一定的时期内以货币形式反映图书馆业务及经营活动所需的资金及其来源、财务收入和支出、结余及其分配的计划。财务计划是图书馆根据本单位的业务工作安排及定额定员等标准，以财务预测提供的信息和财务决策确立的方案为基础来编制的，是财务预测和财务决策的具体化，也是控制图书馆财务活动的基本依据。图书馆预算、预算外资金收支计划、经营收支计划等都是图书馆的财务计划。

图书馆财务计划的编制过程一般包括如下几个环节：①根据财务决策的要求，分析主客观条件，全面安排计划指标；②对需要与可能进行协调，实现综合平衡；③调整各种指标，编制出计划表格。图书馆财务计划的编制过程，实际上就是确定计划指标并对其进行综合平衡的过程。

编制图书馆财务计划的方法主要有平衡法、因素法、比例法、定额法等。

四、图书馆财务控制方法

财务控制是指在财务管理过程中，利用有关信息和特定手段，对图书馆的财务活动施加影响或调节，以便实现计划所规定的财务目标。财务目标是图书馆一切财务活动的出发点和归宿，是财务管理的行为导向，对图书馆财务活动进行管理和控制正是为了实现一定的目标。财务控制作为一种经济调控行为，其调节过程一般包括制定目标、分解目标、实施调控、衡量效果、纠正偏差几个步骤。

常见的图书馆财务控制方法有：①防护性控制。又称排除干扰控制，是指在图书馆财务活动发生前就制定一系列制度和规定，把可能产生的差异予以排除的一种控制方法。例如，为了合理使用资金，节约各种费用开支，可事先规定各项开支的范围和标准；为了防止图书馆滥用职权，杜绝乱收费现象，可事先对其收费的项目、范围和标准作出规定。在图书馆财务管理中，各项事先制定的标准、制度、规定都可以看做是排除干扰的方法，这是最彻底的控制方法，也是图书馆财务管理中最常用、最重要的控制方法。②前馈性控制。又称补偿干扰控制，是指通过对图书馆财务系统实际运行的监视，运用科学方法预测可能出现的偏差，采取一定措施，使差异得以消除的一种控制方法。例如，为了控制图书馆支付能力，保证图书馆各项业务的顺利开展，要密切注意图书馆流动资金（周转金）的数量，当预测到流动资金数量不足，可能影响以后各项业务活动的顺利进行时，就应采取措施，严格控制并合理安排资金支出，以保证图书馆有足够的支付能力。在图书馆财务管理中，前馈性控制是一种比较好的控制方法，它便于各图书馆及时发现问题，并及时采取措施解决问题，尽量避免出现大的失误。但是，采用这种方法要求掌握大量信息，并要进行准确的预测，只有这样，才能达到控制目的。③反馈性控制。又称平衡偏差控制，是在认真分析的基础上，发现实际与计划之间的差异，确定差异产生的原因，采取切实有效的措施，调整实际财务活动或调整财务计划，使差异得以消除或避免今后出现类似差异的一种控制方法。反馈性控制是根据实际偏差来进行调节的，属于事后控制，在平衡与调节的过程中，由于时滞的存在，又可能导致新的偏差。但这种控制方法运用起来比较方便，一般不需要太多的信息。因此，这种方法在图书馆财务管理中得到广泛的运用，特别是当干扰不能预计或发生很频繁时，它是一种典型的财务控制方法。

五、图书馆财务分析方法

财务分析是根据有关信息资料，运用特定方法，对图书馆财务活动过程及其结果进行总结和评价的一项工作。通过财务分析，可以掌握图书馆各项财务计划指标的完成情况，评价图书馆财务状况，衡量图书馆工作绩效，研究和掌握图书馆财务活动的规律性，改善图书馆财务预测、决策、计划和控制，提高图书馆财务管理水平，促进图书馆财务管理目标的实现。

图书馆财务分析过程一般包括如下几个阶段：①确定题目，明确目标；②收集资料，掌握情况；③运用方法，揭示问题；④提出措施，改进工作。

图书馆财务分析方法主要有两种：

（1）比较分析法。即比较两个相关的财务数据，来揭示财务数据之间的相互关系，分析图书馆财务活动的一种方法。它通常采用三种方式来进行比较：①将分析期的实际数据与同期计划数进行对比，确定实际与计划之间的差异，据此考核财务指标计划完成情况；②将分析期的实际数据与前期数据进行比较，确定本期与前期之间的差异，据此考核图书馆的发展情况，预测图书馆财务活动的未来发展趋势；③将分析期的实际数据与同行业平均指标或先进图书馆指标进行对比，确定本单位与同行业平均水平或先进水平之间的差异，据此找出原因，改进工作。

（2）比率分析法。即把某些彼此相关联的指标以比率的形式加以对比，据以确定图书馆经济活动变动程度，揭示图书馆财务状况的一种分析方法。在图书馆财务分析中，常用的比率有以下两类：①构成比率。又称结构比率，它是某项经济指标的各个组成部分与总体的比例。通过构成比率，可分析指标构成内容的变化，从而掌握该项财务活动的特点与变化趋势，考察图书馆经济活动的结构是否合理。例如，通过计算图书馆各项支出在支出总额中所占的比重，可分析图书馆行政性支出与业务性支出之间、维持性支出与发展性支出之间、重点性支出与一般性支出之间的比例是否恰当，支出结构是否合理。②动态比率。即将某项指标的不同时期的数值相比而求出的比率。它反映的是同一财务指标在不同时期状态下的对比关系，说明的是图书馆财务活动在时间上的发展和变化程度。通过动态比率，可分析图书馆财务活动及相关指标的发展方向及增减速度。例如，经营收入增长率=（当年经营收入/上年经营收入-1）×100%。

参考文献

[1] 刘双葆．安徽省公共图书馆建设需补血［N］．中国文化报，[2007-08-25]：(1).
[2] 魏锋．福建公共图书馆难题依旧［N］．中国文化报，[2008-08-26]：(1).
[3] 詹福瑞．有700个县图书馆没一分钱购书经费［J］．新世纪图书馆，2008（2).
[4] 潘寅生．图书馆管理工作［M］．北京：北京图书馆出版社，2001.
[5] 王庆成．财务管理学［M］．北京：中国财政经济出版社，1995.
[6] 杨伟真．图书馆经济学［M］．成都：成都出版社，1991.
[7] 黄宗忠．图书馆管理学［M］．武汉：武汉大学出版社，1992.
[8] 徐建华．现代图书馆管理［M］．天津：南开大学出版社，2003.
[9] 刘小琴．图书馆规章制度选编［M］．北京：北京图书馆出版社，2001.
[10] 刘俊勇．公司理财［M］．北京：石油工业出版社，2001.
[11] 陈振兴，张雪峰．论图书馆经费短缺的问题与对策［J］．黔东南民族师范高等专科学校学报，2003（1).

第十七章 图书馆知识管理

知识管理是知识经济时代的一种全新的管理。它是人类管理史上自19世纪末20世纪初泰罗制科学管理以来的一次最伟大而深刻的革命，是信息化和知识化浪潮的产物。知识管理产生于知识型企业的管理实践并已得到了成功的验证，正在成为世界范围内企业管理的新趋势。图书馆作为知识的宝库，有必要及时研究和借鉴知识管理的经验，不断改进现有工作，与时代前进的步伐保持一致。

第一节 图书馆知识管理的概念

"知识管理"一词是美国麻省莱克星顿著名的恩图维星（Entovation）国际咨询公司于20世纪90年代初首次提出的，但至今仍未有一个公认的明确定义。其中较具代表性的观点有：

英国加特纳集团公司（Gartner Group Inc.）认为，知识管理是为发现、管理和分享企业信息资产所提供的一条综合途径，这些信息资产包括数据库、文献、策略、程序和未成文的存在于员工中的技能与经验。

David J. Skyrme博士认为，知识管理是对虚拟知识及其创造、收集、组织、传播、利用与宣传等相关过程的系统管理，它要求将个人知识转变为某个组织可以广泛共享与适当利用的团体知识。

美国德尔集团创始人之一卡尔·弗拉保罗从知识管理的目的出发，认为知识管理就是运用集体的智慧提高应变和创新能力，是为企业实现显性知识和隐性知识共享所提供的新途径。

Yogesh Malhotra认为，知识管理是当企业面对日益增长的非连续性的环境变化时，针对组织的适应性、组织的生存和竞争能力等重要方面的一种迎合措施，本质上它包含了组织的发展进程，并寻求将信息技术所提供的对数据和信息的处理能力以及人的发明创造能力这两方面进行有机的结合。

金吾伦认为，知识管理就是通过知识共享，运用集体的智慧提高应变和创新能力，并为提高竞争力而对知识进行识别、获取和发挥其作用的组织运作过程。

还有人认为，知识管理就是以知识为核心的管理，它是指对各种知识的连续管理的过程，以满足现有和未来的需要，以确认和利用已有和获取的知识资产，开拓新的机会。

显然，人们对知识管理的看法是“仁者见仁，智者见智”。而且，多数观点都以企业为立足点。其实，知识管理是一种普适性很强的管理理论和方法，它不仅很适合企业，而且也很适合许多别的组织，尤其是图书馆。其理由如下：

第一，知识是图书馆生存的基础，是图书馆职能的永恒主题。图书馆从它诞生时起就以保存和传递文化知识为目的。无论记录知识的载体是竹帛、纸张还是胶片、光盘，图书馆在几千年的时代变迁中能够生存发展靠的是它保存着凝聚古今中外亿万人民的智慧所创造的知识。这些文化知识是人类共同的精神财富，也是图书馆赖以生存的依托和基础。正是由于图书馆保存着人类共同的文化知识遗产，它才能成为人们共同学习和交流的场所；它的社会性、科学性、教育性和服务性才具有稳固的根基。从纸的发明→印刷术的推广应用→电子计算机的应用→现代通信网络技术的推广应用，图书馆经历了一次次的变革与挑战，并引发了图书馆职能的不断拓展与强化，但保存人类科学文化知识始终是图书馆特有的职能。用知识传递、交流来促进社会生产力的发展始终是图书馆神圣的职责。人类社会的发展历程是知识积累的过程，只要人类社会还存在，还向前发展，它就离不开知识的保存和交流，就离不开图书馆。

第二，图书馆应用知识管理是图书馆事业发展的需要。20 世纪 90 年代以来，图书馆面临着两个大的背景：一是知识经济的产生与发展，给人类社会以巨大的影响，知识成为最重要的一种资源，成为基本的生产要素。图书馆能否在管理知识和运用知识上发挥作用，成为一个现实问题。二是新技术特别是信息技术的飞速发展不断地改变着社会的文化，图书馆一直随着新技术的应用而发生管理与服务方式的改变，网络产生以后给图书馆以更大冲击，是由网络替代图书馆组织和传播知识，还是由图书馆利用网络将更高质量的知识传递给需求者，图书馆必须做出选择。毫无疑问，图书馆应用知识管理的理论与方法，能够提高图书馆文献组织与管理的质量，能够提高信息资源的可存取性，能够提高图书馆服务的针对性和效益，从而更好地为经济建设和社会发展服务，最大限度地发挥图书馆的作用与潜能。

第三，图书馆是国家知识基础设施的重要组成部分。发展知识经济必须加强国家知识基础设施的建设。所谓国家知识基础设施，主要指高校、科研系统、企业和知识机构与广大劳动者紧密联系在一起的社会网络。通过这个网络的协同和互动，使知识得以生产、传播和应用，使人们在经济活动的各个环节都可以很容易地获得和利用所需要的知识。可见，国家知识基础设施属于广义知识管理的范畴。图书馆始终被誉为知识的宝库，是典型的知识机构，也是传播知识的中介机构，它的基本职能和任务就是对知识进行收集、加工、存储、管理、检索利用并提供服务。图书馆的文献、设备、技术人员本身就是知识经济中生产要素的组成部分，随着数字化和网络化的普及，许多图书馆已经成为整个知识网络的组成部分，成为知识传播利用的主要渠道。

第四，图书馆具有知识管理的传统和优势。图书馆界自古即有知识管理的实践。印刷术发明之前，文献资源相对稀少，但是仍有知识管理的实例存在，例如我国东汉刘向、刘歆父子，奉命依当时社会情况，将能够收集到的文献材料与文献资源组织编制成《七录》、《七略》，并把征集到的文献分为7个大类，再予以摘记大要。2000年前这种编制目录与摘要式的文献管理，就是具体而有效的知识管理。古代的石渠阁、天禄阁等藏书阁就是知识管理的单位。明朝《永乐大典》的编制和清朝《古今图书集成》、《四库全书》的编制，都是极为重要的系统化知识管理。此外，图书馆具有进行知识管理的独特优势：一是拥有丰富的知识资源，社会上没有哪一个机构所拥有的知识资源量能够与图书馆相比；二是图书馆员的职业技能优势。图书馆员属于知识工作者中的一类，是知识与智慧的价值创造者。早在1994年，Michigan大学图书馆信息学院的L. B. Rosenfield教授就指出：图书馆员等信息管理人员对信息资源进行“重新包装（repackaging）”的知识和技能，会在使Internet变成一个有价值的信息空间中发挥更为重要的作用。美国宾夕法尼亚大学的詹姆斯·奥唐纳教授更是这样推崇图书馆员：“我们看重的不是信息本身，而是通过筛选得到确实需要的信息。在大学体系内，图书馆员很可能比教授略胜一筹，因为图书馆员作为一种职业，他们一直都在搜寻、筛选、组织、编排各种信息，帮助人们直接获取信息。这种本领肯定是我们最需要的。图书馆员肯定会成为一支生力军，我敢打赌。”1993年，F. W. Lancaster在《人工智能和专家系统：它们将如何作用》一文中指出：“很少有证据支持这种信念，即具有智能的设备不久将能够胜任现在由受过良好训练和经验丰富的图书馆信息人员执行的许多智力任务，就这个主题而言，许多作者看上去似乎过于乐观了。”“事实是与图书馆职业相关的真正的智力任务——主题分析、信息需求译解、检索策略拟订以及诸如此类的工作——是难以授权给机器去做的。……在可预见的未来，图书馆信息人员的专业技能也不可能被人工智能所取代。”

由此可见，图书馆知识管理既具有必要性，又具有可行性。然而，什么是图书馆知识管理呢？兹介绍几种富有代表性的定义：

王均林主张，图书馆知识管理其实就是对其显性知识和隐性知识的收集、整理、存储使用，并使其充分发挥作用的过程。

夏萍提出，图书馆知识管理就是通过对图书馆拥有的包括信息、知识各种要素在内的所有智力资本进行组织、开发和运营，实现知识创新、知识扩散和知识增值的过程。

柯平指出，图书馆知识管理就是运用知识管理的理论与方法，进行图书馆的业务、财务、人事等各个方面的管理。它不是要取代传统图书馆管理的全部内容，而是图书馆管理的一个新领域。广义的图书馆知识管理，则包含着两大范畴：一个是对图书馆馆藏知识资源的组织与管理，另一个是运用图书馆的集体智慧开展业务活动，提高图书馆创新能力和可持续发展能力的图书馆管理。

罗文荣和莫翔伶认为，图书馆知识管理是指应用知识管理理论和方法，合理配置和使用图书馆各种资源，充分地满足用户不断变化的信息与知识需求，并提升现代图书馆的各项职能和更好地发挥其作用的过程。

宋凌凌认为，图书馆知识管理就是对图书馆知识活动的各个环节——搜集、整理、存储和应用，实施科学运作和有效管理，从而实现知识服务的创新和增值。

石秀春主张，图书馆的知识管理就是图书馆把知识管理的理论和方法运用到图书馆管理之中，在图书馆信息管理的基础上，拓展其服务对象，即更重视对知识进行识别、提取、组织、开发、存储、传播，以达到知识扩散、知识创新、知识增值的目的。

我们认为，上述六种定义基本上都揭示了图书馆知识管理的本质，即充分发挥图书馆所拥有的知识的作用。但是，前两种定义过于简略；柯平的定义没有明确“图书馆职业知识管理”和“图书馆馆藏知识管理”的相互关系；罗文荣和莫翔伶的定义没有系统地反映出图书馆知识管理的思想和方法；宋凌凌对图书馆知识管理价值的界定过于褊狭；石秀春的定义将“拓展其服务对象”与“更重视对知识进行识别、提取、组织、开发、存储、传播”画等号，令人费解。

事实上，图书馆知识管理的定义应满足下列条件：①比较全面地概括目前图书馆界对知识管理的各种认识和思考；②比较系统地反映出图书馆知识管理的思想、方法和应用层面的内容；③比较完整地分析图书馆知识管理的内涵和外延；④比较科学地界定图书馆知识管理的应用价值。在此基础上，本书给出的图书馆知识管理的定义是：

图书馆知识管理包括图书馆知识（含显性知识和隐性知识）的获取、整理、保存、更新、应用、测评、传递、分享和创新等基础环节，它通过图书馆知识的生成、积累、交流和应用管理，复合作用于图书馆的多个领域，以实现图书馆知识的资本化或产品化，最终提升图书馆的服务能力、创新能力、竞争能力和可持续发展能力。

这个定义凸显了图书馆知识管理的以下特征：

第一，图书馆知识管理依赖于知识。由于在图书馆知识识别、获取、整理等全过程中，环节众多，作用机理复杂，因此必须加强对图书馆知识的基础管理，确保在一个图书馆系统内知识可以不断地生成和发展。知识的基础管理是整个图书馆知识管理的前提。

第二，图书馆知识管理是管理。图书馆知识管理是以知识为中心的管理。强调它的管理特性，就是要突出知识管理可以帮助图书馆实现隐性知识显性化和知识共享，是一条提升图书馆运营效率的新途径。图书馆知识管理不像对数据和信息的整理分析那样简单，也不以书本或教条来管理图书馆，而是把信息、流程与人这三大因素有机联结起来，在交流和互动中实现知识的共享、运用和创新，是利用知识提升图书馆效率、创造图书馆价值的过程。图书馆知识管理是管理理论与实践中“以人为本”主线的进一步发展，实现知识与人的能力相结合，才是“知识创造价值”的管理目标所在。

第三，图书馆知识管理是优化的流程。按照知识的存在过程与业务流程的结合，可将图书馆知识管理划分为知识的生成管理、知识的积累管理、知识的交流管理和知识的应用管理等四个独立的环节，它们之间存在首尾闭合的环路关系。这四个环节相互影响，形成一个有机的管理体系，构建起有效的作用传导机制。从各个环节的具体内容来讲，围绕“知识增值”这个核心，知识生成管理是基础和前提；知识积累管理是保障，是知识源与流、因与果之间的重要联系渠道，通过积累可以形成图书馆的集体智慧，提高图书馆对信息环境的应变能力；知识交流管理是动力，通过交流可以将各种知识整合成强有力的资源和力量；知识应用管理是手段，直接创造价值。

第四，图书馆知识管理是方法。知识管理作为管理方法，并不只在图书馆的个别领域中发挥作用，它与图书馆管理的各个层面的应用主题相结合，以基本方法和规律指导图书馆开展藏书管理、组织设计、人力资源管理、资源规划和馆读关系管理，成为辐射到图书馆各个层次的，以资源整合、潜力挖掘和“知识创造价值”为特征的管理活动。

第五，图书馆知识管理创造价值。知识管理在图书馆应用的核心是体现“知识增值”，因此，“知识创造价值”是知识管理对图书馆所有业务流程进行改进和变革的基础要求，将在外延上促进图书馆知识的资本化和产品化，确保图书馆具备良好的服务能力、创新能力、竞争能力和可持续发展能力。

第二节　图书馆知识管理的内容

一、图书馆知识生成管理

知识生成管理作为整个图书馆知识管理的前提，要解决的问题是清晰知识的来源，它主要包括知识获取和知识创造两个环节。知识获取可以分为从图书馆内部获取和从图书馆外部获取。因此在图书馆知识生成管理中，可以把知识的来源清晰地分为三个部分，即从图书馆内部获取、从图书馆外部获取和创造知识。

图书馆中由个人实践所形成的经验，或工作伙伴所拥有并可被分享的知识，是内部知识的主要来源。图书馆做好知识生成管理，首先要面对的就是从图书馆内部员工获取知识，把零散分布在每个员工头脑中的知识聚合成能够解决业务问题的系统性知识。当个人拥有的知识没有应用于解决图书馆问题时，对图书馆来说就是无效的。

在图书馆的外部，获取知识的目标主要在于获得出版社、书商、信息服务公司、同行、读者以及行业和社会发展的相关知识。这些知识隐含在繁杂的商业数据、行业信息和调查资料、读者与竞争对手的个体知识之中，只有对外部信息不断进行搜集处理并促进图书馆与外部的交流，才能确保图书馆获得外部知识来源。

创造知识是图书馆知识生成管理中的另一个来源。尽管知识的创造活动往往是伴随知识的应用和交流全过程进行的，但它终归体现为知识的重新生成和总量的增加。知识创造作为知识的来源之一，是最难以把握的，因为创造意味着要培育、创新知识，而不是简单地发现或积累知识。为了保持图书馆的生命力，图书馆不断需要新的知识，但很显然，这些知识不可能纯粹来源于原有知识或外部。成功的图书馆会通过提高各个部门员工的工作兴趣来增强图书馆创造知识的能力，有的图书馆甚至允许员工参加与日常工作没有直接联系的项目来增强整体的知识来源。这些做法包括设立鼓励创造知识的项目、思想观念竞赛、参与多种项目工作的机会，以及提供充分的知识创造条件，保证图书馆员具备接触外界大范围刺激和信息的条件。

二、图书馆知识积累管理

知识积累管理是确定图书馆知识的最终存在形式，因此也是图书馆知识交流和应用的基础。知识积累管理的目标是将知识生成管理中所获得的知识进行保存和安全管理，同时为知识交流和知识应用创造系统、及时、高效的环境，因此知识积累管理的实现途径主要依靠知识的整理、保存和更新三种方式。

知识的整理、保存和更新构成了知识积累管理，但从管理过程来看，知识积累管理要解决的根本问题是对不同知识如何实现积累，而不是损耗。这就要从知识存在的基本形态入手考虑。知识存在的基本形态是显性和隐性。显性知识是指经文献记录下来的、公共的、结构化的、内容固定的、外在化的和有意识的知识；隐性知识是指个人的、未经文献记录的知识，它对语境敏感，是动态创造和获取的，是内在化的和基于经验的，常存在于人的思想、行为和感知中。由于前者可以被编码、结构化进而存储在数据库中，任何成员都可以通过计算机或网络直接调用，而后者与知识的所有者没有分离，往往需要通过直接交流才能传播和分享，因而这两种知识的积累显然需要不同的方法。

对显性知识通常可通过知识数据仓库来管理，而对于隐性知识通常以专家系统或智囊团的形式来管理。图书馆知识积累管理的关键，就成为方式选择及不同选择下如何更好地面对知识对象的问题。

三、图书馆知识交流管理

图书馆知识交流管理中要解决的关键问题在于：如何通过通信、协作与交流，实现知识在分类、整理和存储管理的基础上满足不同主体对各类知识的需求，最终促进知识应用，为图书馆创造价值。

知识交流管理要求图书馆从技术和文化等多方面做出安排。技术是实现图书馆内部知识传播的重要方法，它们也有助于建立鼓励知识共享、团队合作和互相信任的图书馆文化。在知识积累管理中，我们通过对不同知识采取不同的积累策略，使用知识数据仓库来管理显性知识，使用专家团方式管理隐性知识。与此相应，在知识交流管理中，也会产生两种交流方式。第一种方式是间接交流，表现为知识的贡献人与知识的使用人之间不需要直接接触，他们都面对共同的对象——图书馆知识数据仓库，即知识的贡献人将知识提供给知识数据仓库，知识的使用人从知识数据仓库中提取工作中所需要的知识。第二种方式是直接交流，表现为知识的贡献人与知识的使用人之间直接进行联系，联系的方式多种多样，如可以是组织会议、培训，也可以是E-mail 或 NetMeeting，通过一对一、一对多的方式获得解决问题的知识。

间接交流的基础是完善图书馆的知识数据仓库。健全的知识数据仓库和完善的信息网络是促进间接交流的技术基础。但对于直接交流来讲，最大的挑战在于如何结合知识的积累，推动隐性知识的显性化，使知识的传播、共享更加简便。在隐性知识的直接交流管理中，除了完善专家团的管理模式外，最重要的是创造和推动各种隐性知识共享的机会，让隐藏于各处的隐性知识不断交流、碰撞，推动知识的创新。

四、图书馆知识应用管理

知识应用管理就是在知识生成、知识积累的基础上，借助知识交流，实现知识价值的过程。

知识应用管理的前期准备工作决定了应用的效率。好的前期规划，可以节省图书馆在寻找有价值的知识过程中的成本。图书馆知识应用管理的前期准备工作包括：

第一，分析图书馆各部门和人员对知识资源的需求。为确定知识应用的目标，图书馆必须全盘考虑各个业务部门（采编部、流通部、技术部、咨询部、网络部等）和行政部门（财务、人事、后勤、馆长办公室等）的具体需求，总结其中的特殊性和通用性，对知识仓库的内容、关系结构、文件类型等进行总体规划。

第二，规划和设计知识分类体系，提高应用前的知识评测能力。在确定知识仓库的总体规划后，图书馆需要依据专业的分类模式（如公认的、行业通用的、技术领域通行的分类），结合自身需要，规划出详细的知识分类体系。为使知识应用有效开展，在准备工作中要高度重视知识的评测，分析整个知识库的框架性结构，不断充实和加入有针对性的知识资源，做到准确适用，并根据实际情况不断修正和完善知识。

第三，规划、开发知识管理系统。针对集中管理（通用性）和分散使用（个性化）的现实需要，知识管理系统的核心功能一般要满足生成、积累、交流的需要，图书馆往往要根据自身实际进行有效的系统规划和软件开发。

第四，建立知识管理部门和相应的运作机制。为推动知识的应用，图书馆一般需要设置独立的知识管理部门或职能小组，其主要职能包括搜集通用的知识资源，组织其他部门和人员提供专门的知识，对图书馆知识资源进行汇集、过滤、整理，推动知识管理的理念传播和实际运作等。

应用的前期准备工作是与知识的生成管理、积累管理和交流管理结合在一起的。通过应用管理的准备，不仅可以梳理出知识管理活动各个环节之间的紧密关系，还可以通过知识评测分析各个环节知识的适用性，加强和密切彼此间的联系，更好地促进图书馆知识管理的开展。

为了推动知识的应用，图书馆还要从文化和环境入手创造“知识拉动力”，要在组织形式上建立跨职能的合作团队。

第三节　图书馆知识管理的实施

自从图书情报界的有识之士察觉到知识管理思想的价值以来，许多人将知识管理与图书馆联系在一起做了理论上的探讨。2009 年 11 月 29 日，我们以“图书馆+知识管理”为题名检索式，对中国知网“中国学术文献网络出版总库”进行了检索，共获得相关论文 1 213 篇。应该说，学术界对图书馆知识管理的理论研究已形成一种热潮。然而，图书馆知识管理实践却相对冷清，国内仅有上海图书馆、中国科学院文献情报中心和深圳南山区图书馆等屈指可数的几家图书馆做了尝试。绝大多数图书馆将传统的文献管理等同于知识管理，认为那就是知识管理的全部，尚缺乏现代知识管理意识，更不可能将现代知识管理提上议事日程。与此相反，发达国家图书馆实施知识管理的实例正在日益增加，如美国、英国、加拿大、新加坡等国。因此，“图书馆知识管理的实施”是一个迫切需要研究并富有现实意义的课题。

一、设立知识主管

知识主管（Chief Knowledge Officer，CKO）是指在一个组织内部专门负责知识管理的官员，它是近年来随着知识管理的发展而在企业内部出现的一个新的高级职位。图书馆作为知识收集、加工和传递的中心，同样应该创建知识主管机制。为了使知识管理成功，知识主管应该设立在有支配权和有责任的上层管理梯队里，譬如由一名副馆长专任或由馆长兼任。图书馆知识主管的主要职责是：①制定图书馆知识政策；②提供决策支持；③帮助员工成长。具体而言，图书馆知识主管应做到：①了解图书馆的环境和图书馆本身，理解图书馆内的知识需求；②建立和造就一个能促进学习、积累知识和知识共享的环境，使每个人都认识到知识共享的好处，并为图书馆的知识库作贡献；③监督保证知识库内容的质量、深度、风格并使之与图书馆的发展一致；④保证知识库设施的正常运行；⑤加强知识集成，产生新的知识，促进知识共享。

要完美地履行上述职责，图书馆知识主管必须拥有以下四方面的能力：①CKO应是一位技术专家。CKO必须了解哪些技术有助于知识的获取、储存、利用和共享。②CKO应是一位战略专家。要实现有效的知识管理，仅仅拥有合适的软硬件系统是不够的，还要求图书馆CKO把图书馆知识开发、共享和创新视为竞争优势的支柱，对包括信息在内的所有知识资源进行综合决策，实施全面管理。③CKO应是一位环境专家。在德尔福集团1998年2月2日召开的知识管理人员研讨会上，与会知识主管一直认为知识管理工作“20%是技术成分，80%是文化成分”。换言之，CKO作为环境营造者的角色较之技术专家的角色要重要得多。环境专家的工作包括：空间设计，如办公室和休息场所的设计、建立和布置学习中心；重新设计绩效衡量和部门主管评估体制，甚至包括改进图书馆管理层对CKO自身业绩评估的尺度。但更根本的，作为一个环境专家要把图书馆所有管理培训计划和组织发展行为都紧密地与知识管理结合起来，要在这些活动中更加重视提高图书馆的知识创造能力。④CKO应是一位创新专家。CKO的动力来源于想要有所作为的愿望和坚持不懈的决心。他们应能够孕育和提出新思想，善于倾听他人建议，如果意见合理并符合图书馆的知识远景则应支持它们。

二、改造图书馆的组织结构

知识管理倡导运用集体的智慧提高组织的应变能力和创新能力，而设计合理的组织结构是创建图书馆核心能力的一条有效途径。面对现代信息技术的挑战和不断变化的用户需求，图书馆必须积极引进企业为实施知识管理而进行的“业务流程重组”（Business Process Reengineering，BPR）或称“企业再造”的管理思想，重新调整图书馆的组织结构和内部关系，进一步增强自身的适应性和竞争性。

图书馆组织结构的设计应以读者为中心，以用户需求为导向，充分实现服务的专业化、个性化，减少管理层次和重复作业，合理配置资源，增强图书馆运行的弹性，提高工作效率。通过业务流程重组，使图书馆建立一种能够迅速适应读者需求的新的服务机制，实现与各个信息系统的交融，给资源的共享、优化、合作和知识的创新带来勃勃生机。

在网络环境下，图书馆的组织结构应改变以往固定的等级模式，打破传统的图书馆职能部门之间的界限，以适应功能的不断拓展和变化。一是在图书馆内建立“柔性组织”，更多地强调组织形态的扁平化和组织行为的柔性化。如采用以团队或小组为基本组织单元的网络化结构的组织形式，将更体现跳跃与变化、速度与反应，更强调人的个性与创造力的发挥，具有灵活、适应性强、高度参与并富有动态性的特点。二是在图书馆外建立“知识联盟”，引进外部知识及经验，以获得能力的扩展和转换。在组织内知识清点的基础上，组建专家网络来提升图书馆的知识、资源和技能水平，增进图书馆之间的相互学习和知识交叉，协同发展。

三、组建完备的图书馆知识库

图书馆知识管理的目标之一是图书馆内部的知识共享。采用传统手段来传递知识往往受到多种主客观因素的制约，有时不能将最适当的知识传送到最需要它们的人手中。若建立知识库，就可以解决这个问题。图书馆应有计划地建立图书馆整体以及各个部门、各个岗位的专业知识体系，将现有知识分门别类、提炼加工，同时还要及时搜集所需的新知识，以形成有本馆特色并不断发展的系统性知识库，协助馆员高效提取所需专业知识资源用于各个部门和各个岗位的实际工作以获得良好的工作绩效。图书馆知识库可分成以下 4 个子库：

1. 外部显性知识库

该库主要收纳社会公共知识。政府出版物、期刊、报纸、学术会议录、标准文献、专利文献以及信息机构制作的具有版权的数据库等，都是社会公共知识的载体，图书馆应根据自身实际跟踪分析并收集相关的部分，以形成自己的特色知识库。

2. 内部显性知识库

该库收纳内部已经或可以用文字形式保存并可检索使用的一类知识，如研究报告、咨询案例、访谈录等。建立该库的关键是有系统性和便于查找。

3. 外部隐性知识库

外部隐性知识库也可以称“外脑”或“智囊库”。用户中不乏各行业、各学科领域的专家，若有效地加以利用就可以形成图书馆宝贵的无形资产。因此，图书馆应在平时的知识服务过程中与用户建立良好的互动合作关系，并建立图书馆的外部专家人才库以及将专家解答的问题加以编码储存的知识库。

4. 内部隐性知识库

该库收纳存在于馆员头脑中的经验、数据、技巧等意会知识。组建内部隐性知识库的基础是尽量把这些意会知识编码化，以供馆员访问和咨询。另外，可以组建内部网络开展电子讨论，让馆员将自己的经验输入内部网络，并对别人的提问和建议给予积极的反馈，管理者则将这些内容全部存入子库。这样一来，一个包括馆员经验、见解和窍门的内部隐性知识库就建立起来了。

四、创立图书馆知识管理系统

图书馆知识管理系统是一种用来支持和改进图书馆对知识的创建、存储、传送和应用的信息技术系统。目前，知识管理系统涌现了多种模式，如基于层次模型的知识管理系统、基于一般系统框架的知识管理系统、基于知识生命周期的知识管理系统、基于知识实践框架的知识管理系统、基于资源的知识管理系统以及基于 XML 的知识管理系统等。

我们在开发图书馆知识管理系统时，应注意以下几个方面：①用户接口设计。即要求知识库管理员在选择工具时，必须考虑是否有标准接口或是否可以按照与组织的其他应用一致的方式来定制。②文本检索与多媒体检索。即要求所开发或利用的搜索引擎能够检索到与检索表达式不完全匹配但实际含有相关信息的文档，而且能够按照相关率高低对检索条目排序。③知识地图。即要求把知识库中的资料与知识目录连接起来。④个性化。即满足知识库管理员手工创建用户文档，或基于 E-mail 标题与原检索式中检索词的自动生成文档来实现知识库的个性化。⑤标准查询。即要求知识库引擎允许知识库管理员定义标准查询，这种标准查询涉及所有用户专门配置文档的关键词，也允许用户公布个人查询。⑥近似组过滤。即满足为用户创建表定义主题选择来实施近似组过滤。⑦知识目录。即要求知识库引擎在用户检索知识地图时，能够识别相关主题专家和馆藏存储信息。⑧合作与通信。即允许被地点和时间分离的团队成员共享那些解决新建议的必要信息，包括方案文件、工作计划、个人计划、讨论组等。

彼特·美索和罗伯特·史密斯认为，从社会—技术的观点来看，组织知识管理系统（Organizational Knowledge Management Systems）不仅仅是信息技术系统，而是由技术基础、组织基础、组织文化、知识与人组成的复杂综合体。因此，今后成熟的图书馆知识管理系统除着重于信息技术外，还应该考虑图书馆组织、图书馆文化与人力资源等问题，以保障图书馆的可持续发展。

五、建设学习型图书馆

图书馆知识管理的策略之一就是建设学习型图书馆。在学习型图书馆中，学习、知识共享、提高员工的素质将是图书馆的一项重要职能和目标，图书馆会开展经常性的培训以及团队学习活动。在学习型图书馆中，学习已经内化为图书馆的日常行为，融入图书馆的血液之中。主动学习、自觉学习将代替被动学习，制度性学习、系统化学习将代替零星式学习。总之，向学习型图书馆发展可以从根本上改变一个图书馆的处境。

学习型图书馆具有一些显著的特点。在思维方式上，学习型图书馆具有以下特点：①有一个人人赞同的共同构想。②在解决问题和人事工作时，摒弃旧的思维方式和常规程序。③成员对所有的组织过程、活动、功能与环境的相互作用进行思考。④人们之间坦率地相互沟通（跨越纵向和水平界限），不必担心受到批评或惩罚。⑤人们摒弃个人利益和部门利益，为实现图书馆的共同构想一起工作。在组织结构上，学习型图书馆具有以下特点：①适应于团队工作而不是个人工作；②适应于项目工作而不是职能性工作；③适应于创新而不是重复性的工作；④有利于馆员的相互影响、沟通和知识共享；⑤有利于图书馆的知识更新和深化；⑥有利于图书馆增强对环境的适应能力。

建设学习型图书馆，需要进行五项修炼，即自我超越、改进心智模式、建立共同愿景、团体学习和系统思考。其中，系统思考是五项修炼中的核心技术。

1. 自我超越

自我超越是指突破极限的自我实现和获得娴熟的技艺的过程。自我超越的修炼包括以下内容：①建立个人愿景，即树立个人远大理想和宏伟目标；②保持创造性张力，即不断地从个人愿景与现实之间的差距中创造学习与工作的热情与动力；③解决结构性冲突，即排除阻止个人追求目标和迈向成功的结构性心理障碍；④运用潜意识，即发展潜意识与意识之间的默契关系，以增强意志力。

2. 改进心智模式

心智模式是指根深蒂固于心中、影响着人们认识周围世界以及如何采取行动的许多假设、成见和刻板印象。改进心智模式就是图书馆成员和图书馆自身打破既成的思维定式，解放思想，进行创造性思维的过程。改进心智模式的修炼包括以下内容：①辨认跳跃式的推论；②摊出对事物的假设；③探询与辩护；④对比拥护的理论和使用的理论。

3. 建立共同愿景

这是图书馆成员树立共同的远大理想和宏伟目标的过程。通过建立共同愿景，把图书馆全体成员团结在一起，创造出众人是一体的感觉。共同愿景深入人心以后，每个员工都会受到共同愿景的感召和鼓舞。对图书馆来说，建立共同愿景，就是要确立新时期图书馆的目标和任务，树立图书馆的形象，将馆员的个人价值与整个图书馆的价值统一起来，将个人的责任与整个图书馆的使命统一起来。这样形成的图书馆规划与图书馆设计不只是代表图书馆馆长的意愿，而是图书馆全体成员的志向和符合时代需要的可实现的工作指南。建立共同愿景的修炼包括以下内容：①鼓励个人愿景，即鼓励个人设计自己的未来；②塑造图书馆整体形象，即培养图书馆成员的集体观念，从集体利益出发分担责任；③融入图书馆理念，即将共同愿景融入图书馆理念之中；④学习双向沟通；⑤忠于事实，即从事实与共同愿景之间的差距中产生图书馆的创造性张力。

4. 团体学习

团体学习是发展图书馆成员互相配合、整体搭配与实现共同目标能力的过程。通过团体学习，可以获得高于个人智力的团体智力，形成高于个人力量之和的团体力量，在团体行动中，达到一种“运作上的默契”和形成一种“流动的团体意识”。

在图书馆中，针对图书馆改革的需要、针对图书馆任务的需要、针对部门的需要等，都可以组织团体学习，让团体成员在学习中理解和创新。以图书馆的人事改革为例，当图书馆的人事改革目标确立以后，要通过学习使全体馆员认识到改革的重要性和必要性，愿意去改革并努力为改革献计献策，解决改革中出现的个人利益与整体利益的冲突、短期利益与长远利益的冲突，变消极因素为积极因素，变被动改革为主动改革，变照搬模仿为开拓创新。

图书馆是社会教育、文化和学术的一个中心，是一个非盈利性组织，当这个组织遇到复杂问题时，既要进行学习，也要发挥团队精神。图书馆团队精神要求为实现人类文明进步和社会发展，以知识信息服务为己任，增强责任感和使命感，通过勤奋努力、团结协作、坚持不懈、不断创造，促进人类知识与信息的生产、传播与利用。

团体学习的修炼需要运用深度会谈与讨论两种不同的团体沟通方式。深度会谈要求团体的所有成员摊出心中的假设，暂停个人的主观判断，自由而有创造性地探究复杂的议题，以达到一起思考的境界；讨论则是提出不同的看法，并加以辩护的沟通技术。通常团体用深度会谈来探究复杂的议题，用讨论来形成对事情的决议。

5. 系统思考

系统思考是五项修炼的核心，它教会人们运用系统的观点来看待图书馆的生存和发展，进而将图书馆成员的智慧和活动融为一体。系统思考能引导人们由看事件的局部到纵观整体；由看事件的表面到洞察其变化背后的深层结构；由孤立地分析各种因素到认识各种因素之间的互动关系和动态平衡关系。

五项修炼的每一项都呈现三个层次，即演练、原理和精髓。其中，演练是指具体的练习，原理是指导练习活动的基本理论，而精髓则是指修炼纯熟的个人或团体所自然地体验到的境界，这种境界往往只可意会，而难以用语言或文字来表达。

五项修炼将创造出有利于图书馆成员自我激励、自我管理和自我评价的组织环境；造就整体搭配、互相配合的团队精神；形成“输出资源而不贫、派出间谍而不叛”的群体整合功能；达到管理的人性化和制度化之间的平衡，以及馆员个人事业发展与图书馆发展之间的协调一致。这些都是现代图书馆的管理者孜孜以求的。

第四节　图书馆知识管理的评价

一、图书馆知识管理评价的内涵与意义

图书馆知识管理评价，是指对图书馆在知识的生成、积累、交流和应用等管理活动方面所达到水平的衡量。

图书馆知识管理水平可以从领导对知识管理的重视程度，人力资源管理知识化程度，组织结构的知识化调整和图书馆文化的培育，知识管理基础设施的建设，知识的检测、评估和利用，外部关系的知识化程度等方面得到反映。评价图书馆知识管理，也就是评价图书馆在这几方面所达到的高度。

知识管理评价是图书馆认识和了解自身知识管理水平的重要途径，它既

可以反映一个图书馆的现状，也可以预测一个图书馆的发展态势。知识管理评价，使图书馆能够对自身的知识管理水平进行纵向比较，或与相关图书馆之间进行知识管理的横向比较，找出经验和教训，从而更好地运用和发挥已有的知识管理优势，发现自身在知识生成、积累、交流和应用等环节中存在的问题，并针对问题找出改进措施，为正确指导图书馆知识管理的发展提供决策依据，达到进一步提高知识管理水平和增强图书馆活力的目的。

二、图书馆知识管理评价的指标体系

借鉴国内外学者对企业知识管理评价指标体系的研究成果，同时结合图书馆知识管理活动的规律，我们认为图书馆知识管理评价指标体系由以下 6 个一级指标和 31 个二级指标构成。

1. 图书馆管理层对知识管理的重视程度

图书馆高层领导对知识管理的重视是实施知识管理的前提，图书馆各级管理者是知识管理的具体执行者，他们共同构成图书馆实施知识管理的关键因素。没有他们自始至终的高度重视，图书馆的知识管理就不能成功。我们用“知识管理战略和预算的制定情况”、“图书馆知识管理工作最高领导者的地位”、“知识主管（CKO）的职位与级别设置”和“知识管理基础设施投入占固定资产投资比重”四个指标，来反映图书馆管理层对知识管理的重视程度。

2. 人力资源管理知识化程度

图书馆管理者和员工既是知识采集、加工、存储和传播的载体，又是知识利用和创新的主体。引进、储备和培养人才对于图书馆知识管理至关重要。没有实施知识管理的图书馆也有人力资源管理，实施知识管理的图书馆对人力资源管理的要求是知识化程度。我们用“职位技能和评价标准的设立”来反映图书馆对员工胜任力的重视程度，用“图书馆本科及以上学历员工比例”来反映图书馆人员结构的设置水平，用“员工周转率”来反映图书馆人才流动状况，用“员工培训和教育覆盖率”、“年均员工培训和教育时间”和“年均员工培训和教育成本”来反映图书馆员工知识培训水平。

3. 组织结构和文化

建立适合图书馆知识管理的组织结构和培育尊重知识的图书馆文化，是在图书馆内实现知识共享、知识创新、知识学习的重要条件。我们用“知识管理机构的设置”、“组织结构扁平化程度”和“团队结构模式的建立”来反映图书馆知识管理的组织保障程度，用“知识宽松交流机制的建立与实施状况”和“促进知识共享的员工的奖励机制的建立与实施状况”来反映图书馆知识共享文化环境建设的水平。

4. 知识管理基础设施建设

知识管理基础设施建设是图书馆知识管理赖以实施的先决条件，也是运用技术手段支持图书馆知识管理的核心问题。我们用“每百人电话机拥有率”、“每百人计算机拥有率”和“图书馆网络性能水平”来反映图书馆知识管理的基础设施状况，用“计算机联网率”来反映知识管理基础设施协同应用的水平，用“图书馆知识门户网站建设水平”来反映图书馆资源整合状况，用“数据库建设及应用水平”来反映显性知识编码及整合水平。

5. 知识检测、评估与利用

知识检测、评估与利用用来测量图书馆创造和建立知识资产以及有效地分配和应用知识的水平。我们用“知识分类与标准化水平”来反映图书馆知识的分类及整理水平，用“经验与新方法数据库建设水平”来反映图书馆隐性知识显性化水平，用“知识地图的建设及利用水平”来反映图书馆获取与共享知识的速度和水平，用“员工年均创新成果总数”来反映图书馆知识创新水平，用“图书馆思想库、学习论坛的建设和利用水平”和“基于教训学习、情景模拟、干中学”等方式的应用水平来反映图书馆对隐性知识的重视和利用水平。

6. 外部关系知识化水平

外部关系知识化程度不仅包括图书馆用户管理水平，还包括图书馆同出版社、书店、新闻媒体、图书馆、企业等相关利益主体的知识合作水平。我们用“用户情报数据库建设水平”来反映图书馆获取和利用用户知识的水平；用“用户满意度”来反映用户对图书馆形象、服务质量及其他方面的态度的信息，这些信息可以帮助图书馆管理者了解本馆知识管理的用户效应，发现其中存在的问题，找到解决问题的办法；用“用户忠诚度”来反映核心用户群比例；用“知识联盟的开发利用”来反映图书馆同相关利益主体的知识合作水平。

当有了确定的评价指标体系之后，具体如何计算，可以有很多方法，如相对指数法、层次分析法、模糊评判法等。

第五节　基于知识管理的图书馆运行机制

图书馆运行机制是指影响图书馆运动的各组成因素的结构、功能及其相互联系，以及这些因素产生影响、发挥功能的作用过程和作用机理，简要地说，也就是图书馆运行“带规律性的模式”。

基于知识管理的图书馆运行机制是一个有机整体，我们可将其分为下列五个二级机制：①基于知识管理的图书馆运行动力机制；②基于知识管理的图书馆运行整合机制；③基于知识管理的图书馆运行激励机制；④基于知识管理的图书馆运行控制机制；⑤基于知识管理的图书馆运行保障机制。动力机制的主要功能是为图书馆知识管理的运行提供适度的动力；整合机制的主要功能是重组图书馆系统的要素，协调图书馆活动中各类主体之间的利益；激励机制的主要功能是促使图书馆成员的行为方式和价值观念向知识管理的取向靠拢，激发图书馆活力；控制机制的主要功能是维系良好的图书馆秩序，控制图书馆运行的方向与速度；保障机制的主要功能是保障图书馆知识管理模式的运行安全。这些机制在结构上应该是协调的，在功能上应该是耦合的、互相补充的，其协调中心就是基于知识管理的图书馆运行目标——最有效地满足读者的知识需求。

需要说明的是，我们将基于知识管理的图书馆运行机制分为动力、整合、激励、控制和保障五个二级机制，并非将这一有机系统机械地割裂开来，而是出于深入剖析图书馆运行机制的需要。实际上，这五个二级机制既是相对独立的，又是相互联系的。所谓相对独立，是指这五个二级机制中的每一个机制实质上是我们考察图书馆运行过程、研究图书馆运行规律的一个角度，也是一种独特的研究方法。所谓相互联系，是指这五种机制之间存在一定的交叉，往往从不同的角度考察同一问题。这是因为，从每一个角度出发考察图书馆知识管理的运行，必然要涉及图书馆活动的许多领域。这样，从不同角度重复考察图书馆知识管理活动就是不可避免的。尽管我们试图避免这种重复，但由于图书馆系统的复杂性和有机联系性，因此我们无法也不能将图书馆系统分割为几个独立的部分，只能从不同的角度、不同的侧面进行考察。譬如，整合机制与控制机制、控制机制与保障机制等，都涉及基于知识管理的图书馆运行秩序的产生与维系。因此我们说这五个二级机制是相互联系的，这种联系是指功能上、结构上的联系，独立则是指考察角度上的独立。

一、基于知识管理的图书馆运行动力机制

1. 满足读者的知识需要是图书馆运行的基本动力

任何事物的运行都有其动力支撑，图书馆的运行自然也不能例外。知识管理是一个过程，它包括四大环节，即知识的生成、积累、交流和应用管理，这与图书馆的工作流程非常相似。图书馆既要管理从社会采集的公共知识，又要管理图书馆管理活动和业务活动中产生的知识。知识管理以满足人们（范围较广，含组织内外）的知识需求为依归，图书馆知识管理应以满足读者的知识需求为宗旨。满足读者的知识需要理应成为图书馆运行的基本动力。其理由如下：

首先，社会需要是社会运行的动力源。图书馆系统是社会的一个子系统，其运行自然不能违背这一基本规律。

其次，读者的存在和需求是图书馆生存和发展的动力。

再次，图书馆很适合满足读者的知识需要。

最后，图书馆的运行以满足读者的知识需求为动力，已成为人们的共识。

2. 图书馆运行动力机制的结构

读者的知识需要是图书馆运行动力之源。在满足读者知识需要的过程中，产生和形成了结构复杂的图书馆动力系统，它由图书馆运行动力机制的外围结构与内核结构两个部分组成。

（1）图书馆运行动力机制的外围结构

图书馆运行动力机制的外围结构包括动力主体、动力传导媒介与动力受体。图书馆运行的动力主体涉及三个层次，即读者（微观层次）、图书馆（中观层次）和国家（宏观层次）。三个层次的动力主体可以互为发生主体、利用主体。读者、图书馆和国家所发生的动力可以通过一定的方式、媒介互相传递，而且既可以在同一层次主体间进行，又可以在不同层次主体间进行。这里的传媒我们称为动力传导媒介。动力传导媒介主要包括利益传导、文化传导和信息传导三种类型。图书馆运行动力机制的外部结构还有动力受体。动力受体是指人们获得需求满足的对象、工具、资源等。就读者而言，其动力受体是知识；就图书馆而言，其动力受体是社会支持（含物质支持和精神支持）；就国家而言，其动力受体是人力资源。

(2) 图书馆运行动力机制的内核结构

图书馆运行动力机制的内核结构包括动力源、动力方向、动力储存体和社会行动四个要素。

动力源是人们的内在需求。对读者来说，动力源是求知；对图书馆来说，动力源是社会效益和经济效益；对国家来说，动力源是知识创新和发展知识经济，建设知识型社会。

动力主体的层次不同，动力储存体的形式也不一样。就读者而言，其动力储存体就是个体行动者的能力。读者在自身知识需求的推动下，到图书馆获取知识的同时，也使自己的生产技术、经验、文化教养水平得到提高，社会交往经验也丰富起来，获得知识的方式也得到改进。这些都作为一种个人能力而储存积累下来，同时也刺激了读者后来的新的知识需要的产生，并为获取新的知识准备了充分条件。因此，读者任何一种新的能力的增长，都提供了产生新的知识需要、新的动力的可能性。就图书馆而言，其动力储存体就是图书馆凝聚力。图书馆凝聚力既表征图书馆的团结力量，又表征馆员个人对图书馆团体力量的感受性（心理反应）。就国家而言，动力储存体包括现实生产力水平和政治权力体系。

动力方向指动力与图书馆运行目标一致或相背，直接关系到动力主体的动力性质。

社会行动是图书馆运行动力的直接表达。就读者而言，其社会行动就是充分利用图书馆，获取自己所需要的知识；就图书馆而言，其社会行动就是加强图书馆管理，面向读者开展丰富多彩的知识服务；就国家而言，其社会行动就是鼓励知识创新，大力发展知识经济，不断提升知识和知识分子的价值，确认图书馆在国家知识创新系统中的地位。

二、基于知识管理的图书馆运行整合机制

管理的核心在于对现实资源的有效整合。知识管理属于一种管理活动，自然也离不开要素（资源）的整合。图书馆知识管理是指一个图书馆整体上对知识的生成、积累、交流和应用的管理过程，目的是提高图书馆知识工作者的生产力，提高图书馆的应变能力和反应速度，创新知识服务模式，增强知识服务的核心能力，最好地满足读者的知识需求。在图书馆知识管理过程中，观念、组织、人力、技术和知识等要素相互交织、相辅相成，共同造就图书馆知识管理的成功。与此相应，图书馆知识管理的整合机制也从这几个方面展开。

图书馆知识管理的整合机制涉及整合中心、整合对象和整合过程。我们

认为，“基于知识管理的图书馆良性运行”是整合中心，各种要素的整合都要围绕这一中心来进行；观念、组织、人力、技术和知识是整合对象，或称整合客体；整合对象的展开就是整合过程。

三、基于知识管理的图书馆运行激励机制

知识管理中的激励是指创设满足知识员工各种需要的条件，激发知识员工的动机，使之产生实现组织知识管理目标的特定行为的过程。对于知识员工的有效激励，能够达到满足知识员工的深度需求、发挥知识员工的特殊作用、实现组织的知识管理目标，最终达到建立知识型组织的目的。图书馆是从事知识采集、整序、开发和传递的组织，内含大量的知识型员工，且知识型员工的层次在逐年提高、结构日趋合理。图书馆知识管理的实施主要依赖其知识型员工，自然也需要运用激励机制。

基于知识管理的图书馆运行激励机制是指图书馆为引导其成员的行为方式和价值观念向知识管理靠拢，按设定的标准和程序将图书馆的资源分配给其员工、团队或群体，以实现图书馆知识管理的目标（含直接目标和间接目标，直接目标是使图书馆知识增值，间接目标是最好地满足读者的知识需求）的作用原理和作用过程。从结构上分析，图书馆知识管理的激励机制由三个要素组成，即激励标准、激励手段和激励过程。

激励标准是对图书馆成员进行激励的方向和强度所作的规定。激励方向是对激励质的规定，即规定对什么样的行为方式和价值观念给予激励，对什么样的行为方式和价值观念不给予激励。激励强度是对激励量的规定，即规定对什么样的行为方式和价值观念给予较多的激励，对什么样的行为方式和价值观念给予较少的激励。由于图书馆知识管理围绕图书馆知识的生成、积累、交流和应用管理来展开，因而基于知识管理的图书馆激励标准也应围绕这几个方面来确定。

图书馆知识管理的激励机制不仅要确定激励的标准，而且要确定采用何种方式进行激励，即采用何种激励手段。激励手段一般分为两种基本类型，即功利型和符号型。所谓功利型，是指以实物形式的给予作为激励手段，如金钱、物品、生活待遇等，主要用来满足受激励对象的物质需要。所谓符号型，是指以授予某种具有象征意义的符号或对受激励对象的行为方式和价值观念给予认可、赞赏等作为激励手段，如荣誉称号、奖状、奖章、尊敬、表扬等，主要用来满足受激励对象的精神需要。

激励过程是指图书馆激励机制发挥功能的动态运作程序，它主要包括四个环节，即导向环节、检测环节、分配环节和反馈环节。

所谓导向环节，是根据图书馆设定的知识管理激励标准，制定一系列具体的政策，并利用一切可能的工具、采用一切可能的方式向图书馆成员广为传播的过程。简而言之，导向环节就是将激励标准具体化、操作化并广为宣传的过程。尽管激励标准是调节图书馆发展方向和图书馆知识管理进程的杠杆，但若无导向环节的明确牵引，也会产生图书馆知识管理进程延缓或者图书馆运行紊乱的结果。

即使导向环节良性运转，达到最佳状态，馆员实际的行为方式和价值观念也不可能完全符合图书馆知识管理的激励标准，这就需要评判与检测。所谓检测环节，就是对图书馆成员参与知识管理的行为方式和价值观念进行评判与鉴定的过程。检测方式可分为两种，即制度检测和舆论检测。

与检测环节紧密相连的就是分配环节，它是根据检测环节的结果具体将图书馆资源按一定程序分配给图书馆成员的过程。分配的原则是按劳分配，分配结果与检测结果应该是一致的，即在图书馆知识生成、积累、交流或应用活动中贡献大的馆员获得较多的图书馆资源，反之则不获得或获得较少的图书馆资源。

图书馆知识管理的激励标准是否公正合理，激励效果如何，激励过程是否良性运转，这些问题都需要通过反馈环节才能反映出来。所谓反馈环节，是指图书馆知识管理激励机制的输出结果对整个激励机制产生影响的过程。反馈环节包含正反馈和负反馈两个过程。

四、基于知识管理的图书馆运行控制机制

基于知识管理的图书馆运行控制机制涉及控制对象、控制过程、控制手段和控制特征等内容。

1. 基于知识管理的图书馆控制对象

我们认为，基于知识管理的图书馆运行控制的对象是图书馆知识管理过程，即图书馆知识的生成、积累、交流和应用过程。图书馆知识管理过程并不是一个空架子，它牵涉图书馆的各类资源，如人力、财力、物力、知识和信息资源等。将图书馆知识管理过程作为控制对象，既把握住了图书馆知识管理的主脉，又能涵盖图书馆的多种资源，因而是切实可行的。

2. 基于知识管理的图书馆控制过程

基于知识管理的图书馆控制过程大致可分为四个步骤：①确定控制标准；②衡量工作绩效；③将实际绩效与标准进行比较；④采取管理行动来纠

正偏差或不适当的标准。

3. 基于知识管理的图书馆控制手段

关于控制的手段，种类很多。美国社会学家罗斯将控制手段分为两类：一类是伦理的控制手段，包括舆论、暗示、个人理想、社会宗教、艺术和社会评价，它们的形成是由于感情的力量；另一类是政治的控制手段，包括法律、信仰、礼仪、教育。加雷思·琼斯等人将控制手段分为三类，即产出控制、行为控制和组织文化/小团体控制。管理者用来评估产出的三种主要机制是财务标准、组织目标和运营预算；管理者用来评估行为的三种主要机制是直接监督、目标管理以及规则和标准操作程序；组织文化是指控制个人与群体相互作用和影响方式的价值观、规范、行为标准和共同愿景的总和，小团体控制是通过分享价值观、规范、行为标准和共同愿景，对组织内个人和群体施加控制。还有一种较为流行的分类是将控制手段分为硬控制和软控制。硬控制是指依赖社会强制力量（如政权、法律和纪律）而实施的控制；软控制是指依赖社会舆论和社会心理而实施的控制，主要包括风俗、道德、信仰和信念。

结合图书馆知识管理的实际，同时兼采上述学者的思想精华，我们认为图书馆知识管理宜运用下列7种控制手段：①定位控制；②触点控制；③策略控制；④战略控制；⑤方法控制；⑥步骤控制；⑦标准控制。

4. 基于知识管理的图书馆控制系统的特征

基于知识管理的图书馆控制系统是指向管理者提供与图书馆知识管理有关的战略、结构和手段是否有效地发挥作用这一信息的正式的目标设定、监督、评估和反馈系统。当图书馆知识管理出现偏差时，有效的控制系统就会向管理者发出警告，并给他们留出对机会和威胁做出反应的时间。

基于知识管理的图书馆控制系统应具备下列特征：①控制应与图书馆组织结构相适应。②控制应与图书馆主管人员的个性相适应。③客观性。④灵活性。⑤经济性。⑥战略性。⑦强调例外。⑧引导性。⑨使控制系统与图书馆文化相匹配。⑩预见性。

五、基于知识管理的图书馆运行保障机制

事实上，在任何实施知识管理的图书馆，矛盾都是普遍存在的，危害图书馆知识管理运行安全的因素也是始终存在的。基于知识管理的图书馆运行系统是一个有机整体，这个整体的各组成部分按一定的方式耦合起来，其结

构是协调的、功能是互补的。然而，这种耦合与协调只具有相对意义，并不具有绝对意义，完全的耦合、完全的协调并不存在，完全的非耦合、完全的不协调同样也不存在。这里有一个“度”的问题，即基于知识管理的任何图书馆运行系统都只具有一定程度的耦合度和协调度，非耦合（或低度耦合）和不协调现象是普遍存在的。一方面，这是由于知识供给与知识需求这一图书馆的基本矛盾制约和影响着图书馆发展的方向与进程。这对矛盾也渗透于图书馆知识管理活动的各个领域，并由此而衍生一系列其他矛盾，这些矛盾是基于知识管理的图书馆运行系统不协调现象产生的根本原因。另一方面，由于基于知识管理的图书馆运行系统处于不断的变迁之中，图书馆运行系统各组成部分也因此而处于不断的变迁之中，它们的联结关系和耦合方式随之处于不断的变迁之中。这些组成部分虽然都处在不断变迁之中，但各自的变迁速率并不一致，而是有快有慢，变化的程度也有大有小。这种变迁速率和变化程度的差异正是图书馆运行系统低度耦合和不协调现象产生的重要原因，在从图书馆传统管理向图书馆知识管理演变的转型时期尤其如此。

如何消除基于知识管理的图书馆运行不安全因素，保证基于知识管理的图书馆运行安全，避免图书馆知识管理随入恶性运行、畸形发展的状态？这就离不开保障机制。所谓基于知识管理的图书馆运行保障，是指基于知识管理的图书馆系统对其自身运行安全的防护与保卫，阻止图书馆随入恶性运行、畸形发展。基于知识管理的图书馆运行保障机制则是指基于知识管理的图书馆运行保障的结构、功能及其作用原理与作用过程。

我们认为，基于知识管理的图书馆运行保障机制由三个部分组成，即基于知识管理的图书馆运行保障制度、基于知识管理的图书馆运行保障理论和基于知识管理的图书馆运行保障实践。其中，制度是根本，理论是基础，实践是关键。三者之间的关系好似“一体两翼”，即制度是“体”，理论和实践分别是左右两“翼”，三者相辅相成，共同保障图书馆知识管理的良性运行。

参考文献

[1] 罗文荣，莫翔伶．图书馆知识管理理念的实践方式［J］．图书馆杂志，2004（2）．
[2] 柯平．知识管理在图书馆中的应用研究［J］．图书馆学研究，2003（9）．
[3] 王均林．论图书馆知识管理［J］．郑州工业大学学报：社会科学版，2001（3）．
[4] 夏萍．图书馆知识管理的主要内容及实施策略［J］．情报科学，2003（7）．
[5] 邓滨．图书馆知识管理与知识环境的构建［J］．图书馆建设，2002（5）．

[6] 盛小平．图书馆知识管理的基本问题［J］．图书馆理论与实践，2004（3）．
[7] 郑景丽，司有和．企业知识管理水平评价指标体系研究［J］．经济体制改革，2003（5）．
[8] 王海燕．试析图书馆知识管理及其实施策略［J］．情报科学，2006（9）．
[9] 黄立军．企业知识管理理论与方法［M］．厦门：厦门大学出版社，2002.
[10] 金吾伦．知识管理——知识社会的新管理模式［J］．昆明：云南人民出版社，2001.
[11] 李力．现代图书馆知识管理的内容与实施策略研究［J］．现代情报，2007（3）．
[12] 皮红．图书馆实施知识管理的对策研究［J］．高校图书馆工作，2008（4）．
[13] 宋凌凌．图书馆知识管理初探［J］．中国商界，2009（9）．
[14] 石秀春．试论图书馆的知识管理与工作创新［J］．情报资料工作，2009（3）．
[15]（美）E. A. 罗斯著．社会控制［M］．秦志勇，毛永政，译．北京：华夏出版社，1989.
[16]（美）加雷思·琼斯等著．当代管理学［M］．李建伟，等译．北京：人民邮电出版社，2003.
[17] 付立宏．基于知识管理的图书馆运行动力机制［J］．中国图书馆学报，2005（6）．
[18] 付立宏．基于知识管理的图书馆运行激励机制［J］．图书馆，2007（2）．
[19] 付立宏．基于知识管理的图书馆运行控制机制［J］．图书情报知识，2006（2）．
[20] 付立宏．基于知识管理的图书馆运行保障机制［J］．图书情报知识，2006（6）．

第十八章　图书馆创新管理

20 世纪 90 年代“管理创新”一词被引入图书馆学研究范畴，图书馆实践界和理论界开始从不同视角、不同层面和不同领域探讨图书馆如何在不断变化的环境中进行管理创新以满足自身的发展需求和用户对知识信息的需求。现代图书馆管理的本质在于创新，管理创新是图书馆用新思想、新技术、新方法对管理系统或者组织、技术、文化某一方面的方略组合进行重新设计、选择、实施与评价，以促进图书馆管理系统综合效能不断提高的过程。图书馆管理创新是多层面、全方位、全过程、全员性的，包括管理观念创新、管理模式创新、管理体制创新、管理机制创新、管理方法创新、管理流程创新等。

本章内容中，“管理创新”是指如何创新组织建设、人力资源管理、管理流程与业务流程等宏观层面的管理模式、方法、理念以及管理创新经验，解释的是“是什么”的问题；“创新管理”则更多是借鉴企业管理方法，强调“如何做”。鉴于本书章节安排，本章着重分析、阐释图书馆创新管理的理念、操作以及具体案例。

第一节　图书馆创新管理概述

一、图书馆创新管理的背景

全球化背景下的发展环境使得“创新能力”不仅被企业当作重要的竞争力，近年来也受到非盈利组织、政府机构的高度重视，各种企业形式以外的组织开始积极培养员工的创新能力、建立鼓励创新提案机制并举办创新竞赛，借此不断创新服务，提高服务和产品品质，进而提升组织的竞争力。例如，加拿大安大略省政府于 1985 年设置“公共图书馆服务奖（public library service awards）”，奖励创新的公共图书馆服务概念。

图书馆不论在工业社会或信息社会，其任务都在于收集、整理、保存及提供图书资料，只是这些活动在不同时期表现不同。信息知识充斥的时代，由于网络的便捷和用户获取信息路径的多元化，图书馆不再是用户获取信息知识的唯一来源，面临各种盈利性信息服务机构及网络的挑战，图书馆如何在传递信息、提供信息附加值服务上不断创新，以维持客户忠诚度、吸引新客户，使图书馆在网络时代成功转型，使其存在价值因创新服务而提升，是图书馆界的重大课题。单从国内来看，从 2001 年至今已发表 1 500 余篇有关图书馆管理的学术论文，出版了 10 余部相关著作。这些论著从不同方面论述了图书馆管理的相关问题，并且在管理理论、宏观管理、管理模式与方法 3 个方面出现了不同程度的理论和实践创新。在一些作者继续探讨目标管理理论、激励管理理论、科学管理理论、CIS 理论如何应用于图书馆管理实践的同时，也有一些作者提出了一些新的图书馆管理理论，如图书馆知识管理理论、图书馆全面质量管理理论、图书馆人本管理理论、图书馆集成管理理论、图书馆学习型组织理论、图书馆“双因素”管理理论、图书馆战略管理理论和图书馆项目管理理论。在图书馆宏观管理方面，研究者着重从图书馆立法和图书馆管理体制上入手进行理论创新。在图书馆管理模式和方法上，则以信息资源的合理开发利用为基础，实行以人为本的管理模式，并在此基础上进行了组织结构创新、制度创新和方法创新。

无论是图书馆的生存环境，还是其理论研究氛围，都已经将“创新”二字列为图书馆发展的必然选择。图书馆在实施创新服务的同时，必须以创新管理作为其顺利进展的保障和基础。没有管理上的创新，就不会有真正的服务和产品创新。

二、图书馆创新管理的含义

创新管理是指组织管理者借助创意环境的建立，成员参与的对话，引发组织成员进行知识创新、技术更新、产品转化的过程，并针对未来组织可能面临的问题，激发组织成员愿意突破现状和接受挑战的能力，并通过一套合适而新颖的文化框架，以新思维和新方法追求组织持续发展。依据此定义，创新管理具有五个特性：应以创新环境的设置为先；是一种集体参与对话的结果；是一种突破现状和挑战现状的管理过程；组织创新文化的形成有赖于创新管理的产生；创新管理的目的是组织的持续发展。黄哲彬、洪湘婷则认为创新管理是指组织领导者除了有创新的理念，更应该积极构建创新环境，诸如成员共同参与决策、构建无障碍沟通对话情景、增加激发成员创新潜能的机会等，进而塑造创新的组织文化，才能够提升组织整体竞争优势，以确保组织的不败之地。

对于图书馆而言，创新管理有两层含义。其一，图书馆创新管理是对其宏观管理模式的创新，包括实行知识管理、业务流程管理、人力资源管理、危机管理等新的管理理念和方法，因此该层面上的创新管理和管理创新没有太大区别；其二，图书馆创新管理要从微观层面上，用创新的理念和方法实施具体的管理活动，也就是每一项管理活动都要有创意、都是在创新的环境下展开，图书馆的领导者和馆员都在积极参与，即微观层面上的如何创新。因此，在理解图书馆创新管理时，不应简单地将其归纳为宏观层面上采用新的管理理念和方法，而应将其扩大至具体的管理活动操作。

三、图书馆创新管理的实施

图书馆创新管理的实施需要注意以下原则：

一是勇于突破原则。组织内部从上至下都应摒除保守、被动的心态，勇于尝试创新的服务方式或改变传统的作业模式，以求业务的改善。而且，上级主管领导应鼓励员工提出创新构想，即使推行的成果不佳，也无关系。

二是全面参与原则。除了获得上级主管的支持外，也需要组织内部各部门及所有员工的配合，才能推动成功的创新服务。

三是沟通协调原则。创新案提出后，可能需要组织的经费和人力的支持，也有可能要在作业程序上做某种程度的调整，这些都需要通过各部门、上级主管及全体馆员之间良好的沟通，才有助于创新方案的推展。

四是激励支持的原则。图书馆主管对馆员的激励与支持，是其创新构想提出的重要因素。创新构想提出后，主管也应该给予人力、物力及经费的支持，协助进行部门之间的沟通，以使创新构想得以落实。

五是组织学习的原则。创新方案的推进是一种组织学习的过程，在推进过程中，无论是研究创新服务的方式，设计服务的机制，或是进行可行性评估、市场调查、效益评估等，都可让参与的同事得到宝贵的经验。

六是经济效益法则。创新活动的推行必须考虑成本效益，不仅是商业机构，即便是图书馆也需要考虑组织投入的人力、物力和财力有多少，有多少用户能接受、欢迎和利用创新的措施。以图书馆而言，推出创新措施后，受惠的用户有多少？投入的资源是否成比例？都是必须考虑的问题。

第二节 图书馆管理理念的发展

伴随人类文化发展，在管理对象、目标、内容、方式等问题上，图书馆的管理观念也不断深化发展，迄今为止大约经历了四个阶段。

一、文献管理

自然经济时代是知识短缺时代，与之相适应，古代藏书楼的功能属性是“保存文化遗产”。当然，“保存文化遗产”的终极目的还是为了利用，但是，其文献收藏和管理有两个基本特点：第一，出发点和主要目的不是为了文献利用，而是文献保存，亦即“为藏而藏”。第二，即使文献利用，也主要是为了藏书者自身的利用；对于其他人的利用，则诸多限制甚至根本拒绝。因此，其管理活动是文献管理，主要是文献搜寻集中、组织整序和保存管理。有学者提出中国古代“书院”是最早实践“藏书为用”原则的，理应是近现代图书馆的先驱。可惜，世界图书馆学界至今不予认同，中国图书馆学界又大多将它划归古代“私学”，而排斥于“古代图书馆”之外。

二、读者管理（或读者服务）

工业经济时代，社会对科学技术的需求迅速膨胀，近代图书馆应运而生。与古代藏书楼相比，其管理目标最主要的特征是“书是为了用的”；其管理内容和方式，也从单一的文献管理转向了文献管理与读者管理相统一，并以读者开发利用馆藏资源的管理为中心，通过提高读者满足率来提高馆藏利用率，以实现近代图书馆的“基本原则”——“以最少的花费为最多的读者提供最好的图书”（J. 杜威）。当然，此时的读者管理或读者服务还欠发达，只能满足读者对文献——整本书或期刊的需求，属于文献服务阶段。

三、信息管理（或知识管理）

社会分工和学科分类日益精确化，读者需求日益专业化，图书馆的服务也随之突破了文献的物质界面，深及知识结构层次。再者，文献的多媒体化趋势日益强劲，信息或知识组织管理和检索利用的科技含量迅速膨胀，读者对图书馆技术支持的需求也日益强烈。图书馆的信息或知识管理属性和功能逐步凸显出来，开辟了参考咨询、用户培训等图书馆服务新领域。同时，古代藏书楼“以书为本”的价值观念也复活繁衍起来，以“见物不见人”的“唯技术论”排斥“以人为本”。对此，美国著名图书馆学家兰开斯特批评道："图书馆变得越来越专业化……越来越非人性化了"，"还有多少与人类关心之事相关？有多少与职业宗旨相关？有多少与服务理想相关呢？"

四、人本管理

"以人为本"的知识经济日益临近，人本主义管理理论日益渗透到图书馆活动中。读者和馆员"人"的管理，逐步突破了科学管理的"刚性原则"，强调人性化和"柔性原则"，提倡现代图书馆管理的思路应该是"人—书—人"，即以人（读者）为出发点和归宿，尊重读者、方便读者和研究读者。将以人为本的思想充分融会贯通于读者服务工作的每一个细节，真正做到以读者为中心，令读者满意。在馆员管理中，也同样是强调调动和发挥人的主体性、主动性和创造性；在注重发挥利用馆员既有智慧能力的同时，也越来越重视通过继续教育，不断提升馆员的精神境界和专业能力。以人为本无疑是图书馆管理现代化发展的一个重要标志。但是，一些新的问题也随之产生：图书馆管理现代化到头了吗？还有没有管理创新的空间？改革方向和创新点又在哪里？

第三节　图书馆宏观创新管理

图书馆宏观创新管理是指图书馆管理理念和模式的创新，具体表现为图书馆在某一业务领域采用新的管理模式来应对图书馆管理中遇到的问题。本节重点阐述近几年来图书馆管理中开始重视并实施的危机管理、分布式管理和营销管理。

一、图书馆危机管理

1. 图书馆危机的概念及特点

目前国内外学者对"图书馆危机"缺乏直接定义，已有的定义大多是借鉴其他学科的危机概念。本书采用刘兹恒的观点："图书馆危机是对图书馆系统造成严重威胁或破坏、需要图书馆人立即反应的高度震荡状态"。在这个定义里，图书馆危机的反应主体被确定为图书馆人，而不是单纯的图书馆决策者。这是基于两点考虑：第一，图书馆危机需要决策者和执行者即所有图书馆人共同应对；第二，在形势十分危急，图书馆决策者不在场时，普通馆员必须立即承担部分决策的任务。这两方面反映了图书馆危机管理组织化、制度化、变通化的必要性。

图书馆危机具有危机的一般特征，即高度威胁性或严重破坏性、突发性和紧迫性、不确定性、牵连性、聚焦性。图书馆危机特殊性包括：

（1）隐蔽性。图书馆相对弱化的竞争环境、受政府保障的生存方式和历史积累的社会体制弊病的渗透等因素，都使图书馆对危机的爆发和威胁缺乏敏感，即便在处理危机时，也缺乏相应的紧迫感。这往往使图书馆危机在人为的“忽视”中被“隐蔽”。

（2）长期性。图书馆的许多危机因子是历史长期积累的结果，如人才危机、形象危机等；部分危机之后的恢复时间较长，如火灾、水灾、地震后的恢复；危机的根本解决需要很长时间，如经费危机的解决需要国家经济发展、图书馆立法保障、民众的需求拉动等；危机影响时间较长，比如资源危机造成的某些重要文献缺失、损毁，将给图书馆带来长久的不利影响。

（3）复合性。随着系统复杂性增加，利益相关性增强，危机波及半径扩大，图书馆危机越来越呈现多种危机复合的特点，表现为一个事件引发多重危机。例如近年来图书馆因文献采访问题引出的资源危机、服务危机、舆论危机、信任危机等，就有明显的复合性特征。

（4）难恢复性。文献信息资源是图书馆区别于其他机构的特色资源，也是图书馆核心能力的基础。一般来讲，文献信息资源包括纸质文献、缩微文献、电子文献、网络文献等，面对战争、地震、洪水、火灾、计算机病毒、黑客攻击等，它们都十分脆弱。如果文献信息资源在危机中损毁，则是很难恢复的。

2. 图书馆危机管理的定义及相关概念辨析

刘兹恒提出图书馆危机管理是对图书馆运行中出现的危机因子和危机事件从发生到消亡全程全面监控处理的管理理论与管理实践。该定义表明，图书馆危机管理是对图书馆危机事前、事中、事后进行全面全程监控处理的连续链条，是一个系统工程，它不等同于单一的危机处理，也不等同于危机公关。真正的图书馆危机管理不仅应体现在危机事件出现时，更要体现在危机还没有爆发时。它包括危机管理的组织、制度、流程、策略、计划、决策等，涉及培养危机意识、组建职能部门、侦测并处理危机因子、建立危机预案和预警系统、处理危机事件、危机恢复、事后总结经验并学习改进等诸多方面。

与图书馆危机管理相关的概念主要有灾害管理、风险管理、突发事件管理和问题管理。下面列表简要比较它们与危机管理的特点，见表 18-1。

表 18-1　　**图书馆危机管理与相关管理特点比较**

管理类型	特点	图书馆危机管理特点
灾害管理	1. 微观视角：侧重具体灾害的防范和应对。 2. 决策紧迫性。 3. 灾害管理是图书馆危机管理的一个分支。	1. 宏观视角：注重从危机的前因后果进行总体理解和全程全面管理。 2. 决策紧迫性。
风险管理	1. 风险管理需要对风险概率进行评估，其目的是提供科学备选方案以减小风险损失。 2. 因为风险具有预期收益和预期损害二重性，所以风险管理并不一定是扼杀风险。 3. 风险管理是图书馆危机管理的组成部分，是图书馆危机管理的起点。	1. 图书馆危机管理强调危机事前、事中、事后的连续管理，即消灭危机因子于萌芽状态，控制危机事件损失最小，转危为安或转危机为机遇，进行危机回复。 2. 图书馆危机管理一般视危机因子和危机事件为消解对象。
突发事件管理	1. 主动预防+被动应对。 2. 决策紧迫性。 3. 突发事件管理更多的是针对突发事件的应对处理，即事后处理。	1. 主动预防+主动/被动应对。 2. 决策紧迫性。 3. 图书馆危机管理防范第一，有制度化、日常化发展趋势，不只事后处理一面。
问题管理	1. 主动出击，确定潜在变化、趋势、问题，本质倾向于预期性。 2. 目前可能没有任何确定的焦点，行动导向性弱。 3. 目前可能没有任何紧迫感和清晰的时间框架。	1. 相对反应式，主动预测的成分较问题管理稍弱，但都有主动侦测的特点，尤表现在危机因子侦测和危机信号收集上。 2. 对危机事件一般有明确的焦点和目标，需即刻采取行动。 3. 对危机事件一般有强烈的紧迫感和清晰的时间周期框架。

来源：刘兹恒，潘梅．图书馆危机管理的基本概念及内容［J］．图书与情报，2007（2）：32-38.

由上分析可知，灾害管理、突发事件管理与图书馆危机管理是交集关系，这一点已达成共识。争议集中在危机管理与风险管理和问题管理的关系上。一些学者认为，风险管理与危机管理是交集关系，风险管理可以作为危机管理的组成部分，用于危机管理的危机因子侦测、危机风险评估、危机预警系统建设等。

到目前为止，不少论著提出“由危机管理向问题管理转向、过渡”的观点。要解释这种现象，就要弄清危机管理与问题管理的关系。持上述观点的部分学者认为：“危机只不过是问题积累后的突然爆发”，“危机管理的重点是危机公关，有许多场合危机管理基本上等同于危机公关”，“危机管理治标难治本”。（詹新志，2003）问题管理能够未雨绸缪，防微杜渐，防患于未然。而危机管理是滞后被动管理，不如问题管理那样具有前瞻性、主动性。显然，此观点将危机管理化约为危机处理，忽略了危机管理中的危机因子发现、处理、预防及危机后的恢复、评估、改进。其实，危机管理与问题管理有诸多相似之处。从管理思想来看，危机管理重视预防的理念与问题管理“以挖掘问题、表达问题、归结问题、处理问题为核心”的思路异曲同工。从管理目的来看，都有防微杜渐、将问题与危机消灭于萌芽状态、尽力规避不利风险的目的。从管理流程来看，都有侦测、发现、处理、评价、反馈、改进等步骤。但也应看到，问题管理只是有助于减少危机，它不能杜绝危机。一旦危机爆发，问题管理可能失效，那么此时的危机处理及稍后的危机恢复是问题管理无法替代的。这些共通性和差异性说明二者不是替代关系，它们有交叉但各有侧重，可以互相借鉴。

参考众多文献，我们发现这五大管理其实有诸多共同的研究趋势：①注重全球化和现代化背景。②由重“治”到重“防”。③强调参与主体的多元化和合作意识。④重视多维因素对管理决策的影响（如社会认知、文化心理、价值观等）。⑤跨学科、跨领域研究趋势明显。显然，每种管理思想都在进步，它们互相影响，各有其适用性和合理性。所以现在的问题不是它们的优劣高下之争，而是如何打通这些管理，对其进行整合，创造出适合图书馆发展的科学管理体系。

3. 图书馆危机管理的内容

国外学者对危机管理过程的认识较为成熟，这方面的成果有助于我们把握图书馆危机管理的内容。比如奥古斯丁（Norman R. Augustine）的6阶段模型：第一阶段——危机的避免，第二阶段——危机管理的准备，第三阶段——危机的确认，第四阶段——危机的控制，第五阶段——危机的解决，第六阶段——从危机中获利。罗伯特·希思的4R模型：①缩减（Reduction）阶段，②预备（Readiness）阶段，③反应（Response）阶段，④恢复（Recovery）阶段。米特罗夫（Ian I. Mitroff）和皮尔森（Christine M. Pearson）的5阶段模型：①信号侦测阶段（Signal Detection），②准备及预防阶段（Preparation & Prevention），③损失控制阶段（Damage Containment），④恢复阶段（Recovery），⑤学习阶段（Learning）。另外《危机管理——当最坏的情况发生时》一书中提出的5P危机管理步骤也颇有见地，即Perception（端正态度）、Prevention（防范发生）、Preparation（时刻准备）、Participation（积极参与）、Progression（危中找机）。

（1）图书馆危机管理的基础工作

图书馆危机管理的基础工作是指贯穿危机管理全过程的管理工作，它包括沟通管理、媒体管理、记录管理三方面。

沟通管理有助于及早发现问题，树立良好的组织形象，有助于提高危机管理的效度。它包括内部沟通和外部沟通，其管理内容主要有沟通的对象、目标、原则、计划、方法等。各图书馆应在实践中探索适合自己的沟通模式和方法，防止忽视沟通、沟通不力、沟通失误、沟通致危等情形的出现。

媒体管理的主要内容包括：组建职能机构或指定负责人，确定媒体管理的目标和原则，挑选培训新闻发言人，收集分析媒体相关报道，及时处理媒体所反映的问题，与媒体保持密切联系，利用媒体发布信息、重塑形象，引导不利舆论向利己方向发展，利用媒体向政府表达图书馆的合理诉求等。

记录管理可以保存大量的数据、事实、资料、文件等，它可作为危机因子分析和危机决策的依据、事后的奖惩凭据、必要时的法律证据，它也有利于客观评估危机管理。记录管理需要对调查记录、评估记录、计划记录、培训记录、危机事件记录等分类、存档、入库，及时将结果反馈给危机管理的相关系统。

（2）图书馆日常危机管理

图书馆日常危机管理是指在图书馆日常工作中对潜在的危机因子进行管理，以预防危机的发生，并建立危机反应和恢复预案，以减小危机事件给图书馆造成的损失，提高图书馆的危机恢复能力。图书馆日常危机管理的内容包括：指定负责人员、调查评估危机因子、建立危机反应和恢复预案、开展培训演练、建立危机预警系统、进行危机预控。

指定负责人员。由于图书馆发生危机的频率不像企业那么高，因此国内图书馆几乎都没有设立单独的危机管理职能部门。这不能片面地说图书馆没有危机管理意识，其实从经济性上讲，图书馆单独设立危机管理部门成本太高，容易造成人力资源浪费。我们认为，可由图书馆的一位高层领导来负责危机管理，由他从各部门灵活抽调危机管理人员完成日常危机管理工作。而一旦危机事件爆发，也是由他召集各部门相关人员，组建危机管理小组，负责危机处理和善后。这样既推进了危机管理进程，又对危机管理成员的日常工作无太大影响。

调查评估危机因子。主要是调查图书馆有哪些潜在危机因子，评估这些危机因子转化为危机事件的频率、概率、影响群体、影响大小等。调查评估危机因子可以使用历史发生法和行业对比法。历史发生法即本馆曾经发生过哪些危机，影响怎样，是什么危机因子导致的；行业对比法即图书馆行业及相近行业曾发生过哪些危机，影响怎样，危机因子是什么。也可以使用定性方法和定量方法，如头脑风暴法、德尔菲法、危机晴雨表法、现场考察法、数学方法、统计方法、计算机方法等。准确客观地调查评估危机因子是做好危机反应和恢复预案的基础。

建立危机反应和恢复预案。所谓预案，有时也称为应急预案，是针对可能的重大事故（件）或灾害，为保证迅速、有序、有效地开展应急与救援行动、降低事故损失而预先制定的有关计划或方案。在制定预案前，应对可能爆发的危机进行分类（可参照前面的危机分类方法）、分级（如突出级、关键级、难以解决级等），然后根据危机特点设立不同的预案。图书馆反应预案必须明确在危机发生之前和发生之中，谁负责做什么，何时做，怎么做，以及相应的策略和资源准备等。编制格式和方法可以参考国家发布的《国家突发公共事件总体应急预案》。而在恢复预案的编制中，则要确定危机恢复对象并进行重要性排序，明确危机恢复目标、资源分配、人员配置、经费预算、奖惩标准等，注重危机恢复中的协调沟通。这里应注意：危机管理预案要富有弹性，对备选方案要排定优先次序，几种危机并发时要优先解决关键危机，将危机预案印成文件或手册发给相关人员并进行有针对性的培训。

开展培训演练。图书馆危机培训的对象既有图书馆高层领导，又有普通馆员、读者。通过培训演练，可以增强人们应对危机的能力，发现危机预案中的不足。培训方法包括：在职培训法、工作指导培训法、授课法、案例法、角色扮演法、行为模拟法、电脑化指导、电教培训、演习等。

建立危机预警系统。危机预警系统是指组织为了能尽可能早地发现危机的来临，建立一套能感应危机来临的信号，并判断这些信号与危机之间关系的系统，通过对危机风险源、危机征兆进行不断地监测，从而在各种信号显示危机来临时及时地向组织或个人发出警报，提醒组织或个人对危机采取行动。危机预警系统由危机监测子系统、危机评估子系统、危机预报子系统构成。图书馆可根据自身特点选择建立电子预警系统、指标预警系统、联合预警系统等。

进行危机预控。如果预警系统发出了预警信号，就应立即进行危机预控。危机预控的目的是在危机发生前或将要发生时对危机进行处理，及时排除全部或部分危机因子。如果不能阻止危机的发生，那么采取措施减少危机爆发造成的损失。危机预控的策略主要有：排除策略、缓解策略、转移策略、防备策略。

(3) 图书馆危机事件管理

图书馆危机事件管理是指图书馆危机事件发生时对危机所进行的管理，它包括组建危机处理小组、调查评估并确认危机、启动（调整）危机反应预案或重新制定危机处理方案实施、危机发展态势跟踪监控处理。

组建危机处理小组。由负责危机管理的高层领导根据实际情况，从所需部门调配相关人员组成危机处理小组，明确各自职责、任务，特别要确保危机中信息沟通的顺畅。

调查评估并确认危机。由危机处理小组的成员对危机事件进行初步调查，运用现场勘察法、询问法、文献调查法弄清危机事件的经过、原因等，评估危机已经造成或将会造成的破坏、损失，确认危机的类型及涉及的范围。

启动（调整）危机反应预案或重新制定危机处理方案并实施。如果危机类型是预案中已有的，那么启动或调整预案；如果危机并不在预案范围内，那么紧急制定危机处理方案，然后有条不紊地实施。要处理好与内外部公众、媒体、公安、消防、气象、地震、防汛、文教等部门、兄弟图书馆、文化遗产保护组织、国际防灾减灾组织等的关系，以加强图书馆的反应能力。

危机发展态势跟踪监控处理。有些危机具有持续性特点，它会随时间、事件、介入主体的变化而不断蔓延，所以需要对危机发展态势跟踪监控处理。

(4) 图书馆危机后续管理

图书馆危机后续管理是指危机处于持续阶段或快结束或已经结束时所进行的管理，它包括组建危机恢复小组、调整或重新制定危机恢复计划、危机管理评价、危机案例和危机管理评价的存档和运用。

组建危机恢复小组。危机恢复是在危机持续阶段或危机将结束或结束后开始的，它所需要的人员、所涉及的机构可能与危机处理不一样，这就需要组建专门的危机恢复小组。危机恢复小组具有临时决策机构的性质，在危机恢复变为各部门的日常工作后就可解散。

调整或重新制定危机恢复计划。由于危机造成的具体破坏往往与危机恢复计划有出入，所以一般需要调整危机恢复计划。如果发生的图书馆危机未在预先制定的恢复计划之列，那就要根据具体情况，重新制定危机恢复计划。

危机管理评价。危机管理评价内容包括对危机管理基础工作、日常危机管理、危机事件管理、危机后续管理全方位的评价。评价要做到信息准确、实事求是、客观公正、全面系统。各图书馆应根据自己的实际选择评价方法，如定性评估法、定量评估法，完善评价指标体系。危机管理评价是图书馆对自身存在问题及危机管理漏洞进行反思的重要阶段，它可以促进图书馆进行深层次变革，确保图书馆的可持续发展。

危机案例和危机管理评价的存档和运用。利用危机管理中的记录管理成果，梳理总结危机案例，使之上升成文化，然后与危机管理评价一起存档或入数据库。这些资料不仅可以为日后的危机管理提供参考，也可作为危机管理培训的素材。图书馆还可将这些危机管理案例和评价与兄弟图书馆分享，以提高共同应对危机的能力。

二、图书馆分布式管理

图书馆分布式管理是根据开放系统的相似性原则，将计算机分布式管理系统中所蕴含的管理思想和管理理念运用于图书馆的管理实践之中，构建全新的分布式图书馆管理体系。图书馆分布式管理系统分成两个子系统，即资源分布式管理系统和职能分布式管理系统。

在资源分布式管理系统中，图书馆通过租用、聘用、合作、共享以及争取社会援助等多种方式，实现人员、技术、设备、资金、文献信息等社会资源向图书馆的“分散——集中”过程。另一方面，图书馆通过出租、出借、转让、协作以及共享等多种方式，实现人员、技术、设备、资金、文献信息等馆内资源向社会的“集中——分散”过程。图书馆对馆内资源实行直接管理，对社会资源以契约方式进行间接管理。通过两种管理方式的有机结合，实现对一切可用资源的有效管理（见图18-1）。

在职能分布式管理系统中，图书馆通过项目合作、有偿服务等方式，承接更多的社会工作，不断拓展职能范围，实现信息服务、文化教育等职能由社会向图书馆的“分散——集中”过程。图书馆通过业务外包、项目合作、后勤社会化等方式将原有的部分职能交由相应的社会机构去完成，实现部分职能和辅助职能由图书馆向社会的“集中——分散”过程。图书馆对馆内工作实行直接管理，对社会机构承担的职能以契约方式进行间接管理，通过

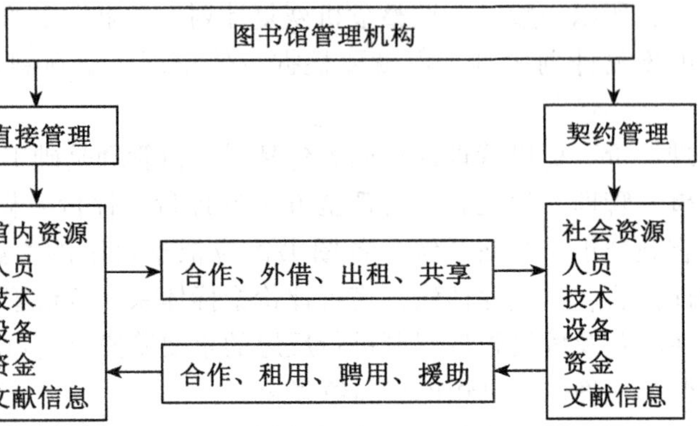

图 18-1　图书馆资源分布式管理系统

来源：万里鹏，郑建明．分布式管理与图书馆管理创新［J］．大学图书馆学报，2002（6）：23-26.

两者的有机结合，在社会范围内实现图书馆职能的重组和优化控制（见图18-2）。

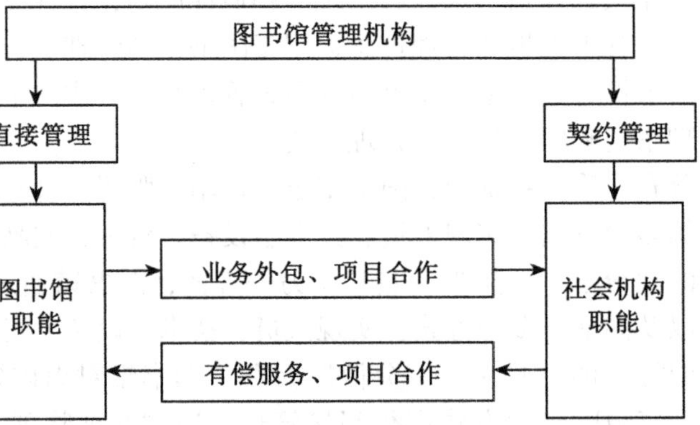

图 18-2　图书馆职能分布式管理系统

来源：万里鹏，郑建明．分布式管理与图书馆管理创新［J］．大学图书馆学报，2002（6）：23-26.

图书馆与外部环境之间的"分散——集中"、"集中——分散"是一个双向的交流过程，而分布式管理的关键就在于对这一交流过程的集中统一控制。(见图 18-3）职能分布式管理和资源分布式管理相互融合、互为推动。

一方面，资源管理以图书馆职能实现为目标；另一方面，职能的分布式管理也必然会带动资源分布式管理的发展。图书馆分布式管理具有开放性、专业性、共享化、市场化和网络化的特点。

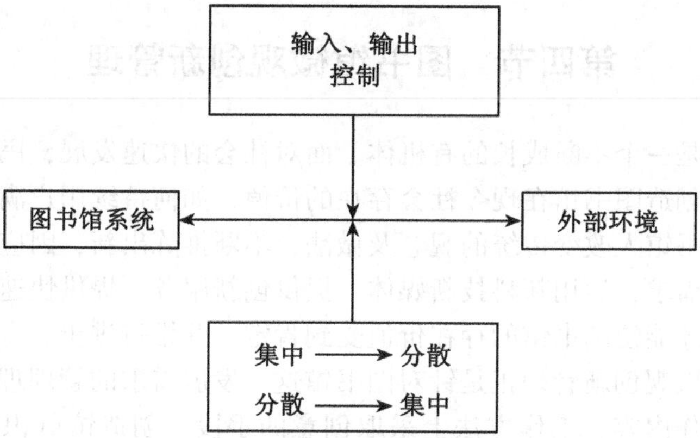

图 18-3　图书馆分布式管理系统

来源：万里鹏，郑建明．分布式管理与图书馆管理创新［J］．大学图书馆学报，2002（6）：23-26.

三、图书馆营销管理

营销管理产生于市场经济领域，但随着营销管理理论与实践的发展，营销管理正在从市场营销向社会营销发展，营销管理已不再局限于企业的活动领域，正在向非盈利性事业组织活动领域拓展。近年来，部分西方国家的非盈利性事业组织，如学校、医院、教会、政党等机构成功运用了营销管理的方法与手段，收到了很好的效果。

图书馆营销管理就是图书馆以读者为出发点，运用一定的方法通过刺激读者需求，推广图书馆服务，强化图书馆与读者的合作，促进图书馆文献和服务的利用，提高图书馆的社会地位和影响，从而求得图书馆最大的社会效益。

在国外，图书馆营销管理已经开始应用并取得了很好的效果。1991 年美国北卡罗莱那州的夏洛特·麦克伦堡郡（Charlone & Mecklenburg County）公共图书馆推出一项营销规划，任命专人负责营销工作，经过营销策划，图书馆使用率提高了 80%。大英图书馆为加强营销业务，在战略营销与通信中心下，设立企业与公共营销部、商业营销部、教育系统营销部以及营销服务部等部门，并聘请营销专家分别负责营销工作，走出了一条以人为本、适应变化的现代化图书馆管理新路，在图书馆界竖起了一面旗帜。1997年国际图联正式成立了管理与营销委员会，该委员会在2002年至2003年战略规划中提到，“通过促进营销原则和实践，提升图书馆员重要作用的社会认知度”，并付诸实践。

第四节　图书馆微观创新管理

图书馆是一个不断成长的有机体。面对社会的快速发展，民众需求愈来愈多，如何创造图书馆在现今社会存在的价值，如何持续用户满意度，实际上依赖于图书馆人改变传统的观念及做法，不断推陈出新，因应社会环境变迁及用户的需求，运用新科技新媒体，提供创新服务，提供快速、便捷、丰富的资源，才能使图书馆的存在价值受到肯定，并维持进步、专业的形象。

图书馆微观创新管理正是针对图书馆这一发展需求的管理理念，是图书馆在具体工作内容、工作方法上采取创意的手段，创造馆员积极参与的氛围，提升图书馆服务创新的能力以及馆员的服务水平的一种途径。它是图书馆宏观创新管理有效实施的基础和具体表现。

图书馆微观创新管理的手段因馆而异，因时代变迁而不断变革。因此，本书以中国台湾地区台北市立图书馆为例阐释其创新管理做法，并介绍中国台湾地区公立图书馆创新服务的举措。

一、台北市立图书馆创新管理

台北市立图书馆曾获得政府服务品质奖、“善用社会资源”特优奖等多项政府公共服务领域的奖项。该图书馆为鼓励馆员主动参与服务，激发其对工作和服务的创意构思和创新做法以提升工作效率，创造服务价值，设立了“台北市立图书馆创意与创新提案实施计划”。具体内容如下：

1. 制定创新提案实施计划

(1) 实施方式

A 鼓励个人或团队依创意提案制度对图书馆服务提出创新的构想。

B 鼓励各单位针对服务予以创新改良、设计规划、执行，并依据全面质量管理精神和模式，开展创新行动。

C 各项创意提案及创新行动，依本竞赛办法，进行评选并给予奖励。

(2) 提案范围

A 从现有的资源中去创造、设计图书馆信息服务的新概念、新做法、新服务的内容。

B 以目前所面临的服务问题或未来发展的课题，从事持续质量改进来提升绩效的内容。

C 对于解决业务执行的设备或维护问题，缩短系统故障排除时间或提升其作业功能，提出具体改进方案的内容。

D 对于不良的作业模式或工作环境，提出具体改进建议的内容。

E 对于馆务经营发展、行政业务推动、作业流程改进及相关业务法规修订提出具体改革办法的内容。

(3) 提案方式

A 创意提案

a 同事之间以个人、单位或自组团队的方式，随时提出对图书馆信息服务的创意构想。

b 提案人或提案单位应填报“创意提案表”。

c 个人或团队提案件数不限，每一提案以 1 件计算。

d 如创意构想已经由实际推广并获得具体成效者，附辅助说明文件。

B 创新行动

a 个人或单位得自行提出创新行动，或以区域划分、主题划分由 2-3 个馆组成创新团队。

b 各项业务创新行动的执行过程、绩效，由参赛单位整理书面资料参加评选。

c 个人或团队创新提案件数不限，每一提案以 1 件计算。

(4) 评审作业

A 评审标准

<table>
<tr><th colspan="2">创意提案</th><th colspan="2">创新行动</th></tr>
<tr><td>指标</td><td>权重</td><td>指标</td><td>权重</td></tr>
<tr><td>周延性</td><td>30%</td><td>周延性</td><td>20%</td></tr>
<tr><td>创新性</td><td>30%</td><td>创新性</td><td>30%</td></tr>
<tr><td>重要性或价值性</td><td>20%</td><td>执行过程（努力程度）</td><td>20%</td></tr>
<tr><td rowspan="2">应用性</td><td rowspan="2">20%</td><td>绩效</td><td>20%</td></tr>
<tr><td>重要性及价值性</td><td>10%</td></tr>
</table>

B 评审分为初审及复审两个阶段

a 初审：每月办理，入选作品名额由评审小组视参选作品质量现场制定。

b 复审：年底前办理。年度入选提案依评审标准，由全体出席委员选出个人组和团体组各 2 名。

(5) 奖项及奖励方式

A 奖励方式，除每件颁给奖状外，各给予每人嘉奖 1 次至 2 次不等。

B 获奖单位由承办单位安排于年度工作检讨会中分享经验成果，公开展示获奖作品，并公开表扬得奖人员。

以下是某年台北市立图书馆业务创意奖见表 18-2：

表 18-2　　台北市立图书馆某年度业务创意奖

奖项	得奖单位	得奖评定说明
用心良苦奖	会计室	用心规划“会计园地”宣导预算执行概念并建立双向沟通渠道，问卷调查同事意见，十分用心。
花枝招展奖	采编课	办公室及卫生间空间布置精巧温馨，且年年有新风格。
自动自发奖	资讯室 阅览典藏课	1. 设置无人服务图书馆过程艰辛，成立后广受好评。 2. 为本馆树立新形象。
同心协力奖	永春分馆	善用社区资源美化馆舍，创造图书馆的热情活力空间。
愚公移山奖	木栅分馆	空间配置进行调整焕然一新，更为明亮整齐，使位于嘈杂市场环境下仍有一清净之地。
美轮美奂奖	文山分馆	馆藏特色空间规划及阅读氛围营造主题相当契合；小小艺术走廊颇具特色。
花团锦簇奖	景新分馆	馆舍各楼阳台皆植物绿化，维护甚佳。
小小尖兵奖	东园分馆	结合临近学校及社区小读者认养馆内书架，节省馆内人力并养成小读者对图书馆维护的认知。
点石成金奖	力行分馆	“2005 年阅读 Give Me Five 活动”鼓励家庭阅读；另“募集奖品”485 份，以供阅读活动使用。

来源：http：//www. tpml. edu. tw/TaipeiPublicLibrary/download/eresource/tplpub_ periodical/articles/2403/240305. pdf [EB/OL].

二、台湾地区公立图书馆创新服务

1. 不用出门能知天下事：台北市立图书馆“参考服务视频柜台”即时服务

台北市立图书馆运用了即时通信软件提供“参考服务视频柜台”服务，让民众可以网上提问，参考馆员可以文字、视频、语音对话方式，提供答案，指引资料利用途径。

2. 台北市立图书馆“书香宅急便服务”

为服务行动不便、远方利用者或无法于图书馆开馆时间亲自到图书馆借书的读者推出“书香宅急便”（即书香快递），提供读者利用宅配方式借还图书的服务。

3. 台北市立图书馆打造“OPEN BOOK 智慧图书馆”

“OPEN BOOK 智慧图书馆”是没有馆员现场服务的图书馆，类似银行的 ATM 机。主要运用美国 Sirsi 公司的 UNICORN 图书馆自动化系统及台湾地区新钶电子股份有限公司的自助借还书设备，每本书贴有“无线射频辨识晶片”（RFID），民众只需持台北市立图书馆发行的 RFID 借书证，即可自行刷卡进入馆内，并利用自动借还书机办理借阅及归还手续。

4. 彰化文化局推出艺文店家，借书证加值服务

结合政府及民间的资源与力量，有效促进文艺活动的推展，彰化文化局推出“艺文店家”的活动，通过图书馆借书证与店家的消费优惠相结合，共同推动地区内读书风气与书香文化，一方面提升办证及阅读人口数，另一方面创造店家最佳生意商机及促进店家对该活动的参与，共创 1+1 大于 2 的双赢效益。

三、图书馆微观创新管理的条件

1. 图书馆领导人的创新观念

图书馆领导人需要具有创新的观念和意识、敏锐的眼光、高瞻远瞩的决策能力和善于组织人、财、物的组织能力；此外，要提出具有前瞻性的愿景，并不断地向员工强调图书馆的核心价值，沟通创新服务对于图书馆赢得

用户满意度及永续生存的重要性，让员工摒弃保守被动的心态，愿意在服务和作业上思考有无改善或创新的机会，并不断提出创新构想。图书馆的发展不仅需要规章制度，还需要一套图书馆专有的组织来规范图书馆的各项运作，使图书馆的所有活动、价值取向、行为方式等高度整合，把图书馆中所有员工凝聚成一个高度统一的整体，从而围绕一个既定目标，不断前进。

2. 图书馆鼓励创新机制

图书馆应制定激励创新的措施，并建立完善的推动和管理机制，员工的创新构想有可能成功，也有可能失败，失败的创新构想是一个很好的学习经验，成功的创新产品或服务，也需要良好的管理机制，以及不断地效益评估、改善缺失，才能得到用户永久的支持。

3. 图书馆培养员工创新能力

员工的创新潜能，可以借助后天培养及各种刺激，予以激发。台北市公务人员训练中心“创意激发”、“创造全方位工作价值”、“心智圆法”及台北 E 大网络课程“经营创新与品质服务”及台北市图书馆“创意行销”、“专业创新行动研究”、“创意阅读教学研讨会”都是相关的课程设计。另外，参访标杆企业及图书馆也是极佳的方式。

4. 图书馆鼓励馆员创新的组织文化

图书馆的产品是为读者提供服务及所蕴含的知识，其服务的经济价值和社会价值体现在读者运用这些知识的程度。因此，图书馆文化创新的立足点是图书馆管理创新、服务创新，通过管理创新、服务创新，使图书馆的组织机构向扁平化、网络化发展，积极地、能动地培养和提高馆员的业务能力和读者的信息素养，通过高素质的馆员向社会提供高水准的信息服务，并通过读者对信息的利用，提高图书馆信息服务的经济价值和社会价值。

图书馆除了建立创新机制、安排教育训练外，主管应鼓励及支持员工成立工作坊兴趣小组，经常探讨业务缺失的改善，或通过头脑风暴，规划设计创新服务。当然，馆方应给予适当的时间安排和相关的资源支持，并对有成效的措施给予奖励。

5. 树立图书馆新形象

随着信息社会的日益发展，越来越多的商业机构参与到信息服务行业中，图书馆要保持自己的优势，一是要靠自己的专业特色、人员优势，高效、快速、准确地为用户提供服务；二是要不断创新，更新技术和服务，树立新形象，创造出与其他商务性信息服务不同的知识，才能创造出知识含量附加值更高的产品和服务，保持自己的优势和个性差异，以免在高度竞争中被淘汰。

6. 创新产品和服务的持续追踪和评估

对于创新产品或服务，在正式实施到稳定成长之间，仍可能有问题是规划和建制阶段未注意到的。所以应持续关注运转形势，检讨缺失及绩效，以进一步改善，使其运作更理想。

参考文献

[1] 刘兹恒，潘梅．图书馆危机管理的基本概念及内容［J］．图书与情报，2007（2）：32-38.

[2] 詹兴志．从“危机管理”到“问题管理”［J］．通信企业管理，2003（4）：27-28.

[3] 孙继伟．从危机管理到问题管理［J］．企业管理，2005（3）：40-42.

[4] 诺曼·R·奥古斯丁著. 危机管理［M］．北京新华信商业风险管理有限责任公司译校．北京：中国人民大学出版社，2004：9-31.

[5] 罗伯特·希斯著．危机管理［M］．王成，等译．北京：中信出版社，2001：32.

[6] Ian I. Mitroff，Christine M. Pearson. *Crisis Management*：*Diagnostic Guide for Improving Your Organization' s Crisis Preparedness*［M］．New York：Jossey Bass Inc.，1993：10-11.

[7] 鲍勇剑，陈百助．危机管理——当最坏的情况发生时［M］．上海：复旦大学出版社，2003：67.

[8] 刘刚．危机管理［M］．北京：中国经济出版社，2004.

[9] 徐建华．现代图书馆管理［M］．天津：南开大学出版社，2003.

[10] 朱德武．危机管理——面对突发事件的抉择［M］．广州：广州经济出版社，2002.

[11] 罗贤春等．图书馆危机管理计划［J］．中国图书馆学报，2007（4）：32-35.